开明中国历史讲义

The History of China / KAIMING

王伯祥　宋云彬　著

岳麓書社 · 长沙

图书在版编目（CIP）数据

开明中国历史讲义 / 王伯祥，宋云彬著．— 长沙：岳麓书社，2024. 9. — ISBN 978-7-5538-2127-6（2025.2 重印）

Ⅰ. K209

中国国家版本馆 CIP 数据核字第 20242C8662 号

KAIMING ZHONGGUO LISHI JIANGYI

开明中国历史讲义

作　　者 | 王伯祥　宋云彬

出 版 人 | 崔　灿

责任编辑 | 刘书乔　田　丹

责任校对 | 舒　舍

书籍设计 | 吾然设计工作室

营销编辑 | 谢一帆　唐　睿　向媛媛

岳麓书社出版发行

地址 | 长沙市岳麓区爱民路 47 号

承印 | 长沙鸿发印务实业有限公司

开本 | 640mm × 960mm 1/16　印张 | 31.5　字数 | 395 千字

版次 | 2024 年 9 月第 1 版　印次 | 2025 年 2 月第 2 次印刷

书号 | ISBN 978-7-5538-2127-6

定价 | 78. 00 元

如有印装质量问题，请与本社印务部联系

电话 | 0731-88884129

《明妃出塞》〔明〕仇英

《簪花仕女图》（局部）〔唐〕周昉

《韩熙载夜宴图》（局部） 〔南唐〕 顾闳中

清院本《清明上河图》（局部）〔清〕陈枚等

《千里江山图》（局部）〔北宋〕 王希孟

出版说明

成立于民国时期的开明书店（1926—1953），在中国现代出版史上写下了极为灿烂的一章。它出版的青少年读物和新文学作品滋养了无数读者，其中，尤以出版的课本和讲义，风靡一时，影响巨大，如叶圣陶先生主编的《开明国语课本》1932年初版后竟先后印行40余次。当时的开明书店群星璀璨，拥有叶圣陶、夏丏尊、丰子恺、林语堂、朱自清、吕叔湘、周予同、郭绍虞、王统照、陈乃乾、周振甫等一批全国知名的学者、教育家和编辑，“皆为一时之选”。他们学养深厚，功底扎实，编出的课本和讲义充满人文关怀，既注重知识的普及，又针对不同的读者采取不同的编纂方式，深入浅出，生动活泼。优良的品质让开明的课本和讲义在激烈的市场竞争中领袖群伦，称雄多年。

《开明中国历史讲义》是开明众多课本和讲义中的重要一种，是文史研究学者王伯祥、宋云彬写给大众的历史读本。该书初版于1934年，内容大体以时间、朝代为序，将中国历史分为78个主题，每个主题为一讲，浓缩了自史前传说时代直至1932年一·二八抗战时的上下五千年中国史。这本书因为叙述史事言简意赅，层次分明，脉络清晰，议论剖析平实公允，表达观点客观中立，所以广受青年学子和读者欢迎。

由于本书初版至今已90年，一些用语和表述不符合当代阅读习惯及相关规范，此次出版，编者对个别词句与表述做了适当修改：

一、按照现行出版规定改动某些称谓，如“满清”改为“清朝”“清廷”，部分作地名用的“满洲”改为“中国东北”，朝鲜和台湾并举时改为“朝鲜和我国台湾”，“《英藏条约》”改为“《拉萨条约》”等；

二、对一些明显的知识性错误直接予以改正，如“叔孙通又作《傍章》八篇”的“八篇”改为“十八篇”，李克用的“父亲朱邪赤心于德宗时归附唐朝”改为“曾祖朱邪尽忠于宪宗时归附唐朝”等；

三、对一些音译而来的名词改成现在的习惯写法，如“插汉尔部”改为“察哈尔部”，“阿剌伯”改为“阿拉伯”，“祚禄亚斯太”改为“琐罗亚斯德”，“亚西亚”改为“亚细亚”等。

其余保持作者的行文特色，未做改动。另外，此次出版，编者增补了100余幅插图，俾使全书图文并茂。

特此说明。

目 录

第一讲　传说中的古史

中国是世界文化群里的老前辈，口碑相传的渊源极古。无论就发掘出土的实物来征验，或就书本记载的故事来推算，年代的绵长，着实可惊。

中国文化渊源的绵长，确可惊异。就实物的征验看：如河南安阳发现了无数的甲骨，经许多学者的考定，确是商代的遗物，甲骨上的文字可以考见殷商一代的君主和制度。又如，甘肃、陕西、河南、山西、河北、山东、辽宁各省有新石器时代文化的发现，使我们把古代文化拉长到西历纪元以前三四千年；陕、甘、宁夏（河套）各地有旧石器时代文化的发现，又使我们把史前的文化拉长了三四万年。就书本的计算看：《史记》的纪年起于周厉王末年的“周召共和”，而君主的世系则托始于黄帝；《汉书·律历志》更推定唐尧的元年在秦并天下的前二一三二年；《春秋元命苞》竟说自开辟至获麟之岁（孔子作《春秋》绝笔之

⊙甲骨文

年，当周敬王三十九年，鲁哀公十四年）凡经过十纪[①]，共历二二六七〇〇〇年了。关于考订殷墟甲骨文字最精的，当推罗振玉、王国维二氏，可看罗氏的《殷墟书契考释》诸书和王氏的《殷卜辞中所见先公先王考》《殷周制度论》等文[②]。关于新石器时代遗物的发现，可看袁复礼译安特生《中国远古之文化》和翁文灏《近十年来中国史前时代之新发见》，关于旧石器时代遗物的发现，亦看翁文。

有史以前的神话

但时代愈远则事实愈为渺茫，比较确凿一点的史实，实也不过四五千年。若再推而上溯，便是所谓“史前时代”[③]，那时流传下来的口碑——或由口碑衍为记录的书本——只能看作神话，不能认为历史。可是神话的自身虽非正式的历史，而其中却含有代表初民精神的历史性质，所以有时也可假认以为一部分的古史。

中国现存最古的史籍是《尚书》，其次是汉代司马迁的《史记》，其次是西晋时发现的《竹书纪年》；《尚书》的记载断自唐、虞，《史记》和《竹书纪年》都托始于黄帝。黄帝以前的事迹，散见在《左传》《庄子》《尸子》《韩非子》诸书，大都支离破碎，不成片段。其正式记载黄帝以前的史籍，实始于“纬书”[④]。纬书多阴阳五行家言，西汉末年方才出现，所载事迹实荒唐难信。其次当推三国时代蜀汉谯周的《古史考》，又次是晋代皇甫谧的《帝王世纪》，又次是唐代司马贞的《三皇本纪》，又次是宋代罗泌的《路史》，又次是元代金履祥的《通鉴前编》。《古史考》已佚，仅散见于

① 十纪为九头、五龙、摄提、合雒、连通、叙命、循蜚、因提、禅通、疏讫。
② 在所著《观堂集林》中，这两文后来重编为《古史新证》。
③ 史前时代是指没有正式历史以前的时代，也可叫作“洪荒之世”。
④ 前引的《春秋元命苞》便是纬书之一。

宋（南北朝）裴骃所作的《史记集解》中。皇甫氏、罗氏、金氏的书，记载较详，然大略以纬书为蓝本，而把秦、汉时代诸子百家的学说杂糅其中，荒谬无稽的地方很多。所以中国的历史充量只能以黄帝为开幕人，以前的传说只能作神话观。

今就一般排定的次序，略举传说中的古史——史前的神话——于下：

盘古氏

在没有开辟之前，“天地混沌如鸡子，盘古生其中，万八千岁，天地开辟，阳清为天，阴浊为地。盘古在其中，一日九变，神于天，圣于地。天日高一丈，地日厚一丈，盘古日长一丈。如此万八千岁，天数极高，地数极深，盘古极长”①。“盘古垂死化身，气成风云；声为雷霆；左眼为日，右眼为月；四肢五体为四极五岳；血液为江河；筋脉为地里；肌肉为田土；发髭为星辰；皮毛为草木；齿骨为金石；精髓为珠玉；汗流为雨泽；身之诸虫，因风所感，化为黎氓。”②

天皇地皇人皇

“盘古氏后有天皇，君一十三人，时遭劫火。乃有地皇，君一十一人，各万八千余年。乃有人皇，君兄弟九人，结绳刻木，四万五千六百年。”③

有巢氏

“上古皆穴处，有圣人教之巢居，号大巢氏（亦称有巢氏）。”④

燧人氏

“太古之初，人吮露精，食草木实，穴居野处。山居则食鸟兽，衣其羽皮，饮血茹毛。近水则食鱼鳖螺蛤；未有火化，腥臊多害肠胃。于是有圣人以火德王，造作钻燧出火，教人熟食。

① 见马骕《绎史》卷一引《三五历记》。
②《绎史》卷一引《五运历年记》。
③《绎史》卷一引《真源赋》。
④《绎史》卷一引《始学篇》。

铸金作刃，民人大说（悦），号曰燧人。”[①]

燧人之后“有庖牺氏，风姓也。燧人之世有巨人迹出于雷泽，华胥（庖牺母）以足履之，有娠，生伏羲于成纪。蛇身人首”[②]，“作网罟以田渔，取牺牲，故天下号曰炮牺氏”[③]，庖牺的异名很多，除上面所引外，尚有宓牺、牺皇等称。

伏羲氏

神农氏

“神农氏，姜姓也，母曰任姒……游华阳，有神龙首，感生炎帝。人身牛首，长于姜水。”[④]“生，三辰而能言，五日而能行，七朝而齿具，三岁而知稼穑般戏之事。”“代伏羲氏。”“古之人民，皆食禽兽肉。至于神农，人民众多，禽兽不足。于是神农因天之时，分地之利，制耒耜，教民农作。神而化之，使民宜之，故谓之神农也。”

⊙伏羲女娲图

上面所举的各条，都是比较通行的传说——其余类是或胜是的悠谬之说尚多——而神话的色彩已这样浓厚，在现在的我们看来，当然无从置信。然而洪荒时代社会生活逐渐改进的象征，却被这些神话一一代表

①《绎史》卷一引《古史考》。
②《绎史》卷三引《帝王世纪》。
③《绎史》卷三引《汉书》。
④《绎史》卷四引《帝王世纪》。

了。原来生民之始，都有主宰造物的观念，盘古氏的开辟和化身的传说便应了这个需求。荒远的年代是不可捉摸的，于是有了天皇、地皇、人皇等各占若干万年的传说来弥此缺陷。居处和火食的发明，本是初民一大进化，有巢、燧人二氏的传说大概即从此起。又，初民得食很难，他们猎得或采得的生物，都是费了很大的劳力才能到手，那么一时吃不尽的，未必不加保留。这些被保留的东西，经过了相当的时日，动物往往生子、下卵，果实往往发芽、抽条。人们见了那样生子、下卵和发芽、抽条的现象，无意中便启示着畜牧和种植的动机，于是教人驯养牺牲以供食用的伏羲氏和教人造作耒耜以兴种植的神农氏便先后应运而生了。我们知道古代社会一般的进化情形，大都先为狩猎时代，次为畜牧时代，再进则为耕稼时代。现在把这些传说按照比观起来，也是伏羲在先，神农在后，于进化的序次都很相合。我们如果以民俗学的见地来解释它，又怎能悍然不顾地否认一切呢！

神话人物的解释

第二讲　黄帝的建国

人群的发展必经狩猎、畜牧、耕稼三个阶段，即如前述。汉民族自有史以前即由西北方迤逦入于中原，分无数小部落。

汉民族的来源，说颇纷歧，比较有力的，有东来、西来两说。主张东来说的，以为汉民族与古的帝王都生于东方，如《山海经》《春秋元命苞》《述异记》《拾遗记》上所载的大荒、华胥、扶桑等，细按起来，都在东方海中。主张西来说的，以为汉民族的祖国便是古代的巴比伦[①]。他依据西方的史书来作证，如说西历纪元前二二八二年，那苛黄特率领巴克民族东徙，从土耳其斯坦经喀什噶尔沿塔里木河达昆仑山的东方。取征于中国的古史，这那苛黄特便是黄帝；巴克便是盘古的对音。又说这一族中的莎公即神农，但克即仓颉，并且巴比伦的纪时、文字和一切庶政，也大多与中国相同。综看这两说，都不免牵强和附会。东来说根据不可凭信的纬书和小说，更不足道。西来说似较近情，但以音译的关系影响疑似地立说，终也不能必验，不过汉民族的初祖从西北高地顺着大河东下，渐次繁殖于这大一片的冲积层上——中原——分建许多部落，却是很合理性的推想；而且我们总

① 巴比伦是亚洲西部的文明古国，地当波斯湾西北，底格里斯和幼发拉底双子河的流域。故城的遗址尚存。

得承认中国的民族一定经过了许多变化，受到外来的影响一定很多呢。

至伏羲时，已进入畜牧时代；至神农时，又进入耕稼时代。那时社会文明逐渐发达，团结力也逐渐稳固，于是对外的竞争日益剧烈，而确立国家以图自卫的需要便日见紧张了。

建立国家的需要

当神农氏的后裔榆罔时，住在中国地面的民族约分三大支：最北一支是荤粥①，分布于今日的长城以北；最南一支是九黎②，分布于长江流域；汉民族便介居在他们的中间，分布于黄河流域。这时的黄河流域——中原——最为肥沃，荤粥和九黎两族遥遥对峙着，都想侵占这块土地，以为己族发展的根据。汉民族实逼处此，怎能相安，于是种族战争以起，黄帝建国的企图便立时涌现。史称黄帝“往来迁徙无常处，以师兵为营卫”，一方面固可想见那时尚未完全脱去游牧部落的习惯；一方面却很可看出逼处异族的苦况，不能不借武装来肆应的情景呢。

古代民族分布的概况

黄帝姓公孙，名轩辕，国于有熊，故号有熊氏。因为他长于姬水，故又以姬为姓。那时神农的后裔已很衰微，九黎的君长蚩尤便乘机作乱，率众北上，掠取黄河流域。榆罔不能敌，遂出奔涿鹿。轩辕起兵抗争，征师于各部落——诸侯，进与蚩尤战于涿鹿之野。蚩尤能作大雾，令军士昏迷，轩辕便造指南车以示四方，遂擒杀蚩尤，逐走黎众。诸侯乃共尊轩辕为天子，代神农氏，便是黄帝。时当民国纪元前四六〇九年。

黄帝擒杀蚩尤与代神农氏为天子

蚩尤的传说很不一致。或以为古天子，或以为黄帝臣，但以苗族的酋长——九黎君长——之说为最普通而合理。依

① 荤粥便是后来的匈奴。

② 九黎便是后来的苗族。

字面说，“蚩尤”等于“顽劣之极”，实为梗阻王化，愚黼自用的象征。所以有“蚩尤始作兵器”“蚩尤铜头铁额”“蚩尤能作雾”等传说，处处暴露他是初民社会的害物。

黄帝的建国方略

黄帝既即位，经略四方，不遗余力，始建成一大帝国。《史记》的《五帝本纪》便说：“天下有不顺者，黄帝从而征之，平者去之。披山通道，未尝宁居。东至于海，登丸山及岱宗[①]；西至于空桐，登鸡头[②]；南至于江，登熊、湘[③]；北逐荤粥，合符釜山[④]，而邑于涿鹿之阿。”可见黄帝既逐九黎之后又尽力经营内部，且会合诸侯的兵众以驱除强悍的北族——荤粥，然后建设一座四至分明的国家。他建都于涿鹿之阿，更可看出当时种族战争的意义，原来这时的强敌唯有荤粥，所以把这首都重镇兼作了“北门锁钥”呢。

⊙轩辕黄帝像

当时政治上的组织既渐有萌芽，而社会上的生活也逐渐完备，那

① 岱宗即泰山。

② 空桐一作崆峒，鸡头即笄头山。

③ 熊、湘，山名，熊即今湖南祁阳县北的熊罴岭。湘山又名艑山，即洞庭湖中的君山。

④ 合符是会合诸侯的兵符。

些上栋下宇的宫室，上衣下裳的冠服，渡水行远的舟车，备敌防害的弧矢，在这时候都因时势的要求，自然而然地创作出来。唯其如此，所以一切古代文化上的传说便集中于黄帝。例如他的元妃西陵氏——嫘祖——发明畜蚕制丝，天下遂无皲瘃之患。他的史臣仓颉因为用结绳记事的不便，便依着鸟兽蹄迒之迹的不同，造成简单的文字。他又咨询其臣岐伯而著《内经》[1]，遂为后世医学之祖。其臣隶首因为实物计数的累赘，便由奇偶相生的观念，造作算数；大挠因为追记时日的容易模糊，便把自然界的现象分配作干支，造作甲子；同时容成作盖天以象周天，作调历以定时节，遂为后世历法之祖。到这时候，那帮助精神活动的东西也似乎大体略备了。可是我们须得认明，这些发明，都只是集合了无数无名创作者积成的成绩，才显出较有统系的效用的，分明是许多人心力之下的产物，决不是突然而来的创始。不过黄帝适逢其会，遂成了一个古代文化的集大成者。

“集大成”下的一切事物的发明

⊙仓颉造字（壁画）

①《内经》亦称《素问》，今存凡二十四卷，与《灵枢经》并行。但颇有人指摘它是伪托的。

古代一切事物的发明，纯由“感缺而求满足”的自然律，一样一样地逐渐添造出来的。不知经过了几次试验，几次修改，才得互相仿效，推行尽利。决不是圣明御世便会同时产生许多贤辅出来，突然涌现那么多的成绩的！后人事后追想，好像从前什么都有，或者是某一时代同时的创作了。其实我们应当承认那时确有此等由无至有，由简至繁的事实，所以才有这集大成的传说，却不能完全相信这班半神体的圣人！

第三讲　尧舜禅让与洪水

黄帝之后，历少昊、颛顼、帝喾而至帝尧。

少昊、颛顼、帝喾、帝尧和后来的帝舜合称“五帝”，通常取与前见的天皇、地皇、人皇相配，叫作“三皇五帝”。可是这个传说，很少一致，《白虎通》以伏羲、神农、燧人为三皇，黄帝、颛顼、帝喾、尧、舜为五帝。《尚书序》以伏羲、神农、黄帝为三皇，少昊、颛顼、高辛（即喾）、唐、虞（即尧、舜）为五帝。而《春秋运斗枢》的三皇则又以女娲代燧人。要之，这些古帝王的确实性很不强固，若认为古代文明创造者的表征却不差的。

⊙帝尧立像

帝尧是中国史上最有名的圣君[1]，相传他即位之岁（甲辰）在民国纪元前四二六八年（公元前二三五七年）。但不幸得很，当他在位时，中国恰遭逢着

① 史称尧“其仁如天，其知如神”，所以百姓对他也就“就之如日，望之如云”。

一场洪水之灾。洪水究从哪里来的？简单说来，便是黄河作怪。原来黄河是中国北部主要的川流，它的两岸，本是先民蕃生孳息的所在，当然关系最深。如果它能循道安流，即使别处发水，也因北阻阴山，南阻北岭的缘故，不能立刻影响到它。那时先民的流离失所，一定是它突然泛滥无疑了。不然，禹的治水何以必先疏河？从那时到如今，何以黄河为害史不绝书？所以我们要知道洪水的来由便不能不一详今日黄河的源流。

洪水与黄河的关系

洪水的故事，不但在中国史上是绝大的浩劫，在西洋史上也有诺亚方舟避水的记载。大概先民突然受到这样深刻的苦痛，都以为天降之灾。其实古代生活简单，只顾他们“凿井而饮，耕田而食”便好了，对于预防灾害的方法，简直谈不到此，谁能想得到那些源远流长的河道！因此，河身平时堆积的泥沙既渐渐地加高，山中委泻下来的水源又不曾一刻停留，一旦山洪暴发，水量陡增，怎不泛滥旁溢，冲没田舍呢！所以各地相传的洪水，都是河道不修，山水不及宣泄所致，但时间的先后却不必同在一时。

今日的黄河，从青海巴颜喀拉山北麓发源，那里地高一四〇〇〇尺；沿山东流，曲折于积石山间，已低降四〇〇〇尺了。至西宁附近，地稍平，又低降一八〇〇尺。又东，至甘肃皋兰附近，会洮、湟二水，水势陡盛，地又低降二四〇〇尺。由此东去，两岸二百余里都是峭壁对峙，水流便非常湍急。出峡以后，南阻于六盘山脉，激向东北注，入宁夏境，沿贺兰山的东麓，哈拉那林乌拉岭的南麓，滔滔东去。至绥远归绥[①]附近，地降三七〇〇尺。又阻于洪涛山

黄河今道的源流与经流区域的地势

① 即今内蒙古自治区呼和浩特市。——编者

脉，便折向南流，奔泻于龙门山的峡中，直达潼关，又低降八〇〇尺。河流至此，因南阻华山，便顺着渭水东下之势，折向东流。至山西垣曲县南，有砥柱两峰矗立于中流，分黄河为三道，俗称“三门”。又东，至河南荥泽县[①]，便入平原，脱离山脉的束缚。那里上距潼关六七百里，地势乃陡降九五〇尺，自然急湍奔放，一泻千里了。至兰仪[②]，折向东北，穿河北、山东两省，在利津县境入渤海[③]。因为它经流的地方多入水易化的黄土，所以它的水流，挟沙极多，十分重浊。荥泽以上，束流在山谷之内，无从横溢，且流急不容泥沙，倒也不觉什么。荥泽以下，陡落平原，泥沙便沿途淀积，河身因此日高。所以自从平治洪水以来，此河的大变迁已有六次了，至今河南开封县东北的数百里间，两岸都靠堤障，水面竟比城墙还高，溃决的祸患自然常会遇到的。

尧时洪水横流的由来

这就黄河的今道说，已那样可怕，当时龙门山和吕梁山还没开凿，河水从孟门之上东流，一朝山洪暴涨，怎么不横溃决裂，与江、淮打成一片呢！所以当时的“洪水横流”便是中国历史开幕后第一次受到的黄河之累。那时的百姓既眼看着滔滔的洪水把他们祖先遗留下来的一些产业尽数漂没，自然唯一的希冀只指望水退地出，可以安居复业。所以这时候的种种举措，主要的精神实在也只忙着这一件事。

禹疏河后第一次改道在周定王五年（公元前六〇二年），在今[④]河南浚县西南的宿胥口决口，与漯川分道，北走大名、临清，由今运河达天津，在大沽口入海。第二次改道在

① 即今河南省郑州市荥阳市。——编者

② 即今河南省开封市兰考县。——编者

③ 黄河入海口现位于山东东营市垦利区。——编者

④ “今”指二十世纪三十年代。——编者

王莽始建国三年（公元一一年），在今浚县东决口，经河北濮阳的黄河故道东北流，入山东，由今黄河口入海。第三次改道在宋仁宗庆历八年（公元一〇四八年），在今濮阳东北决口，分两派：一北流，由今运河至天津；一合今马颊河东流。——北派由今天津东入海，南派由今山东无棣县境入海。第四次改道在金章宗明昌五年（公元一一九四年），在今河南荥泽县东决口，由今河南开封县东流，入山东菏泽县境，分做两派：北派即黄河今道；南派由今运河夺淮、泗东南流，在今淤黄河口入海。第五次改道在元世祖至元二十五年（公元一二八八年），在今河南兰仪县东南决口，从今江苏铜山县北由今运河夺淮、泗东南流，在今淤黄河口入海。第六次改道在清咸丰五年（公元一八五五年），在今兰仪县东北铜瓦厢决口，即今黄河道。

大禹治水与尧舜禅让

尧先用鲧治水，鲧不谙水性，一味用堤岸来束逼洪水，使它范围缩小。经过了九年的岁月，劳费了不少的物力，结果还是不成。于是尧又用舜[①]，使他先行整顿内政，然后专注治水。舜既代尧当家，便痛痛快快地撒手一干，既公布了鲧的罪状，把他去掉，又特用他的儿子禹来专治洪水，表示政府赏罚的公平。禹鉴于父败，便一反所为，处处用疏导的方法。他认定河是唯一的祸害，所以导河于积石，凿吕梁、龙门、砥柱，疏为九渠。次导济，又次导淮，凿荆。又次导江于岷山，凿三峡。于是北方诸水俱归于河，南方诸水俱归于江[②]。江、河既顺流通海，漫天洪水居然平息；流亡的难民也得安土定居，重理旧业。那时

① 舜起于畎亩之中，由尧登庸而后代为天子。后世也尊他为理想的圣君，与尧并称。

② 禹“疏九河”，瀹济漯，而注之海；决汝汉，排淮泗，而注之江。见《尚书》《孟子》等。

⊙《大禹治水图》〔清〕谢遂

的百姓感受着这样的大惠，自然只有歌功颂德。他们先见舜的作为不小，便称扬他用人得当；后来见禹格外能干，便又渐渐地倾向于禹了。所以后来尧便禅位于舜，舜又禅位于禹。这些事迹，都是时势使然的自然结果。

> “尧崩，三年之丧毕，舜让辟（避）丹朱（尧子）于南河之南，诸侯朝觐者不之丹朱而之舜，狱讼者不之丹朱而之舜，讴歌者不讴歌丹朱而讴歌舜。舜曰：‘天也。’夫而后之中国践天子位焉。是为帝舜。”（见《史记·五帝本纪》）又：“舜崩，三年丧毕，禹辞辟舜之子商均于阳城，天下诸侯皆去商均而朝禹。禹于是遂即天子位，南面朝天下，国号曰夏后。”（见同书《夏本纪》）这样，不可以看出当时自然的趋势么！

后世的史家艳羡他们能够那么雍容揖让，不起一毫争夺，便都推称以为“天下为公，选贤与能”的黄金时代[①]了。

① 尧舜禅让，千古称美，叫作“揖让之世”。说见《尚书》《孟子》和《史记》。

第四讲　夏商的政教

传贤说与传子说

古代既有尧位让给舜，舜位让给禹的传说，后世听见他们不把后事托付自己的子孙而交给当时的贤辅，以为这是“传贤之局”，是“公天下”的精神。又听见禹死后不把位子传给贤辅而传给自己的儿子启，竟成世袭的制度，以为这是“传子之局”，是“家天下”的私心。最后又听见启后过了三四百年，传了十六七代，有一个商汤出来，把他的不肖子孙履癸（桀）撵了，接代他的君位，也照样世传下去，以为这是以征诛代禅让，开后来杀伐之端。其实传贤传子都是时势催逼出来的局面，在当时身历其境的人或许倒初无容心的。我们且看禹子启的初政和太康、少康的故事，便可寻出时势使然的道理来。

原来启的得位，确由当时一般人的拥戴，并非明定世袭之制。所以他的儿子太康并没十分失德[①]，已给手下的有穷氏拒绝，不得返国，那有穷氏便被称作后羿了。可见那时的君主，只要不惬人心，比较好一点的人便可取彼而代。不然，照后世的眼光看来，有穷氏分明是抗违天子的罪人，为什么事他为后[②]呢？太康覆国，不就是世袭制度根本取消的明验么！不幸羿、浞[③]相承，更比夏君不如，夏裔少康又恰巧负有大志，能自振拔，于是人心思夏，最后的君位竟挨到他的名下了。后世盛称少康中

① 史称太康的不是，只有“畋于洛表，十旬弗反”而已。

② 后即君，在古代不当作后妃解。

③ 浞是寒浞，继羿之后当国的一个暴君。

世袭制度的确立

兴，光复旧业，其实正是世袭制度奠基下石的证据。当时经了这样的几次反复，到底还是夏朝的天下，先民的简单心理或者以为禹的功德在民，子孙应当食报，所以如此。从此一意推崇，便成了坚不可破的世袭制度了[①]。

夏商的交替

唯其如此，所以后来直到履癸失国，后继的商汤出来宣布他的罪状，好像他的过误责任不要自己担负，而反说“有夏多罪，天命殛之”，不明明是说子孙的得位基于祖德，祖德衰了，便不能不让新兴有德的人么！祖宗的功德足以包庇子孙，那么子孙的崇先之念便也油然而生了。商汤以杀伐得国，废夏社以建商社，又另开一个系统，当然他的子孙要奉为元祖，虽死去了也得视为“在天之灵”呢。

商代的神权的政治

那时不但君位世及，百官庶职也多世守其业，所以报本敬祖的观念为一般人所同具。于是尊尚人鬼，一切卜听于祖了。

> 商朝时候的祭祀，还没天神地祇等分别，配享上帝，仍寄托于尊祖；如在祖宗之外别认一个上帝，直要到汉初糅合了战国神仙方士等的造作，才得演化成立。

因此，商朝的政治直是“神权政治”，凡畋猎、出师，推而至于一切兴革，没有不祷祖占卜以决从违，百姓也因卜吉可行而中心悦服。如太戊用巫咸——公元前一六二七年——重译来朝的有七十六国；祖乙用巫贤——公元前一五二三年——诸侯宾服；武丁梦见傅说——约公元前一三二〇年顷——便图形访求，立为辅相，于是蛮夷来朝，氐、羌宾服。这不是神权施政的征验么！若就殷墟发现的甲骨文字看，考释出来的，多半是占卜

① 此段说本清代大名的崔述，详见他所著的《考信录》，在他的全集《崔东壁遗书》中。

的繇辞，更可取证商朝尚鬼听神的情状。听命占繇，本是初民的遗风，不过至商而特盛，遂致成为一朝政治的中心罢了。

⊙后母戊鼎

《尚书·洪范》所说的，当然是商代的遗风，那么其时的占繇竟实实在在地占有具体的势力了。如“汝则有大疑，谋及乃心，谋及卿士，谋及庶人，谋及卜筮”。可见当时龟筮虽不能开口，居然与天子卿士并举，占得一票议决权了。又如“汝则从，龟从，筮从，卿士逆，庶民逆，吉”，更可见卿士庶民虽都反对，只要龟筮赞成，天子便可专断。又如“庶民从，龟从，筮从，汝则逆，卿士逆，吉”，又可见天子卿士虽都反对，只要龟筮赞成，庶民也可强天子放弃他的主张。在当时决非君民真能站在对等的地位，不过神权在那里作祟。

例如汤的征葛，说他“不祀”，试想祀事失虔，充其量不过他一人的责任，何至惊动邻国，便据为口实，兴师前来灭他呢！

葛是商的邻国。相传葛伯不祀，汤送牛羊给他，又差自己的部众代他耕作，希望他修祀。岂知他仍旧不祀，且把派去送饭的童子杀了。于是汤乃用兵征服，并有其地。

又如商末受辛（纣）肆虐，周武王起兵东伐——公元前一一二二年——那么声罪致讨好了，又何必数说他“遗厥先宗庙弗祀”“荒怠弗敬，自绝于天”呢！可见神权的作用，沿到后来竟益发认真了。

> 商代的迷信神权，直是中国的原始宗教。后来周人代商，神权的势力更有作用，那时所遗留的铜器和玉器，差不多全是宗教的祭器和葬器。更试看《诗经》里周人的纪事诗，如《文王》《大明》《绵》《皇矣》《生民》《荡》诸篇，都说周人是上帝特别优待的，他们受的是天命，行的是天意。及至春秋时代，还有人说“国之大事，在祀与戎”，仍可看出古代宗教的遗风来。

第五讲　周初的封建

商朝的末路

商汤开国以后，凡传十六世，二十八王，共六百四十四祀[①]。末了一个亡国之君便是受辛。受辛暴虐聚敛，同夏履癸的行事竟后先一辙。虽后人听见桀、纣并称，不免起了几分揣测，或许把二人的行事造作得一样，但他们的怨毒中人，引起当时野心诸侯的借口却自有其故，至少他们得罪一般百姓的地方总有点相同的。

桀、纣同恶的故事，就各家所述的荒淫一端可以表举如下：

桀	纣
作倾宫；饰瑶台。（《竹书》《列女传》） 为酒池、肉山、脯林、糟堤，一鼓而牛饮者三千人。羁其头而饮之池，醉而溺死。（《韩诗外传》《列女传》） 为夜宫于深谷，男女杂处。（《博物志》） 纵靡靡之乐。（《韩诗外传》）	作琼室。（《文选注》引《六韬》）立玉门。（《竹书》） 为酒池、肉圃（《淮南子·本经训》《史记》作肉林）、糟丘，牛饮者三千人。（《论衡》）以绳羁人头牵诣池，醉而溺死。（《帝王世纪》） 为长夜饮（《韩非子·说林》），男女裸相逐。（《史记》《论衡》） 作靡靡之乐。（《淮南子·本经训》）

① 商时以一年为一祀。王位多兄终弟及的，所以二十八王继立，就世系看只有十六世。

综观此表，比附装点之迹甚显，所以宋人罗泌作《路史》便说“书传所记桀、纣之事多出模仿”了。

周武王的起兵革命，正走着汤的老路，所以后世谈革命的以汤、武并称。

周武王的伐纣开周

周武王既凭借先世传下的岐、丰故业，早在西方一带取得领袖的资格了。刚巧碰到商王受辛自己市怨的机会，他便在孟津

⊙《牧野之战》(漆画)

会集了素通声气的八百诸侯，渡河进攻朝歌，在牧野地方把商兵杀败，受辛便自己放火烧死。周武王一面把前朝聚敛下来的财物散给当地的百姓，买个新朝爱民除暴的美名，一面定都镐京，便做了开周的天子了。

周是后稷[①]的后裔。后稷初居于邰，后传至古公亶父，因避狄患，迁居于岐，遂改号为周，日渐强大。及武王的

① 后稷名弃，相传是舜时的司农作之官，以功封于邰。

父亲文王时，商势日绌，周势日旺，所谓“三分天下有其二”，遂作邑于丰，竟隐然与商朝相抗了。所以后来武王袭位，东伐商纣，便得一举成功，代商开周。

封建制度的成立

开周第一件大事，便是处置那些分据散处的部落——就是后世侈言的“封建制度”。原来夏、商以来的所谓诸侯，都是古代自然发生的部落，他们的存在既非天子所建，天子自也不能无故地废去他们。于是周初列爵分土[①]，只索明定一个办法，表示政由己出，所有锡土分茅的荣典，都是天子亲亲奖功的恩赏。我们只看当时的封建，便可明白周初的开国方略了。《史记》曾说“武王克殷，广封先王之后”，其实只是旧部落罢了。后来“周公吊二叔之不咸，乃众建亲贤以屏藩周”，于是新建之国有好几十，而同姓子弟却居十之七八了。实际上旧有的部落又多为新建国的附庸，间接隶属于天子。当是原有相互监督，相互维系的用意，所以参伍错综，似乎配置得远近咸宜，大小有则。

周武王代商，封纣子武庚于殷，仍存其先祀，另又封自己的弟弟叔鲜于管，叔度于蔡，叔处于霍，来监视他，叫作三监。武王死后，周公当国，管叔、蔡叔颇致不满，乃奉武庚反周。后来周公东征，杀武庚，诛鲜，囚度，降处为庶人。这就是后世盛称的“大义灭亲”。当时管、蔡二叔最著，所以说“二叔之不咸”。咸训同，不咸便是不顺从的意义。

封建制度与家族主义的关联

周朝代商，承着神权政治的余波，影响到人鬼之祀的日见

① 周初的封建，列爵五等，分土三级。五等之制是公、侯、伯、子、男。三级之分是公、侯方百里，伯七十里，子、男五十里，不及五十里的叫作附庸。

加重，报本尊祖的观念乃愈结而愈深。它的开国方略既侧注于广封宗亲，于是家族主义更掺合于政治，一切维持名分的阶级，辨别亲疏的礼制，自然会应运而生了。所以当时的宗法，有"百世不迁"的"大宗"和"五世则迁"的"小宗"，亲疏的等差，丝毫不容稍混。

大宗与小宗为宗法社会所最讲究的一件要事，因为"宗子"的地位至重，实系全族的荣枯，无论亲疏远近，凡属同族的都得奉他为中心。原来宗子是代表始祖的。譬如有人征服了一处地方，就地做王，便是"始祖甲"。他的嫡长子接续做王的，便是"大宗乙"。乙之外还有甲的庶子"次乙"，分封出去做诸侯的，那便是"小宗"了。但次乙做了诸侯，他的子孙奉祀他为始祖，他的嫡系继为诸侯的也唤做大宗——次乙的子孙对乙这一支固是小宗，若对次乙的诸子分封出去做大夫的却是大宗；做大夫的若再把自己的地方分给子弟，也是如此。这分封出去的次乙便是《礼记·大传》所谓"别子为祖"；次乙的嫡系继为诸侯的便是《大传》所谓"继别为宗"。普通的宗——小宗——本来"五世则迁"，高祖以上即迁入祧庙，不再以时祭享；若"继别"的"大宗"则"百世不迁"，永永不入祧庙的，所以也叫作"不祧"。详可参看清人毛奇龄《大小宗通释》的"大宗小宗图"。

而当时的中央政府与同姓诸国便形成一个模范的大家族。为要维持这家族的关系，名分当然要看得十分尊严，而层层的阶级便由此成立了。据《左传》所记"王臣公，公臣大夫，大夫臣士，士臣皂，皂臣舆，舆臣隶，隶臣僚，僚臣仆，仆臣台"[①]看

① 见《左传·昭公七年》，本楚芋尹无宇之言，所谓"人有十等"者便是。

来，便可得一大概。余如郊、尝、祭祀等“吉礼”，丧服、殡、葬等“凶礼”，誓师、献俘等“军礼”，朝觐、燕见等“宾礼”，冠、昏、饮、射等“嘉礼”，统称“五礼”，都是当时用来辨别等威，使上下尊卑较然不混的。

这样繁复的阶级托迹在社会上，自然而然地产生了两种结果：

阶级繁兴之后的自然结果

（一）待遇不平　当时一切待遇，公卿大夫都与庶民不同。凡宗庙舞佾等虚文，所谓“礼不下庶人”，我们且不管它；单就教育和刑罚看来，实在高下不平。如公卿的子弟可入国学，庶民的俊选便只能入乡学了[①]。又如贵族犯罪，有“议亲”“议贵”等说的减轻刑名；有“刑不上大夫”的实际保障；有“公族无宫刑”“公族致刑于甸人”等特例的宽免[②]。如此，“天子”当然“无死法”了。况那时的贵族都有采地分邑可以自行设官收赋，平民不过附属在下供给者，更何从与他们抗争呢？

教育与刑罚的不平

（二）世族专横　贵族制度的能够维持，官职世袭实为最大的主因。所以那时做官的大半是亲幸的公族。如鲁国的三桓[③]，郑国的七穆[④]，晋国的六卿[⑤]，便是明例。尤著的世族又因年久支庶繁多，则更标氏族以资辨别，各国且如有宗正一类的官来叙次他们的亲疏远近。

世族的专政与平民的供役

自来谈“姓”的，多本于五帝，见于《春秋》的有

① 教育不平等的事实散见于《尚书大传》和《论语·阳货》《孟子·滕文公》。

② 刑罚不平等的事实散见于《周礼》和《礼记》的《曲礼》《文王世子》等。

③ 鲁大夫孟孙、叔孙、季孙都是桓公之后，所以叫作三桓。

④ 郑大夫子展、子西、子产、伯有、子太叔、子石、伯石都是穆公之后，所以叫作七穆。

⑤ 晋国世执政柄的有范氏、中行氏、知氏、韩氏、魏氏、赵氏，当时叫作六卿。

二十二姓，妫、姒、子、姬、姜等最著。后来各姓的支庶都极繁衍，最初的姓便不能十分适用，于是有后起的“氏”来分别家门了。我们现在所谓某姓某姓，其实大多是氏，已不是原始的姓。当时得氏的缘由，也不一律，但总脱不了崇拜祖先的精神：有以祖宗的谥号为氏的，如文、武、昭、景、成、宣、戴、桓之类；有以祖宗的封国为氏的，如韩、赵、魏、贾之类；有以祖宗的名字为氏的，如孟、季、叔孙、展之类；有以祖宗的官职为氏的，如司马、司徒、中行、下军之类；有以祖宗的职业为氏的，如巫、祝、陶、段、仓、庾之类；有以祖宗的住处为氏的，如西门、南宫、东郭、范、邹之类。

贵族既世袭官守，分据仕途，那时的平民只有尽力畎亩，供养其上。虽有优秀分子一时奋起，终究敌不过他们的势焰了。

优秀分子的被压迫，只要看两件事好了。当年齐国的管仲为齐桓公造成九合诸侯、一匡天下的局面，功业何等伟大，而他的子孙不显于后。孔子相鲁，声名震于强邻，而他的生平，还是栖皇奔走，终老于旅途。于此，我们很可想见当时世族的专横，无怪孔子要讥议世卿的不是了。

第六讲　春秋与战国

诸侯兼并的由来

封建之世，封君各领采地，好像分配得很是切当。然而地面辽阔，抟合不易，虽有“朝觐”“巡狩”“会同”[①]等制度来维持主属的关系，而各国因地势的囿束和历来的积习，都各君其国，各子其民，当然各自为政。各国的自身，强弱并不一律，那么互相接触着一定免不了利害的冲突。于是兼并吞噬的情形便演成事实上当然的趋势了。我们且不问禹时的玉帛万国和汤时的诸侯三千，单就周武王约合共伐商纣的时候看，尚有八百国；其他散见于古书而可以推见的，计有千余国。然而到了春秋之世[②]，指数得到的名邦只有四五十国；较有声势的只有晋、楚、齐、秦、鲁、燕、蔡、曹、卫、郑、吴、宋、陈、越十四国；其中尤烜赫的却只有齐、晋、宋、秦、楚、吴、越了。由此看来，当时的兼并之迹已豁然显露，有附庸蔚为大国的，有家臣坐大因而侯封失守的，都是那时自然发展的趋势。

春秋霸者的活动

唯其如此，所以那时的诸侯只要能做几件稍存公道的大事，便能吸住一部分的人心，把持多少年的政局。齐桓公、晋文公的称霸中原，楚庄王的北向问鼎，秦穆公的独霸西戎，便是所谓“诸侯力政”的好例。

---

① 朝觐和会同都是诸侯入朝天子。巡狩则天子以时巡方，因而就见诸侯。

② 春秋之世即孔子作《春秋》所记的年代，自周平王四十九年至敬王三十九年（公元前七二二年至公元前四八一年），凡二四二年。

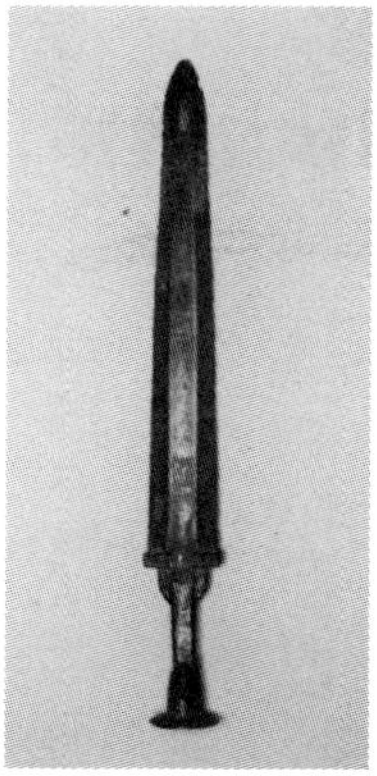

⊙越王勾践剑

霸者的出头，总先借着好听的名目来做一个干涉人家的工具。这工具到手了，便择一二件耸人听闻的事放手一干——所谓“尊王攘夷”——于是仁义之声既播，威德之望乃立，一经号召，弱小的诸侯当然要“唯公马首是瞻”了。那时著名的霸者便是齐桓公（小白）、宋襄公（兹父）、晋文公（重耳）、秦穆公（任好）、楚庄王（侣），世称“五霸”。其实宋襄公图霸未成，只能凑个数儿；而春秋季年的吴王（阖闾、夫差父子）、越王（勾践）却真是出色的霸者[①]。今且举齐桓公的霸业来示个例：

- 甲　所谓“衣裳之会九”
  - 釐王时
    - 会于北杏……平宋乱……
    - 会于鄄……宋乱平……
    - 会于鄄……齐始霸……
    - 会于幽……郑成……
  - 惠王时
    - 会于幽……服陈郑……
    - 会于柽……谋救郑……
    - 会于首止……谋宁周……
    - 会于宁母……谋郑……
  - 会于葵丘……修好于诸侯……襄王时
- 乙　所谓“兵车之会四”
  - 盟于洮……谋周……惠王时
  - 襄王时
    - 会于咸……救杞……
    - 会于牡丘……救徐……
    - 会于淮……谋鄫……
- 丙　所谓“继废存亡”
  - 山戎病燕，亲救之。
  - 庆父乱鲁，讨杀之。
  - 狄人灭卫，以师戍之，封之楚丘。
  - 狄人伐邢，以师救之，迁之夷仪。

① 春秋事迹可参看《史记·十二诸侯年表》和清顾栋高《春秋大事表》。

因此，终春秋之世，我们只看见霸者的活动，很少见王室的振作。当春秋初叶，中原的诸侯尚多王室的宗亲和勋戚，霸者的兴起还能顾些面子，多用“尊王攘夷”的口号，对王室总还有点相当的礼敬。然而当时的天子竟丝毫没有过问诸侯国内的实力，不但王室不能干涉诸侯，并且诸侯们事后的通知也只得追认。又兼国有世卿，权操豪族，即诸侯自身也弄到没法维持他自己的地位呢。

春秋之世，岂但王室无力干涉诸侯，诸侯反倒干涉王室。我们且看晋文公的代平王子带之难[①]，便可了然。子带即太叔带，又称甘昭公或昭叔，是周襄王之弟。他与襄王争位，颇牵动当时的大局。晋文公以同姓诸侯的关系，克平此难，遂因以称霸。今据《左传》和《史记》所载这事的原委，概述如下：襄王母早死，后母曰惠后。惠后生叔带，有宠于惠王，襄王畏之（《史记》）。扬、拒、泉、皋、伊、洛之戎同伐京师，入王城，焚东门，王子带召之也（《左传·僖公十一年》）。王以戎难故，讨王子带，王子带奔齐（《僖十二》）。齐侯（桓公）使仲孙湫聘于周，且言王子带（《僖十三》）。富辰言于王请召大叔。王子带自齐复归于京师（《僖二十二》）。颓叔、桃子奉大叔以狄师攻王，王出适郑，处于氾（《僖二十四》）。子带立为王，取襄王所绌翟后与居温（《史记》）。襄王告急于晋（《史记》），晋侯（文公）辞秦师而下（时秦伯师于河上，将纳王）。三月甲辰，次于阳樊。右师围温，左师逆王。夏四月丁巳，王入于王城，取大叔于温，杀之于隰城。戊午，晋侯朝王，王享醴，命之宥。请隧，弗许。与之阳樊、温、原、欑茅之田。晋于是始

① 事在周襄王十七年（公元前六三五年）。

启南阳（《僖二十五》）。

这不是诸侯干涉王室么！至于诸侯之事，王室竟莫能过问，连他们的叛臣也只得“因而封之”，这显然是追认他们事后的通知了。

战国七雄的厮并

自从三家分晋，田氏篡齐以后，王室愈不足重，而兼并之势因此愈烈。

魏、赵、韩本是晋国的六卿之三，六卿之名在献公前已很彰显了。所以后来六卿迭操晋柄，公室反退处无权。周敬王时，赵氏与范氏、中行氏构衅，韩氏、魏氏都助赵氏，于是范、中行俱灭，执晋政的只剩四家；贞定王时，知氏又与赵氏仇杀，赵氏几乎灭亡，又赖韩氏、魏氏的合作，共灭知氏。从此，晋权尽归三家，晋侯反向他们朝请了。至威烈王二十三年①，王命晋大夫魏斯、赵籍、韩虔为魏、赵、韩侯。三家既受命为列侯，遂三分晋地而建成魏、赵、韩三新国。至于篡齐的田氏，本出于陈国，周惠王时，陈国乱，公子完奔齐，齐桓公收用他，便是田完。田完的子孙在齐既渐渐地得势，更施行小惠来要结齐民，所以到周安王十六年②时田和便得篡姜氏之齐而代之，周王竟命他为齐侯了。

从前指数得出的十几国，竟变成七雄并峙——齐、楚、秦、燕、韩、魏、赵——交相混战的局面了。其间延命最长的只有一

① 公元前四〇三年。
② 公元前三八六年。

个卫国[①]，余下的，早被七国所吞。然而到得秦始皇廿六年，韩、赵、魏、楚、燕、齐六国又尽亡于秦[②]。那时各国国君已都称王，连共主的虚名也不假借给王室，所以宗周的灭亡尚在六国未亡之先。

> 春秋以后，周室益微，地小而分，更复不支。当敬王时，自王城徙成周[③]。及考王即位，还封弟揭于王城，号河南公。威烈王时，河南公（揭之孙）又封他的少子班于巩，号东周；而河南遂号西周。于是东西周两君并称，周王的地位益如晋侯之于三家了。至赧王时，王寄居西周，秦、楚、韩、魏已屡次想把它吞灭而未果。赧王五十九年[④]，秦伐韩，取阳城、负黍，斩首四万；伐赵，取二十余县，斩首九万。赧王因此大恐，暗与诸侯约，想把天下的锐师悉数出伊阙往攻秦，使它不能再通阳城。秦国知道了，便派兵来攻。赧王和西周武公只得入秦请罪，把所有的城邑、户口尽数献出。秦王受献，归西周君（武公）于周，赧王便于那年死。明年，秦取西周。又过六年[⑤]，东周君又与诸侯谋伐秦，秦使吕不韦灭东周。至是，东西周俱亡，下距秦始皇之立尚隔两年呢。当周未亡时，实已削弱得不成话说[⑥]，所以强秦东出，宗周便首遭沦夷了。

周秦之际的社会现象

当春秋、战国之际，政治上的变动既十分剧烈，社会上蒙到

① 卫国虽苟延至秦二世元年始亡，然贬号自卑，早就不复成国了。

② 详见下面第九讲。

③ 在王城洛邑之东。

④ 公元前二五六年。

⑤ 公元前二四六年。

⑥ 当时领地，画其所有，只河南、洛阳、谷城、平阴、偃师、巩、缑氏七邑而已。

的影响也自然不少。所以在秦并六国之前，中国的社会现象颇有特点可见。今略述如下：

（一）社会的一般现象 战国的局面既成，各国都擅地自雄，竞争更较从前为烈。国君的目的在开疆拓土，政客的机会便奏效一时，所以国无定交，士无操守，只要有一技之长，便可倾动一时。因此，那时的一般民俗，大都活泼狂躁，很少沉毅贞厚的态度，朝秦暮楚，真是司空见惯了。但好客任侠之风却是那时的特色。原来那时当国的人深知网罗人材的紧要，所以竞尚养士[①]；而一般素屈不申的草野匹夫，一旦忽然假以词色，自然感激涕零，轻生图报了。

⊙《魏信陵君夷门访贤》〔清〕吴历

好客任侠之风，实是当时的特色。如四公子的养士，食客常数千人；鲁仲连的存赵不受赏；侯嬴、田光的自刎明心；乃至豫让、聂政、要离、专诸、荆轲等人的一诺许身：都是后世所难见的。可参看《史记》的《孟尝君传》《平原君传》《信陵君传》《春申君传》《鲁仲连传》《刺客列传》。

① 养士可以拿四公子（齐孟尝君，魏信陵君，赵平原君，楚春申君）来做代表，他们都是座客常满，各有用处的。所谓“珠履三千”的便是。

（二）社会的分化现象 七国分疆错列，各因地理的环境而自为风气。如秦居关中[①]，地势四塞，所以那里的住民，质朴强悍，乐于战斗。燕、赵地处高亢，便多慷慨侠烈的勇士。齐地近海，那边的住民多因逐利相欺饰，所以人极儇慧。楚国崛起江南，非力辟草莱不能发展，所以人极轻果，勇于进取。余如魏地瘠苦，俗便俭啬；韩土狭隘，人多矜刻：尤足取证环境的支配了。更有一事足征地理关系的，便是燕、齐的方士[②]。因为这两国都靠近海边，往往听了海船的传说便多所误会，以为海中有三神山[③]，诸仙人和不死之药都在那里了。于是争相夸说，方士便成了燕、齐的特产。

---

① 今陕西一带因东有函谷，西有散关，南有武关，北有萧关，故称关中。

② 方士便是方术之士，他们以求神仙、炼金丹、禁咒祈祷诸术诓惑世人。后来秦、汉时代极盛。

③ 三神山见《史记》，相传渤海中有蓬莱、方丈、瀛洲三山，为神仙所居。

第七讲　周朝的制度

史称周公（旦）相成王（诵）致太平，他的功效便在制礼作乐。其实周朝的制作是上鉴于夏、殷[①]二代的遗法，把它因时制宜地改造的，固非一人之力所能及。然而他能集上古之大成，开后世之规模，关于中国文化的展开，至有伟大的力量，于是这“制礼作乐”便传为千古美谈了。这制作的精神，主要的还在封建和礼法，已略如前讲所述；而一般的制度为一般史家所称引的，当然有另述的必要。今请分头概述一下：

周朝的制作是集上古之大成

（一）官制　夏、殷二代的，如今已很难详考。至周朝，则内外的官制具备了。当时立太师、太傅、太保，叫作“三公”；少师、少傅、少保，叫作“三孤”：这三公三孤都是天子的顾问之官，不预问实际上的政治的[②]。其真正为中央政府行政长官的，却是“六官”。六官各有长，官阶是“卿”，其下各有大夫、士等属官凡六十，故周朝总官，号称三百六十。兹表揭六官的首长和职掌如下：

六官与九州

天官　大冢宰　总理一切庶政

地官　大司徒　掌教育

春官　大宗伯　掌祭祀和礼乐

夏官　大司马　掌兵马

① 殷即商，自盘庚迁殷后，称殷。后世对此，商、殷并用，或径直唤作殷商。

② 公、孤皆坐而论道，为天子所尊礼，故不处实际政治之衔。

秋官　大司寇　掌刑辟

冬官　大司空　掌百工

这六官之政，实为后世所取则，不过因时增损而已。

周礼的六官，实为后世中央政府的模范。虽历朝都有斟酌损益的变动，而自唐初确定尚书省分六部理政之后，一直沿至清末，还袭用着；便是现行的各部虽已不限于六数，但其精神所在尚有相通之迹可寻呢。试为比拟一下，则天官的冢宰“掌邦治，统百官，均四海”（即吏部），略如现在的国府主席兼行政院长；地官的司徒“掌邦教，敷五典，扰兆民”（即户部），略如现在的内政部长兼教育部长（财政部也属此）；春官的宗伯“掌邦礼，治神人，和上下”（即礼部），略如现在内政部里的礼俗司，因为当时重视宗教，故特设一大臣来管理它；夏官的司马“掌邦政，统六师，平邦国”（即兵部），略如现在的军政部长、参谋部长；秋官的司寇“掌邦禁，诘奸慝，刑暴乱”（即刑部），略如现在的司法院长兼最高法院长；冬官的司空“掌邦土，居四民，时地利”（即工部），略如现在的实业部长兼建设委员会委员长（交通部也属此）。

至于王畿①以外的地方官制，则除开封建的诸侯外，也别有组织。其组织：五国为“属”，属有长；十国为“连”，连有帅；三十国为“卒”，卒有正；二百十国为“州”，州有伯。当时共有九州，自王畿之外有八伯，八伯各率其所属的诸侯，以

① 京城四周方千里之地叫作“王畿”，由天子直辖。

分隶于周、召二公[①]。

> 九州是中国最初的地方区域，为后世地方制度的沿革所从出。相传唐尧以前已有九州，便是冀州、兖州、青州、徐州、荆州、扬州、豫州、梁州、雍州。虞舜摄政时，分冀州的北部为并州，东北部为幽州；分青州的东北部为营州。于是有十二州。及夏禹即位，复合为九州。《禹贡》上九州的分划，大抵因山川自然的形势：如三面距河的是冀州，济、河之间的是兖州，海、岱之间的是青州，海、岱以南抵于淮滨的是徐州，淮、海之间的是扬州，荆山、衡阳之间的是荆州，荆、河之间的是豫州，华阳、黑水之间的是梁州，黑水、西河一带是雍州。殷因于夏，无所变更。但入周以后，便有改革，据《周礼·夏官·职方氏》所掌的九州看，则不同之处显然可见：当时有幽、并，无徐、梁，盖已并梁于雍，并徐于青，又把冀州东北分置幽、并了。这是与《禹贡》大不同处。又荆州、青州都侵入豫州之境，幽州也犬牙相错于青州之境，兖州竟错出于徐州的旧壤。这是与《禹贡》小不同处。

这原是那时控驭诸侯的办法。但后来周室渐衰，此制恐未能久行呢。

井田之制与“贡”“助”“彻”法

（二）田制和税法 夏以前的田制和税法，今不详。相传自禹治洪水之后，始界划天下土地，规定田制。每家授田地五十亩，使各家抽其中五亩所得的，纳于朝廷，叫作“贡法”。殷代行“井田”，法以六百三十亩为一井，分做九份。把八份授给八

① 当周初极盛之时，周公与召公（奭）分陕（今河南陕县）而治：自陕而东，周公主之；自陕而西，召公主之。见《春秋公羊传》。

家，许他们私有；其中央一份为“公田”，使八家共耕，以其所得纳于朝廷，叫作“助法”。至周则分别推行，其近于京城人烟稠密的所在，用夏贡法，其远于京城人烟稀少的所在，用殷助法。因为二者通用，所以叫作“彻法”①。但周时一家受田为百亩，年二十而受，到六十而还。受田的亩数虽因时代而各异，其实实际的广狭是一样的。

夏时以田五十亩为一间，十间为一组，十人受田一组。殷、周的井田，划田野如井字，外为私田，中为公田，八家合受田一井，而共耕公田。殷时一井作六百三十亩，家受七十亩；周时一井作九百亩，家受百亩。照亩数看，似乎易代即不同，其实是广狭相等，并无差异的。今图示三代的“贡”“助”“彻”法的想象如下：

夏贡法	
五十亩	五十亩
五十亩	五十亩
五十亩	五十亩
五十亩	五十亩
五十亩	五十亩

殷助法	
七十亩	七十亩
七十亩	七十亩
七十亩	七十亩

周彻法	
百亩	百亩
百亩	百亩
百亩	百亩

这便是所谓“粟米之征”，与当时推行的“布缕之征”和“力役之征”合起来，便是所谓“赋役”。

此外还有一事足述的，便是周时推行的“布缕之征”②和“力役之征”③。

（三）兵制 夏、殷兵制不详。至周则军队的征集、编制和

① 彻就是通，古意本来相同的。
② 使每家年纳绢布若干。
③ 使百姓在一年中就公役三日。

军队的征集和编制

服役期限等都略可考征。其征集之法：以六十四井为一甸[①]，每甸出戎马四匹，牛十二头，兵车一乘，甲士三人，步卒七十二人，杂兵二十五人，总计百人。天子畿内方千里，其间除去山川宅地不计外，约有六十四万井，当出兵车万乘。所以天子有“万乘”之称，大国有“千乘”之称。以此类推，便可约知兵额的全数了。其编制之法：以五人为“伍”，伍有长；五伍为“两”，两有司马；四两为“卒”，卒有长；五卒为“旅”，旅有帅；五旅为“师”，师也有帅；五师为“军”，军有将。一军凡一万二千五百人。天子置六军，大国三军，次国二军，小国一军。这便是常备兵额了。其服役期限：由二十岁至六十岁为止。王畿之民，半岁一更替，一生只就役一次；诸侯之民，一岁一

⊙复原的云梯车

① 方里（八家）为井，四井（三十二家）为邑，四邑（百二十八家）为丘。每丘出戎马一匹，牛三头。四丘为甸。恰为六十四井。

更替，一人自少至老，也只就役两三次。

（四）司法制　太古的司法，当然偏重刑事，关于民事的较少；刑罪之制自也免不了苛虐。　诉讼与刑罚

> 太古的刑罚，有墨、劓、剕、宫、大辟五等[①]，此外又有流刑、扑刑[②]等。自夏、殷以沿及周，更有刖、髡、桎梏、焚炙等刑和徒刑、赎刑[③]之类，似乎已经够残酷了。降至周末战国之世，更有诛夷三族、枭首、车裂、支解、凿颠、抽胁、烹醢和鬼薪、城旦[④]等刑，不更言之股栗么！但也有宥恕和减轻等例，如幼弱老耄蠢愚等，虽犯罪不罚；又无识而犯罪，以过失而犯罪和遗亡而犯罪的，都得宥恕或减刑。且诉讼的时效也很认真，不论民事刑事。虽因地方各异而俱有一定之法，凡过期限的，概不受理。

至周则大为进步，颇有诉讼法规和依法判断的事例可指了。今请约述大略。民事分数种：关于人事的，以邻人为证；关于土地的，以邦国之图为证；关于借贷的，以契券为证；关于卖买的，以约剂为证。听讼时，有史官记录原被两造问答之词。刑事则先讯后断，须得大夫国人的同意。若判决死刑时，当由士师[⑤]接受宣告书，然后择期施刑。凡到官诉讼的，刑事有使先入券书与钧金之例，民事有使先入束矢之例。券书即状证，钧

---

① 墨是黥面，劓是去鼻，剕是残肢，宫是去势，大辟是死刑，大概就是斩首。

② 流是放逐于远方，扑是责打。

③ 刖是截脚，髡是去发，桎梏是关锁手足，徒是罚劳作，赎是罚赎金，焚炙直解可耳。

④ 凿颠是打穿头顶，鬼薪是罚作樵采，城旦本称城旦舂，是罚作筑城，暇则舂米。余则如文义直解。

⑤ 士师，秋官之属，主察刑狱之事。很像现在的检察官。

金即现行的保证金，束矢则表示往而不返，有不能翻悔的意思。这等事，都是官中用来禁约民间刁讼的。每值岁终，则将一年间所断定的讼狱之词汇集成编，送登天府①，留备他日参考之用，叫作“法例”。这更是现行的“判决例”了。

学校和选举

其他学校制和选举制也颇有足述。

学校之制，相传自上古已立基础。夏代的大学叫“东序”，小学叫“西序”，殷代的大学叫“右学”，小学叫“左学”，是习射、养老和学习文艺之所。周代的大学叫“辟雍”，或叫“成均”，是王世子、诸侯世子、卿大夫元士的适子（嫡子）和国内俊选之士学习之所。小学则州（一万二千五百家）有“序”，党（五百家）有“庠”，是寻常人民学习之所；又闾（二十五家）有“塾”，叫作“闾塾”，使闾中的有德之人或曾为士官之人充教习，以教闾民。诸侯之国也设大学（叫作“泮宫”，体制比辟雍略损）、小学。又，入学年龄：小学由八岁至十四岁，大学由十五岁至二十岁。学校教课：小学教长幼之序和洒扫应对之节，大学教《礼》《乐》《诗》《书》之类。至于贡举，夏、殷已无考。周世则凡乡大夫举乡之俊秀于司徒，叫作“选士”。司徒又举选士的俊秀于学，叫作“俊士”。选士、俊士都可免役②。俊士既被举于学，便叫“造士”。大乐正又举造士之俊秀于司马，叫作“进士”。司马论其才，授以官，然后赐爵与禄给他。但由乡进者，乡大夫掌之，大司徒用之，自选士以至造士都充乡遂之吏；由国学进者，大乐正掌之，大司马

① 天府，春官之属，掌祖庙之守藏，凡民数之册，邦国之盟书，狱讼之籍，皆登于天府。所以后世称朝廷的府藏便叫“天府”。

② 选士可不给社事供田赋，俊士可不赴军旅。

用之，自俊士以至进士，得为大夫、士[①]。

但各国分建，未必从同，而且世族专政，虽有此制，恐也不过具文罢了！

选举与学校实相辅而行，周初定制，或曾施行。然当时为封建之世，以此取士的一定不多。后来到了战国，门阀世袭之风虽没有公然打破，而匹夫崛起为公卿将相的尽有，由选举进身的却很少，可见周代对于此等制度的措施，实在并未盛行过。

① 这便可与第五讲所述的待遇不平互参取证。

第八讲　诸子争鸣与其背景

自从西周末叶[①]到战国的初期[②]，在中国古代史上实是变动最剧烈的时代，无论政治、经济、学术等方面，都有变古的倾向和显然的改革。剧变的原因，便在这百年中的长期战争。那时受到这样刺激的人，他们心理上的惊诧和疑闷一定十分痛苦，于是一般优秀分子便因不满意现状而出来规划种种方策来图谋自救了。这便是诸子争鸣的主因。那时私人讲学之风已盛，大师之门往往学者群集，互相研摩；又兼各国并立，大家要延揽人材，用为己助；交通也日渐便利，客卿显庸于异邦的也日见其多[③]。因此，才智之士辈出，各以所见著书立说，以应当世的需求，所谓“诸子争鸣，皆欲以其道易天下”者，不很可想见那时学术思想的发展是如何的热烈么！

诸子勃兴的主因

诸子争鸣，自然异说纷起，其实都是时代背景的产物。但派别繁多，后来记叙的人便不得不就他们学说的内容约略有个区分。所以有分做“六家”的，有分做“九流”的，也有混括拢来泛称“百家”的。

诸子思想的派别

① 公元前七八〇年。

② 公元前三四〇年。

③ 那时游宦异国的极多。除苏秦、张仪游说别国，造成布衣卿相之局，是最显著的例子外，如商鞅、韩非、范雎、荀况、李斯等人，都是当时表表的客卿。

六家之说，《庄子·天下》篇和《荀子·非十二子》篇都称引过。但所举乃人名而非家数。及司马迁述其父谈所论，始明区为阴阳、儒、墨、法、名、道六家。后来刘歆撰《七略》，分诸子为十家：一儒家，二道家，三阴阳家，四法家，五名家，六墨家，七纵横家，八杂家，九农家，十小说家。班固撰《汉书·艺文志》时便采此说。十家中除去小说家，遂称"九流"。至于"百家"之称则尤为通行，《史记》中便屡有"百家之言""百家言"等的指引。

其实壁垒最森严，势力最雄伟的，只有"儒""道"[1]"墨"三家。他们学说的传布，虽末流不无交混的地方，而根本精神确乎不同，其余的诸家，只能就他们偏近的各点附庸于三家了。今且略述三家的人物和主张，并及他们影响于后世的是什么：

儒家的主张与影响

（一）儒家　儒家的宗主是孔子，当时他门下的弟子极盛，在学术社会上已具很大的势力。到战国末叶，有孟轲、荀况[2]两大师出来，儒家的精神便大体确定。他们的主张，以为社会的组成是由人类的同情心所结合的；而同情心的出发，当由各人本身最切近的环圈，顺着亲疏的等差，渐推及远。所以他们的目的要"止于至善"，而求达至善的途径在正名。名分既正，则上下不争，天下于是乎平。所谓诚意、正心、格物、致知、修身、齐家、

⊙孔丘像〔南宋〕马远

① 道家是后起的名色，在当时是没有此称的。汉初只言黄老，直到汉中叶后才有"道家"之称，今为取便称引计，姑从之。

② 孟轲有《孟子》七篇，荀况有《荀子》三十二篇行于世，他们的学说便可由此推寻。

治国、平天下之效，实是他们唯一主要的目的。影响到后来，便支配了全国的人心，蔚成了数千年来中国民族的立国精神。

孔子是当时的大学问家，史称他博学多闻，考定“六经”。如我们要考查孔子自己的学说，最好从他的弟子和后学所记的书本里去寻求。许多书中，最纯粹而且最可靠的，自当首推《论语》，所以《论语》上的孔子要比较其他书中所说的可信得多。

道家的主张与影响

（二）道家 道家的领袖是老、庄，后来的杨朱便是这派的重要人物。他们的主张，纯任自然；以为自然力量是万能而至善的，一涉人工，便是伤朴而失真。所以他们相信绝对的自然，而最恨矫揉造作。因此，他们看得天行[①]最重，简直没有法子抵抗，只得“乘化以待尽”[②]。这种学说的影响，便养成一种乐天安命的思想。这种思想存留在后世社会上，好的便是达观主义，坏的便是懒惰不肯长进的劣心理。

据《史记》说，老子是楚人李聃，庄子是蒙人庄周。今传《老子》五千言，《庄子》三十三篇，相传便是他们的遗著，要皆鼓吹当时一种特殊的思想——自然主义。自然主义的本质本来含有“个人的”“非社会的”“非人治的”倾向，所以它的末流，乃生四派：一是顺世的个人主义，杨朱为代表；二是遁世的个人主义，陈仲为代表；三是无政府主义，许行为代表；四是物治主义，慎到为代表[③]。陈仲、许

① 天行就是大自然的势力。

② 乘化待尽之说，《庄子》最多这一类话。

③ 说本梁启超《先秦政治思想史》本论第九章。但《汉书·艺文志》是把许行列入农家，慎到列入法家的。

⊙庄周梦蝶

行的学说大略见《孟子》等书。慎到有《慎子》的辑本，杨朱的专书现在也未见传本，伪《列子》中有专篇详述他的学说，大概也是伪托的；我们只知道他曾提倡“为我”的学说而已。

（三）墨家　墨家由墨翟开宗。他的后学惠施专说名学，为坚白同异之辩；宋钘专论弭兵，尽力于“非攻”的宣传：都是这派的重要人物。

墨家的主张与影响

墨翟相传是宋人。他的学说详见《墨子》五十三篇中；虽间有后人附益的作品，然而他的面目却大致可见了。惠施、宋钘的力量，实在很能发扬墨家的光辉，可惜他们的著述已失传，只能在《庄子》《孟子》《荀子》诸书中略窥他们的绪论。宋钘即《孟子》中之宋牼，或亦即《庄子》中之宋荣子，他与惠施等人的俱为墨流，说详梁启超《先秦政治思想史》本论第十二章。

这派的精神，确与前两派不同。他们的主张，也由同情心立脚，但绝对不认亲疏远近的分际。所以最主要的精神在“兼爱”和“非攻”。[①]他们所以要这样的爱无差等，为的是要上同于天志[②]。墨家既尊天，又信鬼，这种见解简直为古代民间的宗教作辩护了。然而那股“摩顶放踵而利天下”的牺牲勇气，实足为中国的宗教史放一异彩。所以它的真精神至今犹存。

诸家的学说，在后世多少总有点宣传的余波，墨家独泯灭无闻。大概后来在统一的帝国之下非攻已不成问题，而兼爱则渐渐成了儒家的学说，如董仲舒，便是明白主张兼爱与天志的人。儒与墨混，故墨家不能独立。至于尊天明鬼，本是中国的原始宗教的一部分，西汉的儒教与汉以后的道教都是这种宗教的代表。所以墨教虽绝，其实质至今还存在着。

后起的法家与其责效的手段

三家之外，又有一派成立最后而最有影响于当时政治的，便是所谓“法家”。其实法家的形成，乃从儒、道、墨三家的末流嬗变汇合而出。

所谓法家的书，如《管子》《商君书》[③]《韩非子》等，其中于道家的无为主义、儒家的正名主义、墨家的平等主义，都有脉络分明的迹象可寻。不过他们杂采这种精神之

① 这便是儒与墨的分别处。

② 这样承认一个有意志的天，便分明与那主张自然无为的道宗大有分别。

③ 二书多半是后人假托的。

后，另用一种别的手段（法）来求它实现罢了。详见《先秦政治思想史》本论第十三章。

因为主张法治的人前有管仲、子产、商鞅，后有吴起、申不害、韩非、李斯，都是政治社会的显者，所以后来的记述，便与三家分庭抗礼了。他们的力量，就在讲究实施的手段，期在令行禁止。这手段好处在客观的责效，使大家有共趋的大路；而它的坏处却太看重狭义的功利，结果不免刻薄寡恩。

这样分派宣传，各奔前程，当然各有各的成就。只有那辈坐拥地盘，不能事事的世族却无形中尽被推翻了。所以有人说，战国时代实是中国古今社会大转变的一个枢轴①。

养士之风既盛，苏秦、张仪之徒都以言谈致卿相，那些惯于捭阖纵横的政客便乘时建白，一个个都从草茅崛起。有的建议固本弱枝，俾君主可以令出唯行；有的运动开发地力，使公家可以充裕财用：大家都择取当时国君所喜欢的迎机进说，结果，君权是集中了，而那辈世族便丧失政柄，倾覆无余了。

① 夏曾佑便这样说，详见他的遗著《中国历史》第一册。

第九讲　秦朝的统一

秦的由来与地位

秦的先世，本是西方的诸侯，乘犬戎之乱，周室之衰，逐渐东侵，收取西周所弃之地，成为大国。当公元前三六〇年到公元前三四〇年的当儿，秦孝公信用商鞅，兴利修兵，国势便一天盛似一天。又兼地处上游，关塞四固，可以不遭外寇。所以稳稳地在西陲坐大，而人家莫奈何它。当春秋时，晋、楚交争，最关大局，完全一南北互斗的形势；一入战国，秦便是西方的强有力者，无论合纵连横[①]，总是它与六国的交涉，一变为东西相持的局面，而秦的声势已造成唯一主动者的地位了。到了战

⊙商鞅方升

① 合纵是六国相结，一致对秦。其势南北勾连，故称“合纵”。作此运动最力而最有成绩的是苏秦。连横是解散纵约，使六国一一西向事秦。其势东西交亲，故称“连横”。作此运动最力而最有成绩的是张仪。后世称苏、张之流为“纵横家”，便因此故。

国的后期，燕、齐、赵三国既内乱自贼，秦便乘此机会，并力攻楚。又用客卿范雎的计划，远交近攻，务与韩、魏为敌。后来秦王政嗣立，听从楚人李斯的献计，更暗派辩士说客，赍着金玉币帛去游说诸侯。一面设法离间他们的君臣，一面便调兵随后攻伐。于是六国自救不遑，益发日见削弱。

六国之亡与秦之统一

秦王政十七年，使内史胜灭韩，就地置颍川郡。十九年，灭赵，赵公子嘉自立为代王。二十二年，使王贲灭魏。二十四到二十五年，王翦灭楚，置楚郡[①]和会稽郡。二十五年，虏燕王、代王，置代郡和辽东郡。又明年，灭齐。前后十年[②]，六国尽亡，而秦乃统一。秦王政既以武力灭六国，因各国之旧，随设郡县，便明废封建，把所有的领域划为三十六郡。

郡县不是秦创的，以前早就有此名色了。《逸周书·作雒解》说："千里百县，县有四郡。"《说文》说："周制，天子地方千里，分为百县。"县方百里，郡方五十里。是郡县之名，周时已立，不过郡小县大，郡统于县耳。故《春秋传》载赵简子誓众，有"上大夫受县，下大夫受郡"的说词呢。到了战国，各自为政，有几处地方的县遂降为郡属，于是郡乃统县了。《史记·秦本纪》记惠文王十年事，说"魏纳上郡十五县"，便是一个很适的例子。但返观秦国，方孝公用商鞅时，"并诸小乡聚，集为大县，县一令"，实为废乡邑为郡县的开端，然尚未有郡和牧守的称谓。及魏纳上郡之后十余年，《秦本纪》才大书"攻楚汉中，取地六百里，置汉中郡"。大概当时六国先已变古，秦乃从而效之。及统一告成，当然为整齐划一之计，于是依各国之旧，随设郡

① 楚郡后称南郡。
② 自十七年至二十六年，公元前二三〇年至公元前二二一年，凡十年。

县了。

据刘宋时裴骃的《史记集解》所述，三十六郡是：内史、上郡、北地、陇西、三川、颍川、南阳、砀郡、邯郸、河东、上党、代郡、太原、雁门、云中、九原、上谷、巨鹿、渔阳、右北平、辽西、辽东、东郡、齐郡、薛郡、琅邪、泗水、九江、鄣郡、会稽、汉中、南郡、长沙、黔中、巴郡、蜀郡。后来平定百越，又置闽中、南海、桂林、象郡四郡，合四十郡。但近年王国维撰有《秦郡考》，他说秦郡以六为数，续置的并计起来，当有四十八郡。今特录他的结语于下，以见一家之言，并就他所考定的置郡先后看，也得一目了然之快。

“秦郡当得四十有八。秦以水德王，故数以六为纪。二十六年，始分天下为三十六郡：

上郡	蜀郡	汉中	南郡	黔中	南阳
三川	太原	巴郡	河东	上党	东郡
颍川	会稽	陶郡	河间	闽中	陇西
北地	云中	雁门	代郡	上谷	渔阳
右北平	辽西	辽东	砀郡	泗水	邯郸
巨鹿	长沙	九江	薛郡	齐郡	琅邪

三十六者，六之自乘数也。次当增置燕、齐六郡（广阳、胶东、胶西、济北、博阳、城阳）为四十二郡。四十二者，六之七倍也。至三十三年，南置南海、桂林、象郡，北置九原，其于六数不足者二，则又于内地分置陈郡、东海二郡，共为四十八郡。四十八者，六之八倍也。秦制然也。”

郡下分置属县，使上下相维；典守郡县的官吏又都是时常调动的流官；于是官不私土，而大权便归集于君主一人的手中。

所以他坐镇咸阳，威令及于四境，巩固的中央政府便由此成立了。

中央政府的权力既十分强固，秦王政便嫌王号不足示尊，乃特标称号为“皇帝”。

> 秦王政既并六国，因嫌王号不足示尊，很想另创一个特殊的名号来威令天下，他便示意给丞相、御史，令他们议复。议复的结果是“古有天皇、地皇、泰皇，泰皇最贵。请上尊号，王为泰皇。命曰‘制’，令曰‘诏’，天子自称曰‘朕’”。他的批答是“去泰著皇，采上古帝位号，号曰‘皇帝’。他如议”。因他知道古来相传的名王有三皇五帝的名目，他又自以为“功过三皇，德兼五帝”，所以合称皇帝。

竟下制说，“朕为始皇帝，后世以计数，二世、三世至于万世，传之无穷”了。

> 万世一系的说词是起于不满意周朝的“谥法”。周制：人死将葬，诔列其行，为之立号以易名。所以立谥也叫“易名之典”。正当时的谥法，原是善恶直书，无所避忌[①]，寓有劝惩之意。沿及后世，美多恶少[②]。至明、清则几乎不见恶谥了。因为这时必行美始得易名，把立谥看作荣典；稍为差一点的人便够不上获此殊称，何况被人指目为“恶”的呢！但秦承周后分明仍行以行定谥的老例，秦皇帝怕自己的行事不免将来落了褒贬，所以他便下制说：“死而以行为谥，是

① 成、康固是美谥，幽、厉便是恶谥。

② 虽多美谥，尚有恶谥可指。隋炀帝、唐巢刺王便是适例。

子议父，臣议君也，甚无谓！自今以来，除谥法，朕为始皇帝……”

秦始皇的政策

因此，后世便称他为秦始皇。始皇的政策，务在中央集权，所以当时的设施，处处表现着大一统的精神。除了以郡县代封建之外，最有关系于当代而且最有影响于后世的，无过于下列两大端：

秦官多为历代所取准

⊙秦始皇

（一）勒定官制 始皇的设官分职，真是内外相维，深得体要。所以始皇个人虽很遭后世的非难[①]，而秦官却多为历代政府所取准。今且就当时最要的官职说，如中央政府的丞相，只管行政事务，不典兵事；太尉专掌全国军政，不问吏事；别有御史大夫独立于丞相、太尉之外，专司言论和纠察，却不能躬亲政务：不很可见互相钳制，不得专决的用意么！又如地方政府，有郡、县两级。郡置守，专掌政治；置尉，专典兵事；守、尉之外，又置御史来监察他。郡下统县，县各设令、尉，分司民事和军政。郡守、县令等官，都由皇帝简用。所以事从中制，而守、令无特权，控制的力量便

① 为的是焚书坑儒等事，详见后第十一讲。

十分坚实了。

（二）统一法度　战国之世，适承封建的末流，各因分化的关系，真是“田畴异亩，车涂异轨，律令异法，衣冠异制，言语异声，文字异形”。秦始皇既灭六国，一切法度，自然也要使它同一，才得刷新耳目，好教全国的百姓有所遵守。所以那时的权度律令便于无形中跟着武力的统一而渐趋一致。丞相李斯的奏同文字，并勒定八体来分颁应用，便是一个好例。

⊙《秦始皇廿六年诏版》（左）及拓本（右）

> 秦并天下，李斯奏同文字，把不与秦文合的异体悉罢不用。另定八体，分别应用，如“大篆”“小篆”的用于简册，“刻符”的用于符传①，“摹印”的用于印玺，“虫书”的用于幡信，“署书”的用于封检题字，“殳书”的用于铭刻兵器，“隶书”的施之徒隶便是。

① 符传是发兵或特使时持用的信物，必符合乃得施行。

大一统的规模

原来“书同文，车同轨……”的运动，乃是行政统一的必要之图；后世以改正朔、易服色为大一统的规模，他们的根据便在这里。

此外如筑长城以御匈奴，戍岭峤以制百越，开驰道以利交通等举动，也都是当时通盘筹算的大规划。但这样地屡兴大役，自不免苛征虐使，贾怨于百姓，所以始皇一死，四境便到处动乱。然而他树下的伟绩实已不可磨灭了。

百越也称百粤，是指当时居于今浙、闽、两粤和安南一带的土民。他们就地为别：大概在浙江的叫于越，在福建的叫闽越，在两粤的叫南越，在安南的叫骆越。始皇三十三年[①]，定百越，增置桂林、象郡、南海等郡。只发兵五十万人戍守五岭[②]以镇之。

始皇二十七年[③]，开驰道于天下，东穷燕、齐，南极吴、楚，江湖之上，滨海之观毕至。道广五十步，三丈而树，厚筑其外，隐以金椎，树以青松。见贾山《至言》，载《汉书》卷五十一《贾山传》。

① 公元前二一四年。
② 越城、都庞、萌渚、骑田、大庾为五岭。
③ 公元前二二〇年。

第十讲　先秦时代的外族

先秦外族的分布

自古以来，中国遭遇到的外族之祸，大部分在北方。先秦时代，此象尤显。原来南方自从楚、吴、越三国先后开拓疆宇，提高文化之后，便没有什么重要的蛮族侵略了。北方却不然。战国时，有三晋[①]以北的林胡、楼烦，燕以北的东胡——这是北族，又统称胡；陇以西的绵诸、绲、翟、獂、义渠——这是西族，又统称戎。那时与他们邻近的诸国便很有戒心，时时有防御的必要。当周赧王时[②]，赵武灵王破林胡、楼烦，筑长城自代并阴山西下，至高阙塞，就这城圈以内地置云中、雁门、代郡。秦宣太后诱杀义渠王，收没其地，置陇西、北地、上郡，并筑长城西起临洮来防护它。燕昭王将秦开也斥逐东胡，拓地千余里，便筑长城自造阳至襄平，就地置上谷、渔阳、右北平、辽西、辽东五郡。这便是中国兴筑“万里长城”的起点，也便是防御北族所施的急要工程。

匈奴的突起

那时北族中特出的一部叫匈奴。匈奴本是荤粥、猃狁的苗裔，乘林胡、楼烦诸部的相继残破，而秦又并力中原的当儿，便并吞邻部，渐渐地强大起来。到战国末叶，他的声势已盛极一时，所以《史记》说当时的形势道：“冠带战国七，而三国边于匈奴。”这三国便是秦、赵、燕。这时匈奴的疆土，恰恰包缘

① 三晋便是赵、魏、韩。

② 公元前三〇〇年顷。

在中国的北边，正与清初以来俄得西伯利亚后的形势相仿佛。以此，当时的对外交涉，匈奴便居首位，也与未开海禁以前的清政府一样，只与俄国的交涉最多。

秦始皇既并六国，他的唯一劲敌便是北边的匈奴。只因道路较远，不欲特开边衅，故示弱点；一面又恐亡国的遗民不大贴伏，所以常常四出巡视，耀兵示威；其实他的心中决不会忘掉北方的巨患的。如果必待燕人卢生的奏录才知道“亡秦者胡”，我想一代的枭雄，哪里会这样的糊涂可笑！

> 始皇二十八年[①]，东巡碣石，差燕人卢生入海求仙人羡门子高。卢生空还无凭，便捏造图书奏知始皇，这图书上便有“亡秦者胡也”一句话。始皇因此出兵北伐，后人以为亡秦的责任应该由胡亥（二世皇帝）来担当的，便深信这是仙人的示谶了。所以神仙一类的鬼话，到现在还能立足在一般的社会，正因国民心理的弱点，太容易给那些牵强附会的话头支配了。

蒙恬的北伐开疆

只看他因卢生一言，便发兵三十万，差将军蒙恬带着北伐，可见他早就预备下了。蒙恬受命北伐，便把从前匈奴侵占的河南一带地收回，开做四十四县，迁河北榆中的住民三万家，移来充实边地。又筑长城，因各国之旧，增修联络，蒙恬便常驻上郡，居中统御。

> 始皇三十二年[②]，蒙恬奉命北伐，遂大加斥逐，尽收河南地。因即增修长城，西起临洮，东迄辽东，自己便带着重

① 公元前二一九年。
② 公元前二一五年。

兵坐镇上郡。《史记》卷八十八有《蒙恬列传》，可参看。他所收的河南地，便开做四十四县。这四十四县，据王国维的《秦郡考》，便是九原郡。

万里长城的建成

这时，边界上的长城，已沿袭各国原有的城址，增葺延绵，连成一线。后人知道“万里长城”是秦始皇造的，正说这个原有城址的联合体。原来秦自统一以后，己族与外族的界线，陡然显明，于政略上防遏外族的侵略，当然要比防遏己族的叛乱尤为要紧，所以有此“夏夷大防”的要塞出现。但长城的变迁很大，现在所见的城址，已是唐朝以后逐渐改定的线路，大部分不是秦朝的旧制了。

秦朝亡后，云中一带地方，常没胡中，原有的城址便渐渐圮毁，后人也很少注意及之。所以今有的长城线竟在河套的南面却入内地，成了偃月之势了。

长城终不能限制北族的马足

长城既成，南北之限愈显，而民族的相嫉也因此愈急。北族迫于地理的环境，不能不奋图南下，以求满足生存的欲望，于是秦、汉以后，他们的南侵几与中国的历史相终始。盖长城虽险，不能必守，当内政清明的时候，戍守得法，尚不致有什么疏失；倘一旦境内乱了，边帅无法统驭，则窥边的外族自会乘机闯入，以逞饱掠的。所以秦亡之后，匈奴又得南伸他们的势力，终于酿成乱华之祸呢。

第十一讲　群雄覆秦与楚汉相争

秦政的高压与遗民的怨毒

秦朝统一中国，中央政府是巩固了，秦始皇也就凭借权势，恣行威福了。他一方面焚书坑儒，一方面虐使百姓。

> 秦废封建为郡县，在当时的政制上当然是一大改革，且一切崇尚法治，与向来的礼治尤不相容，故一般的儒生每多是古非今，谤议朝政。李斯便请始皇毁灭各国的历史和各家的学说，免得有人据古论今。所有记秦事以外的史籍都须销毁；《诗》《书》和百家语——非博士官所职——都令藏书之家悉送地方官烧掉，有偶语《诗》《书》的，处死刑；人民但可学习法令，而且必须从吏为师。这样地摧残春秋以来的私家之学，直令一般知识分子深感不安，于是在咸阳的儒生多有逃亡远去的。始皇借端穷治，便把所谓犯禁的儒生四百六十余人生生地坑杀一个干净。
>
> 秦代的屯戍力役三十倍于古，田租口赋之类二十倍于古，故汉人对它有“头会箕敛”之诮。而始皇预筑生圹于骊山，竟用六国之民至七十余万人，尤切怨恨。

一般人受到这样严重的压迫，已是手足无措，很致怨望；那六国的大族遗民，如韩张良、楚项氏等也都志在亡秦，当然伺便即动。后来始皇东游，死在沙丘道上，宦者赵高便挟始皇的少子胡亥为二世皇帝，居中擅权，益发横行。于是戍卒陈胜、

⊙《坑儒焚书》(选自《帝鉴图说》)

吴广便首揭反旗，号召亡命。项梁、刘邦先后兴兵，据城略地；各地郡县也都杀官叛变，共起响应了。

张良的先世曾五代为韩相，韩亡，他便倾财结客，密图报仇。项氏则世为楚将，项燕死后，他的子孙项梁、项籍都有仇秦的心志，南公所谓“楚虽三户，亡秦必楚”的教训当然于他们深有影响。所以始皇二十九年[1]，东出巡游，张良

① 公元前二一八年。

> 便募力士伏在博浪沙中，待始皇驾过，挥铁椎打他，不幸误中副车，张良只得亡命避匿。而项籍在会稽看始皇巡游的盛仪，便有“彼可取而代也”的狂言；刘邦解囚咸阳，纵观宫阙的壮严，便发“大丈夫不当如是耶”的叹息：更可见他们觊觎取代的野心，在始皇盛时已早流露了。

陈胜、吴广的起兵

陈胜、吴广都是楚人，因远戍渔阳，适逢天雨，怕不及依限赶到，犯令被杀，便聚集役徒，起兵于蕲之大泽乡，诈称公子扶苏、楚项燕，以资号召。

> 公子扶苏是秦始皇的长子，曾因谏阻坑儒得罪，使他出外监军，与蒙恬俱处上郡。始皇死，李斯、赵高矫诏逼他自杀。项燕于楚灭之前一年被秦将王翦所杀。当时民间很同情于这二人，故陈胜、吴广初起时，便诈冒其名以资号召。

诸郡县苦秦苛政已久，闻变，争先响应。胜遂入陈称王，号“张楚”，使吴广率领诸将攻打荥阳；任陈人武臣为将军，魏人张耳、陈馀为校尉，使他们共徇赵地；又使周市徇魏，周文伐秦。二世见周文来攻，乃使章邯迎敌，周文大败。张耳、陈馀至赵，闻秦破周文，又知陈胜暴戾难终事，便共立武臣为赵王，而二人以辅佐自任。

群雄纷起与六国复兴

正在纷扰动乱的当儿，楚人项梁和他的侄子项籍便起兵于吴。沛人刘邦便起兵于沛。齐人田儋和他的兄弟田横也起兵据有齐地，儋便自称齐王。赵王武臣之将韩广徇燕，称燕王。周市至魏，迎魏公子咎为魏王。过不多时，陈胜、吴广、武臣都被他们的部下所杀，张耳、陈馀便立赵歇为赵王。那时项梁率兵渡江攻秦，刘邦、英布等兵都属他，范增劝他求立楚后以维人心，遂立楚怀王孙心为怀王，建都于盱眙。韩人张良又劝项梁立韩后，梁使良立韩公子成为韩王，并令西略韩地。至此六国之后皆立，反秦的声势乃不可一世了。

范增见项梁，劝他立楚后。他说："陈胜首事，不立楚后而自立，其势不长。今君起江东，楚蜂起之将争附君者，以君世世楚将，为能复立楚之后也。"于是项梁乃求得楚怀王的孙心于民间——那时已沦为牧羊儿了——因立为王，仍取祖谥为号。

但章邯既大破周文，遂乘势攻魏。魏求救齐、楚。齐、楚赴救不利，齐王田儋、魏王咎和周市都败死。于是儋子市复立为齐王，咎弟豹复立为魏王。项梁西进，连破秦兵，乃渐骄，不为备，后与章邯战，败死。楚怀王遂徙都彭城。邯进围赵王歇于巨鹿。怀王任宋义为上将，项籍为次将，使救赵；又别遣刘邦伐秦以牵制邯。宋义逗留不进，籍便借此杀义，夺其兵而西，与邯大战于巨鹿城下。大破秦军，邯和别将司马欣、董翳等俱降。籍遂为诸侯上将军。（项籍大破章邯）

二世三年[1]，赵高见秦军日却，境内已乱，恐怕因此得罪，便弑害二世，改立他的侄子公子婴。公子婴即位之后，立诛赵高，后称秦王，希冀挽回危亡。但大势已去，仅仅四十六日，刘邦的兵已打入峣关，进至霸上了。不得已，只好素车白马，面缚出降。项籍随后赶到，只索把公子婴杀死，连咸阳也付之一炬。于是秦朝的天下便从此告终了。（赵高弑二世）（刘邦的入关受降与项籍的烧毁咸阳）

秦亡之后，项籍便成了唯一的巨头。在他操纵之下的有一帝国，一霸国，十八王国。

① 公元前二〇七年。

⊙《阿房宫图》(局部)〔清〕袁江

秦亡之后，项籍大行封赏，表示自己的威力。当时尊楚怀王心为义帝，徙于郴，为名义上的帝国——后为籍所除。籍自立为西楚霸王，为事实上的领袖。余外十八王国：

汉——刘邦	雍——章邯	塞——司马欣
翟——董翳[①]	常山——张耳	代——赵王歇
齐——田都	济北——田安	胶东——田市[②]
燕——臧荼	辽东——燕王韩广	魏——魏王豹
殷——司马卬	韩——韩王成	河南——申阳
九江——黥布	衡山——吴芮	临江——共敖

楚汉相争与项氏败亡

但刘邦的野心并不下于项籍，所以事实上竟是一楚汉相争之局。原来群雄共起亡秦的时候，本有约在先，只要哪个先入关

① 以上三国，即秦之故地，故合称三秦。
② 以上三国都是齐后，故合称三齐。

中，便把那里给他，做王封的采地。刘邦先入，项籍忌他，故意改封汉中，而自立为西楚霸王，东都彭城。因此，楚汉间的嫌隙日深，战祸便不能自已。前后用兵五岁，那些强有力的诸侯多有背楚归汉，出力帮刘邦的人，所以到得汉王五年[①]，西楚的霸王终于败死，汉王刘邦便也学着秦朝，自称皇帝了。这便是汉高帝。

汉高帝初年，封韩信为楚王，黥布（即英布）为淮南王，彭越为梁王，张耳为赵王，韩公孙信为韩王，卢绾为燕王，吴芮为长沙王。这些接受新封的人，大多是当时背楚归汉的有力者。

① 公元前二〇二年。

第十二讲　汉初的事变

颁定朝仪与杀戮功臣

汉高帝初由平民发迹，起始还把除秦苛暴来做开国的新政[①]，但不久便定朝仪，仍从同一的模型里脱出帝王面目来。

> 汉高帝见诸将争功，竟拔剑击柱，乃令叔孙通[②]定朝仪。通本陋儒，便杂采秦制，务取尊君抑臣的精神，撰定上奏。一日，试行新仪，群臣依序参列，没有一个敢凌乱喧哗的。高帝叹道："吾乃今日知为皇帝之贵也！"这话的背面，很可看出那时的志得意满，早就忘了从前的平民生活了。

然而他所以能够得位，全仗当时强有力者的帮忙，为要有求于人，更不能不因功分封。这种急则求人的办法，当然只是假装慷慨，他的心里，终恐异姓太强，将来会得受祸的。

> 汉欲得人相助，自不能不裂土给人，假装慷慨。我们只看楚、汉约分天下以后，汉先背约，韩信、彭越便不应召出兵，已可见到一斑。后来他听了张良的计划，许将来把楚地加给齐王韩信，把梁地封给彭越，于是两人都将兵赶来，共

① 刘邦初入关，与父老约法三章，"杀人者死，伤人及盗抵罪"而已，把秦朝的苛政悉数除去。

② 叔孙通，薛人，初拜博士，继为奉常，陟太子太傅。

把项氏灭掉。更可见那时的踵行封建，真是不得已的办法，哪里是汉王的本心！

所以他竟放出辣手，在前后八年之间，杀韩信、彭越，逼反黥布，驱除公孙信，废除张耳之子敖，卢绾也亡入匈奴，把从前曾共患难的异姓功臣，几乎灭个干净，只有一个长沙王吴芮做了当时仅存的硕果。

⊙韩信

当他陆续废黜异姓的时候，便把自己的子弟陆续分封出去，接管土地。封地以外的地方，仍设郡县，直接中央。以为这样一转移间，便得彼此相维，可以措一家的天下于磐石之安了。所以他竟宰杀白马，告天立誓，把“非刘氏而王，天下共击之”的心事，明明白白地宣布一个痛快。可是权利所在，实在禁不住人家的觊觎，即使异姓不敢图谋，自己一家人也尽许会发生骨肉相残的恶剧的。我们且看他身后的变幻罢，便很可看出为一家计算的破绽了。

分封子弟

高帝既擒废楚王韩信，便以其地分作荆、楚二国，封从兄贾为荆王，弟交为楚王，又封弟喜为代王，子肥为齐王[①]。公孙信降匈奴后，连兵攻至晋阳，喜逃归，便把他废掉，改封子如意为代王。赵王后张敖坐废，便徙封代王如意为赵王，别封子恒为代王。梁王彭越被杀，便分其地为梁和

① 后文的齐王襄便是他的儿子。

淮阳，封子恢为梁王，友为淮阳王。淮南王英布反，攻杀荆王贾，及事平，便封兄子濞为吴王，把荆国并入，子长为淮南王。燕王卢绾亡入匈奴，便封子建为燕王。终高帝之世，刘氏王者九国。

高帝死，他的儿子刘盈即位，便是惠帝。惠帝性仁懦，而诸侯王又都幼弱，所以那时的局面还得相安于无事。后来惠帝死，

诸吕的用事

吕太后称制临朝，以吕台、吕产将南北军，诸吕俱居中用事。未几竟背“非刘不王”之盟，封诸吕为王[①]。刘氏多不平，然也奈何他不得，其后吕太后死，诸吕欲为变，齐王襄发兵于外，太尉周勃等奋起于内，遂杀吕产、吕禄，尽诛诸吕和吕太后所立的少帝。于是迎立高帝子代王恒，便是文帝。文帝即位后，诸侯王已渐次壮大，每见骄恣。吴王濞尤失态，招致郡国亡命，反迹日显，文帝始终优容他，得无事。及淮南王长以谋反废徙

贾谊、晁错的“削弱诸侯论”

死，遂用贾谊的建议，分封诸侯子弟来分散他们的实力。但因袭的势力已成，竟也没法消弭他们的野心了。其时太子家令[②]晁错也屡次上书，请削弱诸侯，但文帝终于不从。

贾谊的建议是要“众建诸侯而少其力”，实施此法，乃欲令“分地众而子孙少者，建以为国，空而置之，须其子孙生者，举使君之”。恰好那时淮南王长以造反废徙而死，而齐王襄也病死无嗣，便得先把这两国一试。当即分淮南为三，以长子安为淮南王，勃为衡山王，赐为庐江王；分齐为六，以襄弟将闾为齐王，志为济北王，贤为菑川王，雄渠为

① 封吕台为吕王，吕产为梁王，吕禄为赵王，吕通为燕王，吕后之假孙太为济川王。

② 太子家令，是太子府属官的领袖。

胶东王，卬为胶西王，辟光为济南王。于是淮南和齐便大加割裂了。

吴楚七国的反抗

后来景帝（文帝子刘启）即位，大用晁错，使为御史大夫。晁错的主张，比贾谊更进一步，竟硬用天子的权力来削诸侯的领地。他说："削之亦反，不削亦反。削之，其反亟，祸小；不削之，其反迟，祸大。"所以景帝三年[①]，上一举手便削了楚、赵、胶西三国不少的地方。吴国的反谋已蓄了三十多年，到这时恐"削地无已，行将及己"，于是不能再耐，便和济南、菑川、胶东、胶西、楚、赵六王一同举兵反起来了。他们举兵的口实，却为要驱除晁错，扫清君侧。吴相袁盎与错有怨，便借端向景帝说："方今计，独有斩错，发使赦吴、楚七国，复其故地，则兵可毋血刃而俱罢。"帝乃斩错于东市，便使盎谕吴，谢七国，令各罢兵。吴王竟不奉诏。帝没法，只得坚决用兵。

周亚夫的戡定七国

当时吴、楚两国西攻梁[②]，济南、菑川、胶东、胶西四国共围齐[③]，赵也发兵入齐西界。声势浩大，一时大震。景帝派将军郦寄击赵，栾布击齐，太尉周亚夫将三十六将军击吴、楚。吴、楚的兵最轻剽，难与争锋，亚夫便暂不救梁，却向东北移扎昌邑，遣轻骑出淮泗口，绝断吴、楚的粮道。吴、楚攻睢阳[④]不克，攻亚夫又不胜，粮尽只得退兵。亚夫乃遣兵追击，乘势大胜，打破敌众。吴王逃到东越，为东越所杀；楚、赵、胶西、济南、菑川、胶东诸王侯都自杀；齐王惧前情泄露，也饮药死。

汉廷的摧抑诸侯

从此以后，汉廷便"摧抑诸侯，不得自治民补吏"，实权竟落在国相的手里，一国几乎等于一郡。那些侯王自然削弱无

① 公元前一五四年。

② 梁王武是景帝的同母弟，故首当其冲。

③ 齐王本与四国通谋，后来反悔，城守拒敌，故四国围攻他。

④ 当时为梁都。

权[①]，小有挫失，黜爵除国的处分便跟着发表了。这便是郡国并称的由来，也便是封建制度反动的结果。

> 秦灭六国，徙豪族于咸阳，本有防止六国死灰复燃的深意。但六国的遗民刺激受得太深，往往不能忘情于复仇。所以项氏起兵，便顺着六国的余势，为他们立后，一面用来维系各地的人心，一面攻击秦朝把持的罪恶。当时四起响应的，都揭此旨，自然不能不故示推诚，与共爵赏，于是封建复活了。后来由楚、汉战争之局转入汉的统一，宜乎不行封建了。但汉初得国，既全仗当时的封君之力，似乎不便即去；而且他以为秦亡太速，或者由于孤立，封建也似乎有恢复的必要。所以异姓诸国虽被杀，而自己的宗亲却陆续出来接代了。直至七国乱后，这已死的制度终于难扶起了，于是封国与外郡相当，实际上国君不负责任，一切由国相主持，而国相的黜陟，权操于中央，与郡守无异。所以郡国并称。

① 当时王国的体制大衰，土地削弱，官属减少，非复昔日可比，而诸小国的列侯，也多留置京师，不使就国。

第十三讲　黄老之治与儒家独尊

黄老派得势的原因

从战国到秦初，已经过几百年长期的战乱。秦始皇统一中国，不知与民休养，又造成楚汉分争的局面。汉既定天下，应该与民休养了，但又为了诛灭功臣，连年用兵，简直使百姓没有安定的日子。到了惠帝时拥兵叛变的功臣已次第削平，百姓新免战乱之苦，休养生息，乃成为社会上一致的、迫切的要求，于是主张“清静无为”的黄老派[①]在政治上大占势力。

黄老派在政治上的势力

惠帝初年，曹参做齐国丞相，用黄老术治齐国，很有成绩。相国萧何死，以参继任。参做相国四年，仍用治齐国的老方法，居然博得百姓的讴歌。

> 曹参于惠帝元年[②]做齐国的丞相。他闻得胶西有一个叫作盖公的，专研究黄老学说，便派人请他，问他怎样可以安辑齐国的百姓。盖公对他说：“治道贵清静而民自定。”他听了盖公的话，做齐国丞相一年，齐国大治。既代萧何为相国，一遵萧何遗法，无所变更。他自己天天和僚属们饮酒取乐。惠帝怪他不做事，他却说：“高帝和萧何已经把法令都定好了，陛下可垂衣拱手无为而治；我们但遵守职务，没有过失，也就好了。”后来他死了，百姓便这样地讴歌：“萧

① 道家祖述黄帝、老子，故称道家为“黄老”。
② 公元前一九四年。

何为法，顜若画一；曹参代之，守而勿失。载其清静，民以宁一。”

文帝即位，新遭诸吕之乱，他便专意于休养生息，提倡俭约，以身作则。

汉文帝做廿三年皇帝，宫室、苑囿、车骑、服御，都没有什么增益。有一次，他想筑一露台，召工匠估价，须费一百金。他说：“百金，可抵十家普通人家的家产了，那是不应该做的！”他自己穿着极朴素的衣服。他所宠幸的慎夫人，衣长不到地，帷帐不加绣。像这样提倡俭约以身作则的皇帝，在历史上确是很难得的。

他的皇后窦氏，最相信黄老派的主张。文帝崩，景帝即位，窦氏为皇太后。当时有一位代表儒家的辕固生，为和代表道家的黄生争论汤武革命，触怒窦太后，几乎把性命都送掉[①]。即此一端，已可见当时黄老派占有无上的势力了。

汉景帝时，辕固生以研究《齐诗》做博士官，和黄生争论：辕固生依据儒家理论，主张汤武诛桀纣是受天命而革命；黄生则以为是弑君而不是受命。窦太后好道家言，便召辕固生到豕圈里去刺豕，几乎把性命送掉。详可参阅《史记·儒林列传》《汉书·儒林传》。

黄老派的政治主张，简单点说，就是：“扫除烦苛，与民休

① 此处讲述不太准确。辕固生触怒窦太后，是因为他当面贬低《老子》一书。——编者

黄老之治的成绩

息。”文帝更加之以俭约；景帝守文帝遗法，不事纷更。故终文景之世，府库余财，仓廪积粟，刑罚简省，风俗醇厚。后来史家，往往把汉之文景比于周之成康。这不能不说是黄老之治的成绩。

儒家的潜势力

当黄老派得势时，儒家的势力也正在暗暗地发展。本来儒家的理论，做帝王驭民工具最为适宜。

> 梁启超说：“唯孔学则严等差，贵秩序，而措而施之者，归结于君权。……于帝王驭民，最为适合，故霸者窃取而利用之以宰制天下。”这几句话，把历来君主尊重儒家的原因，说得最明白透彻。

所以“儒冠溲溺”的汉高祖，得了天下，不能不请儒者叔孙通定朝仪。后来他过鲁国，还要用太牢祀孔子。

> 汉高祖出身是一个无赖，所以他根本看不起儒者。楚汉相争时，有戴了儒冠去见他的，他便把那儒冠取过来撒尿。但后来他做了皇帝，因为那些武臣不懂得礼貌，便请儒者叔孙通来，定下了群臣朝见皇帝的仪式。他末年因讨英布过鲁国，又用太牢祭孔子。

文帝时儒家的经典如《论语》《孝经》《孟子》《尔雅》，都置博士。

> 博士一官，始于六国之末。他的职务是教授及课试，颇有点像现在的大学教授。秦时，诸子百家，各立博士。汉初也是这样。汉文帝才开始把儒家经典分别置博士，以便专门教授。当时《论语》《孝经》《孟子》《尔雅》都置博士。但

其他诸子传记，还是照常传授，并不限制。详可参考王国维《汉魏博士考》。

黄老派衰儒家独尊

不过那时候务在休养生息，儒家所视为最重要的制礼作乐，一时还谈不到。所以贾谊劝文帝改正朔，易服色，定官制，典礼乐，文帝谦让未遑。到了武帝（景帝子刘彻）即位，已经过几十年的长期休养，同时州郡制已经完成，中央政权非常巩固。时代的变迁，使主张“清静无为”的黄老派无法维持其政治上的权威。武帝又是一个雄才大略的君主，他知道儒家可利用以统治当时的人心，便断然地罢黜百家，独尊儒术。

罢黜百家表彰六经

武帝即位的第一年[①]，下诏举贤良方正直言极谏之士，于是董仲舒对策[②]，请表彰六经[③]，罢黜百家。

⊙董仲舒

董仲舒小时候就研究《春秋》，他纯粹是一个儒者。他对策中最紧要的话是：“《春秋》大一统者，天地之常经，古今之通谊也。今师异道，人异论，百家殊方，指意不同，是以上亡以持一统，法制数变，下不知所守。臣愚以为诸不在六艺之科、孔子之术者，皆绝其道，勿使并进。邪辟之说灭息，然

① 公元前一四〇年。

② 汉时考试，发策以问，使应考者对之，叫作“对策”。

③《诗》《书》《易》《春秋》《礼》《乐》，叫作“六经”，《乐》久亡，所以现在只剩五经。

后统纪可一，而法度可明，民知所从矣。”

武帝听了他的话，凡不在六经范围的诸家学说，一律罢黜。其后又专立五经博士，置弟子员；通一经以上者补官职。当时如公孙弘、兒宽等，都以布衣做到卿相。从此以后，儒术为学者进身的途径，经义为帝王驭民的工具，而儒家独尊的局面亦遂大定。

汉武帝专就儒家的经典（五经）立博士，其余诸家传记一概罢黜。又特为博士置弟子五十人（其后人数大增）。博士专授一经，博士弟子专受一经（但后汉以后，则博士兼授五经，博士弟子亦兼受五经了）。详见王国维《汉魏博士考》。

但有一层我们应该知道的：当黄老派得势时，治申韩（法家）之学者，未始没有相当的地位。同样的，在儒家独尊时代，学黄老、申韩之术，甚至治纵横家言、读杂家书的，也未尝绝迹。

当黄老派大占势力时，治申韩之学者也有登用之机会。景帝时的晁错，便是一例。武帝以后，儒家独尊之局已定。但观《前后汉书》，如杨王孙、耿况、矫慎，皆学黄老。路温舒、于定国、郭弘及其子躬、阳球都好刑名之学。主父偃、邹阳、徐乐、严安、聊苍等，都治纵横之学。田蚡及淮南王安，又治杂家之学。不但如此，号称儒者的董仲舒、高相、京房、翼奉等，喜谈阴阳灾异，实带有浓厚的古代阴阳家的气息。又董仲舒以《春秋》断狱；张汤做廷尉，用治《尚书》《春秋》的博士弟子做廷尉史，以便解决疑法：那简直以儒为表，以法为里了。

儒由九流之一一跃而为百家之宗

不过武帝以前，诸家学说，可以并行不悖。譬如：研究申韩学说的也有用世的机会，不必借黄老术作进身之阶。武帝以后，研究黄老、申韩甚至纵横、杂家之学的，都先要读儒家经典，取得“儒者”资格，然后有进身的机会。所以武帝以前，儒不过九流之一，武帝以后，儒便为百家之宗。这是一个大转变，应当特别注意的。

第十四讲　汉武帝的功业

汉武帝是一个雄才大略的君主。他做皇帝时正值汉朝全盛时代，社会经济的稳定，中央政权的巩固，一切伟大计划容易实现。所以他的一生事业，远驾文、景两帝之上。现在先把武帝开拓疆土的成绩，略述如下：

（一）伐匈奴　匈奴在秦末汉初，乘中国内乱，重又占了河套地方。汉朝以匈奴一时难于征服，一味想软化他们，子女玉帛，任其所欲，但匈奴和汉朝还是时战时和，不很亲善。武帝即位，先后遣大将卫青、霍去病征伐匈奴，收复河套地方，开立朔方郡。后来匈奴西边的昆邪王来降，汉又开了武威、酒泉、张掖、敦煌四郡。从此匈奴只得另找发展地方，沙漠以南没有他们的王庭。　伐匈奴

（二）通西域①　西域诸国去汉甚远，武帝想和西域的强国月氏②夹击匈奴，特派张骞到月氏，但不得要领而回。张骞又建议招西域的乌孙人来住在武威等四郡地方，以分散匈奴的势力，武帝又派他到乌孙去。乌孙人不肯来，而跟他去的副使，却引了其他诸国的使者回来。于是武帝一意要通西域，一年之中，　通西域

① 西域之名，起于汉时，指敦煌以西诸国而言。后来史家，常用西域以指西方诸国。

② 月氏本居甘肃山谷间。汉初为匈奴所逼，西走至阿姆河，征服大夏，都于河北。全盛时奄有印度河流域、克什米尔、阿富汗及葱岭东西之地。氏，亦读为支。

总要派十几批使者出去。后来又用兵征服西域的楼兰、车师、大宛等国。从此西域诸国都怕汉朝的兵威。

张骞，汉中人。建元中为郎，应募使月氏，经过匈奴被扣留十多年，但终得乘间脱逃，到大宛，大宛派人送他到康居，康居又派人送他到月氏。当时月氏已征服大夏，对匈奴没有报复的意思，遂不得要领而回。回来又被匈奴扣留，住了一年多，才逃回中国。他从出使到回来经过十三年光阴，真是艰苦备尝！后来他又奉命到乌孙，并分遣副使到大宛、康居等国。他以功封博望侯。后来他死了，派到西域去的使者还是用“博望侯”的名义以取得西域人的信任。

⊙《张骞出使西域辞别汉武帝图》（局部）（敦煌壁画摹本）

平两越

（三）平两越 两越，是指南越和闽越而言。南越本是秦朝桂林、南海、象三郡的地方。汉初，赵佗据南越，渐不受中国约束。武帝时，佗的孙子想来归附汉朝，被他的臣下所杀，武帝就借此出兵讨平南越，分其地立南海、苍梧、郁林、合浦、交趾、九真、日南、珠崖、儋耳九郡。闽越是秦朝的闽中郡。秦末，有名无诸的，因参加灭秦的战争有功，受汉封为闽越王。惠帝时又封无诸的后代为东瓯王。武帝时，闽越攻东瓯，又攻南越，两处先后求救于汉。武帝出兵攻闽越，有馀善杀其王郢投降，乃罢兵。后来馀善又反，武帝遂灭闽越。因地方多山，容易作乱，就把这一带的人移到江淮间。从此广东、广西及福建就永远入中国版图。

（四）通西南夷　西南夷一向不和中国交通。武帝时唐蒙奉使南越，南越人请他吃蜀产的枸酱，因而知道蜀和南越中间隔着一个夜郎国，回来便建议通夜郎以制南越。武帝就使唐蒙通夜郎，结果在夜郎地方置了一个犍为郡，后张骞使西域归，说起在大夏看见蜀产的布和邛杖，问其来历，乃从身毒运来的；因此知道由蜀道通西南夷，一定可通身毒，而由身毒通西域较为便当。武帝乃决心收复西南夷，用了种种方法去买服西南夷的土酋，又用兵攻破且兰，以其地为牂牁郡。于是西南夷都很恐惧，愿臣服中国，汉又增设越巂、沉黎、汶山、武都等郡。后又灭滇，设益州郡。从此四川西境及云南、贵州也入中国版图。

通西南夷

（五）灭朝鲜　朝鲜建国，相传始于周武王时，战国时臣属于燕。汉初，燕人卫满袭朝鲜，逐其王而自立。武帝时朝鲜王右渠（卫满的孙子），因招纳汉朝逃亡的官民，又杀汉辽东的官员，武帝遂发兵讨伐，把朝鲜灭掉，分其地设乐浪、玄菟、临屯、真番四郡。于是朝鲜及辽宁东部都归入汉朝版图。

灭朝鲜

武帝对外既开拓疆宇，对内则广开漕渠，以利农田转运。大兴宫室，以树统一帝国的规模。但为急于实现他的伟大计划，需用浩繁，财政不免要竭蹶起来，因此新增了许多苛捐杂税，又定买官赎罪之法。当时大臣如桑弘羊等专讲聚敛之术；又佐以张汤等酷吏，遂使民怨沸腾，盗贼四起。他又事巡狩，行封

汉武帝的对内政策

巫蛊之祸与轮台之诏

禅，好神仙，遂使燕、齐一带的方士都聚在京师，酿成“巫蛊[①]之祸”。

武帝信神仙，所以方士都聚在京师。征和元年[②]，武帝在宫中恍惚见一男子带剑入宫，命卫士搜捕不获，他非常惊疑。当时女巫往来宫中，教宫女埋木人祭祀，以为可以免灾难。武帝尝梦见有木人数千执杖要打他，惊醒，便害起病来。先是武帝的皇后卫氏生子名据，立为皇太子，但武帝不很宠爱他。有赵国人江充，为武帝所信用，充尝因事得罪太子，见武帝年老，恐怕一旦死了，太子做了皇帝，便会记起旧恨，把他杀掉，他就对武帝说：“陛下的病，一定是巫蛊在那里作祟。”武帝叫他去调查，他就在宫里到处搜掘，甚至皇后太子的床下都掘到。扬言在太子宫里掘得木人最多，将据实报告皇帝。太子非常恐惧，就听少傅[③]石德的话，把江充杀掉，并请皇后发兵自守。武帝在病中，听到消息，以为太子造反，命丞相刘屈氂领兵击太子，太子兵败，逃匿民家，皇后自杀。后太子被人发现，亦自杀。那是征和二年的事。过了几时，武帝觉得太子冤枉，杀江充家属，在太子逃亡的地方筑思子宫，又筑归来望思之台。然而已经无及了。

到末年他悔悟了，罢斥方士，又下“轮台之诏”痛陈已往的错误，要从此休兵息民，与天下更始。然而他已经老了！

武帝征和四年[④]，因桑弘羊劝他募民往垦轮台，并筑亭

① 巫师以邪术害人，叫作“巫蛊”。
② 公元前九二年。
③ 少傅，是辅导太子的官。
④ 公元前八九年。

障以威命西域诸国，他便下诏说："前有司奏，欲益民赋三十助边用，是重困老弱孤独也。而今又请遣卒田轮台，轮台西于车师千余里，前开陵侯击车师时……降其王……道死数千人……乃者贰师败[①]，军士死略离散，悲痛常在朕心。今请远田轮台，欲起亭隧，是扰劳天下，非所以优民也。今朕不忍闻！……当今务在禁苛暴，止擅赋，力本农，修马复令[②]，以补缺，毋乏武备而已。……"这一道恳切的诏书，后人称为"轮台之诏"。

① 征和三年，贰师将军李广利败，降匈奴。

② 汉文帝时，令民有车骑马一匹者，复卒三人，叫作"马复令"，是奖励人员养马以免徭役的法令。

第十五讲　外戚专权与新莽篡国

西汉外戚势力的一斑

汉初，外戚吕氏专权，卒酿成诸吕之乱。武帝晚年，鉴于过去吕氏的专横，为要免去母后专政的恶习，竟把太子弗陵的生母无罪处死。

> 武帝将立其幼子弗陵为皇太子，鉴于过去吕氏的擅权，便把弗陵的生母赵氏杀掉。他以为："往古国家所以乱，由于主少母壮，女主独居骄蹇，淫乱自恣，故不得不先去之。"

但他任用外戚卫、霍二氏，使据要职，已种下外戚专权的祸根。

> 武帝在他的姊平阳公主家赏识一个歌女卫子夫，入宫，拜为夫人，生子据，遂立为皇后，以据为皇太子。后弟卫青，以战功拜大司马、大将军，封长平侯。后姊嫁霍氏[①]，其子去病，亦以战功拜大司马、骠骑将军，封冠军侯。当时卫、霍两家，声势煊赫。后来霍去病、卫青都死了，卫皇后和太子据因"巫蛊之狱"自杀，卫氏骤衰。武帝病危时，以霍去病的异母弟光为大司马、大将军，受遗诏辅政。从此大

---

① 卫子夫的姐姐卫少儿与霍仲孺私通生下霍去病，后霍仲孺还家娶妻，卫少儿并未嫁给霍仲孺。——编者

司马、大将军永远为外戚辅政的位置，而霍氏亦从此兴盛。

武帝崩，霍光受遗诏辅昭帝（武帝少子刘弗陵），大权独揽者二十年。昭帝崩，无子，霍光迎立武帝孙昌邑王贺。贺荒嬉无度，霍光又把他废掉，迎立武帝曾孙病已，是为宣帝。当时外戚威权已远过皇室。宣帝即位的第六年，霍光死了。不久，霍氏就遭了灭门之祸。

⊙霍光

霍光既废昌邑王贺，迎立宣帝，霍氏势力远过皇室。宣帝在未做皇帝时，已对于声势煊赫的霍氏有些不平，不过他得做皇帝是出霍光的主张，政权又在霍光手里，对霍光不得不加以相当的尊敬。霍光的妻显，是一个骄横的妇人，她曾用计毒死许皇后，把自己的女儿给宣帝做皇后。霍光死了，显更骄奢无度。光的儿子侄孙等都做大官，但都靠先人余业，一味骄奢自恣，不知敛迹。宣帝既自亲政事，对霍氏不免要稍加制裁，霍显等遂有逆谋。事情发觉，霍氏全家被杀。

但宣帝又引用外戚许、史二氏以代霍氏。

宣帝生长民间，受掖庭令[①]张贺抚养，贺为娶昌邑人许光汉之女为妻，感情很好。及即皇帝位，就立许氏为皇后。许皇后后为霍光妻用计毒死。霍氏败，宣帝以许后的叔父延寿为大司马、车骑将军，辅政。宣帝又引用祖母史氏的子弟。于是霍氏虽败，而许、史二氏又复登用。

宣帝病危时，命他的表叔史高[②]做大司马、车骑将军，和萧望之等同辅元帝（宣帝子刘奭）。史高本是一个庸碌的人。当时宦官弘恭、石显，在宣帝朝已掌着重要的职务，见史高庸碌可欺，就百般地和他勾结。又进谗言把萧望之杀掉。于是外戚专权更一变而为外戚与宦官互相勾结专制朝政的局面。元帝崩，成帝（元帝子刘骜）即位，罢黜石显（那时候弘恭已先死了），但又专任外戚王氏。

元帝后王政君（元城人），生成帝。成帝即位，后为皇太后。太后弟凤为大司马、车骑将军，领尚书事。免石显官。后以凤专录朝政，封凤弟崇、谭、商、音、根、逢时皆为列侯，于是大权全落于王氏。

他的元舅[③]王凤及凤弟音、根、商，相继专政。后来王根因病免官，又以根的从子莽做大司马。王氏父子五代相继掌握政权者二十多年，内有太后做奥援，外有门生故吏作声势，已根深蒂固，牢不可破。成帝崩，哀帝（元帝庶孙刘欣）即位，用外戚丁、傅二氏，王氏暂遭罢黜。

① 掖庭令，以宦官为之，掌后宫贵人采女事。
② 史高是宣帝祖母的哥哥的儿子，于宣帝为表叔。
③ 皇帝的舅称“元舅”。

> 元帝昭仪[1]傅氏，有宠，生子康，封定陶王。元帝崩，昭仪随王归国，称定陶太后。康卒，子欣嗣为定陶王。成帝无子，欣以犹子的资格立为皇太子。成帝崩，欣即位，是为哀帝。尊傅太后为定陶恭皇太后，尊母丁姬为定陶共王后。（后又尊丁姬为帝太后，傅太后为皇太太后。）当时傅、丁二家势力很盛，王太后便叫王莽辞大司马职，以避其势。傅太后卒，哀帝始亲政事，但丁、傅子弟布满朝廷，帝又宠任嬖人董贤，叫他做大司马，朝政紊乱已极。帝崩，王氏又复专政。

及哀帝崩，王太后遣使者召王莽，莽遂用太后诏收皇帝玺绶，迎立元帝的孙子刘衎，是为平帝。平帝年仅九岁，王太后临朝听政，王莽为大司马领尚书事，于是大权全归王氏。

王莽的家世及其登用事迹

王太后兄弟八人，独弟曼早死，莽便是曼的儿子。当时王氏一门有五侯十大司马，贵盛无比，所以子弟大都以奢靡相尚。莽独谨慎恭俭，有儒者的风度。王凤病，莽侍奉汤药，几个月衣不解带，凤临死时特别嘱咐太后提拔莽，因此莽得封新都侯，稍迁为宿卫之官。王根以病免官，荐莽自代，莽遂一跃而为大司马。哀帝时，丁、傅专权，莽罢官归第。哀帝

⊙王莽

① 昭仪，妃嫔称号。元帝所立，位同丞相，爵比诸侯王。

王莽篡汉的动因

崩，莽重执国政，平帝年幼，大权都在他手里。王莽素抱政治的野心，又鉴于过去专权的外戚，一旦势力衰微，动遭灭族之祸，为要实行他的政治主张，并保全他的宗族起见，不得不想法把汉朝的天下篡夺过来。但当时儒家学说统治中国的思想界已久，“刘氏为帝尧之后，受命于天”的话，差不多没有人敢怀疑，莽欲夺刘氏政权，非同样把儒家的经典附会起来，以作王氏代汉的根据不可。

汉儒往往在经书中牵强附会，说孔子作《春秋》是为汉朝制法；又说刘氏系出于帝尧，不是普通匹夫所可比拟。凡可以巩固刘氏政权的，无所不用其曲解。例如，当时盛行的纬书中说，“孔子……知汉当继大乱之后，故作拨乱之法以授之”(《春秋纬·演孔图》)，以作刘氏受命于天的证据。又《左传·文公十三年》传，添入“其处者为刘氏”的话，作为刘氏是帝尧后代的证据。

王莽的矫饰

于是他竭力谦恭下士，先取得一般人的信仰，又和刘歆勾结，提倡古文经学，暗以周公自比。

汉朝经学分两大派：汉武帝以来，博士们所教授的经，因为文字是用当时通行的文体写的，故称为“今文学”。刘歆所提倡的《周礼》《毛诗》《左传》，相传是用古籀文写的，故称为“古文学”。今文学宗孔子，古文学宗周公。

平帝病，莽便仿周公作策请命于泰畤[①]，愿以自己的生命作替代。平帝崩，无子，时元帝的后嗣已绝，而宣帝的曾孙却有

① 祭天神“泰一”的地方。

数十人，照例可以选一人立为皇帝，但莽因为他们年纪都已大，便借口于“兄弟不得相为后”，主张在宣帝的玄孙中选立一人。在未选定以前，他仿周公辅成王故事，以安汉公的名义，居摄践祚，号为“假皇帝”。既而选定了宣帝的玄孙婴，年仅二岁，立为皇太子，号称“孺子”。不到一年，有梓潼人哀章，造铜匮为两检[①]，假托汉高祖灵献给王莽，莽遂自称受汉高祖的禅让，即真天子位。废孺子婴为定安公，改国号为新，改年号为始建国。那时候是公元八年，距前汉建国凡二百十年。

从假皇帝到真皇帝

① 古书函用绳检之，然后填以泥，题字其上而印之，像现在用火漆之法，叫作“检”。

第十六讲　汉室的再建

前汉末的社会现象

王莽夺取汉朝，大半是为实行他的政治主张。那时候，社会上贫富不均的现象更加厉害。推究原因，完全是大地主和豪商拼命剥削百姓，弄得百姓生计艰难，流亡四处。那些地主豪商又大都与当时的诸侯王发生关系，势力很大。汉朝厉行重农轻商政策，想限制商人兼并农田，但结果却适得其反。

> 文帝时，晁错上疏说："今法律贱商人，商人已富贵矣；尊农夫，农夫已贫贱矣。"可见当时重农轻商的政策，没有什么成效。详可参考《汉书》卷二十四《食货志》。

新莽的社会政策

对于大地主和地主式的封主（诸侯王），更没有方法去限制他们对农民的榨取。王莽做了皇帝，便取断然的处置：下令没收农田为国有，改名"王田"，不准私相买卖。如一家男丁不过八口而私田过一井的，须得把余田分给亲戚邻里。男丁应受田而没有田的，依照规制，给他田种。又立五均、司市、泉（钱）府等官。一年四季，每逢第二个月，由司市官规定物价标准。商人售剩的货物，由五均官用平价收买，待市场缺货时，仍用平价卖出。人民有正当用途要借钱的，泉府官处可以出借，按月只取息百分之三。又因盐、铁、酒及冶铸、伐木、开矿、畜牧、渔猎、借贷等事业，或是有关国民生计的，或是容易被人垄断的，一律收归国家办理，不许私人经营。这样一来，大地主、

⊙新莽铜诏版（右）及拓本（左）

新莽失败的原因

豪商都受了致命打击，自然要引起极大的反动了。加以王莽手下没有许多能尽心竭力替他推行新法的人，只有刘歆等几个儒生，一味讲究六经，模仿古制，对于吏治方面无暇顾到，任凭那些贪官污吏收受贿赂，暴虐百姓。

> 王莽事事学古：他所发的诏诰，常用《尚书》文体，使人很难了解。甚至于官制、地名，也要依据经文或古来的传说来改；又屡次变更，使人无所适从。又把当时通用的而且轻重比较合度的“五铢钱”废弃，模仿古制更作“宝货”，凡五物、六名、二十八品；其后又屡次变更，以致民间流行为难，偏僻之区，甚至以物品相换。凡此，都是务虚文不顾实际，也是王莽失败的重要原因。他又迷信“制度一定，则天下自平”，所以一意讲究六经，尽力于制礼作乐，把日常的例行政务也有抛荒不理。甚至于县宰出缺，数年不补，任凭郡守兼理。又以制度未定，官吏得不到俸禄，大都靠贿赂以自给。因此吏缘为奸，民受其虐。

一般平民，对于新政的好处本来不很明白，受了地主豪绅的反宣传，加以贪官污吏的暴虐，不免要发生误会，引起乱子。因此，建国未久的新朝，终于被代表大地主的刘秀所打倒。

刘秀，南阳郡蔡阳县人。他的五世祖发，是汉景帝的儿子，封长沙王，传到他手里，还有不少田地。当时南阳饥荒，但刘秀却有不少租谷到宛县去粜。即此一端，已可证明他确是一个大地主了。

刘秀的起兵与汉室重兴

王莽末年，盗匪蜂起，但大都聚众劫掠，并无政治上的野心。地皇三年[①]，汉宗室刘縯和其弟秀在舂陵起兵，和新市、平林两股盗匪会合，拥戴汉宗室刘玄为更始皇帝，声势渐大。

王莽天凤四年[②]，新市人王凤、王匡等起兵，初藏绿林山[③]中，号“绿林兵”。其后分为两支，一向南郡，号“下江兵”，一向南阳，号“新市兵”。新市兵攻随，平林人陈牧聚众千余人起来响应，号“平林兵”。汉宗室刘玄亦在其中。玄初号“更始将军”，后称“更始皇帝”。

莽发大兵四十万，和刘秀战于昆阳，莽兵大败。于是各地纷纷响应汉兵。明年，汉兵入京师，莽被乱兵所杀。新朝建国凡十五年而亡。那时候天下大乱，汉室新兴，百姓颇希望更始有所建立，但更始懦弱，为诸将所制，不能有所作为。后来又听信谗言，把刘縯杀掉，而使刘秀出巡河北。秀既奉命出使，所

① 公元二二年。
② 公元一七年。
③ 山在湖北京山。现在称强盗为“绿林”，本此。

过郡县，下令废莽新政，复汉旧制，百姓都归附他，他遂不奉更始命令，在鄗南即皇帝位。后更始为赤眉所杀，秀便出兵讨平赤眉。

⊙《汉光武帝涉水图》〔明〕仇英

王莽天凤五年，琅邪人樊崇起兵于莒，一年间部下多至万余人。莽发兵讨伐。樊崇怕他的部下和莽兵混乱，为易于辨别起见，教他的部下把眉染成赤色，以作标志，故称“赤眉”。更始二年[①]，赤眉兵入长安，更始被杀。光武即位的第三年[②]才把赤眉平定。

又以次平定割据一方的群雄，统一中国，徙都洛阳，是为后汉（亦称东汉）[③]光武帝。

汉末，四方豪杰纷起，割地自雄，除赤眉外，王郎据邯郸，秦丰据黎丘，李宪据卢江，公孙述据成都，隗嚣据天水，窦融据河西，卢芳据九原，彭宠据渔阳，刘永据睢阳，张步据临淄，董宪据东海，佼强据西防，田戎据夷陵，延岑据汉中，其他铜马、大彤……诸贼，到处寇掠。光武徇河北时，平王郎，破降铜马诸贼。其后分遣诸将，收复各地。唯窦融以河西五

① 公元二四年。

② 公元二七年。

③ 前汉都长安，在西，故后世称“西汉”。后汉都洛阳，在东，故后世称“东汉”。

郡地降汉，不曾用兵。

光武帝的政治策略

光武帝出身贵族，通达经史。他起兵时尽力除莽苛政，复汉旧制，博得地主商人阶级的同情。同时又利用谶文符瑞，取得平民的信仰。

西汉末年，符谶盛行。王莽的国师公刘歆，因谶文有“刘秀当为天子”，遂改名为秀；当时人家都以为谶文应着刘秀，光武听见了，却笑道：“安知非仆。”后来他部下拥戴他做皇帝，他正谦让未遑，却巧他的旧同学强华从长安带了什么“赤伏符”来，里面写着“刘秀发兵捕不道，四夷云集龙斗野，四七之际火为主”。于是他就认为这是受命于天的凭据，遂即皇帝位于鄗南。他既做了皇帝，对于谶纬竭力提倡，所谓“七纬”[①]，几乎与五经并重。

大业既定，就竭力偃武修文，轻徭薄赋，一切设施，都以休养生息为务，一反王莽时躁急繁扰的流弊。一方面更利用纬书以加重儒家“分尊卑，别上下”的教义：

儒家教义中有所谓“五常”——父子有亲，君臣有义，夫妇有别，长幼有序，朋友有信——对于尊卑秩序，君臣大义，已经定得极严的了，但父子之间还要讲“亲”，君臣之间还要讲“义”。纬书更于“五常”之外增出“三纲”，就是：君为臣纲，父为子纲，夫为妻纲。这三纲在五经里没有

① 纬，对“经”而言。七纬，就是《易》《书》《诗》《礼》《乐》《春秋》《孝经》的纬。据《后汉书·方术传》注及王应麟《困学纪闻》，计有七种三十五篇。赵宋时纬书散亡殆尽，今唯在诸家所辑佚书中，约略可见其大概。

> 明文，出于《礼纬含文嘉》。但当时因皇帝提倡之故，后来大儒如马融等也居然注在《论语》里。从此以后，臣、子、妇对于君、父、夫只有绝对的［服从］了。

更利用儒家的伦理观念，表彰气节，以养成士大夫的阶级意识。

> 光武即位后，除表彰五经、七纬外，更表彰气节。如卓茂因在王莽时辞官归田，光武即位后，首先访他，下诏称赞他很有气节，为人所不能为，尊为太傅，封褒德侯。又谯玄亦在王莽朝弃官归乡，光武即位时，玄已死，命郡官用中牢致祭。又李业在王莽朝隐居不仕，后又不肯做公孙述的官，被述毒死，光武即位，下诏表其门闾。又费贻不肯就公孙述的聘请，装作疯癫，隐在深山中，光武便任他为官。凡此，都所以表示不事二姓的尊宠。庄光[①]曾与光武同学，用他做官，他不肯受命，隐居富春山；周党经二次聘请，方始朝见，朝见时又伏而不谒；光武都宽假他们。这是特别表示敦重品格的意思。

传至明帝（光武子刘庄）、章帝（明帝子刘炟），都能守前朝成规，无所变更，社会经济又暂时入于稳定的状态。所以从光武到明帝，历史上称为东汉治世。

---

① 庄光后避明帝讳，改为严光。

第十七讲　清议与党锢

士大夫的势力

中国的所谓“士大夫”，从前汉以来成为社会上一种特殊势力：官僚大都由士大夫构成，一切制度政策大半出于士大夫的策划。光武帝表彰气节，更造成一种特殊风气。士大夫势力不仅限于在朝做官的，在野者也得以尊贵的身份，主持所谓“清议”。

清议的力量

清议的对象专在于名节。明白点说，当时士大夫都以名誉气节为重，乡里朋友之间，很严正地互相督责，互相批评，凡品行稍有失检处，便要受人家的指摘，一经指摘，往往为社会所轻视，终身没有公然出头做事的机会。当时清议的力量很大，如黄允因离妻再娶，为清议所不容，便废弃终身。又如汝南的豪族袁绍，声势煊赫，他由濮阳令任上卸职回乡，将到汝南，便把许多随从的人遣散，只因怕他同乡许劭的“月旦评”[①]。这种风气起初大概偏重在个人的行为方面，后来渐渐影响到政治界。到后汉末年，宦官专政，士大夫起而抨击，遂酿成“党锢之祸”。

宦官专政局面的造成

后汉宦官专政的局面，也是渐渐造成的：和帝（章帝子刘肇）以幼年即位，窦太后临朝听政，不得不引用宦官。其后，后兄窦宪专横，和帝和宦官郑众定计把窦宪杀掉，于是开了宦官专政之风。

---

① 许劭，字子将，和他的从兄许靖，都有高名，时时评论乡党人物。每月根据他们的近行，更易品题，当时号为“月旦评”。

光武帝鉴于前汉外戚专权，故对外戚取压抑主义。明帝即位，仍循此方针。章帝即位，尊明帝后马氏为皇太后，后兄马防以功拜车骑将军，马氏势力渐盛。后马氏以骄奢不谨得罪，章帝的皇后窦氏之家益贵盛。章帝崩，和帝即位，年仅十岁，窦太后临朝听政。后兄窦宪以侍中贵幸，入参机密，出宣诏命。后又以征匈奴功，拜大将军。时窦氏父子兄弟充满朝廷，大都骄纵不法。和帝乃与中常侍[①]郑众定计收窦宪印绶，迫令他自杀，郑众以功封鄛乡侯。宦官封侯自郑众始。

和帝崩，邓太后临政，又不得不引用宦官。

⊙《戒饬宗族》(选自《历朝贤后故事图》)〔清〕焦秉贞

① 中常侍，掌侍左右，从入内宫。本以士人为之，后汉改用宦官。

> 和帝数失皇子，后生者辄秘密养在民间。帝崩，皇后邓氏收皇子于民间。少子隆生才百余日，迎立以为太子，即位，是为殇帝。尊皇后为皇太后，太后临朝。当时政权移于中宫。又以女主临朝，不得不引用宦官，于是宦官郑众、蔡伦等都乘机参预政事了。

安帝（章帝孙刘祜）时，外戚邓骘辅政，被宦官江京等谗害。

> 章帝立宋氏女为妃，生子名庆，立为太子。后宋氏被窦皇后所诬陷，自杀，庆废为清河王。殇帝即位仅数月崩，邓太后迎立清河王庆的儿子，是为安帝。太后兄邓骘辅政，颇崇尚节俭，推奖贤士。安帝宠爱宦官江京等，又有他的乳母王圣，日伺左右。太后死，江京等遂造谣说太后的兄弟要废安帝而立平原王刘翼（桓帝的生父）。安帝大怒，斥逐邓氏子弟，邓骘不食而死。

安帝又引用外戚阎氏。顺帝（章帝曾孙刘保）即位，阎氏被宦官孙程等所诛杀。

> 邓氏既被斥，安帝乃引用皇后阎氏的哥哥阎显。阎皇后无子，后宫李氏生子名宝，立为太子。阎后和宦官合谋，杀李氏，废宝为济阴王。安帝崩，后和阎显定计，迎立章帝孙刘懿。后自尊为皇太后，显以车骑将军辅政。不多时，刘懿死了，宦官孙程等迎立济阴王，是为顺帝。遂杀阎显，迁阎后于离宫。宦官孙程等十九人，皆以功封侯。

桓帝时，外戚梁冀擅权，骄横不法，帝和宦官单超等合谋诛冀，冀死，超等五人同日封侯。

顺帝引用皇后梁氏的父亲梁商为大将军，辅政。商死，他的儿子梁冀代握政权，骄横不法。顺帝崩，太子刘炳即位，是为冲帝。冲帝年仅二岁，即位的次年就死了。梁冀和太后定议立渤海王刘鸿（章帝曾孙）的儿子缵，是为质帝。质帝年纪虽小却很聪明，尝因朝会，看着梁冀说："这是一个跋扈将军！"冀遂用毒药弑质帝，迎立桓帝。冀专权二十多年，声势极盛。后桓帝和中常侍单超等定计诛冀，梁氏的兄弟子侄亲戚，不分男女少长都杀掉，和梁氏有关系的都被免官。没收梁氏的家产有三十多万万。

从此外戚势力一蹶不振，而宦官专政的局面却已造成。宦官本是"刑余之人"，根本谈不到"身份"，一向被士大夫所轻视，一旦在朝廷上掌握大权，并且分茅授土，在社会上一跃而为大地主。士大夫和宦官，在政治上、经济上起了两重的利害冲突，便由外戚、宦官的斗争，一变而为士大夫和宦官的斗争。这斗争的形式：宦官借皇帝的威权以压迫士大夫，所谓"口含天宪，手握王爵"；士大夫用清议的力量以攻击宦官，所谓"匹夫抗愤，处士横议"。斗争的结果，便是下面所讲的两次党锢之祸。

宦官和士大夫的利害冲突

桓帝（章帝曾孙刘志）时，太学生三万余人，以贾彪、郭泰为首，和司隶校尉李膺、太尉陈蕃等力持清议，攻击宦官。当时宦官的党徒满天下，而诸名士之为郡守者，对于宦官党徒之犯法的，往往加重处罚。桓帝延熹九年[①]，河内人张成，交通宦

第一次的党狱

① 公元一六六年。

官，教子杀人，时李膺为河南尹[①]，把张成捕来治罪。张成的弟子牢修，受宦官的指使，出头控告李膺与太学生及各地生徒，结党作乱。桓帝受了宦官的包围，下诏收捕党人。李膺等被捕入狱，牵连达二百余人。后经许多人劝谏，才把党人赦罪释放，但仍把党人的姓名记下，不准再做官吏，禁锢终身[②]：这是第一次的党锢之祸。党案中人虽被禁锢，但社会上都称赞他们有气节，因此名誉更高，当时有三君、八俊、八顾、八及、八厨等称号。

君，是为一世所宗的意思。俊，是俊杰的意思。顾，是以德行引人的意思。及，是能引人宗仰的意思。厨，是以财救人的意思。今依《后汉书》列表如下：

三君——窦武　刘淑　陈蕃

八俊——李膺　荀昱　杜密　王畅　刘祐　魏朗　赵典　朱寓

八顾——郭泰　宗慈　巴肃　夏馥　范滂　尹勋　蔡衍　羊陟

八及——张俭　岑晊　刘表　陈翔　孔昱　苑康　檀敷　翟超

八厨——度尚　张邈　王考　刘儒　胡母班　秦周　蕃向　王章

第二次的党狱

桓帝崩，灵帝（章帝玄孙刘宏）即位，外戚窦武执政，又引用党案中人。当时，宦官曹节因迎立灵帝有功，渐骄横，窦武与太傅陈蕃谋诛曹节等，事机不密，反为所杀。于是党狱再起，

① 河南尹，管理京师地方的河南郡长官。

② 禁锢终身，犹现在的剥夺公权终身。

李膺等百余人被杀，株连者七百余人，不是流徙，便遭禁锢：这是第二次的党锢之祸。

经这两次党祸以后，朝政紊乱，盗匪蜂起。灵帝中平元年[①]，宦官吕强奏请赦免党人，帝从之。于是党祸始解。但乱象已成，一纸赦书，已无救于后汉的衰亡了。

① 公元一八四年。

第十八讲　佛教的传入

佛教的创始与传布

中国一向没有正式的宗教，后汉时，印度的佛教传入，中国文化上受了很大的影响。

> 中国人一向以儒、佛、道三教并称。但近人如章炳麟，就不主张儒家是宗教，他有一篇《驳建立孔教议》(载在《太炎文录》第二编)。又梁启超初著《论支那宗教改革》(载在《饮冰室全集》)一文，竭力赞扬儒教，然后来又作《保教非所以尊孔论》(载在《饮冰室全集》)，以为儒教性质与其他的宗教不同，故儒家不得算为正式的宗教。

佛教的创始者，为乔达摩·悉达多，是印度迦毗罗卫城一个酋长的儿子。

> 迦毗罗卫城在喜马拉雅山麓，孟加拉以北，今其地为尼泊尔边境的森林。中国书里都称佛为净饭王太子，用语不很正确。因为净饭以外还有白饭、斛饭、甘露饭等，同是迦毗罗卫城里的大族，其体制和他国所谓“王”者不同。佛是净饭的儿子，其性质亦不是他国所谓“太子”。实际上他们是释迦族而别拥一部落者，与其称他为净饭王太子，还不如说他是一个酋长的儿子来得妥当些。

他的生卒年月，传说各异，大约在公元前六世纪。当时印度社会阶级很不平等，最高的阶级是婆罗门教的僧侣，十分专横。

> 当时印度国内因历史上异族侵入和宗教上的关系，分为四个阶级：最高的叫作“婆罗门”，是专司祷告的僧侣；其次叫作“刹帝利”，就是各邦的贵族和武士；又其次叫作“吠舍”，就是从事农业畜牧及工场的平民；最下的叫作“戍陀罗”（即首陀罗），那是被征服的印度土著，充当奴隶。从许多年代以来，这四个阶级又分为百数十的小阶级，但婆罗门这一个阶级（因为他们的名字从婆罗门神那里得来的）却始终维持其最高的权威。婆罗门教徒骄傲专横，任意钳制贵族，欺弄百姓，最下的被压迫得像牛马一般，连婆罗门教的庙门都不许走进一步。

他眼看社会不平等的情形，又想到人类生、老、病、死的苦痛，便立志要发明一种普遍的彻底的教理，使人类超脱苦难。他就抛弃了贵族生活，入山修道。修道既成，便到处传布他的教理。死后人家称他释迦牟尼[①]，又称“佛陀”[②]，省称为“佛”。他的门徒把他所说的教理记下来，成为经典，继续努力宣传。到公元前三世纪，印度有个叫作阿育王[③]的，把佛教定为国教，派遣教徒四出宣传，南至锡兰[④]，北至中央亚细亚，佛教遂弘传域外。

关于佛教传来的几种传说

佛教什么时传入中国的呢？向来有几种传说：（一）秦

① 释迦，是他的族姓。牟尼，是寂默的意思。

② 佛陀二字是梵语，含有三层意义：一自觉，谓自悟本性；二觉他，谓说法度人；三觉行圆满。

③ 阿育王亦译为阿输迦。死于公元前二三二年。

④ 锡兰，印度洋中的大岛，在印度半岛的东南端。

王政四年[①]，有十八个佛教徒，带了佛经从西域来，秦王因他们的形状可怪，把他们拘囚起来，不久便驱逐他们出境。[②]（二）前汉哀帝时，曾有博士秦景宪从月氏的使者伊存处听讲佛经。（三）武帝时，匈奴昆邪王来投降，带有一丈多高的金人，武帝把金人供在宫中，焚香礼拜。据说这金人就是佛像。但这三种传说，都不能作为佛教已经传入的证据。因为：（一）秦王政就是后来的秦始皇，他和阿育王同时，也许有阿育王派遣的僧徒到中国来。但既被拘囚，又被驱逐出境，于中国的思想界，一无影响。（二）秦景宪没有把伊存讲的佛经笔记下来，传给后人。（三）昆邪王地近高昌，离汉很远，当时佛教势力似乎还未能达到；也许所谓“金人”，是别种宗教的神像。

汉明帝遣使求佛法的故事

除上面三种传说外，还有：后汉明帝永平七年[③]，因帝夜中梦见一个金身的神人，询问群臣，有人说这是西方的佛，帝便遣使者到天竺[④]去求佛法。使者去了多年，居然和沙门[⑤]摄摩腾、竺法兰，把佛经、佛像等用白马驮着，来到洛阳。明帝便在洛阳造一白马寺，使他们住在里面译经。摄摩腾译成《四十二章经》，竺法兰译成《十地段结经》。这个传说，后人大都信以为真。但据近来学者的考证，这个传说的来源已不很可靠。白马寺建于何代，尚须研究；摄摩腾等是否真有其人，还有问题。所以汉明帝求佛法的故事，我们不能率然地相信。

汉明帝遣使求佛法一事，初见于王浮的《老子化胡经》，

① 公元前二四三年。

②《历代三宝记》卷一引朱士行《汉录》。但此经录不甚可靠。

③ 公元六四年。按此事最初见于西晋王浮的《老子化胡经》，作“永平七年甲子”。后来的史书，有作“永平八年”者。不知何据。

④ 天竺，即今印度。

⑤ 佛教里的僧徒叫作“沙门”，梵语勤息之意。

次见于梁慧皎《高僧传》(《摄摩腾传》《竺法兰传》及《佛图澄传》引东晋初年石虎的著作郎王度奏议),又次见于袁宏《后汉纪》,又次见于《四十二章经记》(见梁僧祐《出三藏记》卷七,注云:“未详作者”),又次见于《牟子理惑论》(见梁僧祐《弘明集》卷一),似乎这传说是很可靠的。但一加研究,便觉罅漏百出。最初造这一桩故事的王浮,竟说汉明帝派往印度的使者有张骞在内,不知张骞使西域,距永平时已二百多年,怎么还能生存着。况且当时西域和中国正断绝往来(见《后汉书·西域传》),汉朝的使者怎么能够经西域到印度。梁启超曾著《汉明求法说辨伪》(见《梁任公近著》第一辑)一文,根据正史,把那些传说驳得体无完肤。虽然也有相信这传说的人著文反驳,但理由都不很充足。至于洛阳的白马寺,据《高僧传》说,此寺原名招提。相传有外国国王破毁佛寺,唯招提寺还没毁去,夜有一白马,绕塔哀鸣,王即下令停毁佛寺,并改招提为白马。所谓

⊙白马寺大雄殿

“外国国王”当是五胡乱华时的国王，但其姓氏已不可考，故白马寺建于何代，尚须研究。

但汉明帝时，中国人确已知道有佛教了。明帝永平八年赐楚王[1]诏书，有“楚王（刘英）诵黄老之微言，尚浮屠（即佛陀的异译）之仁祠（慈）；洁斋三月，与神为誓”的话。以帝子之尊，居然斋戒祀佛，可见佛教在社会上已植有相当的根柢了。大约汉武帝通西域以后，印度佛教徒常有来到中国的；不过那时候一般人对于佛教的教理十分模糊，我们看明帝诏书里浮屠与黄老并称，就可知道。我们要确定真正佛教教理传来的年代，应以安世高、支娄迦谶来中国时为始。

佛教教理的传入

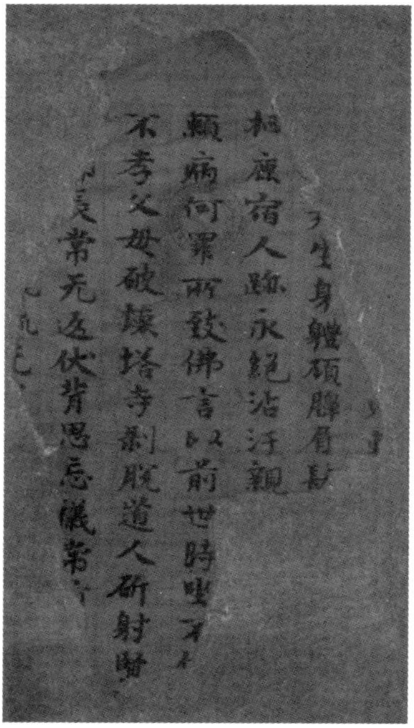

⊙安世高《佛说罪业应报教化地狱经》残页手稿

安世高，名清，安息[2]人。他于桓帝初年来中国，曾遍游南方各地，后在洛阳译《安般守意经》等三十九部。支娄迦谶亦简称支谶，月氏人。他于汉灵帝时到洛阳译《般若道行品经》等十四部。从安支二人来后，高深的佛教教理，才开始在中国传布。

佛教教理，大概是教人摆脱尘俗世界，寻求未来的极乐世界。东汉末年，饥荒屡见，

① 楚王刘英是光武帝的儿子。

② 安息，古代波斯地方的王国。西史称为帕提亚国。

佛教在中国的发展

盗贼蜂起，社会经济基础又入于动摇时期。佛教教理，正好给人们以心灵上的慰安，所以不久就在中国发达起来。当东汉末三国初，丹阳人笮融，在徐州、广陵间建筑寺塔，雕塑佛像，供养僧徒。其后有朱士行者，削发为僧，是为中国人出家做和尚之始。历魏、晋、南北朝而至隋、唐，佛教遂蔚为大观。佛教教理影响于中国思想界者一千多年，到现在还因为社会的混乱，有一些人仍在佛教教理中找求心灵上的慰安。

第十九讲　道教的创设与黄巾的动乱

道教的来源

中国古代学派中有所谓"阴阳家"的，专言术数[1]鬼神，集原始思想之大成。其后孔墨两家各自创立学说，孔子颇取术数，墨子好说鬼神。

孔子虽不明言术数，但如《论语》所说的"凤鸟不至，河不出图，吾已矣夫"，"君子有三畏：畏天命……"，"道之将兴也与？命也，道之将废也与？命也"，都有承认或利用术数的嫌疑。其后《中庸》等书出，儒家学说的系统渐完成。《中庸》里所说的"国家将兴，必有祯祥；国家将亡，必有妖孽；见乎蓍龟，动乎四体；祸福将至，善，必先知之；不善，必先知之。故至诚如神"，那简直染上极浓厚的术数的色彩了。至于墨子的好说鬼神，那便有《墨子》里的《明鬼》等篇在着，不用多述了。

秦汉时，阴阳家的支流——方士，以"求神仙、炼仙丹"等谬说博得皇帝的崇信，汉儒用阴阳灾异等说与之比胜，遂使儒家和方士相糅合。

西汉的五经家好以阴阳五行解释经义，如《书》有《洪

① 研究阴阳五行生克制化之理，以推知人事，趋吉避凶者，叫作"术数"。

范五行》,《礼》则有《明堂阴阳》,《易》则有京房的象数灾异,《诗》则有翼奉的五际六情;《春秋》的公羊家更喜说灾异，如董仲舒的《春秋繁露》，所列求雨、止雨的法术，简直分不出是儒生还是方士。

墨子学派失传很早，但他的“明鬼”之说，则秦汉以来相承未衰；其末流遂成为幻化役鬼的刘根一派。

阴阳五行说既统御了两汉的思想界，同时墨家明鬼的思想亦大盛。如《史记》所记汉武帝求神君长陵女子,《正义》引《汉武故事》把长陵女子的鬼魂现形说得历历如绘。《后汉书·方术传》记刘根能令人见鬼，好像真有其事；此外如费长房、左慈之流，都能役鬼。术数和鬼神的迷信极盛于两汉，故道教遂应运而生。

方士本分“符箓”“丹鼎”两派：丹鼎派以炼丹、服药、求仙、却老为主；符箓派以祷祝劾鬼、符咒治病为主。上述的两派，一向各自传授，不相为谋。东汉末年，方士中的符箓派乘社会混乱，人心不安，假借鬼神符箓以聚徒惑众。那时候佛教已经传入，他们遂窃取佛教的形式，更利用老子的《道德经》，创设道教。

老子的学说本来和古代阴阳家不同。但上古语言文字都没有现在那么进步，哲学家要著书说明他的哲理时非常困难。所以从前的书，往往文义隐晦，字句艰涩。尤其是老子的书，不但辞句艰深，而且有许多话很容易和阴阳家的话头有混淆之处，如“谷神不死，是为玄牝，玄牝之门，谓天地根”等都是。因此，道教徒就把老子所著的“五千言”作为

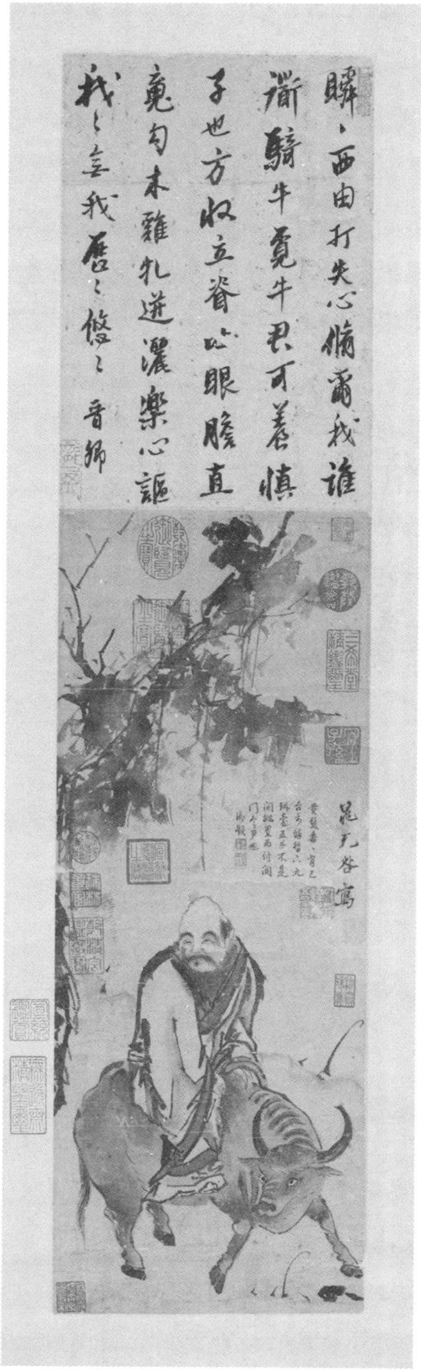

⊙《老子骑牛图》〔北宋〕晁补之

经典，改名为《道德真经》。又尊老子为太上老君。详可参阅《道藏目录详注》。

后来各派混合起来，把道教的基础奠定。

道教初创于方士中的符箓派，不过假借鬼神迷信及符箓治病以聚徒惑众，没有高深的教理，没有完善的经典。其后丹鼎一派与之联络，又加入一些“服饵炼养”的方法。这一派代表是魏伯阳，他所著的《参同契》大都是说明炼丹长生的方法。到了晋朝，有葛洪著《抱朴子》，说明“道”为宇宙本体，修道可与天地同寿；引证古今事迹，主张神仙的存在；说明修道的秘诀及炼丹的方法；又说明人要成仙，除修养外，必须实践忠孝和顺仁信等人间道德；又倡定命说，以为人的贫富贤愚，都和人的星宿有关，所以人生于世，非辛苦勤勉，不作非分之想，便难得成仙。这样一来，道教便有了哲学上及伦理学的根据，而道教的基础亦遂奠定了。

道教遂与佛教、儒家成为中国三大信仰。然追本溯源，道教实出于古代的阴阳家，和春秋战国时的道家思想倒没有多大关系。

道教的开创与完成

道教的首创者是张陵[1]。据说他是佐汉高祖定天下的张良的九世孙。他曾遍游名山，在蜀中的鹤鸣山里，写成符书若干篇，自称得道，能替百姓驱鬼治病，百姓都相信他。到他那里去受道的，照例须出米五斗，时称“五斗米道”。他死后，将传道的经典、符箓、印、剑交给他的儿子张衡；衡死，又传给儿子张鲁，信仰者愈多。灵帝时，张陵的门徒张角等[2]，用灵符仙水替人治病，称为“太平道”。张角后来聚众造反，以黄巾为号，就是所谓“黄巾贼”。又有张修在巴郡也用道术为百姓治病，求治病的须纳米五斗，称为“五斗米师”。后来也曾聚众作乱，便称“米贼”。张角、张修先后败亡，张鲁遂博采他们的法术聚众据汉中，以鬼道治民，尽力推行他的家传的道教。鲁后被曹操所逐，退巴中，教他的儿子张盛还居

⊙《搜神记》中道教源流插图

① 张陵，是张鲁的祖父，后人称他张道陵，这“道”字系道教徒所加。

② 一般认为张陵和张角没有师徒关系。——编者

龙虎山，奉他的祖先张陵为正一玄坛。从此以后，张氏世居龙虎山传教。教徒们奉张陵为天师。这天师的尊号，张家子孙世代相袭，像孔家的衍圣公一般。

黄巾之乱

道教初开创时完全是一种“教匪”，所以流派不一。张角起初不过以妖术惑众，大概并没有政治上的野心的，但百姓信从他的很多。十多年间，徒党多至数十万：遍于青、徐、幽、冀、荆、扬、兖、豫等州。角遂置三十六方：大方万余人，小方六千人，各有魁帅。又用白土写着“苍天已死，黄天当立，岁在甲子，天下大吉”的标语于京师各官署的门上，阴谋在灵帝中平元年（甲子年）[①]三月五日起事。事前被他的门徒们告发，他遂约集党徒，以黄巾为标帜，在各地起来作乱，一月之间，全国响应，京师震动。灵帝发天下精兵，命皇甫嵩等讨张角。不久张角病死，他的徒众次第被皇甫嵩等所讨灭。但从此盗贼蜂起，大有不可遏制之势。

十常侍之乱与董卓废立

灵帝崩，后兄何进拥兵立何后的亲生子刘辩为帝，进专朝政。时宦官张让、赵忠等有宠于灵帝，号称“十常侍”，恃宠专权，紊乱朝政。进既专权，遂设计尽诛宦官，以事机不密，反为宦官所杀。进的属官袁绍等遂举兵把宦官杀尽。凉州将董卓，本是一个拥兵跋扈的将军，何进谋诛宦官时，为厚自己的兵力，教他带兵入京师。董卓既应召而来，进已被杀，宦官亦已诛灭。他为立自己的声威，遂废刘辩，而立灵帝子刘协，是为献帝。时距黄巾之乱仅六年。

① 公元一八四年。

第二十讲　两汉的制度

前汉官制袭秦朝，后汉袭新莽

（一）官制　中国官制，到秦朝才统一，而汉制又多沿袭秦制，所以秦制实为后世政府所取法。考秦制取三权分立：以丞相总揽大政，太尉掌兵马，御史大夫司黜陟。丞相之下，又设九卿。前汉制度，差不多和秦朝一样，不过九卿之名略有更改而已。

汉朝的九卿是：太常（秦名奉常），掌祭祀；光禄勋（秦名郎中令），掌宫殿掖门；大司农（初名大农令，秦名治粟内史），掌钱谷；宗正（沿秦旧，后更名为宗伯），掌王族之事；廷尉（沿秦旧，后更名为大理），掌刑狱；大鸿胪（初名大行，秦名典客），掌宾客朝觐之事；太仆（沿秦旧），掌舆服车马；少府（沿秦旧），掌山泽租税；卫尉（沿秦旧，后改中大夫令），掌门尉屯兵。

后汉沿王莽之制，废除丞相与御史大夫，而以太尉、司徒、司空为三公，分部九卿。

就是太尉之下有太常、光禄勋、卫尉，司徒之下有太仆、廷尉、大鸿胪，司空之下有宗正、大司农、少府。但当时政权移入尚书省，做三公官的必兼录尚书事，然后得预闻国家大事，这是和前汉大不相同之处。

地方制度的由两级制到三级制

三公九卿之制，由是确立。至于地方政府，则自秦废封建以来，分郡县为两级。汉初，郡国并治，郡设太守理民政，都尉掌兵事；国有相以监理国政，内史以理民政；郡国以下有县，设令长为亲民官。等到武帝开拓疆土以后，分天下为十三部，除司隶校尉[1]一部外，每部均设刺史，督察郡县行政。

汉初嫌秦郡太大，酌量分析。西汉末年，全中国有一百零三个郡国。后来又嫌太琐碎，重分全中国为十三部，统属这许多郡国。那十三部便是：

司隶校尉部（今陕西中部及东南部，河南西部、北部，山西西南部）。

豫州刺史部（今河南东南部，安徽西北部，江苏西北部，山东西南部）。

冀州刺史部（今河北东南部，河南北部，山东西北部）。

兖州刺史部（今山东中部、西部，河南东部，河北南境的一小部）。

徐州刺史部（今江苏北部，山东南部）。

青州刺史部（今山东北部、东部）。

荆州刺史部（今湖北、湖南全部，广西、贵州的一部，河南西南境的一部）。

扬州刺史部（今江苏、安徽的大部，闽浙的全部）。

益州刺史部（今四川的大部，甘肃的东南部，云南、贵州的一部）。

凉州刺史部（今甘肃的大部，新疆和西套蒙古各一部）。

并州刺史部（今山西的大部，陕西北部，河套全部，内

① 汉武帝仿《周礼》置司隶校尉，使督察畿辅，后汉时领有一州；无所不纠，威权很大。

蒙古的一部）。

幽州刺史部（今河北的东北部，辽宁南部，朝鲜的一部）。

交州刺史部（今广东全部，广西的大部，安南的北部）。[①]

汉末，罢刺史，置州牧，选列卿尚书充任，总揽一州的民政、军政、财政，统辖郡守、国相。地方三级制的基础，由是确立。

汉初的刺史，是由中央政府派出去巡察郡国，并无一定的治所，等于后代的巡按御史。这时的郡国和中央直接，实在还是两级制。灵帝时因各处盗匪蜂起，便改刺史为州牧，简九卿等官出去充任。于是刺史有了一定的治所，州牧辖郡国，郡国辖县邑，确定了后代地方三级制的雏形。

（二）田制和税法　古代的井田制度，崩坏很早。到秦孝公时，商鞅为应时势之需要，主张“为田开阡陌”，遂开始按亩定税。汉初，征田租十五分之一，后来减到三十分之一。但当时农田都在地主手里，减轻田租只是地主受到好处，贫农和佃农并没有减轻负担。王莽的社会政策，敌不过大地主的势力，终于失败。到了代表地主政治的光武帝再建汉室，田赋制度和前汉一样，依旧是代表大地主的利益。到灵帝时才加天下田赋每亩十文，叫作“修宫钱”。田赋之外，还有几种赋税是人民都不能免的。第一是“口赋”，分为二种：一为“算赋”，人民从

汉朝的田赋

田赋之外的口赋和更赋

① 括号中说明的地理范围，根据的是民国时期的行政区划，与今天不尽相符。——编者

十五岁起至五十六岁止，每人每年出钱百二十文，谓之一算；一为“口钱”，人民从七岁起至十四岁止，每人出二十钱以供养皇帝，叫作口钱（后来武帝又加了十钱）。第二是“更赋”，就是人民免服兵役的代价，等于古代的“力役之征”。但富豪固可以出钱了事，贫农与佃农却不得不亲尝力役之苦。

更有三种：一、卒更，二、践更，三、过更。汉制，民年廿三以上为正卒，正卒一年中要替国家服役一月，更迭为之，叫作“卒更”。有钱的人可以出钱二千给那期满将受更代的穷人，代替他继续服役，这就叫作“践更”。汉制又规定人民当戍边三日，虽宰相子亦不能免。但每人去戍边三日，这是做不到的事情，况且戍边日期只有三天，住在内地的人，很远的跑到边塞去服三天戍役便回来，岂不麻烦。因此规定去戍边的人一年一更换，不去的出钱三百入官，由官厅交给那戍边的人，叫作“过更”。总称之为“更赋”。

汉朝的调兵法和军队编制法

（三）兵制 战国时代长期的战乱，形成了全国皆兵的局势，而开民兵制度的先河。秦汉以来，民兵制度已经确立。汉制：“民年二十三为正。一岁为卫士[①]，一岁为材官骑士，习射御骑驰战阵。年五十六，衰老，乃得免为庶民，就田里。”这是汉朝的调兵之法。京师置南北军：南军卫宫城，调自郡国，卫尉主之；北军卫京城，调自三辅[②]，中尉主之。武帝时，更于北军置中垒、屯骑、步兵、越骑、长水、胡骑、射声、虎贲八校[③]；

① 就是以一年入京师赴南北两军当兵。
② 汉以京兆、左冯翊、右扶风为三辅，今陕西中部之地。
③ 武帝置八校，为募兵之始。

又于南军置羽林、期门[①]。至于郡国，则选材力武猛之人，以为轻车、骑士、材官、楼船[②]：这是汉朝军队编制之法。到东汉末年，天下大乱，这种兵制，差不多完全破坏了。

法律条文的逐渐增多

（四）司法制　司法制度，在战国时各国不同，到秦朝才归于一致。秦朝所用的法典，就是李悝所著的《法经》六篇。[③]汉初，萧何定律，把李悝的《法经》增为九篇，叔孙通又作《傍章》十八篇，后张汤又增加二十七篇，赵禹增六篇，共六十篇。其后又把汉朝的例案，随时编集起来，增加了不少条文。《汉书·刑法志》说“律令凡三百五十九章；大辟四百九条，千八百八十二事，死罪决事比[④]万三千四百七十二事”，可见当时法律的杂乱。因此就起删定律令的动机。到了魏晋，经过几次的删定，中国的司法制度便渐渐地成长了。此外还值得注意的，就是汉文帝十三年[⑤]齐太仓令淳于公的女儿上书请赎父罪，文帝就下令废除肉刑，这件事在中国法制史上是值得大书特书的。

汉朝刑律的杂乱

汉文帝的废止肉刑

秦朝刑罚，极其残酷。汉高祖入关，除秦苛法，和百姓约法三章。然此为一时之计，决非定法，所以大辟尚有夷三族之令。高后时，始废夷三族之令及袄言令，但黥、劓、斩趾等惨酷刑罚，还没有废止。文帝十三年，有齐国的太仓令淳于公犯罪，解送长安去受刑。淳于公没有儿子，只有五个女儿。他知道这一去生命很危险，便骂他的女儿们道：“生

① 羽林兵，初名建章营，后又取从军死事的人的子孙，养在羽林，教以五兵，称为“羽林孤儿”。期门，是从大郡的良家子弟里选出来充当的，这是世袭兵之始。

② 轻车、骑士是骑兵，材官是步兵，楼船是水兵。

③ 李悝，战国魏文侯相。商鞅拿了李悝的《法经》六篇到秦国。

④ 当时狱吏决狱，无旧例可援，便比附他例以取决，叫作“决事比”。

⑤ 公元前一六七年。

> 女不生男，缓急非有益也！”他的少女缇萦便跟他到长安，上书文帝，说：“妾父为吏，齐中皆称其廉平；今坐法当刑。妾伤夫死者不可复生，刑者不可复属。虽欲改过自新，其道无由也。妾愿没入为官婢[①]，以赎父刑罪，使得自新。”文帝看了她的奏章恻然动念，就下令废止肉刑。

学校教育的开始

（五）学校制　秦朝统一中国，用愚民政策，百姓除学法令以外，完全没有受教育的机会。汉高祖起自亭长，根本不懂什么教育。到了武帝才用公孙弘的建议，置博士弟子，是为学校教育的滥觞。然而建学舍，实开始于王莽。光武中兴，特重儒术，建立太学。中经明、章两帝的提倡，学校生徒，愈益增多；至质帝时，太学生竟达三万余人，而太学亦俨然成为政治言论的中枢。同时私家讲学之风也很兴盛。[②]

学校教育的极盛与私家讲学的盛行

汉朝选举制约分二种

（六）选举制　古时有乡举里选之法。到了后代，因教育途径的狭小，学校出身的人才不够供国家的需要，于是只好仍旧采用选举制，但内容性质，都和古代的“乡举里选”不同了。汉朝的选举制，约可分为两种。第一，郡国每岁举孝廉。武帝定制：郡国人口在二十万以上者每岁举一人；四十万以上二人；六十万三人；八十万四人；百万五人；百二十万六人；不满二十万二年举一人；不满十万三年举一人。限定四科：一、德行高妙，志节清白；二、学通行修，经中博士；三、明习法令，足以决疑；四、刚毅多略，遭事不惑。当时举人之权操在郡国之手，试验之权操在丞相御史等官之手，有时候皇帝也亲自策问。故从性质上讲，颇有点像古代“诸侯贡士”之制。二是朝廷要用哪一种人，特别下诏标出科目，令公卿郡国各举

科举制度的先导

① 女子有罪，没入官家为奴婢，叫作“官婢”。

② 如马融、郑玄，皆以私人而聚徒讲学。

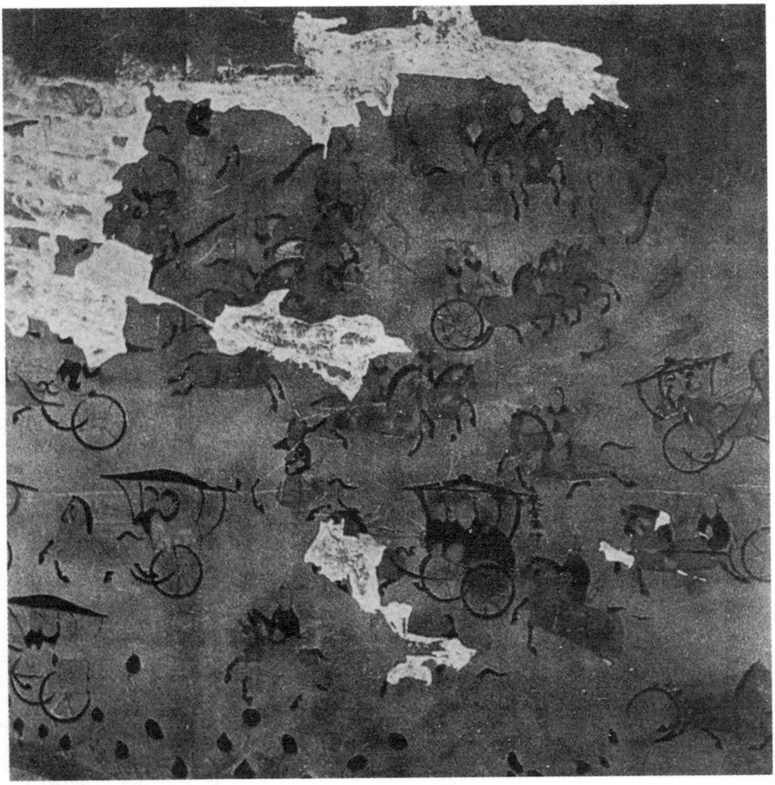

⊙《举孝廉图》(汉墓壁画)

所知。这个却是后代科举制度的先导。此外还有所谓“赀选”者:汉初限出赀十万以上乃得为官。武帝时,百姓把相当数目的羊纳入官家,可以补郎官;又吏得入谷补官;这和后代的捐纳已没有什么两样。到灵帝开西邸卖官,那更不成样子了。

从赀选到卖官

第二十一讲　两汉与外族的关系

匈奴的衰弱与分裂

最为中国北方边患的匈奴，从汉武帝把他们驱逐到漠北以后，势力渐渐衰弱。汉朝又利用西域乌孙等国，使他们常起冲突。宣帝本始元年①，匈奴为乌孙所败，人口牲畜，死亡无算，从此匈奴便成为一个弱国。不久，匈奴又起内乱，呼韩邪单于投降中国。新莽时代，匈奴尝乘机反叛。但到后汉初年，匈奴又起内乱，分为南北两部，南匈奴又投降中国。后来北匈奴衰弱，南匈奴想并吞他，到汉朝来请兵。那时候窦太后当朝，要使窦氏立功，便派窦宪出兵，大破匈奴于稽落山，在燕然山刻石纪功而还。后两年，窦宪又派兵大破匈奴于金微山。从此以后，匈奴一族，除投降中国的搬到中国西北一带和汉人杂居外，大部向西方迁移，成为后代匈牙利人的祖先。

西域交通的断绝与班超平定西域

武帝通西域，西域诸国差不多完全服属中国。新莽时代，匈奴反叛，西域也都与中国脱离关系，一部分归附匈奴。光武帝时，西域派人来要求和中国复交，但光武帝不允许。明帝讨伐匈奴，乃派班超出使西域。

中国历史上有两个立功异域的人，前者是张骞，后者就是班超。班超字仲升，平陵人。他的父亲班彪，曾著《王命论》，并开始撰作《汉书》；哥哥班固，是《汉书》的作

① 公元前七三年。

> 者；妹妹班昭，有名的女文学家。班氏一门以文学著称，他独以武功显耀。他起初跟他哥哥到洛阳，替人家做书记，每掷笔叹息道：“大丈夫即使没有旁的志略，亦当像傅介子、张骞那样立功异域，取得封侯，怎能长在笔砚中讨生活！”永平十六年[①]，窦固出击匈奴，叫他做假司马，带兵从别道攻伊吾，打了一次胜仗，从此他便投身于军事界。当时汉朝和西域诸国隔绝已六十多年，汉朝知道西域不定，则匈奴也不易平定，就差他出使西域。他先到鄯善，所部仅三十六人。当时鄯善暗中和匈奴有联络，刚巧有匈奴的使者来鄯善，被他知道了，就在夜里带领了三十六人袭杀匈奴使者。鄯善的酋长大为恐惧，愿臣服汉朝。他又到于阗，于阗的酋长很怕他，就攻杀匈奴使者，归附汉朝。统计班超先后征服西域，除鄯善、于阗外，还有疏勒、尉头、姑墨、乌孙、莎车、月氏、龟兹、焉耆等。于是西域五十余国，都来归附汉朝。班超在西域凡三十年，回中国时已经七十一岁了。以功封定远侯，所以后人也称他为班定远。他的儿子班勇，也以平定西域有功。

班超带着三十六人，两次出使，先后在鄯善、于阗攻杀匈奴使者，胁降鄯善、于阗，使西域诸国重新臣服中国。章帝时西域又叛，仍由班超用兵讨平。于是葱岭以西诸国都来朝贡。

匈奴平服，西域再通的时候，中国和羌族大起交涉。这件事是后分裂做三国和“五胡之乱”的直接原因。

汉与羌族的关系

羌族的分布很广，支派也很多。和中国起交涉的，是住在中国西境湟水流域的一支。汉武帝因他们和据着河西的匈奴只隔着一支祁连山脉，防他们互相交通，便派兵把他们驱逐到西

① 公元七三年。

海盐池一带，并设了一个护羌校尉以监视他们。新莽时代，羌人献西海之地，便置了一个西海郡。王莽末年，中国内乱，羌人乘机又占据西海，并且侵入中国。后汉光武、明、章、和帝四代，累次发兵讨伐，到和帝永元四年[1]，恢复西海郡，把大、小榆谷夹着黄河一带，开列屯田，以绝后患。然降服中国的羌人，散居内地者很多，当时中国西北一带的汉族，居于战胜民族的地位，对羌人不免有非分压迫的情形，因此羌人对汉族非常仇恨。安帝初年[2]，召回西域都护，征发金城、陇西、汉阳一带的羌人，编为骑兵，出去迎接。羌人都不愿去，半途上有逃散的。各郡县发兵邀截，处置得不免急切一点。于是羌人聚众

降羌之乱

反抗，遮断陇道，东寇三辅，南略益州。凉州的守令都是内地人，见羌势已盛，无心战守，都把郡县迁徙到内地来，于是凉州各属完全糜烂。直到元初五年[3]，才把三辅肃清。计军费已达二百四十万万，而凉州仍没有平定。到顺帝永建三年[4]，才把凉州克复。不多时，羌人又叛，用兵十余年，军费又达八十多万万。桓帝即位，命段颎为护羌校尉，把平定羌乱的责任，完全付托了他。段颎主张把羌人完全杀尽，以绝后患。

段颎的杀戮政策

⊙“西海安定”瓦当

① 公元九二年。
② 公元一〇七年。
③ 公元一一八年。
④ 公元一二八年。

> 桓帝时，皇甫规把地方官挑动羌乱，和历年讨伐乱羌没有成功的根本原因，尽情揭发，请朝廷把平定羌乱的责任交给他。桓帝准了他。他就剿抚并用，先后收降羌人十多万。后皇甫规被免职，改用段颎。段颎对付羌人的主张完全和皇甫规不同，他以为收抚羌人，“犹种枳棘于良田，养蛇虺于室内也”。于是他就实行他的杀戮主义了。

于是从延熹六年起至灵帝建宁二年[①]，经一百八十多次的战争，杀羌人三万八千余，羌乱遂平，而汉之元气大伤了。

羌乱盛时，鲜卑[②]、乌桓和南匈奴亦在东北一带骚扰。后来鲜卑的英勇的酋长檀石槐死了，内部分裂，就无力侵扰中国边境。乌桓被曹操打破，南匈奴也被曹操制服。但当时北方各州郡和塞外满布羌人、鲜卑人、匈奴人等，便成五胡乱华的张本。而降羌之乱，凉州用兵最久，便为后来凉州将作乱的导火线。

① 公元一六三年到一六九年。

② 相传黄帝之后，封于北土，那地方有大鲜卑山，因以为号。起于兴安岭东，后移居匈奴故地。

第二十二讲　三国的鼎立

董卓被刺与凉州系军阀的自相残杀

董卓既立献帝，自为相国，大权都在他一人手里。那时袁绍因和董卓不合，早已出京走往山东。山东各州郡对于凉州系军阀的专政，很为不平，纷纷起兵讨伐董卓，推袁绍为盟主。董卓见山东兵盛，于是挟着献帝，迁都长安。因为长安和自己的根据地——凉州——相近，预备万一失败，好有退步。但“反董”的军队，声势虽盛，大家存着保存实力占据地盘的私心，所以都很持重，不肯轻易进兵，彼此迁延，毫无成功。献帝初平三年[①]司徒王允和董卓的养子吕布[②]合谋，把董卓刺杀。董卓的部将李傕、郭汜等，奉命在函谷关东面抵御山东的军队，得到董卓死讯，都很恐慌，派人到长安向王允求赦。王允不许，李傕、郭汜就反入长安，王允被杀，吕布逃往山东。李、郭又自相攻杀，关中大乱，人民逃避一空。献帝见势不佳，乃乘机逃出长安；行至半途，李、郭派兵追来，靠河东一带的盗匪救应，才得脱险，回到洛阳。献帝既到洛阳，因地方残破，将士专横，想得一个有实力的来做护符，献帝的丈人董承便召来兖州牧曹操。

曹操字孟德，小字阿瞒，谯人。他的父亲名嵩，做宦官

① 公元一九二年。

② 拿别姓的儿子抚养起来当作自己的儿子，叫作养子。

⊙曹操

曹腾的养子，其祖先已不可考，有说他本姓夏侯。曹操小时候放荡不羁，但为人机警，很有权变。当时汝南许劭，好批评乡党人物，他特地去访许劭，请他批评。许劭对他说："你在太平时代是一个能臣，乱世时候便是奸雄。"他听了非常高兴。后举孝廉为郎，助皇甫嵩讨黄巾贼有功，迁济南相。不久，拜典军校尉。董卓之乱，他逃往山东，散家财，募士卒，和袁绍一同起兵讨董卓。后来觉得不能和袁绍共事，就把军队移扎到东郡。黄巾余贼攻兖州，杀兖州刺史，他就引兵入据兖州，自称刺史，收降黄巾贼三十多万，加以训练，号为"青州兵"。于是他兵马精强，称雄于东方。

曹操的专权

曹操既到洛阳，借口京师残破，把献帝迁到许昌，自为大将军，大权都落在他手里。从此以后，曹操挟天子以令诸侯，所假借的名义与众不同，声势就大起来了。

曹操的统一黄河流域

当时各州郡都被割据着，而具有相当势力的，是袁术[①]、公孙度[②]、刘表[③]、孙权、刘备等。

孙权，字仲谋，富春人。他的父亲孙坚，起兵讨董卓。

① 袁术，字公路，和袁绍是异母兄弟。因兵败呕血死。

② 公孙度，字升济，襄平人，据辽东，自立为辽东侯、平州牧。死，子公孙康嗣，降曹操。

③ 刘表，字景升，高平人，时据荆州，于公元二〇八年因病死。

又受袁术命征荆州刘表，为刘表将黄祖[1]所杀。他的哥哥孙策就收拾父亲的残兵，把江东占据起来。后孙策出猎，被怨家刺杀，他就继承他哥哥的余业，占据江东。用张昭等为谋士，周瑜、鲁肃为大将，江东百姓都归附他。

刘备，字玄德，涿县人，他自称是汉宗室中山靖王刘胜之后。小时候很穷，和他的母亲贩履为业。后因从校尉邹靖讨黄巾有功，做安喜尉，稍迁为高唐令。县城被匪攻破，投奔公孙瓒[2]。后归陶谦，领豫州刺史，屯小沛[3]。陶谦死，遗命请刘备兼领徐州。徐州为吕布所夺，刘备走归曹操，曹操给他粮食人马，叫他做豫州牧，屯沛城。不久，吕布又攻破沛城，刘备单身脱逃。后吕布为曹操所破，刘备跟曹操还许。献帝的丈人董承谋杀曹操，刘备与闻其事。曹操使刘备攻袁术于下邳，刘备就乘机杀徐州刺史，留关羽守下邳，自己到小沛，有部众数万人，想与袁绍联合。那时董承的密谋已泄露，董承被杀，曹操自己带兵攻刘备。刘备兵败逃到青州，依袁绍。袁绍为曹操所败，刘备复奔荆州，依刘表。

曹兵南下与赤壁之战

曹操先灭袁术、袁绍，次降公孙度的儿子公孙康，黄河流域除上游的凉州还被马腾、韩遂割据外，都归曹操所有了。于是曹操便南下攻荆州。那时荆州刺史刘表新死，他的小儿子刘琮不敢抵抗，就投降了曹操。刘备时依刘表在荆州，屯兵樊城，闻刘琮降曹操，便带他的部下，南走江陵。曹操派轻骑追他，一日一夜走三百多里，追到当阳的长坂地方。双方接战，刘备

① 黄祖为江夏太守，孙权既立，为报父仇屡攻黄祖，祖兵败，城陷，挺身逃走，为他的部下所杀。

② 公孙瓒，字伯圭，令支人，为降虏校尉，屯右北平。后为袁绍所攻杀。

③ 后汉沛国治相县，而沛各自为城，故称小沛以别之。

兵败，弃了妻子，和他的谋臣诸葛亮等逃到夏口[①]，与刘表的大儿子刘琦会合。

> 诸葛亮，字孔明，阳都人，寓居襄阳隆中，每自比管仲、乐毅。有人推荐给刘备，刘备去见他，三次才见到。问他天下大势。他说："现在曹操有百万之众，挟天子以令诸侯，其势不可与争。孙权据江东已历三代，百姓都归附他，只能和他联合，不能和他争夺。你倘能得到荆、益两州做根据地，和曹氏、孙氏三分天下，慢慢地想法恢复汉室，这是最妥当的办法。"刘备听了大喜，就请他做谋士。

时南方兵力最强，可以和曹操一战的，便是那割据江东的孙权。当曹操攻荆州、追刘备时，孙权屯兵柴桑，观望风色。但当时曹操声势浩大，想收服孙权，乘此统一中国。在孙权的地位，只有抵抗和屈服的两条路。刘备便派诸葛亮到柴桑见孙权陈说曹操不难击破的情形，和三分中国的大势。孙权就决计出兵，派周瑜带水军三万，和刘备合力抵抗曹操，曹操兵顺江东下，和周瑜的军队相遇于赤壁。曹军扎在长江北岸，周瑜扎在南岸。周瑜听部将黄盖计，用战船顺风放火，把江面的北船烧个干净，便延烧岸上的营落，曹军几乎全军覆没。曹操很狼狈地逃回北方，一时无力再向长江流域用兵。刘备乘势取得武陵、长沙、桂阳、零陵四郡做根据地。于是三足鼎立的局势，渐渐形成。

三国鼎峙的形成

刘备先推刘琦为荆州刺史，不多时，刘琦病死，部下一致拥戴刘备为荆州牧。刘备既得荆州，就想向蜀中进发。恰好益州牧刘焉的儿子刘璋，因被汉中的张鲁逼迫，求救于刘备。刘备

刘备入蜀

---

① 夏口，以夏水入江之口而得名。当时的夏口，在长江南岸，就是现在的武昌城。或以为就是现在的汉口，那便在长江北岸了，是错的。

⊙赤壁之战

便带兵入蜀，不久就和刘璋翻脸，夺取益州。那时候曹操已讨平了凉州的马腾、韩遂，降了汉中的张鲁。但刘备竟把汉中地方从曹操手里夺了过来。

孙权取荆州

孙权于刘备入蜀的时候，颇想乘虚夺取荆州。刘备不愿开衅，便和孙权妥协，平分荆州。后刘备使守江陵的关羽进兵北方，孙权就乘虚袭取江陵，关羽回兵救江陵，竟被擒杀。孙权就把荆州完全夺了来。

魏、蜀、吴的建国

建安二十一年，曹操自为魏王。二十五年，曹操病死，他的儿子曹丕，逼汉献帝禅位——后汉自光武帝建国，至是凡一百九十五年而亡——改国号为魏，都洛阳，是为魏文帝。时刘备已自称为汉中王，闻曹丕称帝，遂于公元二二一年，即皇帝位于成都，算是承接汉朝的皇统，是为蜀汉昭烈帝，亦称蜀汉先主。孙权先自称吴王，至公元二二九年，即位称帝，是为吴大帝。于是中国便分为魏、蜀、吴三国。

第二十三讲　晋的统一与八王之乱

蜀汉的灭亡

蜀吴两国起初本结攻守同盟以抵抗曹魏的，后来为争夺荆州，关羽被吴所杀，刘备引为奇耻大辱，称帝后，自将大军伐吴。不幸被吴将陆逊所败，刘备惭愤而死。他的儿子刘禅嗣位，是为蜀汉后主。诸葛亮辅政，复与吴和好，内修政治，外平南夷，想进兵东北，和曹魏争中原。但为地势与兵力所限，虽屡次出兵，没有很大的成绩。亮死，后主宠用宦官，朝政渐乱。而掌兵权的姜维屡次出兵北伐，劳而无功，徒招民怨。公元二六三年，魏派钟会、邓艾两路伐蜀，蜀后主出降。蜀自刘备称帝至是凡四十二年而亡。

诸葛亮于蜀建兴三年[①]，南征孟获[②]，那年秋把南夷征服了。建兴五年[③]，他就亲率大军，出屯汉中，临行上疏，有“今南方已定，兵甲已足，当奖率三军，北定中原，庶竭驽钝，攘除奸凶，兴复汉室，还于旧都。此臣所以报先帝（指刘备）而忠陛下（指刘禅）之职分也”等话。明年，他率大军攻祁山，天水、南安、安定等郡起来响应，关中大震。他的部将马谡不听节度，被魏将张郃败于街亭，只得退

① 公元二二五年。

② 孟获是南中的一个酋长，为汉夷所服。诸葛亮南征时，七擒七纵，他才心服，不敢再叛。

③ 公元二二七年。

回汉中。这年冬，诸葛亮再出兵散关，围陈仓，因粮尽退兵。建兴七年[①]，再出兵攻武都与阴平。建兴九年[②]，再出兵围祁山，魏派司马懿来救，又因粮尽退回。魏将张郃来追，击斩之。建兴十二年[③]，再出兵伐魏，进至五丈原，分兵屯田，作久住之计。但那年秋天，他病死了。

⊙诸葛亮擒孟获处

从司马懿专政到司马昭篡魏

魏文帝传子明帝（曹叡），使司马懿[④]镇关中以拒诸葛亮。明帝崩，养子曹芳嗣位，司马懿和曹爽同受遗诏辅政。后来司马懿谋杀曹爽，大权尽归司马氏。

曹爽是曹操族子曹真的儿子，在魏朝是一个宗室。当他和司马懿同受遗诏辅政时，大权在他一人手里，又有一班名士拥护他，司马懿不敢和他争权，就称病不出。魏嘉平元年[⑤]，曹爽跟着皇帝出去谒陵，司马懿勾结禁兵，把城门关起来，一面矫传皇太后的命令，说曹爽种种不法。曹爽无奈，只得屈伏，不久就被司马懿杀死。

① 公元二二九年。

② 公元二三一年。

③ 公元二三四年。

④ 司马懿，字仲达，温人。曹操时为太子中庶子，每参预机密，为太子所信重。

⑤ 公元二四九年。

司马懿死，其子司马师继续执政，废曹芳而立曹髦。司马师死，其弟司马昭继续执政，杀曹髦，立曹奂。当时魏国的军阀，除司马氏一系之外，还有扬州一系。扬州系先后起兵讨司马氏，都给司马氏打败。曹奂即位，司马昭受封晋公，后又进爵晋王，魏国实际上已为司马氏所有。平定蜀汉的第三年，司马昭死，其子司马炎嗣立，就逼曹奂禅位，魏凡四十五年而亡。司马炎既即帝位，改国号为晋，是为晋武帝。

> 当时魏国的军人，都是司马懿一系，只有扬州系的军阀反抗他。魏嘉平三年[①]，扬州都督王凌，正元二年[②]，扬州都督毌丘俭[③]，甘露二年[④]，扬州都督诸葛诞，先后起兵要打倒司马氏，但结果都被司马氏所打倒。

东吴的灭亡

吴自孙权三传到孙皓，荒淫凶暴，仅靠一名将陆抗[⑤]抵御晋国。陆抗死了，晋将杜预就在公元二八〇年攻破建业，虏孙皓。吴凡五十一年而亡。于是晋武帝统一中国，州郡割据的局势，就此终结。

晋武帝的大封同姓

晋武帝即位之初，鉴于魏室因孤立而亡，便大封同姓为诸王，并各给与兵权。诸王既掌兵权，势力强大，武帝死后，就发生所谓“八王之乱”。现在先把八王列表如下：

---

① 公元二五一年。
② 公元二五五年。
③ 毌丘俭，毌丘复姓，毌读为贯。
④ 公元二五七年。
⑤ 陆抗，字幼节，陆逊的儿子。

封国名	封主名	亲属关系	封地
汝南	司马亮	宣帝[1]第四子	现在河南省的东南部
楚	司马玮	武帝第五子	现在湖北省的中部
赵	司马伦	宣帝第九子	现在河北省的西南部
齐	司马冏[2]	景帝[3]的孙子	现在山东省的中部
长沙	司马乂	武帝第六子	现在湖南省的北部
成都	司马颖	武帝第十六子	现在四川省的中部
河间	司马颙[4]	宣帝的侄孙	现在河北省的东南部
东海	司马越	宣帝的侄孙	现在江苏省的东北部

［附注］1 司马炎尊司马懿为宣帝。2 司马冏时镇许昌。3 司马炎追尊司马师为景帝。4 司马颙时镇关中。

晋武帝崩，子司马衷立，是为惠帝。惠帝据说是一个愚蠢的人，由杨太后①父亲杨骏辅政。

《晋书》上形容惠帝愚蠢，甚至于说他听得蛙鸣，问他的左右："这是官的还是私的？"荒年，百姓穷得没饭吃，人家告诉他，他却说："何不食肉糜？"然而荡阴之战，侍中嵇绍用身体蔽护他，当场被杀，鲜血溅在他的衣上，左右要替他洗濯，他说："这是嵇侍中的血，不要洗去！"这种口吻，很不像十分愚蠢的人。大概惠帝怎样愚蠢不懂事的话，一大半是当时有野心的诸侯王的党羽所散放的谣言，后来史官就把那些谣言当事实记载下来。

① 杨太后，名芷，字季兰，华阴人，杨骏的女儿。她的从姊为武帝皇后，死了，武帝就纳她，立为皇后。武帝死，她为皇太后。

皇后贾氏也想干预政事，屡受杨骏的阻碍，很为不平，便派人告诉镇南将军楚王司马玮说："杨骏将反。"楚王得信，就带兵入京。贾皇后逼惠帝下诏使楚王攻杨骏。杨骏被杀，杨太后也被幽禁在金墉城[①]。杨骏既死，汝南王司马亮和太保卫瓘共理朝政。楚王又勾结贾皇后杀汝南王和卫瓘，而楚王亦被贾皇后杀死。大权全落在贾皇后手里，她便把杨太后杀掉，又把不是她自己所生的太子谋杀。那时候赵王司马伦总领宿卫兵，就起兵把贾皇后杀掉，自为相国，专制一切。后来索性把惠帝幽禁在金墉城，称他为太上皇，自己做了皇帝。齐王司马冏不服，在阳翟起兵讨赵王，成都王司马颖、河间王司马颙响应。左卫将军王舆杀赵王，迎惠帝复位。齐王入洛阳执政。河间王又唆使长沙王司马乂攻杀齐王。河间王、成都王又起兵讨长沙王，不能取胜，东海王司马越突然乘夜擒长沙王。成都王入京，长沙王被杀。后来成都王把皇帝的侍卫仪仗，都随他搬到他的根据地邺城。东海王奉惠帝号召四方，兴兵讨成都王，在荡阴地方被成都王兵打败，东海王逃走，惠帝被成都王的部将石超所擒，解送邺城。那时候的成都王真是志得意满，却不料幽州都督王浚、东瀛公司马腾[②]，借了鲜卑、乌桓的兵来攻邺城。匈奴左贤王[③]刘渊随成都王在邺城，就乘机向成都王请求回去召集匈奴五部来协助。

贾后之乱

汝南王、楚王之被杀

赵王的起兵与被杀

齐王、长沙王的先后被杀与成都王的专政

王浚等借外兵

南匈奴自汉以后，入居塞内，住在汾、晋之间。魏分其众为五部。晋初，匈奴五部中以左部帅左贤王刘豹的部族为最强。自己说他的先人是汉朝的外孙，所以冒姓刘氏。刘豹

① 在洛阳西北。晋朝特建的，以为幽禁被废的皇后、太子之用。

② 司马腾，字元迈，司马懿的侄孙。

③ 左贤王是匈奴贵族的封号。

> 死，他的儿子刘渊本留在洛阳，汉朝命他继承为左贤王，兼为建威将军、五部大都督。成都王当国，把他留在邺城。

成都王就拜他为北单于，使其回去召兵。刘渊回到左国城，他的旧部就拥他为单于，不上二十天，部众集至五万。刚想出发，成都王已被打败，带着惠帝逃往洛阳。刘渊便按兵不动，在左国城自称汉王。东海王攻成都王的时候，河间王派张方领兵救应，东海王败，张方就镇守洛阳。成都王逃往洛阳时，张方便带骑兵三千，挟着成都王和惠帝赴长安。河间王得讯，领兵三万迎惠帝于灞上。惠帝就住在长安。河间王执政，成都王被废。这时候东海王早在山东一带，招兵买马，扩充实力。闻得惠帝到长安，便发兵讨河间王，王浚等起来响应，东海王被推为盟主。那时山东的兵势很盛，王浚部将祁弘带乌桓、鲜卑兵做先锋，所向无敌，打入关中。河间王、成都王都逃走，惠帝回长安，东海王做太傅，掌握朝政。河间王、成都王先后在途中被杀。不久惠帝也中毒死。皇太弟司马炽即位，是为怀帝。怀帝永嘉二年[①]，刘渊自称皇帝。明年，自左国城迁都平阳。又明年，刘渊死，子和继立，刘渊弟刘聪杀和而自立。那时候，羯人石勒在河南一带劫掠，东海王亲自带兵讨石勒，病死于项。晋兵被石勒追杀得一个干净。从汝南王到东海王，共计八王，先后以争权作乱而死，历史上就称为“八王之乱”。

成都王的失败与河间王的专政

河间王、成都王的被杀与东海王的专政

东海王之死

---

① 公元三〇八年。

第二十四讲　五胡乱华与晋室东迁

我国从前对于北方的外族一律称为“胡”。所谓“五胡”就是：

杂居内地和分布塞外的异族

（一）匈奴　南匈奴投降汉朝后，就入内地杂居。到晋朝初年，大都散居在并州一带。

（二）羯　匈奴的别种，因为住在上党郡武乡县的羯室，所以称为“羯”。

（三）鲜卑　后汉末年，占据匈奴旧地。后来虽势力衰弱，然部落分布极广，散居在幽、冀、并、凉四州的塞外。

（四）氐　本住在武都一带，曹魏时迁居扶风、始平、京兆一带。

（五）羌　段颎平羌乱，把羌人杀掉不少，但不久又渐渐繁殖，到晋初已布满冯翊、北地、新平、安定各郡。

五胡乱华的远因与近因

这些与汉族杂居的异族，一方因为风俗习惯不同而积不相安，一方因生活没有保障而时生怨望，早已种下变乱的祸根。惠帝初年，江统曾作《徙戎论》以警告朝廷，不为朝廷所采纳。

> 江统为太子洗马[1]，见戎祸日亟，便作《徙戎论》以警朝廷。大意是说：“夫关中帝王所居，而戎狄错在此土，士庶玩习，侮其轻弱。以贪悍之性，挟愤怒之情，候隙乘便，

---

① 东宫的官属。本作“先马”。

> 辄为横逆，此必然之势也。今宜……徙诸羌……，返其旧土，使属国抚夷，就安集之。纵有猾夏[①]之心，绝远中国，隔阂山河，为害不广矣。并州之胡……倍于氐羌，若有不虞，则并州之域，可为寒心。……皆可申谕发遣，还其本域，慰彼土思，惠此中国，于计为长也。”但是朝廷始终不能听他的话。

但晋朝倘能一方修明内政，一方对杂居内地的异族恩威并施，未始不可弭患于无形。不幸武帝大封同姓，种了内乱的祸根，又竭力削弱州郡的兵力，自己毁坏了镇压外族的武器。于是久已隐伏着的异族变乱之祸，遂一发而不可收拾。

怀愍二帝先后被掳与东晋建国

怀帝永嘉五年，刘聪的族弟刘曜和石勒合力攻破洛阳，掳怀帝。怀帝的侄儿秦王司马邺在长安，听到怀帝被掳后已被刘聪所杀，就在长安即皇帝位，是为愍帝。愍帝即位的第四年[②]，刘曜又攻破长安，把愍帝掳去，不久就把愍帝杀了。那时晋朝的宗室琅邪王司马睿[③]镇守建康，闻愍帝被害，就在建康即皇帝位，是为东晋元帝。计西晋凡五十一年而亡。从此以后，江淮以北就变为外族蹂躏的区域了。

苻秦的统一北方

北方从刘渊建国以后，诸族先后崛起，互相争夺。比较有统一北方能力的，当推苻健[④]所建的前秦。苻健传子苻生，淫虐无道，被苻健的侄儿苻坚所杀。苻坚就自立为大秦天王。用谋臣

① 猾，扰乱的意思。古称中国为夏。猾夏就是扰乱中国。
② 公元三一六年。
③ 司马睿，字景文，司马懿的曾孙。
④ 苻健本姓蒲，他的父亲蒲洪，因谶文有“草付应王”之文，遂改姓苻。

王猛，东灭前燕，北灭代[①]，西灭仇池杨氏[②]和前凉，南取巴蜀，又遣将把西域征服，降三十余国，渐渐统一北方。苻坚那时候差不多占有了全中国的三分之二，便想平定南方，统一中国。公元三八三年，就亲率骑兵八十万南下，向东晋进攻。

这时候，苻坚的谋臣王猛早已死了。[③]而东晋方面由谢安执政，命他的侄儿谢玄在广陵练一支精兵，号为“北府兵”，由名将刘牢之统带，屡立战功。苻坚南下的兵虽多，但不很整齐。当他的大军没有到齐，前锋已

⊙《东山报捷图》（此图取材于“淝水之战”）

① 代是后魏的祖先，据有匈奴故地及山西北部。其酋长拓跋猗卢，因助晋讨前赵有功，封为代王。凡传七世，为苻坚所灭。

② 杨氏本姓令狐，是清水（今甘肃清水县）地方的氐人，其先为杨氏养子，故改从汉姓。晋惠帝时，杨茂搜据仇池，传八主，为苻坚所灭。

③ 王猛临死时，谆嘱苻坚不要向南方进攻。

给刘牢之打败。苻坚登寿阳城远望，见晋兵队部整齐严肃，又望见八公山的草木，以为都是晋兵，便对他的左右说："这也是劲敌呢！"颇有惧色。秦兵前进，和晋军夹淝水而阵，谢玄遣使请战，并请秦军稍退，让晋军渡淝水一决胜负。苻坚想等晋兵半渡，用力一击，不料自己的兵太不整齐，一退遂不可复止。谢玄趁势追击，秦兵大败。当秦兵狼狈退走时，都已心惊胆寒，听得风声鹤唳，便以为晋兵来了，昼夜兼行，不敢停止，自相践踏，死的不计其数。苻坚亦中流矢，单骑逃到淮北。从此北方又复分裂，而东晋得偏安江左。后来北魏统一北方，刘裕篡夺东晋，于是中国变成南北两国对立的局面。计从西晋灭亡到北魏强盛，中国北方先后兴灭共十九国，唯三国属于汉族，今列表于后①：

淝水之战与北方分裂

一向都称"五胡十六国"，其实当时曾正式建国且有其建国的实力的，共有十九国。查"五胡十六国"的名称，始于《晋书》,《晋书·载记》的目录后面有注云："五凉、四燕、三秦、二赵、夏、蜀十六国，附其书，起己酉，尽庚申。"然《晋书》目录只列前赵、后赵、北凉、夏、成汉、前秦、后凉、后秦、前燕、后燕、南燕、西秦、南凉、北燕十四国，而书中又历举十九国立国的事实，矛盾错误到如此。后人反依据他的注说以列举十六国的名称，实在是一桩很奇怪的事情。据编者的意见，与其把五凉、四燕、三秦、二赵、夏、蜀称为"五胡十六国"，还不如把十九国中属于汉族的前凉、西凉、北燕三国除外，专指异族入主中国的成汉等十六国，比较正确些。②

---

① 本表根据李嘉善君的《五胡十九国兴亡表》略加增损。

② 此处十九国中的冉魏也是汉人政权，除去后不成"十六"之数。——编者

国名	创业主	种名	族名	国都	立国年代	立国年数	灭其国者
成（汉）[1]	李雄	西羌	巴蛮	成都（四川省城）	晋惠帝永兴元年（公元三〇四年）	四十二年又五月	东晋
汉（前赵）[2]	刘渊	北狄	匈奴	长安[3]（陕西省城）	晋怀帝永嘉二年（公元三〇八年）	二十年又十月	后赵
后赵	石勒	北狄	羯	襄国（河北邢台）	东晋元帝太兴二年（公元三一九年）	三十一年又五月	冉魏
前燕	慕容皝	东胡	鲜卑	龙城[4]（内蒙古土默特右旗）	东晋成帝咸康三年（公元三三七年）	三十三年又十月	前秦
前凉	张重华	汉		姑臧[5]（甘肃武威）	东晋穆帝永和五年（公元三四九年）	二十六年又十月	前秦
冉魏	冉闵	汉		邺（河北临漳）	东晋穆帝永和六年（公元三五〇年）	二年又四月	前燕
前秦	苻健	西羌	氐	长安	东晋穆帝永和七年（公元三五一年）	四十三年又十月	后秦
后燕	慕容垂	东胡	鲜卑	中山（河北定州）	东晋孝武帝太元九年（公元三八四年）	二十五年又十一月	北燕
西燕	慕容冲	东胡	鲜卑	阿房（陕西咸阳）	东晋孝武帝太元十年（公元三八五年）	九年又七月	后燕
西秦	乞伏国仁	东胡	鲜卑	苑川（甘肃榆中）	东晋孝武帝太元十年（公元三八五年）	四十五年又四月	夏
后秦	姚苌	西羌	羌	长安	东晋孝武帝太元十一年（公元三八六年）	三十一年又五月	东晋
后凉	吕光	西羌	氐	姑臧	东晋孝武帝太元十四年（公元三八九年）	十四年又五月	后秦
南凉	秃发乌孤	东胡	鲜卑	乐都（青海乐都）	东晋安帝隆安元年（公元三九七年）	十七年又四月	西秦
北凉	沮渠蒙逊	北狄	匈奴	姑臧	东晋安帝隆安元年（公元三九七年）	四十二年又五月	后魏
南燕	慕容德	东胡	鲜卑	广固（山东益都）	东晋安帝隆安二年（公元三九八年）	十二年又一月	东晋
后魏[6]	拓跋珪	东胡	鲜卑	平城（山西大同）	东晋安帝隆安二年（公元三九八年）		

续表

国名	创业主	种名	族名	国都	立国年代	立国年数	灭其国者
西凉	李暠	汉		敦煌（甘肃敦煌）	东晋安帝隆安四年（公元四〇〇年）	十九年又十月	北凉
夏	赫连勃勃	北狄	匈奴	统万（陕西靖边）	东晋安帝义熙三年（公元四〇七年）	二十四年	后魏
北燕	冯跋	汉		龙城	东晋安帝义熙五年（公元四〇九年）	二十六年又五月	后魏

［附注］1 李雄建国于成都，号为成国。至公元三三八年，李寿弑其主自立，改国号为汉。2 刘渊建国，本自称汉，因都于离石，离石在战国时为赵邑，故称赵，又因在石勒之前，故称前赵。3 初都离石之左国城，后迁平阳，刘曜迁长安。4 后慕容儁迁都邺。5 初据张掖，后迁姑臧。6 后魏就是后来的北魏，详第二十五讲。

第二十五讲　南北朝的对立及其演化

南朝荆、扬两系军阀的对抗

晋室东迁，以扬州、荆州为军事上的防守要地。扬州有淮河和长江的阻隔，防守上虽比较容易，但国都所在，自然也不容疏忽。荆州受北方的压迫较重，而且在军事上荆州一失，长江下游立刻要受到严重的威胁，所以这两处都由大将领着重兵驻守，就无形中造成扬州、荆州两系军阀。东晋初年，荆、扬两系军阀，互相争斗，无暇对付北方的外族。

元帝即位的第六年[①]，荆州系军阀王敦举兵东下，攻入建康，元帝以忧愤死。子司马绍即位，是为明帝。明帝即位的第二年[②]，王敦病死，其余党被丹阳尹温峤所削平。明帝崩，子司马衍立，是为成帝。太后庾氏当朝，后兄庾亮执政。豫州刺史祖约和历阳内史苏峻，因反对庾亮，起兵攻入建康。庾太后忧愤死，庾亮逃奔寻阳。不久苏峻被荆州系军阀陶侃所讨灭，祖约奔后赵，被石勒所杀。陶侃死，庾亮和他的弟弟庾翼先后镇荆州，庾冰为宰相。军权政权都落在姓庾的手里。成帝崩，庾冰立成帝弟司马岳，是为康帝。康帝立二年崩，子司马聃立，是为穆帝。庾氏兄弟先后病死，朝

---

① 公元三二二年。

② 公元三二四年。

廷以桓温为荆州刺史，从此庾氏权衰，而桓氏势盛。东晋保守东南半壁以来，常常在军阀混战的局面中，哪里有工夫去对付北方的外族呢？

到了穆帝（司马聃）时，荆州系里出了一个很有作为的人，叫作桓温。他于永和二年[①]出兵伐前蜀[②]，明年把蜀灭掉。后又出兵攻前秦，打了几次胜仗。当时荆州系军阀气势很盛，东晋政府几乎被推翻。

桓温伐蜀成功、伐秦大胜之后，声势很盛。穆帝崩，无后，成帝子司马丕立，是为哀帝。哀帝即位四年崩，弟司马奕即位。时桓温专权已久，颇有篡夺的意思，他想再立一次战功，以树威望。太和四年[③]，他亲率步兵五万，北伐前燕，但不幸被慕容垂战败于枋头，于是他又想行废立之事，以恢复他的威望。过了二年，他就废帝为东海王，迎立元帝少子司马昱，是为简文帝。次年，简文帝崩，太子司马曜立，是为孝武帝。桓温几次想实行篡夺，都被谢安、王坦之设计阻挠。不久桓温病死，司马氏的半壁江山，总算一时稳定。

桓温死后，谢玄在扬州练成一支“北府兵”，于淝水一战，建了大功，扬州系军阀骤然强盛起来。可是荆州系的势力依旧还在，不久，桓温的儿子桓玄构扇各方军队起兵造反，直逼建康，朝廷不得已，给桓玄等以重要官职，求他们罢兵。后来荆州饥荒，朝廷仗着刘牢之和北府兵，乘机攻桓玄。不料刘牢之

① 公元三四六年。

② 李雄称帝于蜀，国号成，传至李寿，改国号为汉（已见前表）。历史上也称成汉为前蜀。

③ 公元三六九年。

受桓玄运动，中途反叛，桓玄遂攻入建康，废安帝（孝武帝子司马德宗）而自立。桓室自立的下一年，刘裕等从京口起兵讨桓玄，桓玄屡次战败，就挟安帝逃往江陵，又想逃入蜀中，途中被人刺杀。明年刘裕迎安帝回建康复位。从此，荆、扬两系对抗之局告终，而朝廷大权，落在刘裕一人手里。

刘裕北伐与刘宋建国

刘裕既平桓玄，休息数年。义熙五年①，出兵攻南燕，明年，把南燕灭掉。后又乘胜灭掉割据蜀中的谯纵②，又渐渐把和自己不合的将领翦除。义熙十三年③，大举兵灭后秦，把长安收复。那时候，凉州诸国都怕刘裕兵到，刘裕大可乘势统一北方。但刘裕蓄心要篡夺东晋，刚巧留守后方的他的心腹刘穆之死了，他怕后方有什么变动，很匆遽地带兵南还，长安就被夏王赫连勃勃乘机取去。刘裕回到南方，安帝封他为宋公。不久，刘裕把安帝谋杀，立安帝弟司马德文，是为恭帝。刘裕进封为宋王，他就下手诛戮东晋宗室。恭帝即位的明年④，刘裕逼恭帝禅位。东晋从元帝都建康，至是凡一百零三年而亡。刘裕既受晋禅，仍都建康，改国号为宋，是为宋武帝。历史上就把宋武帝即位的一年，作为南北朝的开始。

⊙刘裕

北方的鲜卑拓跋氏本处北荒，后南迁，居匈奴

① 公元四〇九年。
② 桓玄之乱，安西府参军谯纵据蜀，是为后蜀，不在前表十九国之数。
③ 公元四一七年。
④ 公元四二〇年。

后魏之勃兴与黄河流域之一统

故地。晋初，居于上谷之北，濡源之西。并州刺史刘琨，借他们的兵力讨匈奴铁弗氏[①]，把陉岭以北之地给了他们。后为苻坚所灭。不久，拓跋珪收合诸部，灭铁弗氏，又攻后燕大胜，遂于公元三九八年，在平城即皇帝位，是为魏道武帝。传到他的孙子拓跋焘，是为魏太武帝。太武帝即位以后，陆续翦灭诸国，尽取黄河流域。太武帝太延五年[②]，北凉降魏。于是中国仅剩魏、宋两国，南北对立的局势遂定。

太武帝是北魏的一个英主。即位后四年[③]，亲自率兵攻夏，破其都城统万。明年，擒夏主赫连昌[④]。赫连昌的弟弟赫连定自立于平凉，太武帝又派兵攻破他，夏国遂亡。他又攻破北方鲜卑族的别部柔然[⑤]，柔然部众投降的有三十多万。又攻破高车[⑥]，把投降的高车部众数十万移住到漠南。太延二年[⑦]，太武帝派兵伐北燕，北燕王冯弘[⑧]逃至高句丽[⑨]，北燕灭亡。于是黄河流域尽入于魏。

① 南单于之苗裔刘虎，据南匈奴故地，号铁弗氏，最盛时有今山西边外及绥远一带地，四传至刘卫辰，为后魏所灭。

② 公元四三九年。

③ 公元四二七年。

④ 赫连昌，一名折，字还国，赫连勃勃的儿子。

⑤ 柔然，杂胡之一，和匈奴同干别枝。初属拓跋氏。最强盛时统领内外蒙古。

⑥ 高车也是杂胡之一，和突厥同血统，当时称铁勒，居于匈奴之北。太武帝徙其众于漠南，称为高车。

⑦ 公元四三六年。

⑧ 冯弘，字文通，冯跋之弟。

⑨ 高句丽建国于西汉时。东晋以后，辽宁南部、朝鲜北部之地，都为其所有。

南朝从刘宋建国，传八帝[①]，凡五十九年[②]，被篡于齐高帝萧道成。

南朝的相继篡夺

宋武帝鉴于东晋政府常受荆州军阀的压迫，因遗命由宗室子弟镇守荆州，但结果反种下宗室自相残杀的祸根。孝武帝和明帝都因此大杀同姓，反给了异姓将领萧道成夺取政权的机会。萧道成，字绍伯，南兰陵人。本镇守淮阴，明帝病将死，因太子幼弱，特召萧道成入卫。后道成讨平桂阳王刘休范[③]之乱，威权渐大。中书令袁粲和荆州都督沈攸之起兵讨萧道成，都失败而死。萧道成遂自为相国，封齐公，进爵为齐王。不久就逼顺帝禅位与他，改国号为齐，是为齐高帝。

齐传七帝[④]，凡二十三年[⑤]，被篡于梁武帝萧衍。

齐高帝做了四年皇帝便死了。武帝继立，颇能留心政治。武帝死后，宗室又互相残杀起来，因此又养成镇守襄阳的萧衍的势力。萧衍，字叔达，和萧齐是同族。公元五〇二年，萧衍受齐禅，改国号为梁，是为梁武帝。

① 一、武帝刘裕；二、少帝刘义符；三、文帝刘义隆；四、孝武帝刘骏；五、前废帝刘子业；六、明帝刘彧；七、后废帝刘昱；八、顺帝刘準。

② 公元四二〇年至四七八年。

③ 刘休范，文帝十八子。

④ 一、高帝萧道成；二、武帝萧赜；三、鬱林王萧昭业；四、海陵王萧昭文；五、明帝萧鸾；六、东昏侯萧宝卷；七、和帝萧宝融。

⑤ 公元四七九年至五〇一年。

梁传四帝[①]，凡五十五年[②]，被篡于陈武帝陈霸先。大都由镇将擅权而篡夺帝位，玩的都是新军阀起来，旧军阀被打倒的循环报复的把戏。

梁武帝时，北朝的叛将侯景带了河南十三州来投降，武帝收了他。后武帝派他的儿子萧渊明带兵伐魏，为魏所败，渊明被掳。侯景见南朝兵备废弛，便由寿阳起兵造反，攻入建康，武帝饿死于台城。侯景拥立简文帝，不久把他杀了，改立豫章王萧栋[③]，旋又废萧栋，自称汉皇帝。时湘东王萧绎在江陵即皇帝位，是为元帝。吴兴人陈霸先（字兴国）为始兴太守，起兵勤王，元帝使与王僧辩讨侯景，平之。时武陵王萧纪[④]亦称帝于成都，攻江陵，元帝竟向北朝求救，魏兵攻陷成都，萧纪被杀。后来元帝又与北朝失和，魏兵攻入江陵，元帝被害。魏使岳阳王萧詧[⑤]在江陵做皇帝，对魏称臣，是为后梁（后梁凡三传至萧琮，被隋朝所灭）。王僧辩、陈霸先立元帝少子萧方智于建康，是为敬帝。北齐又派兵送被擒的萧渊明回南方，胁迫王僧辩迎立，僧辩无法，只得废敬帝而立萧渊明。陈霸先不服，攻杀王僧辩，复立敬帝。

⊙陈武帝

① 一、武帝萧衍；二、简文帝萧纲；三、元帝萧绎；四、敬帝萧方智。
② 公元五〇二年至五五六年。
③ 梁武帝的曾孙。
④ 萧纪，武帝第八子。
⑤ 萧詧，即后梁宣帝，他是武帝的孙子。

不久陈霸先废敬帝而自立，改国号为陈，是为陈武帝。

东西魏分裂与北朝的再统一

北朝从魏太武帝三传到孝文帝拓跋宏，从平城迁都洛阳。改姓元氏，一切政制，都模仿汉族。三传而至孝庄帝元子攸，为军阀尔朱氏所杀。不久尔朱氏失败，魏朝政权落在权臣高欢[①]和宇文泰[②]手中，魏遂分裂为东、西，东魏都邺。

> 魏自孝文帝再传至孝明帝，北边六镇[③]，并起为乱。北秀容酋长尔朱荣先后把乱事讨平，恃功骄横。孝庄帝立，设计把尔朱荣杀死。尔朱荣的侄儿尔朱兆在长广，拥立长广王元晔，起兵攻杀孝庄帝。不久又废元晔，改立广陵王元恭，是为节闵帝。节闵帝即位的一年，尔朱氏的部将高欢起兵信都，宣言讨伐尔朱氏，为孝庄帝复仇。明年，大破尔朱氏的兵于邺城，攻入洛阳，废节闵帝，拥立广陵王元脩，是为孝武帝。高欢自为大丞相。又打败尔朱兆于晋阳，占据晋阳为根据地。后孝武帝忌高欢，以贺拔岳[④]为关中大行台[⑤]，屯兵凉州，以抗高欢。贺拔岳的部下有宇文泰者，勇敢有谋略，被命为夏州刺史。贺拔岳被秦州刺史侯莫陈悦[⑥]所刺杀，部下就推宇文泰为领袖。孝文帝永熙三年，高欢逼孝武帝迁都邺城，孝武帝不许，并宣布高欢罪状。宇文泰亦发布文告，

---

① 高欢本渤海蓨人（蓨亦作脩，即汉周亚夫所封条侯故国），先世坐法徙怀朔，遂和鲜卑同化。

② 宇文氏，亦鲜卑部落，为慕容氏所破。其遗众遁居潢水之南，是为后来之契丹。其归居武川者，为宇文氏。宇文泰小名黑獭。

③ 六镇是怀朔、抚冥、武川、怀荒、沃野、柔玄。

④ 贺拔氏亦鲜卑部落，与魏同出阴山，其后镇武川。

⑤ 魏晋以后，称尚书省为中台，亦称内台。其随所管之本道，置于外州，以行尚书职权者，叫作行台，为专征讨而设，不常置。后魏始开府署，置官属，号为尚书大行台，专主军事，于一路府州，无所不统。

⑥ 侯莫陈，代北三字姓。

> 声讨高欢。高欢遂从晋阳引兵南下，孝武帝奔长安。不久孝武帝被宇文泰毒杀，拥立南阳王元宝炬，是为魏文帝。高欢入洛阳，拥立清河王元亶的儿子元善见，是为孝静帝，迁都邺城。于是北朝便分东、西魏两国。

［东魏］不久被高欢的儿子高洋所篡，改国号为齐，是为北齐。

> 东、西魏分立后，高欢、宇文泰争战十多年，互有胜负。公元五五〇年，高欢的儿子高洋废东魏孝静帝，自为皇帝，改国号为齐，是为北齐文宣帝。五传而至幼主高恒，为北周所灭。

西魏都长安，为宇文泰的儿子宇文觉所篡，改国号为周，是为北周。公元五七七年，北齐为北周所灭，北方又归于统一。

> 公元五五七年，宇文泰的儿子宇文觉自称周天王，废西魏恭帝为宋公。明年，周天王被叔父宇文护所杀，改立宇文觉的弟弟宇文毓为周天王。又明年，宇文毓即皇帝位，是为北周明帝。传到他的弟弟武帝宇文邕，灭北齐，统一北方。

南北朝势力的消长

南北朝对立时代，北朝兵力较南朝为强，所以从刘宋到萧梁，南朝常受北朝的压迫。魏分裂为东西后，北朝的势力稍衰。其后侯景乱梁，南朝之势又衰，北周、北齐乘势南下，夺取南朝不少地方，南朝仅剩江南、岭南一隅，较之刘宋全盛时代，不过二分之一。及北周灭北齐，黄河流域、汉水及淮水流域，与扬子江上游合并为一大国，南北均势之局已破，中国统一的局势又渐渐造成了。

第二十六讲　隋之统一与南北文化的协调

杨坚的篡周灭陈

北周武帝宇文邕在灭北齐的第二年就死了，子宇文赟立，是为宣帝。宣帝荒淫无度，在位二年，传位给儿子宇文阐，是为静帝，宣帝自称为天元皇帝。过了二年，宣帝死了，静帝年幼，由宣帝皇后的父亲随公杨坚[①]辅政，大权全在杨氏手里。杨坚是久蓄野心的人，他既执政权，便尽革宣帝时的苛政，务为宽大，以收服人心。不久他就动手诛杀北周的宗室，并削除异己。静帝大象二年[②]，杨坚自为相国，由随公进爵为随王。明年，废静帝，自立为皇帝，改国号为隋[③]，是为隋文帝。又明年，南朝陈宣帝陈顼崩，子陈叔宝立，是为后主。

⊙隋文帝

① 杨坚小名那罗延，华阴人。他的父亲封随国公，父死，他袭爵。

② 公元五八〇年。

③ 杨坚本袭封号随公，进爵为随王，故国号随。但他因为“随”字的“辶”训走，不祥，便去“辶”作隋。其实辶本辵字，音绰，并不是走字，这是他不学无术之故。

隋文帝开皇八年[1]，出兵伐陈，明年，克台城，后主被俘。后梁已先二年为隋所灭，于是中国又归于一统。

从西晋末年一直到南北朝，这三百年间，纷乱到了极点。但就文化方面说，却是中国史上很重要的时期：因为经过这一个时期，异族同化于汉族者愈多，中国文化的领域愈大，同时又吸收了不少间接输入的外来文化。文化并不是高深玄妙的东西，具体的表现便是生活的享受。明白点说，由社会的生产关系所产生出来的物质的或精神的生活方式，便是文化。

文化二字的意义

> 人类的文化，就是人类的生活，是人类社会所创造的。人类要生活，就须在社会谋相互的分工合作，这种社会内相互的分工合作，就叫作社会的生产关系。但社会的生产关系是由社会的生产方式决定的，而生产工具又决定了生产方式（譬如封建社会的生产方式是农业和手工业，生产工具是耒耜、纺车、锯、斧之类）。由社会的生产关系所产生出来的物质的生活方式，如衣、食、住、行，便叫作物质文化。由社会的生产关系所产生出来的精神的生活方式，即由社会的生产关系所反映出来的意识形态，如宗教、法律、政治、艺术、哲学都叫作精神文化。

所以只要生产方式一有变动，则文化也随着变动。中国文化一向以汉族为主体，因为汉族住在黄河流域，气候的温和，土地的肥美，交通的便利，生产方式较外来民族为进步，由社会的生产关系所产生出来的物质的、精神的文化，自然较外来为优越。换句话，就是生活的享受，无论为物质的、精神的，都比较外来民族为丰富。在东晋、南北朝以前，不但鲜卑等民族

北方、南方的文化都比中原落后

① 公元五八八年。

的文化，远不如汉族，就是江南，当三国时候，虽因孙吴建国，文化已渐发达，但终不能和中原相比。

> 中国文化，以黄河流域为主干。三国以前，扬子江流域，还是蛮夷所居，草昧未辟。三国时孙吴据江南立国，扬子江流域逐渐汉化，但文化程度，终未能和中原相比。当时晋平孙吴，吴人北上入洛阳，每被中原人士所轻视，便是明证。

北方民族的同化

到了五胡乱华，那些文化落后的胡人，一旦用武力战胜了文化较高的汉族，并且占据了黄河流域，他们的生产方式变换了，生活的享受便自然而然地和汉族同化起来。别的且不说，单就当时最著名的鲜卑族的拓跋氏、慕容氏、宇文氏来讲，慕容氏自三国时即已入居辽西，吸收汉族的文化最早。拓跋氏南迁较晚，然到了北魏的孝文帝，便厉行改革，努力使鲜卑人与汉族同化。他为平城偏在北方，不容易吸收汉族的文化，便把都城迁到洛阳，下令禁胡服胡语，提倡与汉人通婚，一切典章制度，都竭力模仿南朝。就中改鲜卑姓为汉姓，尤为促进民族混合的大政策。

⊙北魏孝文帝迁都（绘画）

> 魏孝文帝很仰慕汉族的文化。他迁都以后，下令禁穿胡服，百官在朝中说话，须用汉语汉音。太子拓跋恂不惯，私着胡服，并想逃回平城。孝文帝就把他重责百余杖，囚禁起来，并且革去太子，废为庶人。又下令从代北来洛阳的官吏人民，死后便葬在洛阳，不许运柩还乡，于是南来的代人，都化为河南洛阳人了。而最重要的同化政策，便是改鲜卑姓为汉姓。魏太和二十年[①]孝文帝下诏，大意是说："北人谓北为拓，后为跋，魏之先出于黄帝，以土德王，故为拓跋氏。夫土者，黄中之色，万物之元也，宜改姓元氏。诸功臣旧族自代来者，姓或重复，皆改之。"所改各姓，具见于宋郑樵所著的《通志·氏族略》。其最显著的，如：拓跋为元，贺鲁为周，贺葛为葛，是娄为高，屈突为屈，叱李为李，叱吕为吕，纥骨为胡，拔列兰为梁，侯莫陈为陈，渴烛浑为朱，没鹿回为窦，地骆拔为骆，温石兰为石。

宇文氏的兴起，和慕容氏相先后，中经衰乱，后乘魏朝分裂，建立北周朝，所有官制公牍，都模仿三代，其他可知。余如乞伏氏、秃发氏，号"河西鲜卑"，皆据有凉州，逐渐与汉族同化。在这南北文化协调中，鲜卑人可以说是最重要的分子。至于南方，则从晋室退守江南以来，皇族贵戚与中流社会以上的人物，多奔避江南，江南文化骤然发达。而南北风俗习惯，也渐渐调和，饮食器具之末，日用玩好之微，往往输入北方民族固有的习惯，以辅助中国古来所不足。如胡笳、羌笛、琵琶等乐器的输入，北周时，西域龟兹、疏勒诸国的音乐大集于长

中原文化的南渐

① 公元四九六年。

安，为唐代十部乐之滥觞。[1] 这都是明显的例子。

> 宇文泰因汉魏的官制繁复，令苏绰等依《周礼》定六官，至西魏恭帝三年实行。他自为大冢宰，其余百官，都仿周制。宇文觉建立北周朝以后，还是用着前定的官制。

① 唐代部乐是：一、燕乐；二、清商乐；三、西凉乐；四、天竺乐；五、高丽乐；六、龟兹乐；七、安国乐；八、疏勒乐；九、高昌乐；十、康国乐。

第二十七讲　隋唐的过渡与唐太宗的功业

隋初的内治与隋炀帝的奢侈

隋文帝统一中国后，颇能留心政治，当时府库充足，户口繁殖，为历朝所仅见。文帝崩，次子杨广嗣位，是为隋炀帝。炀帝是历史上著名的荒唐皇帝。他即位以后，就以洛阳为东都，开运河，筑驰道，往来巡游于洛阳、江都之间，劳民伤财，毫不顾惜。

当时中国国都，偏于西北，为要统治全国，不能不力谋交通的发展。隋文帝时，开广通渠，引渭水以通长安。到了炀帝，更为大规模地开凿运河：先开通济渠，引谷水、洛水入黄河，引汴水入泗水，以达于淮水，于是河、淮遂通；次开邗沟引淮水入长江，而江、淮遂通；次开永济渠，从黄河向北通白河至涿郡；次开江南河，从京口南达余杭。从此穿越江、河，而南北之界遂破。当时，南自余杭，北自涿郡，西自洛阳、长安，都可以舟楫直达。[1]炀帝又凿太行山以通驰道，从龙门直达上洛。又开榆林御道三千里，从榆林东达于蓟。北方的陆路交通，为之一变，这种大规模的凿河开道，在当时虽劳民伤财，弄到国破家亡，但对调和南北文化和方便后来的皇帝统治全国，都大有效益。

---

① 隋炀帝所开的通济渠、永济渠，因黄河迁徙，今已不存。元世祖时，开会通河，从安山以北至临清接卫河，以南接泗水入淮，就是现在的运河。

当时北方有新兴的民族叫作突厥，势力很盛，经文帝用种种方法，才把他们笼络住了。

突厥是现在中国五族中回族的祖先①。旧史称为“平凉杂胡，匈奴别种”。在汉时为丁零，南北朝之初称为高车，亦称铁勒。他们居于俄属贝加尔湖的东部，逐渐繁育南下。初替柔然人做奴隶，后灭柔然，尽有其地。到北朝末年而极盛，占有今蒙古高原、新疆、东三省和西伯利亚、中亚细亚一带，开北方外族从来未有的盛大局面。隋朝初年，突厥分为数部，同时并立四可汗②，国内始渐分离。隋文帝用远交近攻政策，笼络突厥西部酋长达头可汗、北部酋长阿波可汗，以抗突厥共主沙钵略可汗。沙钵略可汗势孤，向隋文帝请和，并求援助，隋文帝发兵救援。于是突厥遂分为东西，沙钵略可汗据东部，为东突厥；达头可汗据西部，为西突厥。沙钵略可汗死后，他的儿子都蓝可汗与其侄儿突利可汗自相攻击。隋文帝用抑强扶弱政策，册立突利为启民可汗，发兵保护。不久，都蓝死，其部下尽归启民可汗。启民可汗感激隋文帝，对隋朝很恭敬。

到炀帝即位，以为四夷已经畏服，便大摆皇帝架子，在即位的第三年，亲至金河，临幸东突厥启民可汗③帐，赏赐金帛无算。后又胁迫西突厥献地数千里，置西海、河源、鄯善、且末四郡。分遣犯罪者去实边，辗转输送，又不知费了多少金钱。

---

① 回族是中国少数民族之一，以十三世纪迁入中国的中亚、波斯、阿拉伯人为主，也包括七世纪以来侨居中国的阿拉伯和波斯商人后裔在内，在长期发展中吸收汉、蒙古、维吾尔等族成分逐渐形成。——编者

② 突厥分部的酋长也称可汗，其共主则称大可汗。

③ 可汗，酋长之称，和匈奴的单于一样。

又东征高句丽，用兵四年，毫无结果。隋文帝几年来辛苦经营所得的成绩，被他一手毁坏，又恢复到民穷财尽，盗贼四起的境地。同时已经笼络住了的突厥，见隋朝国内骚乱，也就不稳起来。大业十一年[①]，炀帝巡游北方，突厥启民可汗的儿子始毕可汗，就老实不客气把炀帝围在雁门，幸救兵到来，始得脱险。明年，炀帝游幸江都，时中原已乱，他亦无心北归，想迁都丹阳，保守江东。大业十四年[②]，炀帝在江都，被宇文化及[③]所弑。先是太原留守李渊起兵入关，奉代王杨侑[④]为帝，自为大丞相，封唐王，遥尊炀帝为太上皇。炀帝被杀的那一年，隋帝杨侑禅位于唐王李渊，李渊遂即皇帝位，改国号为唐，是为唐高祖。隋自杨坚建国，只传二世[⑤]，凡三十八年而亡。

隋炀帝的被弑与李渊的起兵

⊙隋炀帝墓志

李渊的先世，就是西凉的李暠。西凉亡后，李氏世代在北朝为官。李渊在炀帝时为弘化留守，时四方盗起，炀帝命

① 公元六一五年。

② 公元六一八年。

③ 宇文化及，武川人。本姓破野头，其祖先为鲜卑人所奴役。他的父亲宇文述，炀帝时以功封许国公。化及袭父爵。时隋炀帝在江都，化及见北方已乱，遂谋叛，弑炀帝，后为窦建德所杀。

④ 炀帝的孙子。

⑤ 还有李渊拥立的杨侑和东都群臣拥立的杨侗（都称恭帝）都不算在里面。

他做山西、河东抚慰大使。因捕讨群盗有功，转太原留守。当时天下已乱，他的儿子李世民，便劝他起兵，向西占据长安。大业十三年，李渊在太原起兵，是年冬十一月，李渊兵入长安。

唐高祖的起兵入关，完全是他儿子李世民的计划。既受隋禅，把割据一方的群雄，次第翦灭，也是世民的功绩。在情在势，应该把皇位传给世民的。

隋末，四方豪杰纷起，各独树一帜，掠据土地，互相吞并。今择其著名者，列表如下：

人名	所据地	结果
窦建德	河北诸郡	为唐所灭
李密	河南诸郡	先降唐后为唐所杀
徐圆朗	山东中部东部	先降窦建德后降唐
刘武周	山西北部	为唐所灭
梁师都	绥远及甘肃东北部	为唐所灭
薛举	甘肃中部	传子仁杲为唐所灭
李轨	甘肃西北部	为唐所灭
萧铣	两湖广西越南	为唐所灭
林士弘	江西广东	死后部众分散
朱粲	湖北中部	降唐复叛被唐所灭
杜伏威	江苏安徽中部	降唐
李子通	江苏北部	为杜伏威所灭
陈稜	江都	为李子通所灭
沈法兴	浙江北部江苏南部	为李子通所灭
王世充	河南西部	为唐所灭

玄武门之变与唐太宗的即位

但高祖拘泥“立嫡以长”的古训，竟立毫无功绩的大儿子建成为太子，封世民为秦王，遂酿成“玄武门之变”，建成为世民所杀。高祖无法，只得把皇位传给世民，自己做了太上皇。世民即皇帝位，是为唐太宗。

唐高祖起兵，都是出于他儿子李世民的计划。高祖曾对他说："事成当以汝为太子。"但后来高祖竟立长子建成为太子。据说建成是一个荒于酒色的人，又见世民功名日盛，心中不安起来，几次设法要谋害世民。高祖见他们弟兄俩不和睦，恐酿事变，遣世民出镇洛阳。世民没有动身，他的左右都劝他杀建成，于是世民带兵伏在玄武门。建成入朝，至临湖殿，觉得有变故，想回转宫中，被世民追上，用箭射杀。高祖无法，只得立世民为太子，国事都由他处决。这是武德九年[①]的事情，史称"玄武门之变"。[②]

⊙唐太宗

唐太宗的治迹

唐太宗是一个英武的君主。即位以后，用房玄龄、杜如晦为相，魏徵为谏官，努力修明内政，与民休养，居然造成了一个太平时代。历史上说那时候"行千里者不赍粮"，"断死刑才二十九人"，虽不免有点夸张，但那时候社会经济基础又入于稳定时期，是无可否认的。

尤其值得称述的，是唐太宗的

① 公元六二六年。

② 这样事情的详知情形，参看《通鉴纪事本末》最便。但历史所载，都是偏袒太宗的一面之辞，真相如何，已无从查考了。

对外发扬国威。隋末，中国避乱者多归突厥，割据北方的豪杰又都结好突厥，希望得到他们的助力，因此突厥又强盛起来。唐初，突厥屡扰北方，京师戒严，有几次几乎要迁都避他。太宗即位，积极训练军队，一面又设法离间突厥的内部，突厥内部便不稳起来。又因颉利可汗[①]的不善笼络诸部，和突厥同血统的薛延陀、回纥等部落，纷纷叛离。同时又发生重大的天灾。因此种种，突厥国势大衰。贞观三年[②]，突厥犯边，就发大兵征讨，明年，擒颉利可汗，降突厥部众十多万，东突厥就此灭亡。东突厥亡后，薛延陀渐渐占据其地。后乘太宗用兵高句丽，便来侵犯河南，被唐兵打败，薛延陀就起了变乱。贞观二十年[③]，太宗遂灭薛延陀，分其地为六都督府，统于安北都护府。于是回纥各部凡十一姓，都派遣使臣来朝见唐天子，上太宗尊号为“天可汗”。太宗又对西域用兵，先后攻破吐谷浑、焉耆、龟兹，又灭高昌，以其地为西州，置安西都护府。

唐太宗的发扬国威

平定东突厥

灭薛延陀

用兵西域

> 吐谷浑读如突欲魂，是鲜卑慕容廆的庶兄，居辽西塞外，后移居阴山之阳，西晋末度陇据枹罕及甘松南界。传到他的孙子叶延，才把他的号作国名。数传至夸吕，自称可汗，居于伏俟城。唐太宗时夸吕的儿子伏允在位，屡侵唐边。贞观八年[④]，太宗大发兵破之，伏允走死。

把葱岭以东的地方，完全平定。西域之南，就是现在西藏地方，当时有民族兴起，叫作吐蕃。吐蕃曾遣使进贡，要求婚姻，被太宗拒绝。

吐蕃的内属

① 始毕可汗传弟处罗可汗，处罗可汗传弟颉利可汗。

② 公元六二九年。

③ 公元六四六年。

④ 公元六三四年。

吐蕃是中国五族中藏族的祖先，现在还称西藏为土伯特，即吐蕃的音转。他们是游牧民族。其首领称为“赞普”①。唐太宗时，赞普弃宗弄赞在位，国势渐强。

后吐蕃攻松州为唐兵所败，于是遣使来谢罪，并继续要求婚姻，太宗把文成公主嫁到吐蕃。因中国和吐蕃交通，唐朝兵威又达到了印度。文成公主嫁吐蕃的一年②，印度乌茶国③尸罗逸多王遣派使臣朝见唐天子。贞观二十一年，太宗使王玄策赴印度，恰巧是尸罗逸多王死了，其臣阿罗那顺自立，竟出兵拒绝。王玄策就借吐蕃和泥婆罗④的兵反攻，生擒阿罗那顺而还。太宗对西北两方国威的发展，已算是极远的了，唯对于东方高句丽的

印度的征服

⊙《步辇图》(松赞干布派遣使臣来长安请婚，迎娶文成公主入藏，唐太宗便装接见吐蕃使节禄东赞)〔唐〕阎立本

① 赞是雄健的意思。普是丈夫的意思。赞普就是雄健的丈夫的意思。

② 贞观十五年，公元六四一年。

③ 在今克什米尔西北，藏瓦河上游，即加非哩斯坦以东，印度河以西的地方。

④ 即现在的尼泊尔，和西藏南境相接。

用兵不甚得手。[①] 到了高宗（太宗子李治）即位，派苏定方平西突厥，又渡海灭百济，败日本援兵。

唐高宗的武功

西突厥极盛时，跨有葱岭东西，其极西与波斯为界。今欧人称俄属西伯利亚的西南一隅为土耳其斯坦，是从当时西突厥领土得名的。唐高宗显庆二年[②]，灭西突厥，分其地为州县，并隶安西都护府。西突厥经唐惩创后，逐渐西徙，在九世纪至十一世纪间，侵入印度、波斯，遂定居于小亚细亚，更进而居于罗马故都的君士坦丁堡。中间与他种混杂，更因地理上的影响变化，遂形成现在的土耳其民族。

又遣李勣[③] 灭高句丽。其他党项[④]、吐火罗[⑤]、昭武九姓[⑥] 等族，亦先后平定。凡太宗未竟的功业都是高宗完成的。

汉末，朝鲜半岛分为三国：高句丽居北，百济居西南，新罗居东南。唐初，新罗被高句丽、百济侵略，求救于中国，太宗亲征高句丽，无功而还。高宗显庆五年[⑦]，发兵由海道攻灭百济，分其地为五都督府。百济乞援于日本，又败日本兵于白江。总章元年[⑧]，高句丽内乱，高宗乘乱发兵攻破，分其地为九都督府，统于安东都护府。

① 贞观十八年（公元六四四年），太宗亲征高句丽，无功而还，损失很大。

② 公元六五七年。

③ 李勣初姓徐，名世勣，后归唐，赐姓李，又以避太宗讳，改名勣，字懋功，离狐人。

④ 党项，羌族，所占地当今甘肃西部。

⑤ 吐火罗，大夏族，所占地当今阿姆河流域。

⑥ 昭武九姓，大月氏族，居今中亚细亚境。

⑦ 公元六六〇年。

⑧ 公元六六八年。

第二十八讲　唐初的域外交通与外教的传入

唐初域外交通的发达

唐太宗、唐高宗经略域外，声威所及，东至朝鲜、日本，西至波斯、印度，南至南洋群岛，北至内外蒙古。各国或派使臣来朝见进贡，或送子弟到长安留学，以及民间的自由往来，因此域外交通，非常发达。

南洋诸国，自魏晋以来，民间一向自由往来，南方各地的人民，在南洋经营的事业亦不少。只可惜中国历史对于开辟南洋的事迹，没有详细地记下来，使我们无从考见确实的情形。我们从《宋书》至《新唐书》的“四裔传”，约略可以考见有许多派使来朝贡的小国，是在现今的南洋群岛。所以唐朝对南洋虽未曾用兵经略，但声威早已远播南洋一带。

但当时中国文化高于他国，所以中国文化的输出，使不少国家受着影响，而外国文化的输入，则除宗教外别无可述。

⊙《职贡图》(局部)〔唐〕阎立本

受中国文化影响最深的，要算日本、朝鲜，他们现在的生活，还和中国相近。南洋虽已大受西方文化的熏陶，对于中国人尚称唐人，可见当时所受中国文化的影响一定很大。至于西域各国，大都在唐朝羁縻之下，所受影响，更不用说了。

唐时从外国传入的宗教，最著名的有祆教[①]、摩尼教、景教、回教等，兹述如下。

（一）祆教 祆教就是拜火教，相传是当中国周朝时候波斯人琐罗亚斯德（Zoroaster）所创。其教义，以为世界之上有阴阳二神，阳神代表善，阴神代表恶。人应当崇拜阳神，远避阴神。火是阳神的代表，太阳是火的根源，所以他们崇拜火和太阳，称为拜火教，亦称祆教。最初流行于波斯和中亚细亚一带，后大食国[②]兴起，波斯、中亚都为其所有，祆教徒避难至东方，遂辗转传入中国。唐高祖时，长安已建立祆教的寺院。太宗贞观五年[③]，有波斯人何禄来长安传教，太宗为建寺院，并设祆正、祆祝等官，选胡人充任，以管理祆教徒及主祀祆神。当时祆教在中国的盛行，也就可想而知了。 祆教的传入

（二）景教 景教是基督教的别派。当刘宋元嘉时，有东罗马[④]人聂斯脱利（Nestorius），倡言耶稣为立教的圣人，非即上帝之子，否认耶稣为神人合一之说，遂为众教徒所排斥，流放 景教的传入

① 祆，从天，是祭天的意思。

② 大食国即阿拉伯帝国，为回教始祖穆罕默德所创。强盛时奄有亚洲西部、非洲北部及欧洲之西班牙。

③ 公元六三一年。

④ 罗马（Rome），就是汉朝的大秦，今欧洲的意大利。东晋时，罗马分王居黑海西，就是现在土耳其地方，辖治东境，别称东罗马。

亚美尼亚[①]而死。他的徒众亦遭排斥，散处东方，自成一新宗教。其教规定生不娶嫁，病不服药，死则裸葬。后流行于波斯。唐太宗贞观九年[②]，波斯人阿罗本（Olopen）带了经典到长安，太宗准他译经传教，并建立波斯寺。高宗时，令各地都建波斯寺，并封阿罗本为镇国大法王。玄宗（高宗孙李隆基）时，因波斯被大食所灭，又考知景教起源于罗马，当时称罗马为大秦，遂诏改波斯寺为大秦寺。其后大秦寺僧景净立《大秦景教流行中国碑》[③]以述景教在中国流行的盛况。

摩尼教的传入

（三）摩尼教 摩尼教为后汉末年波斯人摩尼（Mani）所创。原出于祆教，而参以佛教与景教的教义。回纥人奉此教最虔。唐武后（详下讲）时，由回纥传入中国。玄宗时曾下令禁止。后肃宗（玄宗子李亨）借回纥兵平乱，教徒都入居内地，势力渐大。代宗（肃宗子李豫）于京师建摩尼寺，于荆、扬、洪、越等州建大云光明寺，那是摩尼教最盛行的时期。

回教的传入

（四）回教 回教就是穆罕默德所创的伊斯兰教（Islam）旧称，又名天方教[④]。经典叫作《古兰经》(*Koran*)。它是严肃的一神教。它的教义，采取犹太、基督两教的地方很多。隋炀帝时候，先由海道传入中国，在广东番州地方建立怀圣寺。唐朝初年，因西域交通之路重开的结果，穆罕默德所创的大食国（阿拉伯帝国），和中国互好通市，于是回教遂由陆路回纥、天山一带，传入中国。

---

① 亚美尼亚（Armenia），在小亚细亚的东北，先为独立王国，历史上分属土耳其、波斯、俄罗斯。

② 公元六三五年。

③ 这碑在公元八四五年因唐武宗毁佛寺，被没入地中，至明时出土，后人乃考知景教流行中国的情形。

④ 天方，即阿拉伯的别称。

⊙《大秦景教流行中国碑》(拓本)

> 一向都以为回纥人信奉伊斯兰教，由回纥传入中国，所以称为回教。其实回教即因回回国而得名。回回国就是《新唐书·西域传》的货利习弥，也就是《元史·地理志》里的花剌子模。大食国就在回回国的西面，所以回回国人都信奉伊斯兰教。至于回纥人在唐朝时候所信奉的是摩尼教而非伊斯兰教。唐朝末年，回纥人从蒙古移住新疆东部，当时大食国的声威远及葱岭以东，伊斯兰教也跟着盛行于新疆一带。但伊斯兰教的传入中国，远在回纥人移住新疆东部以前，所以“回教”这一个名称，和回纥实在没有什么关系。

上述诸教，虽都曾盛行一时，但除回教外，其他各教，不久便就衰歇。

> 唐武宗（公元八四一年至公元八四六年）信奉道教，排斥异教，把信奉摩尼教的回纥人放逐屠杀，又把摩尼教、景教、祆教、回教及佛教的寺院毁灭，勒令教徒还俗，于是摩尼教、祆教、景教都就此衰亡。唯回教的潜势力依旧存在，后来回教徒又被黄巢屠杀，但不久就复兴起来。（至于佛教，在中国根柢已深，当然不是一个皇帝的摧残可能消灭的。）

而这些新传入的宗教，在社会上的势力，还远不及旧有的道教和佛教。道教因为唐朝姓李的关系，简直成了国教。

> 唐高祖时，有晋州人吉善行，自称在羊角山见老子。老子对他说：“替我转言唐天子，我便是他祖先。”这话传给唐高祖知道了，便下诏立老子庙，尊老子为太上玄元皇帝，又命王公以下，都要诵习《道德经》。中宗（高宗子李显）

时，命各州都立观一所。观，便是道教的寺院。玄宗亲注《道德经》，命百姓家家置备一部。又命两京[①]及各州，都立玄元观，尊太上玄元皇帝为大圣祖。武宗宠用道士赵归真，亲受法箓，皈依道教。当时道教名位，远在佛教之上。

唐朝和印度的交通

佛教则因唐朝和印度的交通，经典大量输入，也达到了最兴盛的时期。在这里，应该把当时中国和印度交通及佛经大量输入的情形，作最简单地叙述。

唐朝和印度交通，有海陆两路，海路或由广州放洋，或由安南放洋，或由青岛放洋，都经爪哇、锡兰等国入印度，而以由广州放洋为最便利。陆路大都以西域渴槃陀路为中心，或由疏勒，或由子合，或由莎车，度葱岭西行而至印度。此外陆路交通的路线还很多，但都不及走西域渴槃陀路的便利。所以当时中印交通的主线，便是由广州放洋的海道和走渴槃陀的陆路。

当时中、印交通的陆路线，还有：（一）西域于阗、罽宾路。[②]此路不经葱岭正脊，从拉达克度岭直抄迦湿弥罗[③]，实一捷径。但当时西行求法的僧徒，走这条路的很少，不知何故。（二）西域天山北路。此路由拜城迂道经撒马尔罕以入阿富汗。玄奘西行，为避免经过突厥，曾走此路，但究竟太迂远，所以后来就没有人走了。（三）吐蕃泥婆罗路。此路由青海入西藏，经泥婆罗入印度。唐初，因文成公主之保护，曾一度通行，后来便又闭塞了。（四）滇缅路。此路由云南经缅甸入印度，东晋时已通行，南诏独立后，遂闭塞。

① 唐以长安为西京，洛阳为东京，两京就是西京、东京。

② 于阗，今新疆于阗。罽宾，今北印度境。罽，读如“计”（ㄐㄧ）。

③ 即罽宾。

唐以前东来的高僧与西行的佛徒

⊙玄奘

因海陆两路交通的便利，西方高僧的东来，中国佛教徒的西行，络绎不绝。在后秦时，西域高僧鸠摩罗什[①]来长安，传译大乘教义[②]。同时中国高僧如法显[③]等，亦西行求法。南朝萧梁时，南印度高僧达摩，从海道来广州，相传为佛教“禅宗”的开山祖。到了唐太宗时，有名的玄奘三藏[④]由陆路赴印度，经过一百三十八国，留印十多年，带来经典六百五十多部，和弟子们在长安细心翻译，先后译出经典七十五部，计一千三百三十五卷。高宗时，又有义净三藏[⑤]取海道入印度，经历三十多国，留学二十五年，带来经典四百多部。玄宗时，又有印度高僧善无畏三藏、金刚智三藏、不空三藏[⑥]，先后来中国，称为“开元三大士”。他们都努力传译经典。当时各

唐玄奘三藏、义净三藏的先后西行

开元三大士

① 鸠摩罗什的父亲是天竺（即印度）人，母亲是龟兹王的妹妹，所以他生长于龟兹。后游印度，遍求名师，于后秦弘始三年（东晋安帝隆安五年，公元四〇一年）来长安。

② 佛教有大小乘之分，以车乘为喻，是载道济人的意思。佛说法因人而施，人有智愚，所以说法有深浅，深者为大乘，浅者为小乘。

③ 法显俗姓龚，平阳武阳人。以晋隆安三年（公元三九九年）往印度求经，著有《佛国记》。

④ 玄奘三藏俗姓陈，洛州人。他于唐贞观三年（公元六二九年）西行。

⑤ 义净三藏俗姓张，范阳人。他于唐咸亨二年（公元六七一年）西行。

⑥ 善无畏三藏，中天竺人。金刚智三藏，南天竺人。不空三藏，狮子国人。三人都在唐开元间（公元七一三年至七四一年）来中国，时称“开元三大士”。

因传授的来源不同，就分成许多宗派，有所谓成实、三论、律、涅槃、地论、净土、禅、俱舍、天台、摄论、华严、法相、真言等十三宗。其中天台宗为中国人所自创，在宗教史上占有重要的地位。禅宗主张不立文字，以修证功夫为主，为后来宋明理学的先导。

佛教的宗派

这些宗派的思想内容和传授源流，非几句话所能讲得清楚的，在这里也没有详细介绍的必要。但我们须知道这许多宗派现在有不少已经衰微了，只有专事念佛的净土宗，最为流行。

第二十九讲　武后的活动与时局

唐高宗即位的初年，颇能留心政事，所以史家把永徽[①]之治，比美贞观。后来宠任皇后武氏，自己又患风眩病，政权落在武氏手里，遂使武氏以一女主而易姓革命，君临天下者十多年，开中国从来未有的创局。

武氏的出身

武氏名曌[②]，是荆州都督武士彟的女儿，唐太宗纳为才人[③]。高宗为太子时，入宫侍太宗病，见武氏貌美，就很爱她。太宗崩，武后出宫在感业寺为尼。有一天，高宗到感业寺行香，武氏对着他哭，他非常感动，不久就把武氏纳入后宫，立为昭仪[④]，大被宠幸。武氏入宫的第二年[⑤]，高宗就下诏废皇后王氏，立武氏为皇后。武氏为人机警，又颇有点政事常识，做了皇后，便渐渐干预朝政。高宗晚年患风眩病，把一切政事都委托她代理，于是朝廷大权全归中宫[⑥]。她先后残杀皇后，废立太子，手段的凶辣，处事的果决，就是高宗也有几分怕她。

高宗废王皇后立武后

先是高宗宠淑妃[⑦]萧氏，王皇后很妒忌。后来知道高宗

① 永徽是高宗第一个年号，起公元六五〇年，终六五五年。
② 这是武后所制的新字，音义和“照”字同。
③ 才人，妃嫔称号。
④ 昭仪，妃嫔称号。九嫔之一，位次于四妃。
⑤ 永徽六年，公元六五五年。
⑥ 中宫，嫡夫人所居，别于东西而言，故旧称皇后为“中宫”。
⑦ 淑妃，四妃之一，位次于皇后。

在感业寺遇见武氏的情形，便教武氏养起头发，纳入后宫，意思是要用武氏来间夺萧淑妃的宠。却不料武氏一旦得宠，王皇后和萧淑妃同被幽废。有一天，高宗无意中走到王皇后、萧淑妃被幽禁的地方，王皇后对着他哭。他很觉得王皇后可怜，便说："我自有办法。"武后知道了这回事，便派人将王皇后、萧淑妃的手足斩去，投入酒瓮中浸死。

王皇后无子，高宗立后宫陈氏所生子为太子。武后既立，以太子出身微贱，把他废掉（不久就说他要造反，把他杀掉了），立自己所生的儿子李弘为太子。李弘为太子二十年，中毒死（据说是武后有意毒死他的），立雍王李贤[①]为太子。李贤为太子的第五年，高宗命他监理一部分的政事。那时有方士明崇俨，为武后所宠信，官至正谏大夫，常常在武后面前说太子坏话，后明崇俨被人暗杀，武后颇疑心是出于太子的指使。又见太子办事明审，颇有点忌他，便借了旁的事情，把太子废为庶人，改立英王李哲为太子。高宗崩后，武后就逼李贤自尽。

高宗于弘道元年[②]崩，太子李哲即位，是为中宗。尊武后为皇太后。明年，武后废中宗，立中宗弟李旦为皇帝，是为睿宗。太后临朝称制，睿宗住在别殿，一切政事都不许他过问。是年李敬业在扬州起兵讨武氏，失败而死。

武后临朝称制

武氏专政以来，唐朝的宗室人人自危。英国公李敬业本为眉州刺史，因事被贬为柳州司马，失职怨望，遂乘人心浮

① 李贤后谥章怀，称章怀太子，尝集诸儒，注范晔的《后汉书》行世。
② 公元六八三年。

⊙传世武则天像

动之际，和骆宾王等密谋起兵。武后光宅元年[①]，敬业矫诏杀扬州长史，开府库，赦囚徒，得兵十多万。敬业自称匡复府上将，移檄州郡，声讨武氏。当时敬业的声势很盛，有人劝他向洛阳进攻，他不听，渡江取润州。武后派将军李孝逸[②]带大兵三十万讨敬业，敬业战败，被他的部下所杀。

过了五年，高宗的侄儿琅邪王李冲在博州起兵讨武氏，他的父亲越王李贞在豫州响应，但都失败，武后因此就大杀唐宗室。

武后垂拱四年[③]，下令召唐朝的宗室，会集洛阳。宗室诸王得到这个命令，怕武后将趁此机会，把他们杀尽，便私下商量起兵反抗。琅邪王李冲募得兵五千，就先发难，攻武水不胜，还走博州，被守门者所杀。李冲的父亲越王李贞，闻冲起兵，亦在豫州起兵响应，没有几天，兵溃自杀。于是武后先后把唐朝的宗室诛杀殆尽，其幼弱者，亦多被流放岭南。

① 公元六八四年。
② 李孝逸，是唐太祖的曾孙。
③ 公元六八八年。

又过了两年，武后实行革命，自称则天皇帝，改国号为周，废睿宗为皇嗣，赐姓武氏。封她的侄儿武承嗣、武三思为王。时武后年纪已老，武承嗣想做太子，但武后不许。后来听了狄仁傑的劝告，把中宗从房州召回东都①，立为皇太子。长安四年②，武后有病，她的宠臣张易之、张昌宗③在内专制一切。明年，宰相张柬之等用羽林军④杀张易之、张昌宗，奉中宗复位。迁武后于上阳宫，复国号为唐。是年冬，武后崩，年八十二。计武后临朝称制者凡七年，称皇帝者凡十五年。

武后实行革命

中宗复位与武后病殁

中宗既复位，皇后韦氏干预朝政。韦后的女儿安乐公主，嫁给武三思的儿子武崇训，因此武三思得出入宫禁。还有替武后掌文墨的上官婉儿，中宗立为婕妤。她与韦后都和武三思交通，武氏权势复盛，张柬之等反遭贬斥。太子李重俊不是韦后所生，韦后和武三思、上官婉儿等密谋把他废掉，另立太子。太子知道了这个消息，便矫诏发羽林军攻杀武三思和武崇训，引兵入宫，指索上官婉儿，被禁卫军所拒，太子兵败被杀。从此以后，韦后愈加专横。景云元年⑤，韦后竟用毒药弑中宗，立温王李重茂为皇帝，自为皇太后，临朝称制。时睿宗的儿子李隆基在京师，用羽林军讨韦后，韦后及其党羽都被杀，奉睿宗复位，废李重茂为温王。睿宗复位的第二年，传位于太子隆基。隆基即位，是为玄宗。

韦后专政

太子重俊的被杀

韦后弑中宗与李隆基的定乱

母后专政，在中国历史上尽多先例，但像武后那样易姓革命，则为从来所未有。推究原因，不外下面的几种：（一）当时

武后得篡夺唐室的原因

① 武后先把中宗迁居房州，至是召回洛阳。

② 公元七〇四年。

③ 张易之，义丰人，与弟昌宗，都以美貌、晓音技为武后所宠，时称易之为五郎，昌宗为六郎。

④ 唐置左右羽林军，有大将军、将军等官，掌统北衙禁兵，督摄仪仗。

⑤ 公元七一〇年。

⊙狄仁傑

军民分治而总集大权于中央政府，所以武后能凭借朝廷以篡夺唐室。（二）从高宗患风眩病以来，大权尽归中宫，黜陟生杀，决于武后一人之口。她久挟刑赏之权，威势既盛，地位亦固，自然比过去的许多临朝称制的母后不同。（三）史称武后“明察善断，故当时英贤亦竞为之用”。像娄师德、狄仁傑、宋璟等都是一代贤相，武后始终信任他们。宰辅得人，自然朝政也不会十分混乱，而武后遂得安稳做着女皇帝了。

武后的弊政及其影响

但武后究竟是一个女子，女子做皇帝，在中国历史上没有先例。所以她怕人心不服，一方面滥施爵赏，以笼络人心；

武后派遣存抚使到各处调查民情，察举贤才。后来把存抚使所举荐的人，不分贤愚，一律擢用，有试用为给事中、舍人的[①]，也有试用为员外郎、侍御史、拾遗、补阙、校书郎的[②]。这便是她用禄位来笼络人心的方法。当时有人编造

① 给事中，唐属门下省，掌封驳，凡制敕有不便，则驳正其违失。舍人，如中书舍人之类。按：中书舍人掌诏敕，权极重。

② 唐承隋制，于尚书省各部置员外郎；员外者，别于正额官而言。侍御史掌纠察百僚，属御史台。唐置左右拾遗、左右补阙，掌供奉讽谏，以纠人主言行之违失。校书郎，掌校理典籍，属门下省。

四句韵语道："补阙连车载，拾遗平斗量，欋推[1]侍御史，碗脱[2]校书郎。"武后的滥用爵赏，于此可见。

一方面奖励告密，任用酷吏，以对付反对她的敌人。

武后从李敬业反叛之后，用严厉的手段，对付她的敌人。她特制一种铜匦，收受告密的奏章。胡人索元礼因告密被武后所宠任，命他审理案件。元礼性极残忍，审问一桩案子，每用极残酷的刑罚，逼那囚徒除自己诬服之外，还要牵连他人。于是酷吏周兴、来俊臣等都效法他，往往用严酷的

⊙《唐后行从图》（局部）

① 欋形容侍御史之多而且滥，像用耙推聚禾谷一般。

② 脱，模型也。碗脱，意思是说，那些校书郎像一个模型里制出来的碗，个个相似。和现在俗语所说"饭桶"，意思很相近。

> 刑法，煅炼罗织[1]，兴起大狱。计索元礼、周兴、来俊臣先后所杀各数千人，而元礼残酷尤甚。

后来韦后专政，只学得武后的坏处，同时如上官婉儿、安乐公主等都忘却了自己的身份，干预朝政，卖官受贿，无所不为，把政治搅乱得不成样子。推原祸始，武后是不能辞其咎的。

> 安乐公主和上官婕妤公然收受贿赂，出卖官爵。凡出钱三十万者，不问他资格如何，径由宫中发出委任状，授给他们官职。史称："虽屠沽臧获[2]，用钱三十万，别降墨敕除官[3]，斜封付中书[4]，时人谓之'斜封官'。"这种"斜封官"，当时有几千个之多，朝政混乱，可见一斑。

---

① 网罗无罪，织成反状，叫作"罗织"。当时来俊臣等曾造《罗织经》数千言。

② 屠沽，执贱业者之称。屠，谓屠夫；沽，谓卖酒者。臧获，奴婢的别称。

③ 墨敕，用墨笔所写的敕书。授给官职，叫作"除官"。

④ 中书，即中书省当时委任官吏的制敕，例由中书省起稿的，但安乐公主等竟一味胡闹，用墨笔写好敕书交给中书省，教他们执行。

第三十讲　开元天宝的政治及其影响

唐玄宗即位以后，任用姚崇、宋璟为宰相，注意内政的改革，赋役宽平，刑罚简省。故当时府库充实，百姓殷富。史称开元[1]盛世。开元末年，政教所被，凡三百二十一州。唐代盛世，从太宗贞观以后，便要算玄宗开元年间了。

开元之治

但玄宗才识不及太宗，他不像太宗那样懂得防微杜渐的道理，种种设施，但顾目前，不计将来。当太宗在位时，鉴于过去宦官专权之弊，故对宦官取高压政策，只许他们管宫殿中琐事，一点权柄都没有。到了玄宗，宠任宦官高力士、杨思勖。杨思勖因带兵平蛮乱，拜辅国大将军，和高力士都累官至骠骑大将军。而高力士的权势尤盛，当时宰相如李林甫、杨国忠，都不能不很恭顺地和他交结，甚至太子也呼他为兄，诸王公主呼他为翁，驸马[2]辈直呼他为爷。幸高力士为人谨慎，对玄宗也时有诤谏。他权势虽盛，并不十分跋扈。但宦官乱政的祸根，却就此种下了。

玄宗的宠任宦官

唐初行府兵制[3]，除专司训练的折冲都尉以外，不设统率的将领。边防重地，则设大都督，但他们没有干预地方行政之权。后来府兵制度渐渐破坏。玄宗为注重边防起见，于沿边一带，设置十个节度经略使，掌握一切军民大权，于是民政、军政、

节度经略使的设置

① 开元，唐玄宗第二个年号，起公元七一三年，终公元七四一年。

② 魏晋以后，尚公主者都拜驸马都尉，世人遂称皇帝的女婿为驸马。

③ 详下第三十三讲。

财政都操于节度使之手，便造成割据一方的军阀。

唐高宗时，都督带“使持节”的，乃有节度使之名[①]。睿宗景云二年[②]，命贺拔延嗣为凉州都督、河西节度使，是为正式任命节度使的开始。玄宗天宝元年，于边境设置十节度经略使，计：一、安西节度使，治龟兹；二、北庭节度使，治庭州；三、河西节度使，治凉州；四、陇右节度使，治鄯州；五、朔方节度使，治灵州；六、河东节度使，治太原；七、范阳节度使，治幽州；八、平卢节度使，治营州；九、剑南节度使，治益州；十、岭南五府经略使，治广州。凡镇兵四十九万人，马八万多匹。开元以前，每年供给边防兵衣料粮食，不过二百万。天宝以后，边兵增多，每年用衣料一千多万匹，粮一百九十万斛，公私劳费，百姓开始受到苦痛了。

禁卫军的腐败

唐朝的禁卫军，本由府兵轮流担任，从高宗以来，府兵训练渐渐废弛，轮番宿卫京师的事宜，也不按期举行。禁卫军得不到替代，往往私下逃走。开元中，玄宗依从张说的建议，招募壮丁充当宿卫，号为“长从宿卫”，又更名“彍骑”[③]。天宝[④]以后，彍骑之法，亦稍有变更，应募的大都是市井无赖，没有

① 当时边境不很安谧，朝廷为加重边将威权，赐以旌节，故有节度使的名称。或谓节度之名，始于三国孙吴时。孙权初置节度官，使典掌军粮，所以“节度”二字的意义，乃说撙节用度，并非旌节之节（见《晓读书斋杂录》，《辞源》引之）。其实孙吴的节度官和唐朝的节度使，性质完全不同，不得据彼例此。

② 公元七一一年。

③ 彍是开弓引满的意思。彍骑就是善骑射的兵。

④ 天宝，唐玄宗第三个年号，起公元七四二年，终七五六年。

受过严格的军事训练，社会上又看不起那些人，往往子弟应募，便为父兄所不齿。于是猛将精兵聚于边地，中央军备废弛，一旦事变发生，便不可收拾了。

租庸调法的弊坏

唐初改良田制，实行租庸调之法[①]，虽不能做到平均地权，但豪强兼并农田的弊病，暂时革除，农村经济便稳定起来。开元以后，户口名册，久不更造，丁口死亡，田亩买卖，无从调查，于是租庸调法渐次弊坏，豪强兼并，赋敛不均，农村经济逐渐崩溃，便酿成唐朝末年的大乱。

李林甫的专政

玄宗从天宝以后，自以为天下太平，一味纵情声色，宠幸贵妃杨氏，自己深居宫中，把政事委托宰相李林甫。

> 玄宗先宠幸武惠妃。惠妃死，玄宗悼念不已，几千宫女，他都看不入眼。有人说起寿王瑁[②]的妃子杨氏的美貌，玄宗一见就非常爱她，便替寿王另娶韦氏女，而纳杨氏于宫中，号为太真。太真肌态丰艳，性情警颖，不上一年，大被宠幸，册封贵妃，宫中号为娘子。从此杨氏一门，就渐渐贵盛起来。

李林甫是一个巧佞多诈的人，他一面交结宦官宠妃，以巩自己的地位；一面讽那些谏官，不要多上疏谈政事，使深居宫中的皇帝，对于朝政，完全隔膜。

> 李林甫尝对那些谏官说："今明主在上，群臣将顺之不暇，毋用多言！诸君不见立仗马[③]乎？食三品料，一鸣辄斥

① 详下第三十三讲。

② 寿王瑁乃武惠妃所生。

③ 唐旧仪，每日以厩马八匹，立于正殿侧宫门外，候仗下即退，所以叫作"立仗马"。

⊙《贵妃晓妆》〔明〕仇英

> 去，悔之何及。”从此群臣有上书言事的，便遭罢黜，朝廷上满布阿附权臣、保持禄位之徒，皇帝听不到好的规谏了。

又屡兴大狱，诛逐异己。

> 当时如江淮租庸使韦坚、户部尚书裴宽、陇右节度使皇甫惟明、左相李适之、北海太守李邕、江华司马王琚、淄川太守裴敦复、户部侍郎杨慎矜等，为李林甫所陷，先后被害。

他做了十九年宰相，把朝政搅得腐败不堪。他又妒功忌能，怕边将功劳大的或入朝做官，与他的地位有碍，便主张用胡人为边将。于是胡人安禄山，便以佞巧善媚，竟做了平卢节度使，兼范阳、河东两镇，渐渐扩充兵力，积聚粮秣，等机会造反。

安禄山、史思明的先后叛变

> 安禄山本营州杂胡，初姓康，名轧荦山，其母嫁安姓，遂冒姓安。幽州节度使张守珪爱其骁勇，养以为子。曾犯罪当杀，押解来京师，玄宗饶赦他的罪。禄山用方法勾结皇帝近侍的人，使他们在皇帝面前称赞他的好处。开元二十九年①，玄宗竟任命禄山为营州都督，充平卢军使；天宝元年，授节度使；三载，兼范阳节度使；九载，赐爵东平郡王②，兼河北道采访处置使；十载，兼河东节度使。

李林甫死后，杨贵妃的从兄杨国忠继任，因为和安禄山不对，屡次对玄宗说安禄山必反。玄宗不信，他便处处故意和安

① 公元七四一年。

② 唐将帅封王自此始。

禄山作难，想激得他反了，以显自己有先见之明。天宝十四载[①]，禄山果然造反。那时候，内地的兵备废弛，安禄山的军队很精，一月之内，河北、河南完全失守，禄山入洛阳。明年，禄山自称大燕皇帝，攻入潼关。玄宗出奔蜀。行至马嵬驿，兵士突然哗变，要求玄宗杀杨国忠和杨贵妃。玄宗无法，只得依允。又留下太子李亨应付军事。太子行至灵武，即皇帝位，是为肃宗。尊玄宗为太上皇。肃宗至德二载[②]，安禄山被他的儿子安庆绪所杀，唐将郭子仪、李光弼借回纥兵力，乘机收复长安、洛阳。

唐借外兵平内乱

薛延陀被太宗讨灭，回纥就迁居其地。突厥再兴[③]时，回纥避入中国甘州、凉州一带。天宝三载王忠嗣破突厥[④]，回纥亦出兵相助，事后，回纥仍迁回旧地。唐玄宗封回纥首领为怀仁可汗。安禄山之乱，肃宗派使到回纥借兵平乱。怀仁可汗使其子叶护带精兵四千相助，居然收复东西两京。唐朝先和回纥约定，克复的土地归唐朝，地方上的子女玉帛尽回纥收取，所以回纥兵入长安之后，就想依约取长安的子女玉帛。幸广平王李俶[⑤]设法制止，允许他们收复东京后再依约办理，后来回纥兵收复东京，便纵兵大掠。当时百姓所受的损失和苦痛，便就可想而知了。

安禄山的部将史思明，因和安庆绪不睦，投降唐朝，唐朝仍

① 天宝三年，改年为载。天宝十四载，当公元七五五年。

② 公元七五七年。

③ 突厥颉利的疏族默啜，乘中国无暇对付外族的时候，复取漠北，恢复颉利时代的旧地。

④ 王忠嗣，郑人，时突厥发生内乱，忠嗣为朔方节度使，出兵直抵其庭，从此突厥不复再兴。

⑤ 即唐代宗，后改名豫。

⊙《望贤迎驾图》[唐肃宗李亨至德二载（757）收复被安史叛军占领的两京后，在咸阳望贤驿迎接由四川归来的太上皇李隆基]〔南宋〕李唐

命他做范阳节度使。乾元二年[①]，史思明反，攻入邺城，杀安庆绪，陷洛阳，亦自称燕帝。上元二年[②]，史思明亦被他的儿子史朝义所杀。明年，肃宗及玄宗崩，代宗（肃宗子李豫）立，借回纥兵讨朝义，朝义被他的部将所杀，乱事才算平定。

① 公元七五九年。

② 公元七六一年。

> 那时候回纥怀仁可汗已死，孙牟羽可汗立。史朝义乘唐肃宗新丧，代宗初立，派人说牟羽可汗出兵南下，分取唐朝府库中的金帛。牟羽可汗即领兵南下，但中途又变更计划，助唐朝攻取东京。这一次回纥兵在东京的抄掠，更甚于前，百姓死的有一万多人。

从安禄山造反到史朝义败死，前后凡九年，史称“安史之乱”。从此以后，唐朝便入于衰乱时期。不但贞观盛世不可再见，就是开元之治，也只能供一般人的追怀了。

第三十一讲　方镇构兵与朋党倾轧

方镇名称的由来

唐朝的节度使是一手握文武大权的方面大臣，所以历史上称为“方镇”，又称“藩镇”。明白点说，便是割据一方的军阀。

安史乱后，唐朝已精疲力尽，再也没有力量对付那些骄兵悍将，所以史朝义被讨平时，其部将投降的，唐朝仍把他们原据的地盘给了他们，并任命他们为节度使。其结果：卢龙、魏博、成德三大镇，被朱泚、田承嗣、李宝臣三人分据。他们和山南东道节度使梁崇义、平卢军节度使李正己等互通声气。各自修缮甲兵，扩充实力，相约以土地传子孙。

河北三镇的割据

代宗初即位时，史朝义的部将薛嵩等，先后来降。朝廷便任命薛嵩为昭义军节度使，统辖相、卫、邢、洺、贝、磁六州；张忠志为成德军节度使，统辖恒、赵、深、定、易五州，赐姓名为李宝臣；田承嗣为魏博军节度使，统辖魏、博、德、沧、瀛五州；李怀仙为范阳节度使，统辖幽、莫、妫、檀、平、蓟各州。不久，李怀仙被部下所杀，共推朱泚为节度使；薛嵩死后，其地盘为田承嗣所并。于是河北分为卢龙、魏博、成德三大镇。

代宗时，因政府能力薄弱，对那些军阀，一味优容。德宗（代宗子李适）即位，颇思振作，刚巧成德军节度使李宝臣死，其子李惟岳请袭位，德宗不许。时魏博军节度使田承嗣死，侄田悦继任。李惟岳不得继父任为节度使，便约田悦及李正己、梁崇义等起兵反抗。德宗派河东节度使马燧、神策军兵马使[①]李晟，击破田悦；命淮西节度使李希烈，讨平梁崇义；又命易州刺史张孝忠为成德军节度使，使与朱泚弟朱滔[②]合兵攻李惟岳，惟岳的兵马使王武俊杀惟岳以降。当时中央军的声势很盛，乱事指日可定。不料朱滔、王武俊因怨朝廷赏薄，反助田悦。于是朱滔、田悦、王武俊和李正己的儿子李纳，各自称王，互结同盟，推朱滔为盟主。李希烈亦起兵响应，自称天下都元帅。建中四年[③]德宗发泾原兵讨李希烈，泾原兵过京师，为赏赐太薄，突然叛变。德宗奔奉天。乱兵推朱泚为主，朱泚自称秦帝，出兵追德宗，围奉天。幸河中节度使李怀光带兵救应，才得解围。德宗用陆贽的建议，下罪己诏，赦李希烈、田悦、王武俊、朱滔、李纳，专讨朱泚。

河北藩镇的叛变

德宗出奔与朱泚称帝

德宗这一道归罪于自己的诏书，措辞恳挚，为后代所传诵。他说："小子……长于深宫之中，昧于经国之务。……不知稼穑之艰难，不恤征戍之劳苦。……天谴于上而朕不悟，人怨于下而朕不知；驯致乱阶，变兴都邑。……上累祖宗，下负烝庶，痛心靦貌，罪实在予。"诏书的末了又说："其所加垫陌钱税、间架[④]、竹木、茶漆、榷铁之类，悉宜停罢。"这几句是最切要的话，因为当时的百姓，被那些苛捐杂税，剥削得精疲力尽了。

① 神策军，唐禁军的名称。神策军兵马使，是带领神策军的长官。

② 朱泚领节度使，朱滔谋夺其兵，劝朱泚入朝，滔遂为卢龙节度使。

③ 公元七八三年。

④ 德宗时，有间架、除陌税。每屋两架为间，上等每间税钱二千，中等一千，下等五百，是为间架税。又公私贸易，旧法每千钱捐二十，那时加至每千钱捐五十。自相买卖的，也须据实报捐，不得隐瞒，是谓除陌税，亦称垫陌钱法。

乱事的渐次平定

但不久李怀光又反，与朱泚合兵，德宗再奔梁州。后来李晟等讨平朱泚，李怀光收复京师。李希烈被部下陈仙奇所杀。朱滔不久亦死。王武俊、田悦、李纳，早于得到德宗的罪己诏时，上表谢罪，归顺朝廷。乱事暂告段落。

淮西藩镇的叛变与平定

德宗崩，太子李诵即位，是为顺宗。顺宗为皇帝仅八月，传位于太子李纯，是为宪宗。那时候，淮西为吴元济所据，其和成德节度使王承宗[①]、平卢节度使李师道[②]，互相勾结，违抗朝命。

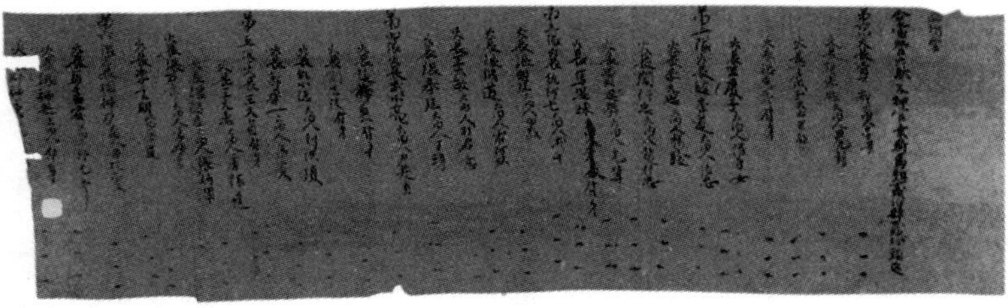

⊙唐代军士花名册

> 陈仙奇杀李希烈后，复被希烈的爱将吴少诚所杀，朝廷弗能讨。少诚死后，牙将吴少阳杀少诚的儿子而自立。传到他的儿子吴元济，专横已极，不但不奉朝命，还要出兵寇掠。

宪宗派兵讨吴元济，淮西兵精，久攻不克。元和十二年，李晟的儿子李愬乘雪夜攻破蔡州，生擒吴元济，送京师正法。宪宗又征发各镇的兵讨平李师道。河北三镇亦都归附朝廷。方镇构兵的局面，总算告一结束。

宪宗崩，太子李恒立，是为穆宗。那时以为天下已平，对河

---

① 王武俊传子士真，士真传子承宗。

② 李纳传子师古，师古传弟师道。

河北三镇的再割据

北三镇，不甚注意，于是朱克融据卢龙，王廷凑据成德，史宪诚据魏博，先后反叛。终唐之世，不能再收复这河北三镇。

卢龙节度使朱滔死后，军中共推刘怦继任。怦死，子刘济继任。刘济后被他的儿子刘总所杀，总继为节度使。刘总既以弑父自立，心常不安，及唐朝讨平吴元济后，他就弃官为僧。朱克融是朱滔的孙子，初事刘总。穆宗长庆元年[①]，卢龙兵变，囚节度使张弘靖，推朱克融为留后，朝廷也就任命他为卢龙节度使。成德节度使王承宗死后，穆宗命田弘正[②]代之，不久，田弘正被王承宗的养子王廷凑所杀，朝廷发兵征讨，不能取胜，只好就任命王廷凑为成德节度使。魏博节度使田悦死后，传堂弟田绪。绪死，传子田季安。季安死，军中推田兴为留后，朝廷就任命田兴为节度使，赐名田弘正。后田弘正徙镇成德，被王廷凑所杀，朝廷起用他儿子田布为魏博节度使，以讨王廷凑。不久，魏博将史宪诚作乱，田布自杀，朝廷就任命史宪诚为魏博节度使。从此以后，他们或父子相传，或自相拥戴，不受朝廷节制。兹将穆宗后的河北三镇节度使的姓名，开列如下：

卢龙——朱克融　李载义　杨志诚　史元忠
陈行泰　张绛　张仲武　张直才（仲武子）
周綝　张允伸　张公素　李茂勋
李可举　李全忠（可举子）
李匡威（全忠子）
李匡筹（匡威弟，为李克用所破，克用以刘仁恭代之）

① 公元八二一年。
② 田弘正，字安道，本名兴，田承嗣的侄子。

成德——王廷凑　王元逵（廷凑子）
　　　　王绍鼎（元逵子）
　　　　王绍懿（绍鼎弟）
　　　　王景崇（绍鼎子）
　　　　王镕（景崇子）
魏博——史宪诚　何进滔　何弘敬（进滔子）
　　　　何全皞（弘敬子）
　　　　韩允中　韩简（允中子）
　　　　乐彦祯　罗弘信　罗绍威（弘信子）

当时藩镇既各专制一方，而朝中大臣，也彼此结党，互相倾轧。中央政府不健全，军阀势力愈稳固，这样的因果循环，就把唐朝的江山断送了。

原来唐朝以科举取士，所以士大夫对于功名利禄的思想，特别浓厚。宪宗时，进士李宗闵对策，有指摘宰相李吉甫的话，吉甫的儿子李德裕，遂和李宗闵有嫌怨。穆宗时，德裕为翰林学士，宗闵为中书舍人，因科场案嫌怨更深。　朋党的造成

穆宗长庆元年，礼部举行进士考试。西川节度使段文昌等写信给掌贡举的礼部侍郎钱徽，要求把他所亲善的几个人录取。等到发榜，段文昌等所请托的几个人都落第，而李宗闵的女婿，却榜上有名。段文昌便对穆宗说："今年礼部试士殊不公，所录取的进士，都是用关系得来的。"穆宗问李德裕，李德裕因恨李宗闵，便说段文昌的话是对的。于是李宗闵有通关节的嫌疑，被贬为剑州刺史。从此以后，两李各分朋党，互相倾轧，先后凡四十年之久。

后宗闵引牛僧孺以抗德裕，彼此结党，互相倾轧。从穆宗到

⊙李德裕

宣宗（宪宗子李忱），两党此起彼仆，更迭了好几回。当时朝中官吏，大半是一党所引用的私人。文宗（穆宗子李昂）尝说："去河北三镇易，去朝中朋党难。"当时朋党倾轧的情形，可见一斑。

朋党倾轧的影响

朋党倾轧的影响是很大的。像李德裕的政治成绩，本来不坏。他做宰相时，裁全国冗滥的职官一千多员。藩镇中最强大的河北三镇，也一时不敢跋扈。他只为卷入了党争的旋涡，便不能久居相位，尽量发挥他的政治天才。其次，当时的朋党，所争的是意气，所急的是功名，所以底下一班人专趋势利，势尽则离，利尽则散。士大夫没有政治的节操，朝政自然更没有清明的希望了。

第三十二讲　宦官弑立与朱温篡唐

唐代宦官掌握军权

历代宦官之祸，史不绝书，但从没有像唐朝德宗以后，宦官权柄反在皇帝之上，立君、弑君，如同儿戏。推原祸始，由于宦官掌握兵权，管理朝政之故。

唐朝的宠任宦官，始于玄宗用高力士。其后肃宗宠任的宦官李辅国，代宗宠任的宦官程元振、鱼朝恩，都握着军事、政治的大权，擅作威福。但那时候的宦官，还是偶然握到兵权，没有根深蒂固的势力，所以一旦罪恶彰著，不难收拾。

> 肃宗收兵灵武，宦官李辅国以东宫旧属，参预军谋，后渐专制朝政。玄宗自蜀还京师，李辅国把他迁居太极宫①，又把他的亲近侍臣高力士、陈玄礼等流窜远方，玄宗郁闷成疾而死。时肃宗有病，得到他父亲的死耗，病更加剧，也就死了。李辅国又弑肃宗的皇后张氏。代宗即位后，仅派刺客刺杀李辅国，不敢把他明正典刑。又用宦官程元振为骠骑大将军，兼内侍监，判元帅府行军司马②，以代李辅国。元振握着兵权，便专横起来，宰相、节度使和他不和的，往往遭他陷害。后吐蕃入寇，事前元振隐瞒着不使皇帝知道，遂使

---

① 太极宫亦称西内。唐朝的皇帝都住在大明宫。玄宗自蜀返京后，住兴庆宫，常常到大明宫里去，李辅国怕他和皇帝接近，所以硬把他迁入太极宫。

② 代宗由广平王为元帅，即位后，犹有帅府之名，命李辅国为元帅府行军司马，至是以程元振代之，以大官兼小职叫作“判”。

代宗狼狈地出奔陕州。[①]郭子仪击退吐蕃兵，朝臣请杀程元振以谢天下，代宗不得已，削去元振的官爵，放归田里。但又用宦官鱼朝恩为天下观军容宣慰处置使，总握禁兵。鱼朝恩声势煊赫，立过大功的郭子仪也因遭他的妒忌而摈废家居。又激反仆固怀恩[②]，怀恩引吐蕃、回纥等兵入寇，京师几乎被攻破。后代宗用宰相元载计，把鱼朝恩杀掉。当时宦官虽握兵权，但都是暂时管摄性质，所以一旦罪恶昭彰，皇帝还可以把他们诛杀。

德宗以后的宦官势力

德宗从奉天回京后，鉴于泾原兵变时，禁卫军仓卒不能召集，非常危险，因此不愿使武臣带领禁卫军，便就神策军、天威军[③]中置护军中尉、中护军等官，使宦官窦文场、霍仙鸣等充任，于是禁军全归宦官所领。其后又于政府置枢密使，凡承受诏制，出纳王命，都委之宦官，于是宦官便得参预朝廷的机密大事。从此以后，宦官的势力渐大，不但挟主势以制臣下，皇帝的废立，亦在他们掌握中了。

宦官的弑君立君

德宗崩后，顺宗想夺宦官的兵权，宦官就逼他传位于宪宗。宪宗晚年因服方士金丹，喜怒无常，被宦官陈弘志所杀，拥立穆宗。穆宗亦因服金丹中毒，在位仅四年，太子李湛立，是为敬宗。敬宗在位仅二年，被宦官刘克明等所弑。宦官王守澄等迎立文宗。文宗和宰相宋申锡[④]合谋诛宦官，结果宋申锡反被宦官所逐。后又重用李训[⑤]、郑注，使他们设法诛宦官。事机不密，

① 事在代宗广德元年，公元七六三年。

② 仆固怀恩本铁勒部人，世袭都督，以讨安史有功，封太宁郡王。广德二年，因鱼朝恩之逼，遂反。

③ 天威军，唐禁军名。

④ 宋申锡，字庆臣，不知是什么地方人。他为谋诛宦官，为宦官诬告，被贬为开州司马。

⑤ 李训，字子垂，宰相李逢吉的侄子。

李训等反被宦官仇士良[①]等所杀，而文宗亦从此被宦官所劫持，抑郁而死。

李训、郑注既受文宗意旨，密谋诛杀宦官，便先治陈弘志弑帝之罪，并毒杀王守澄。王守澄定期将葬，郑注拟于送葬时伏兵把宦官一网打尽。李训忌郑注立功，先期设伏兵于左金吾殿，托言殿后有甘露降，使宦官往观，想趁此把他们杀掉。不料事情败露，宦官劫文宗入宫，使神策军出战，杀吏卒二千余人，连宰相王涯、贾竦都被害。郑注、李训，逃奔凤翔，中途被杀。这桩乱事，历史上称为“甘露之变”。从此以后，文宗便受制于宦官，再也不能有所作为。他尝对臣下说：“周赧王、汉献帝受制于强诸侯，我却受制于家奴，比赧、献还不如。”又尝自题宫中诗云：“辇路生春草，上林花满枝。凭高何限意，无复侍臣知！”他的抑郁无聊，可以想见了。

文宗以后到昭宗凡五代，援立之权，全在宦官，连宰相都不得预闻。

文宗病重，宦官仇士良等矫诏立李瀍为皇太弟，废太子李成美为陈王。文宗崩，皇太弟即位，是为武宗。武宗病重时，太子未立，宦官马元贽等立宪宗子李忱为皇太叔。武宗崩，皇太叔即位，是为宣宗。宣宗病危时，宦官王宗实等矫诏立其子李漼为太子，即位，是为懿宗。懿宗病重，宦官刘

① 仇士良，字匡美，兴宁人。他手里凡杀二王、一妃、四宰相，唐代宦官中最为骄横不法。

行深等立其子李儇为太子，即位，是为僖宗。僖宗崩，朝臣以懿宗第六子李保很贤明，都主张立他为皇帝，而宦官杨复恭等率兵迎立懿宗第七子李晔，是为昭宗。

宦官与方镇的勾结

朝中宦官既这样跋扈，同时方镇的势力亦日渐强盛，于是宦官虽手握禁军，不得不外结强藩以自固。昭宗在位，决心要驱除宦官。宦官就仗着方镇势力，屡次造反，宦官刘季述甚至把昭宗囚禁起来。宰相崔胤密结神策军指挥使孙德昭，杀刘季述，奉昭宗复位。

昭宗大顺二年[①]，出宦官杨复恭为凤翔监军，复恭就在兴元举兵抗命，后被李茂贞所讨平。又乾宁三年，昭宗置殿后四军，命诸王统带。李茂贞本和宦官一气的，就带兵入京师。昭宗奔往华州依韩建。韩建也和宦官勾结，明年，竟和宦官刘季述矫兵围诸王宅，尽杀之。

光化三年[②]，刘季述等把昭宗幽禁在少阳院。季述以杖划地，面数昭宗罪过，说："某日某事，你不听我话，其罪一也。"如此者至数十不止。当时宦官的骄横可见一斑。

崔胤召朱温诛宦官

但兵权仍在宦官之手，于是崔胤密召当时势力最强的宣武节度使朱全忠（即朱温），叫他带兵来京，诛灭宦官。宦官见事机急迫，便挟着昭宗走凤翔，依节度使李茂贞。天复元年[③]，朱全忠进兵围凤翔。明年，李茂贞杀宦官韩全诲等，奉昭宗归朱全忠营，于是大杀宦官。昭宗回京师后，又杀宦官八百多人，甚

① 公元八九一年。
② 公元九〇〇年。
③ 公元九〇一年。

至有因没有胡须而被误杀的。当时宦官有奉命在外监军的[1]，也都于所在赐死。这样一来，宦官是杀尽了，但唐朝的命运，终于不能再延长了。

⊙朱温

朱全忠本名温，他本是黄巢的部将。先是关东连年水旱，百姓相聚为盗。僖宗乾符元年[2]，濮州人王仙芝在长垣聚众作乱。明年，冤句人黄巢起兵响应。

黄巢之乱

> 黄巢本是个盐商，富有赀财。为人也颇能干，平日喜结交朋友，招聚亡命之徒。曾应进士科考试，没有及第。正逢王仙芝乱，他便募集数千人，起兵响应。做了一道檄文，说官僚怎样腐败，百姓如何穷苦，他的起兵，完全是救贫苦的百姓，打倒腐败的官僚，所以当时很受百姓一时的信仰。

后王仙芝被招讨使曾元裕所破，黄巢收并他的余众，从宣州入浙东，掠福建，陷广州。不久，因兵士在广州多染疫死，还攻潭州，从潭州北陷鄂州，掠饶、信等十五州，仍趋宣州，由采石渡江，北陷洛阳，进攻潼关。广明元年[3]，黄巢攻破潼关。宦官田令孜挟僖宗出奔成都。黄巢入长安，自称大齐皇帝。时

① 唐朝晚年，使太监出使监军。当时在外握兵权的大将，往往受宦官的牵制。

② 公元八七四年。

③ 公元八八〇年。

各藩镇大都拥兵观望，于是朝廷赦叛将李克用，使他从代北带沙陀[1]兵南下。

⊙李克用

李克用本西域突厥种，居沙陀碛，因以为国。他的曾祖朱邪尽忠于宪宗时归附唐朝，父亲朱邪赤心讨叛贼有功，因赐姓名为李国昌，任命为大同节度使。后李克用也被任命为沙陀兵马使，戍守蔚州。僖宗乾符五年[2]，蔚州军乱，推李克用为主，克用入据云州。时李国昌已调为振武节度使，朝廷重新叫他做大同节度使，以为李克用决不会抗拒他父亲的。谁知李国昌想父子分据两镇，竟和克用连兵造反。后克用被幽州兵打败，父子都逃往鞑靼。至是，朝廷赦李克用罪，命他带沙陀兵攻黄巢。

黄巢平后的两大藩镇

中和三年[3]，李克用破黄巢，收复长安。明年，黄巢在瑕丘地方被他的部将所杀。于是李克用就做了河东节度使。而黄巢的部将朱温，在李克用未攻破长安以前，见黄巢兵势渐衰，便投降唐朝，唐朝任命他为宣武军节度使，赐名全忠。朱全忠既为节度使，先后东破蔡州，并兖、郓两州，南并徐州，

---

① 沙陀，西突厥之别种。今新疆塔尔巴哈台（塔城）西南的哲克德里克，境内有沙碛，长五百里，广三百里，称古尔班通古特沙漠，就是唐朝的沙陀。

② 公元八七八年。

③ 公元八八三年。

北服河北三镇，西并河中，取义武，夺据邢、洺、磁三州，于是黄巢灭后，又产生两个强大的藩镇，由李克用和朱全忠分据。

朱温的篡夺唐室

朱全忠自奉昭宗还京师，大杀宦官以后，明年，就逼昭宗迁都洛阳。不久，又把昭宗弑杀，立昭宗的幼子李柷，是为哀帝，亦称昭宣帝。哀帝立四年，禅位于朱全忠。全忠受禅，在大梁即皇帝位，改名晃，废唐哀帝为济阴王（明年被杀），改国号为梁，史称后梁。计唐自高祖李渊建国，凡二百九十年而亡。

第三十三讲 隋唐的制度与学术

唐朝制度，集魏、晋、南北朝之大成，而唐制又多沿袭隋朝，故这里仅就隋唐讲，并且限于和后代有关系的。

三省六部的制度

（一）官制 宰相一职，在汉朝武帝以后已失其实权。从后汉到南北朝，政权为尚书、中书、门下三省更迭掌握。

后汉光武帝鉴于王莽以三公篡位，便有意削三公实权，专任尚书。明帝以后，三公录尚书事者，才得预闻大政，从此三公为虚职，而尚书反成为实际上的丞相了。魏文帝设中书监与中书令，尚书之权，复移至中书。晋始置尚书、门下、中书三省，但门下侍中的权柄最重。南北朝时，门下侍中掌诏令机密，由是大权集于门下省。

南北朝

唐承隋制，设尚书、中书、门下三省：中书省掌宣奉诏敕，门下省掌审查诏敕，中书宣奉、门下审查之后，由尚书省施行天下。三省常合在一个政事堂内议事。其长官——尚书令[①]、门下侍中、中书令——都是宰相之职。所以当时中央政权，已由一省独掌，一变而为三省同掌。尚书省之下，设左右仆射，统吏、户、礼、兵、刑、工六部，从此九卿实权，尽移于六部。这六

---

① 但尚书令是太宗做过的，所以避讳空置，就把次官仆射，改做长官。后来又不甚真除，但就他官加以“同中书门下三品”“同中书门下平章事”等名目，便算做宰相。

部制，历宋、元、明、清，相沿无改。至于外官的变迁，正和内官相反，内官之权日轻，外官之权日重。南北朝时，疆域狭小，每侨置州郡，虚立名目，当时一州之地已等一郡。隋并州郡为一级，唐承隋制，而于其上再设一“道”的区域，每道置监司官[①]。监司官的责任，只是访察善恶，举其大纲，和汉朝的刺史制度颇相像。但到了后来，往往侵夺州郡的实权。节度使设置后，道制渐渐破坏，又一变而为军阀割据的局面。

地方官制的演变

（二）田制和税法 从晋到唐的土地制度，具有同一的倾向，都是从两汉“兼并”的局面下所产生出来的反动。晋初所行的制度叫作“占田制度”；

从占田制到班田制

> 晋武帝平吴以后，定制：男子一人占田七十亩，女子三十亩（这是指一户而言）。王公田宅，各有限制。丁男之户，岁输绢三匹、绵三斤。东迁以后，侨人散居，无有土著，占田之法也就行不通了。

后魏所行的制度，叫作“均田制度”；

> 北魏孝文帝时颁布均田法。其办法：把田分成“桑田”和“露田”两种。露田是无房屋、无树木的田地。凡人民男子年十五岁以上，受露田四十亩，妇人二十亩，终身承种，死后把所受的田归还公众。又男子每人受桑田二十亩，种桑榆枣之类。桑田，死后不必归还公众，作为世业。桑田过二十亩时，可以卖出，不足时可以买入。

① 中宗时的巡察使，睿宗时的按察使，玄宗时的采访处置使，肃宗以后的四十多道的观察使，都是所谓“监司之官”。

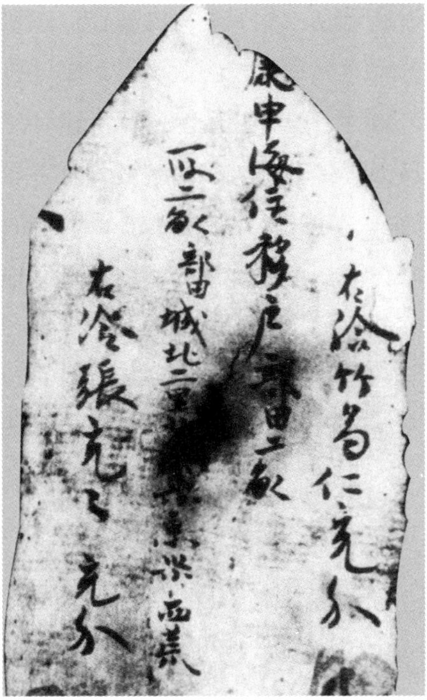

⊙唐代高昌县授田文簿（这是唐代实行均田制的实物例证之一）

唐朝所行的制度，叫作“班田制度”，是参酌后魏的均田制度而成的。其制：凡男子十八岁以上，每人给田百亩，老年和残废者给四十亩，为人妻妾而寡居的每人三十亩，当门户的加二十亩。都以二十亩为“永业”，其余为“口分”。永业田得传之子孙，口分田于死后收回。狭乡给田较宽乡减半。[1]宽乡的工人、商人减半给田，狭乡不给。将田自行买卖典质，都在禁止之列。但因移住他乡或因贫困不能举葬者，得卖去其永业田，又从狭乡移住宽乡者，得卖去其口分田，唯既卖之后，不再补给。

租庸调法

至于国家常赋，唐朝分为“租”“庸”“调”三种，受田者每年纳粟两石，叫作“租”。看其地方的出产情形，或纳绢、绫各二丈，绵三两，或纳布二丈五尺，麻三斤，叫作“调”。力役每年二十日，逢闰年加二日，不役者每日折纳绢三尺，叫作“庸”。从性质上讲：租是田租，调是户税，庸是口税。这种制度，在大乱之后，人口稀少，田地无主，自然容易推行，到后来人口增多，就有些窒碍难行了。班田制的结果如何，史家没有明确的记载。至于租、庸、调制，则开元以后，

① 田地支配给人民而有余的地方称为“宽乡”，不足的称为“狭乡”。

渐渐废坏。到了德宗时，便用杨炎的建议，定“两税制”：以人的贫富，定出税的多少，分夏秋两季缴纳，“夏输无过六月，秋输无过十一月”。这个办法，历代相沿[1]，没有多大的变更。

两税制

（三）兵制　唐初行“府兵制”，起源于后周。其制：于天下十道，设府六百三十四，每府置折冲都尉和左右果毅都尉，以司训练。军队的编制：十人为火，火有长；五十人为队，队有正；三百人为团，团有校尉。兵籍上有名的，年二十便须服兵役，六十乃免。但平时都在乡间耕种，训练则在农作空闲时。每遇事变，则临时召集，用将统带。事平，则兵士归田，将官解职。当时京师的宿卫，亦由府兵轮值，叫作“番上”。高宗以后，府兵制渐趋破坏。安史乱后，藩镇割据，兵制更加紊乱了。

府兵制

> 府兵制起源于北周。其制：选人民体格强健的，充当兵士，当兵的免除一切租税，由刺史于农事空闲的时候实行教练，平时合为二十四军，约二十万人。隋因其制，练成十二卫军。

（四）司法制　我国司法，经魏晋南北朝的逐渐改革，至隋唐更完备了。隋文帝颁布新律，定刑名为笞、杖、徒、流、死五等。唐因隋制，更定律书为四种，便是：律、令、格、式。律、令是说明尊卑贵贱的等数与国家的制度，格是说明百官有司所常行的事，式是说明百官有司所常守的法。此外又沿北齐律有“十恶”之名，更有“八议”之法。这些制度，大都为后世所采用。又中国法律，前此只有刑法，至唐则律之外又有

司法制度的完成

① 现在所谓的“上忙”“下忙”就是唐两税制的遗法。

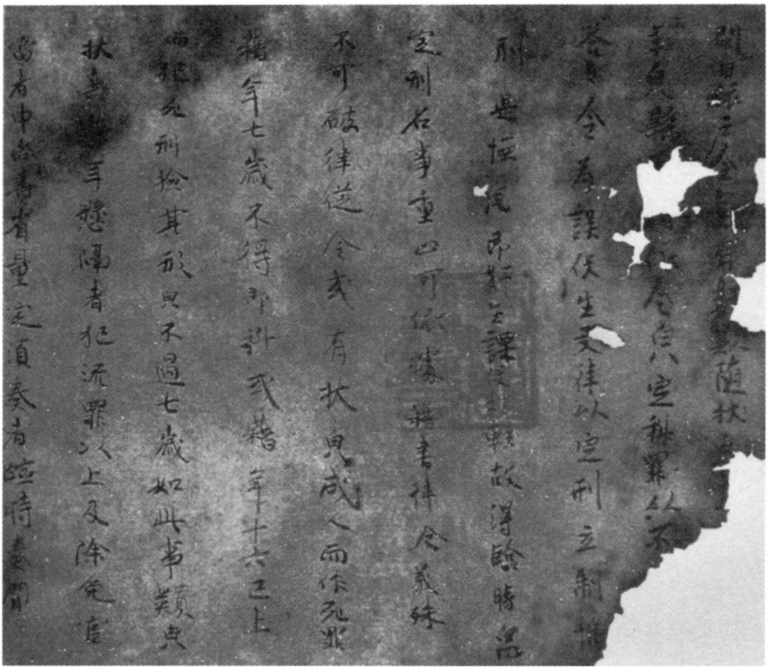

⊙《唐律疏议》残片（局部）[永徽二年（651）颁行《永徽律》，次年长孙无忌奉命主撰律文解释，四年颁行，共十二篇、三十卷。原名《律疏》，后改称《唐律疏议》。既是中国现存最早的完整的古代法典，又是流传至今的杰出的法学著作]

《六典》[①]，为后世“行政法典”的权舆。[②]

从九品中正到科举制

（五）选举制　魏晋以后，行九品中正法。其流弊便是只论门阀，不辨贤愚，遂使“上品无寒门，下品无势族”。

魏陈群立九品中正法：郡邑设“小中正”，州设“大中正”，选曾经做官而有声望的本地人充任。由小中正品第当

① 《六典》分《治典》《教典》《礼典》《政典》《刑典》《事典》，共三十卷。

② 如明清两朝的《会典》，均以唐《六典》为蓝本。

地的人才，列为九品，以上大中正。大中正加以审核，以上司徒。司徒再加审核，付尚书录用。但中正品第人才，每论门阀的高下，不顾本人的才德，于是便生流弊。后来五胡乱华，南朝士大夫因种族之见，对于民族区别非常重视（为要避免血统的被混乱），于是社会上便自然而然地有所谓士族的门阀出现，与被称为庶人的平民分出界限来了。到了科举制度实行后，特殊阶级无法限制一般人的自由竞争，士族阶级便站不住，门阀自然渐渐破坏了。

隋炀帝鉴于九品举官的流弊，改用科举制。到唐朝其制大备，约分为三类：一、从京师诸学馆与州县各学校，送其毕业生赴尚书省考试的，叫作“生徒”；二、不由学校出身而先在州县受试，及格后再赴京应尚书省考试的，叫作“乡贡”；三、由皇帝于几年中下诏举行一次考试，以待非常之才的，叫作“制举”。考试科目有秀才、明经、进士、俊士、明法、明书、明算等。考试方法有试策、帖经[①]、口试、诗赋等。但取之最多者，只有明经和进士两科。这种制度，历代相沿（不过方法上有一点变更），到清末才废止。至于选官，则文选属吏部，武选属兵部。选官和举士，到唐朝才分为两途。

选官与举士的分途

至于学术思想，则从两汉至隋唐已经过不少的变迁。两汉时代，儒家与方士混合，专言阴阳灾异。到了魏、晋、南北朝起一大反动，由迷信的、拘迂的、虚伪的儒家思想，一变而为怀疑的、超脱的、任性的风尚，依附道家的学说，而发生所谓“清谈”与“玄学”。但两汉时代，学术思想虽形停滞，而经典的研究还很发达。魏、晋以来，经典研究虽不及两汉，而清谈

两汉到唐学术思想的变迁

① 帖经，取士子所习经文，掩两端，中留一行，裁纸帖去若干字，命受试者诵读，以试其误否。

科举之弊

玄学亦自有其思想史上的地位。到了隋、唐，因科举制度的施行，士大夫以经义为猎官的工具，于是思想学术都呈衰颓之象。

唐朝文艺兴盛的原因

但在文艺方面，则唐朝特别兴盛。其原因：一、由于承接魏、晋以来尚文的遗风；二、由于太宗、玄宗诸帝的提倡；三、由于国外艺术的输入。

唐朝的文学

文学方面最发达的是诗歌。诗歌的体制，到唐朝才大备，诗歌的作家，亦以唐朝为最盛。当时分“古体”“近体”两种：古体上承汉魏，近体则到唐朝才成立，有律诗和绝句之分。[1]作家甚多，而要以李白、杜甫为最伟大。其次是散文。魏晋时中国受汉赋的影响，都以骈俪为宗；其流弊是徒具形式，没有内容。唐初姚思廉撰《梁书》，化骈为散；其后陈子昂等亦力矫浮靡之习。到了德宗、宪宗时，韩愈等极力排斥骈体，提倡散文，成为一种文学革命运动。从此以后，直到清朝，虽有不少骈文作家，而散文终居文章正宗的地位。又其次为小说，唐以前，中国小说大都是笔记式的，很少文学趣味。到了唐朝有传奇[2]小说出现，取

⊙《太白醉酒图》〔清〕苏六朋

① 律诗分“五言”“七言”，普通为八句五韵，二三两联为对偶。绝句亦分五、七言，普通是四句三韵，因为是截去律诗的四句而成，所以又称“截句”。

② 唐人称小说为“传奇”，后来元明文人取材于唐人传奇而加以演绎，亦称传奇。其实两种文体大不相同。

材与技巧，都比较进步。如元稹的《会真记》[①]、杜光庭的《虬髯客传》[②]，都是脍炙人口的作品。

唐朝的史学

此外又有刘知幾撰《史通》，专究作史的方法；杜佑著《通典》，汇考历代的政制，都是史学上不朽的名著。

唐朝的艺术

艺术方面，则因外国乐器的传入，而音乐特别发达。当时诗人伶工，每以乐谱诗，或以诗入乐，开中国文学由诗而词的端绪。又如书法、绘画、雕刻等艺术，魏、晋以后逐渐进步，到唐朝更名家辈出，蔚为大观。

---

① 元稹，字微之，洛阳人。所作《会真记》，记崔莺莺与张生事。后代如宋赵令畤的《商调蝶恋花》、金董解元的《弦索西厢》、元王实甫的《西厢记》及关汉卿的《续西厢记》、明李日华的《南西厢记》及周公鲁的《翻西厢记》、清查继佐的《续西厢杂剧》等，都取材于此。

② 杜光庭，字宾圣，括苍人，唐末入天台山为道士，王建据蜀，赐号广成先生（见《十国春秋》卷四七）。《虬髯客传》记李靖遇虬髯客事。后代戏曲家取材于此而编成杂剧的，有凌初成的《虬髯翁》、张凤翼的《红拂记》。

第三十四讲　五代的迭更与十国的错列

五代的名称

自朱晃（即朱全忠改名）受唐禅，建后梁国，中国便走入五代十国的时代。所谓“五代”，就是后梁、后唐、后晋、后汉、后周。

后梁的建国与灭亡

后梁建国后，对于虎踞河东的李克用，无法吞灭。当时李克用受唐封为晋王，唐亡后，他仍用唐朝年号。后梁建国的明年[①]，李克用死，子李存勖继位。存勖屡与后梁交兵，夺取义武节度使辖地及河北三镇。后梁太祖乾化二年[②]，后梁太祖被他的儿子朱友珪所杀。明年，朱友贞杀其兄而自立，是为末帝。末帝即位的第十一年[③]，李存勖在魏州称皇帝，国号唐，是为后唐庄宗。是年，梁末帝派兵侵后唐郓州，大败。后唐庄宗乘胜攻取大梁[④]。末帝自杀。后梁凡十七年而亡。

后唐的建国与灭亡

后唐庄宗灭梁后，定都洛阳。他从此便志得意满，自己不问政治，宠任宦官伶人。庄宗即位的第三年[⑤]，从瓦桥关撤回的戍兵，中途叛变，占据邺城。庄宗使其父李克用的养子李嗣源带兵从讨，李嗣源的兵也变了，嗣源被劫入邺城。后嗣源从邺城逃出，收集散兵往相州暂驻。李嗣源的女婿石敬瑭劝他反，他

① 公元九〇八年。
② 公元九一二年。
③ 公元九二三年。
④ 后梁的都城。
⑤ 公元九二五年。

⊙《宠信伶人》（选自《帝鉴图说》。李存勖在位时，爱乐理，宠信伶人，疑忌功臣，致使百姓怨愤，众叛亲离）

便派石敬瑭做先锋，直取洛阳。庄宗被伶人所杀，李嗣源就入洛阳即皇帝位，是为明宗。明宗死，养子从厚立，是为闵帝。闵帝被明宗的又一养子从珂所杀，从珂自立，是为废帝。时石敬瑭镇守河东，废帝想把他调到天平[①]，石敬瑭就反了，又恐自己力量不足，向契丹[②]借兵。契丹派兵南下，后唐废帝自焚而死。后唐建国凡十四年而亡。

石敬瑭借契丹兵

后晋的建国与灭亡

石敬瑭既借契丹兵灭后唐，便受契丹的册封，为大晋皇帝，迁都于汴，是为后晋高祖。石敬瑭死，兄子重贵立，是为出帝。时宰相景延广执政，对契丹不肯称臣，遂和契丹开衅。出帝开运三年[③]，契丹大举兵南下，出帝被捕。后晋凡十一年而亡。

后汉的建国与灭亡

晋将刘知远在太原，闻出帝被捕，便自立为皇帝。后来契丹兵北归，乃发兵入汴，是为后汉高祖。后汉高祖入汴的第二年[④]便死了，子刘承祐立，是为隐帝。隐帝即位后，用杨邠为枢密使[⑤]掌机政，郭威为邺都留守，领枢密使，专主征伐。杨邠等都是先朝旧臣，隐帝被他们所制，心中很不平。乾祐三年[⑥]，隐帝杀杨邠等，又遣使杀郭威，郭威领兵还京，隐帝被杀。后汉仅四年而亡。

后周的建国与灭亡

郭威既攻杀后汉隐帝，便即皇帝位，国号周，是为后周太祖。太祖在位仅三年，养子柴荣继立，是为世宗。世宗即位，积极整顿军队，刷新政治。先后用兵，战胜当时割据的南唐和

---

① 即郓州。

② 详下讲。

③ 公元九四六年。

④ 公元九四八年。

⑤ 杨邠，冠氏人。按：唐代宗置枢密使，以内侍为之，掌表奏宣传之事，其后权任渐重。后梁革宦官之弊，改枢密院为崇政院，始用士人为使。后唐以来，复改为枢密，常以腹心大臣领之，权重于宰相。

⑥ 公元九五〇年。

后蜀。又亲征契丹，取瀛、莫、易三州。不幸世宗于即位的第六年[①]便死了。其子柴宗训立，年仅七岁，是为恭帝。明年，传言北方有警，派殿前都点检[②]赵匡胤带兵出防，至陈桥驿[③]兵变，拥赵匡胤为皇帝。后周恭帝即禅位于他，是为宋太祖。后周凡十年而亡。宋太祖后来统一中国，五代的局面遂告终。

上面所述的五代并不是统一中国的皇朝，只是割据中的一国。不过它们所据地盘在中原，又是一个系统的禅代下来，所以历史上就权当作中央政府。其余各自割据而正式建国称帝，或不称帝而政治上亦是完全独立不受五代皇帝节制的，也还不少。计前后分并兴灭，最著名的有十国，便是：吴越、南汉、闽、吴、楚、前蜀、南平、后蜀、南唐、北汉。

十国的名称

唐末，镇海、镇东军节度使钱镠据两浙，是为吴越。岭南节度使据岭南，是为南汉。威武军节度使王审知据福建，是为闽。淮南节度使杨行密据淮南，是为吴。武安军节度使马殷据湖南，是为楚。剑南节度使王建据东西两川，是为前蜀。后梁时，荆

十国的兴灭

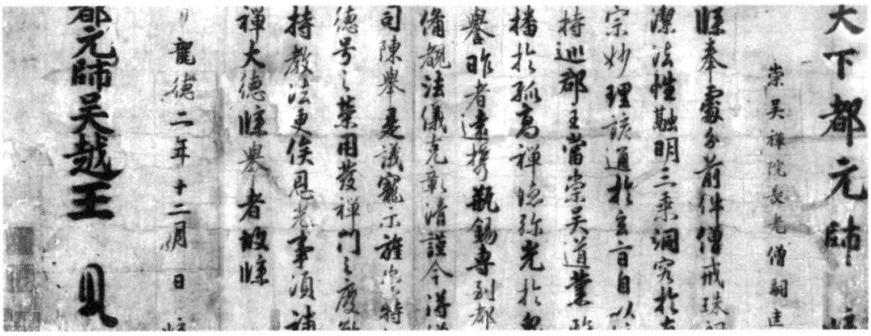

⊙钱镠、钱俶《批牍合卷》(局部)

① 公元九五九年。

② 掌侍卫扈从之事，为禁军首领。

③ 在河南封丘县东南。

南节度使高季兴据荆南自立，是为南平。后唐时，前蜀被庄宗讨灭。但不久，剑南西川节度使孟知祥又据两川自立，是为后蜀。后晋时，吴将徐知诰篡吴自立，建南唐国。闽国亦被南唐、吴越所分。后周时，楚国被南唐所灭。后周时，后汉的北京留守刘旻据河东而自立，是为北汉。到赵匡胤做皇帝时，还剩吴越、南汉、南平、后蜀、南唐、北汉六国，先后或投降宋朝，或被宋朝所灭。兹列表如下。

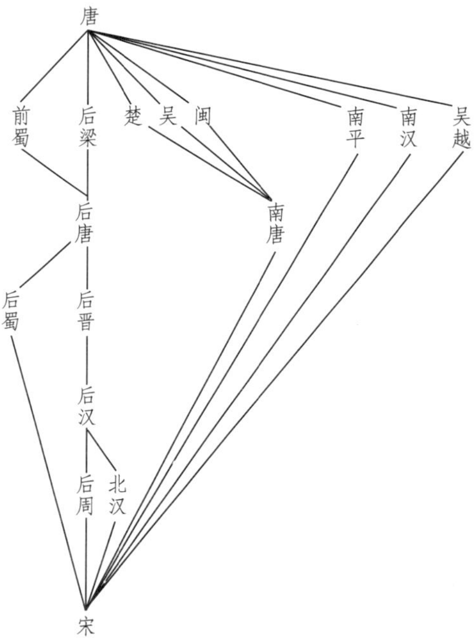

此外历世较短或未正式称帝的有李茂贞的岐、留从效的闽海、刘言的武平等，都不在十国之内。而十国中的南平地盘很小，北汉服属外族，史家为举成数之故，把它们凑集在内的。

中国所受五代时期的恶影响

所谓“五代”，首尾仅五十四年[①]，历时很短，然实为中国史上转变的重要时期。它所遗留于中国的最大的恶影响，便是

① 公元九〇七年至九六〇年。

石敬瑭甘借外族势力来做中国皇帝，从此引狼入室，使汉族处于异族威胁之下四百多年。文化落后的外来民族常常征服中国，遂使中国文化，没有进步。其次是士大夫政治节操的堕落。当时时局混乱复杂已极，杀国君，换朝代，视为寻常事。以做官为业的士大夫，就根本不懂得政治节操，朝敌暮主，送旧迎新，恬不为怪。自称“长乐老”的冯道，便是当时所谓士大夫的代表。

冯道小的时候以孝谨知名。最初从燕王刘守光为参军。刘守光失败，改从宦官张承业。张承业把他荐给晋王李克用为掌书记。后唐庄宗朝为翰林学士。庄宗被杀，明宗即位，又被重用，官至宰相。明宗死，他又为闵帝的宰相。废帝攻杀闵帝，他率领百官迎废帝，仍为宰相。后晋灭后唐，他又从后晋高祖，并为出帝的宰相。契丹灭后晋，他又从契丹，做太傅的官。后汉高祖即位，他归附后汉。后周灭后汉，他又从后周太祖，他自称“长乐老”，著《长乐老自叙》一篇，自叙一生从四姓及契丹的经历，列举所得的官衔和爵位，以为荣幸。当时人亦称他为宽弘长者。儒家的所谓“名教”，和过去皇帝（如汉光武）所提倡的“气节”，到这时候，完全不中用了。我们从冯道的一生经历，可以窥见当时所谓士大夫的生活之一斑。

五代时期印刷术的大进步

但有一事却很可注意，便是印刷的进步。从汉刻《石经》[①]以后，儒生摹拓《石经》作读本，这仿佛是印刷的初步。南北朝时，佛教发达，碑刻益多。隋文帝下令把废像遗经雕刻在木

① 后汉灵帝熹平四年（公元一七五年），诏诸儒定五经，由蔡邕书丹于碑，使工雕刻，立于太学门外，后世称为“熹平石经”。

⊙《熹平石经》残石

版上，这是石刻化为木刻的开始。唐中叶时，已有墨版，这是利用雕版印刷之始。后唐明宗长兴三年[1]，宰相冯道奏请刻版印行九经[2]，命国子监集合博士生徒，依汉《石经》用楷书抄写，仔细校读之后，雇雕字匠照着雕版，每日雕成五页，继续不断，到后周广顺三年[3]，九经刻成，于是印成书本，颁行全国。同时私人著作的诗文，亦往往印成书本，分赠亲戚朋友。当时刻书的风气盛行一时。到了宋朝，印刷术的推行更盛，学者著述也跟着丰富起来。并且因交通的关系，逐渐传入欧洲，成为促进世界文明的一种利器。推究源起，不能不归功于五代时长乐老冯道的提倡。

---

① 公元九三二年。

② 九经是：《周礼》《仪礼》《礼记》《左传》《公羊》《穀梁》《易》《诗》《书》。一说：《易》《诗》《书》《礼》《春秋》《孝经》《论语》《孟子》《周礼》为九经。

③ 公元九五三年。

第三十五讲　契丹的强盛与内侵

自鲜卑入中原以后，塞外东胡种之代兴者，便是契丹。契丹初为慕容氏所破，迁居松、漠间，只是现今[①]热河东北的一个小部落。魏、齐、隋时，屡次入贡，间或寇掠边境。唐太宗时，契丹酋长窟哥内附，就其地置松漠都督府，赐姓李。玄宗时，其酋长李怀秀受朝命为松漠都督。安禄山想立边功，出兵攻李怀秀，怀秀发兵十万和安禄山战，禄山大败，是为契丹倔起之始。唐末，藩镇拥兵相攻，不暇顾到边境上的事情，契丹益发强盛起来。唐天祐二年[②]，契丹耶律阿保机[③]立为可汗，建都临潢。他很熟悉中国文化，招用汉人做他的官吏，又用兵征服北方诸部族：西征回鹘[④]，东北灭渤海，服室韦[⑤]，西北服黠戛斯[⑥]。于是其疆域东至海，西至金山[⑦]和流沙[⑧]，北至胪朐河[⑨]，南与中国接界，赫然是一个雄据东北的大国了。　契丹的兴起

后唐时，契丹屡侵边境，不甚得手。但后唐卢龙节度使周德　契丹入关

---

① 现今指二十世纪三十年代。——编者

② 公元九〇五年。辽史以九〇七年为太祖元年。

③ 按：即辽太祖。耶律是姓，阿保机是名。阿保机亦译作按巴坚。

④ 即回纥，唐德宗时改名。

⑤ 契丹别种，在今嫩江流域及黑龙江南北岸之地。

⑥ 古族名，属突厥族。古又称之为坚昆、结骨，皆一声之转。

⑦ 即阿尔泰山。蒙古语谓金为阿尔坦，坦即泰音之转。

⑧ 泛指西北方之沙漠而言。

⑨ 就是现在的克鲁伦河。

威自恃勇武，不知严守榆关[1]，契丹就内侵入平州。后唐天成元年[2]，阿保机死，次子耶律德光立，是为契丹太宗。后十年，石敬瑭向契丹借兵，灭后唐。后唐既灭，石敬瑭受契丹册封为大晋皇帝，对契丹太宗称“父皇帝”，自称“儿皇帝”，并割燕云十六州给契丹，约定每年贡献绸缎三十万匹。

契丹得燕云十六州

燕云十六州是：一、幽州；二、蓟州；三、瀛州；四、莫州；五、涿州；六、檀州；七、顺州；八、新州；九、妫州；十、儒州；十一、武州；十二、蔚州；十三、云州；十四、应州；十五、寰州；十六、朔州。这些地方是中国的北门锁钥，现在都被辽国拿了去，从此北方门户大开，没法防止辽兵的南侵了。

契丹改称大辽国

契丹太宗既灭后唐，得了中国许多地方，非常高兴，便把国名改称大辽。一切制度，都照中国改定。石敬瑭对辽国十分恭敬，辽国派遣使臣送诏书来，他必跪拜接受，不敢怠慢。石敬瑭死，出帝继立。那时候天平节度使景延广当权，拟表报告辽太宗，称孙而不称臣。辽太宗得表大怒，派使者来责问，并问何以不先行禀承，竟敢擅自即位。景延广对辽国使臣也不肯示弱，他说：“晋有横磨大剑十万口，翁若要战则便来！”辽太宗非常恼恨，便派赵延寿带兵南下，约定倘能成功，便封他为中国皇帝。

赵延寿是后唐卢龙节度使赵德钧的儿子。当石敬瑭借契丹兵攻后唐时，后唐废帝命他发兵救应，他却逗留不进，一

① 就是现在的山海关。

② 公元九二六年。

面派人往契丹营中，对契丹太宗说："倘肯立我为皇帝，请即引兵南下，平定洛阳，灭后唐，彼此约为兄弟之国，仍使石敬瑭镇守河东。"契丹太宗有允许之意。石敬瑭得讯，向契丹太宗跪着大哭，契丹太宗有些不忍，便回绝了赵德钧的使者，答应始终帮石敬瑭的忙。后赵德钧父子都投降契丹。赵德钧不久就死了。那时候赵延寿见辽太宗恼恨后晋，便乘机怂恿，劝他出兵伐晋。后来赵延寿不得受封为中原皇帝，只做中京[①]留守。及辽太宗死于杀胡林，延寿便引兵入恒州，自称权知南朝军国事，不久，被辽世宗所杀。

赵延寿率辽兵攻破贝州，晋出帝亲自迎敌，居然把辽兵击退。但从此辽兵屡屡来攻，战争连年。后晋国力不充实，内部又不能一致对辽，终于支持不住。出帝开运三年[②]，石敬瑭的妹婿杜重威想做皇帝，引辽兵入大梁，出帝被掳。明年，辽太宗入大梁，百官出城迎接。辽太宗亲登城楼，安抚百姓。既入晋宫，吩咐把出帝和景延广解送本国。景延广在途自杀，出帝解送辽国后，被封为负义侯。

辽太宗入大梁

辽太宗既入大梁，他并不践约封赵延寿为皇帝，一味搜括中原财帛，设法带回本国。辽国行军时，本有一种"打草谷军"，借筹饷为名，到处劫掠；他在中原，也行此法，因此大梁附近数百里内，牲畜财货，一扫而空。他又派他的子弟及亲信做节度使或刺史，那些人都不懂政事，一班"汉奸"便乘机教他们以种种剥削百姓的方法，百姓不堪其虐，便相聚为盗，多者数万人，少者不减千百，专和辽兵为难。辽太宗自料统治不了中原，便借口天气将热，要回他本国去。于是他捆载后晋府库中

辽兵入大梁后的骚扰

辽太宗北归

① 时辽以恒州为中京。

② 公元九四六年。

⊙《散乐图》（辽代壁画）

的财帛，带了几百个宫女、宦官，从大梁出发，到得临城，生起病来，至杀胡林地方便病死了。辽太宗既死，世宗（太宗兄子阮）即位。一方面则刘知远从太原带兵入大梁，后晋各州郡都归附他，就建立了后汉国。但燕云十六州，终于落在辽国之手。后来刘知远的弟弟刘旻，建北汉国于太原，受辽太宗的册封，完全是辽国的保护国。到后周世宗时，辽世宗已死，穆宗（太宗子璟）继立，内政腐败，国势中衰。但北汉、南唐、后蜀等，还想凭借辽国的势力，以震动中原。英勇的周世宗，先后对南唐、后蜀用兵，又自将伐辽，取瀛、莫、易三州，直趋幽州，辽国几乎不能抵抗。不幸世宗有病，只得班师。赵匡胤得了天下，他专注于平定割据的诸小国，对北方完全取守势。到宋太宗（太祖弟匡义[1]）时，国内已经全定，想乘此攻辽，恢复

辽国的称雄北方

宋、辽对抗局势的造成

① 后改光义，又改名炅。

燕云。然而辽自景宗（世宗子贤）即位以后，已不像穆宗那样腐败，所以太宗北伐无功，而中国终成为辽宋对抗之局。

> 史称宋太祖命李汉超屯关南，马仁瑀守瀛州，韩令坤镇常山，贺惟忠守易州，何继筠守棣州，以拒北狄；命赵赞屯延州，姚内斌守庆州，董遵诲守环州，王彦升守原州，冯继业镇灵武，以备西夏；郭进控西山，武守琪戍晋州，李谦溥守隰州，李继勋镇昭义，以御太原。对于这些将领，都特别优待，给他们的钱也很多。边将既富有财帛，得以招募死士，使为间谍，洞知敌情，每次敌兵犯境，都预先布防，不致吃亏。因此二十年没有西北之忧，得尽力东南。

第三十六讲　宋的统一与初政

宋初的削平群雄

宋太祖既即帝位，便着手翦灭割据一方的群雄：乾德元年[①]，取荆南，降高继冲[②]；同年，取湖南，执周保权[③]；三年，灭蜀，降孟昶[④]；开宝四年[⑤]，灭南汉，降刘鋹[⑥]；八年，灭南唐，降李煜[⑦]。明年，太祖崩，太宗即位。太宗即位的第三年，吴越王钱弘俶[⑧]来归附；同年，清源节度使陈洪进[⑨]以漳、泉二州来归；明年，灭北汉，降刘继元[⑩]。从唐中叶以来的分裂局面，至此总算告一结束。

实行中央集权政策的动机

将士拥立皇帝，在五代时几乎成为一种风气（后周太祖和世宗都是由将士拥立的）。当陈桥兵变时，宋太祖对那些拥立他做皇帝的将士们说："汝等贪富贵，能从我命则可；不然，我不能为若（汝等）主矣。"他很明白由将士拥立的皇帝，容易受制于

---

① 公元九六三年。

② 高继冲是南平王高季兴的曾孙。

③ 周保权的父亲周行逢为武平节度使，据两湖之地。行逢卒，保权嗣位。

④ 孟昶是后蜀主孟知祥的儿子。

⑤ 公元九七一年。

⑥ 刘鋹是南汉主刘隐的从孙。

⑦ 李煜是南唐主李昪（即徐知诰）的孙子。

⑧ 钱弘俶是吴越王钱镠的孙子。

⑨ 陈洪进，仙游人。他本是清源节度使留从效的牙将，从效死后，他就据漳、泉二州，自为节度使。

⑩ 刘继元，北汉第四主。（刘旻传子钧，钧传养子继恩，继恩被其臣下所杀，弟继元立。继恩、继元，都是刘钧的外甥。）

将士，并且将士拥立他做皇帝，不过贪图富贵，倘以后措施有不如将士之意，他们未始不可拥立别人。所以他在当时既提出“服从命令”的条件，过后又苦心焦思，设法削弱诸将的实权，巩固中央的势力。他的办法是：

削弱藩镇的措施

（一）藩镇有因病出缺或辞职的，或迁调他官的，或遥领他职的，都派遣文臣去代替。

（二）设诸州通判，统治一州的军政民政，凡事得专达朝廷。

（三）令节度使所领的诸郡，统归中央直辖。

（四）设诸路转运使，组织地方财政机关，凡各路的收入，除本地实际开支以外，扫数解归中央。

（五）令诸州选择精兵，送京师编为“禁军”；老弱留在本州的，称为“厢军”；又定“更戍法”，更番派遣禁军，分守边城要地，使兵卒不致为将士所私有。

解除功臣兵权

这样，政治、财政与军事权都集中于中央，过去将士擅权跋扈的积弊，渐渐革除。他又听宰相赵普的话，罢石守信等的禁兵权。

宋太祖受后周禅，将相群臣都用后周朝的旧臣，唯赵普以军府旧僚，专预密议。当时石守信、王审琦等都是太祖的旧人，有功，专典禁兵。赵普常常对太祖陈说用功臣典禁兵的不妥当，非设法解除他们的兵权不可。一天晚上，太祖和石守信等喝酒，太祖屏去左右，从容对守信等说：“朕非卿等不及此；然天子亦大艰难，殊不若为节度使之乐。朕终夕未尝敢安枕卧也。”守信等请问原因，太祖说：“是不难知，此位谁不欲为。”守信等顿首说：“陛下何为出此言。今天命已定，谁复有异心！”太祖说：“卿等固然，其如麾下欲富贵何！一旦有以黄袍加汝身，汝虽不欲为，岂可得乎！”明天，守信等遂称病辞职。

又讽令凤翔节度使王彦超等辞去职务，交出兵权。

开宝二年[①]，凤翔节度使王彦超及诸藩镇入朝，太祖在后苑设宴款待他们。酒喝得高兴的时候，太祖从容对他们说：“卿等皆国家宿旧，久临剧镇[②]，王事鞅掌[③]，非朕所以优贤之意也。”王彦超懂得太祖的意思，便奏说：“臣本无勋劳，久冒荣宠，今已衰朽，乞骸骨[④]归邱园，臣之愿也。”其他在席的镇将，却对太祖陈诉过去的劳绩。太祖说：“此异代事，何足论。”明天，王彦超和安远节度使武行德、护国节度使郭从义、定国节度使白重赞、保大节度使杨廷璋都上书辞职。太祖解石守信和王彦超等的兵权，都在杯酒之间用几句话解决，史称“杯酒释兵权”。

又为预防朝廷大臣的专擅，将政权划分为三：以政治属中书省，以军事属枢密院，以财政属“三司”[⑤]，而君主总揽大权。此外又表彰忠义，尊崇孔子，以为巩固君位，集权中央的政策的辅助。

宋太祖自陈桥还兵，夺取周室时，后周的侍卫亲军副都指挥使韩通，想率众抵抗，被军校王彦升所杀。太祖以韩通为故主死节，特赠中书令职，用厚礼殓葬。对王彦升则欲治

① 公元九六九年。
② 事务繁重的地方。
③ 语本《诗经》。鞅掌二字的异解颇多，但以解作烦劳之意为最合。
④ 大臣辞职称“乞骸骨”，是使骸骨得归葬乡土的意思。
⑤ 三司，指盐铁、度支与户部，宋朝设置三司使总其成，当时称为“计省”。

⊙《雪夜访普图》(赵匡胤夜访重臣赵普，向其询问计谋）〔明〕刘俊

以擅杀之罪，经群臣解救得免。这都是他有意如此，一方面褒奖韩通的忠义，一方面惩戒王彦升的专擅，目的是要做个榜样给臣下们看。

史称宋太祖即位之初，就下诏修葺祠宇，绘先圣先贤像，自撰像赞，书于孔子、颜渊的座端，令文臣分撰余赞，又屡次亲临祭祀。他常对他的臣下说："朕欲尽令武臣读书，知为治之道。"这些把戏，过去的那些创业的皇帝，大概都做过了的。

中央集权政策的流弊

宋太祖的政策，虽避免了藩镇跋扈的祸害，巩固了赵氏一系相传的君权，而流弊却也不少：

第一，他抽调厢军中的壮丁为禁军，各地剩些老弱残兵，大都只可供役使，不能亲战阵，加以文臣典州政，对本州驻兵怠于训练，临事又不能指挥如意，以致偶有边惊，每闻风溃败。

第二，他把国中犷悍而失业的人民都收容做兵，后来每遇荒年，便用招兵救荒的政策，遂使兵额无限制增高。兵额既增高，军费亦必加多。并且，招募而来的兵士没有经过长期训练，所以兵额虽增，兵力却不见加强，对外战争，往往失败，因此又加多种种费用。军费及其他费用的增加，遂使财政紊乱得不可收拾了。

仁宗嘉祐七年，因宰相韩琦上疏请裁减兵额，诏中书省、枢密院同议，并命枢密院将开国以来的兵额，作一精密的报告，以备裁减。兹据《宋史》所载当时枢密院的报告并仁宗实行裁制后的兵额列表如下：

年代	兵额
太祖开宝（968—976）	378, 000（禁军占 193, 000）
太宗至道（995—997）	666, 000（禁军占 358, 000）
真宗天禧（1017—1021）	912, 000（禁军占 432, 000）
仁宗庆历（1041—1048）	1, 259, 000（禁军占 826, 000）
英宗治平（1064—1067）	1, 162, 000（禁军占 663, 000）

因兵额无限制地增高，同时军费也无限制地增大。并且，当时的军队实际上不能御外侮。外交的结果失败，每年又要拿出不少金钱给外国。[①] 此外又有郊祀的费用[②]，宗室吏员的冗禄，每年也着实可观。因用途的增加，便不得不想法增加收入。我们且据马端临《文献通考》及《宋史·食货志》，把从英宗治平以前国课增加的情形，列表如下：

年代	岁入	备考
至道末年（997）	22, 245, 800 缗	至道以前无考
天禧末年（1021）	150, 850, 100 缗	是年岁出 126, 775, 200
皇祐元年（1049）	126, 251, 964 缗	
治平二年（1065）	116, 138, 405 缗	岁出　经常：120, 343, 174 临时：11, 521, 278

我们看了上表的数字，可知当时岁入虽逐渐地增多，而英宗治平二年，收支相抵，已不足一千五百七十二万六千另四十七缗。英宗以后，每年入不敷出，当然还不止此数。当时财政紊乱的情形，便可想而知了。

① 详下讲。
② 祭天时的赏赐。

第三，中央集权政策实施的结果，使地方政治无发展余地，于是有才能的人，在地方上不能施展，便向中央集中。人才既多，位置有限，便互相争竞，争竞得剧烈了，就造成朋党倾轧的局面。

兵力的衰弱，财政的紊乱，朋党的倾轧，遂使赵宋一代，长在疲癃的状态之下，受制于北方新兴的异族，没有发扬国威的日子了。

第三十七讲　宋辽澶渊之盟

宋初对辽的攻守

宋太宗时，中国已经大定，便大举北伐，先灭北汉，乘胜攻辽，为辽将耶律休哥败于高梁河，宋兵死者万余人。这是太平兴国四年[①]的事。明年，辽发兵攻瓦桥关，太宗自己带兵去抵抗，辽兵退去。雍熙三年[②]，太宗听了边将贺怀浦的话，以为辽国圣宗初立，萧太后当国，有隙可乘，使曹彬、崔彦进、米信、杜彦圭由雄州出兵，田重进由飞狐岭出兵，潘美、杨业由雁门关出兵，大举北伐。曹彬、米信等攻涿州，被耶律休哥败于岐沟关；潘美、杨业攻寰、朔、应、云四州，潘美被耶律斜轸败于飞狐岭，杨业被耶律斜轸攻杀于陈家谷。太宗急召田重进等还军，然宋军精锐，消亡殆尽，东北各州，大受抄掠。从此以后，只有辽兵南侵，不见宋兵北伐了。

辽兵南下与寇準的力主亲征

宋太宗崩，太子赵恒即位，是为真宗。真宗咸平二年[③]，辽圣宗亲自带兵南下，宋高阳关守将康保裔战死于瀛州，辽兵遂渡黄河。真宗亲自出兵抵御，辽兵退去。景德元年[④]，辽圣宗又奉萧太后大举南侵，屡破河北诸军，进逼澶州。宋朝一晚接到五通告急文书。时寇準做宰相，对于那些告急文书，并不拆阅，饮酒谈笑如平时。真宗非常骇怪，问他何以不看那些告急文书。

---

① 公元九七九年。
② 公元九八六年。
③ 公元九九九年。
④ 公元一〇〇四年。

⊙寇準

他却说："只要陛下能亲自出兵抵御，不过五天，这事就可解决的。"真宗便召集大臣们开御前会议，议应否亲征。那时候朝中都很惊慌，胆小的大都主张迁都：王钦若主张迁都金陵，陈尧叟主张暂避成都。真宗问寇準，寇準说："哪一个替陛下计划的？真是该死！现在只有陛下亲征，可以打退辽兵，否则人心崩溃，敌兵乘胜深入，江山还保得住吗？"真宗便决意亲征。在半路上又有人献策劝真宗南迁。真宗问寇準。寇準说："陛下唯可进尺，不能退寸。"殿前都指挥使高琼，亦以寇準的计划为然，真宗才勉强听从。至澶州南城，见辽兵声势浩大，左右又劝真宗在南城暂驻，观望风色。寇準和高琼力持异议，真宗又勉强渡河，登北城门楼；远近望见皇帝御盖，都跳跃呼万岁，数十里内欢声雷动，将士勇气百倍。辽兵料不到真宗会御驾亲征，不免夺气。既而辽兵攻至澶州城下，被宋兵击退，气势更馁。时有宋朝的降将王继忠在辽国做官，便劝辽圣宗、萧太后向宋朝请和。辽圣宗和萧太后听了他的话，就派遣使者持继忠的密表来请和。当时寇準还想争持，要求辽国称臣，并献幽州地方。真宗却想敷衍了事，便借口于"朕不愿生灵涂炭"，情愿给辽国金帛，以求和议成功。往返磋商的结果，便在下列的条件下，两国罢兵言和：

宋、辽的议和条件

（一）两国以白沟河[①]为界；

（二）宋朝每年给辽国银十万两，绢二十万匹；

① 在今河北，宋、辽以此为界，亦称界河。

（三）辽主以兄礼事宋。

这是宋、辽第一次和约，史称“澶渊之盟”。从此以后，虽曾发生过几次小小的纠葛，但双方总算保持和平状态，一直到宋徽宗约金攻辽的时候。[①]

⊙《契丹使朝聘》（契丹使节拜见宋朝皇帝）

宋仁宗庆历二年[②]，辽国遣使求地，宋仁宗派富弼去交涉，许增银绢各二十万。当时几乎破裂的宋、辽国交，总算和平将就过去。宋神宗时，王安石为相，辽乘宋室用兵西夏[③]以后，又遣使议界；王安石锐意改革内政，外交上情愿稍稍让步，结果宋朝又失地七百里。但这些都可以算是小小的纠纷，宋、辽两国，始终保持和平状态。

宋朝屈服的原因

澶渊之盟，发动于辽国，在理宋朝不该这样吃亏。其实真宗亲征，出于寇準等的逼迫，不是他的本意，就是从征的臣子们，也十分疑惧，所以当辽国派使来请和的时候，真宗果然愿意迁就了事，他的左右也希望和议早日成功。当时寇準替真宗划策，说照这样办，可保百年无事，但真宗不肯听他的话；更有人造谣，说寇準希望延长战争状态，借以增厚他的权势，遂使寇準

① 详下第四十一讲。
② 公元一〇四二年。
③ 见下讲。

不得不放弃自己的主张。事后真宗还听了王钦若的谗言，说澶渊之盟是寇準把皇帝作孤注，便罢黜寇準，引用王钦若。

> 澶渊盟后，真宗颇敬重寇準，而王钦若却十分恨他。一天会朝，寇準先退，王钦若便乘机对真宗说："陛下敬重寇準，是否因为他有功于国家？"真宗说："是的。"钦若说："澶渊之役，陛下不引为耻辱，反说寇準有功于国家，这是什么道理呢？"真宗问他什么理由。他说："城下之盟，《春秋》耻之[①]。澶渊之役，陛下以万乘之贵，而为城下之盟，这不是最大的耻辱吗？"真宗听了非常不快。钦若又说："陛下听见过赌博的事情吗？赌博者到了快输完的时候，便倾其所有，决一最后胜负，叫作'孤注'。陛下，就是寇準的'孤注'啦。"于是真宗对寇準怀疑，竟罢寇準宰相职，降为刑部尚书，出知陕州。

宋朝欲借封禅弭寇患

王钦若是最会逢迎人主的小人。他知道真宗常怕辽国再来侵扰，而又不敢出兵讨伐，便劝真宗举行封禅，以为辽国本来信天，可借此吓倒辽国。真宗听了他的话，便有种种怪诞的举动。当时为祭天、斋醮及建造宫观，不知枉费了多少金帛。后来财政愈益混乱，国家愈益困穷，这也是原因之一。

> 真宗自听了王钦若的话，深以澶渊之盟为耻辱，心里非常懊闷。王钦若便对他说："只有封禅可以镇服四海，夸示外国。然封禅必先有天瑞，而天瑞一时不可必得，不妨用人

---

①《左传》："楚伐绞……大败之，为城下之盟而还。"注："城下盟诸侯所深耻。"

力为之。古来所传的《河图》《洛书》[①]，岂真有其事，不过圣人以神道设教耳。”于是真宗便托言梦见神人，于正殿建黄箓道场，又伪造天书，置于左承天门南鸱尾[②]上，真宗跪拜受书，改元大中祥符[③]。是年六月，又得天书于泰山，群臣上真宗尊号为“崇文广武仪天尊道宝应章感圣明仁孝皇帝”。冬，封泰山，禅社首[④]。于是臣下争献符瑞。四年二月，真宗祭后土[⑤]于汾阴。明年十月，又托言有圣祖降于延恩殿。诸如此类的荒谬无聊举动，层出不穷。但当时朝廷大臣，并没有切实上书规谏的，大概都默认这类把戏真的可以镇服四海，夸示外国。所以《宋书·真宗本纪赞》说：“契丹其主称天，其后称地，一岁祭天，不知其几；猎而手接飞雁，鸨自投地，皆称为天赐，祭告而夸耀之。意者宋之诸臣，……欲假是以动敌人之听闻，庶几足以潜消其窥觎之志欤？”

① 相传伏羲氏王天下，龙马负图出于河。又大禹治水，神龟负文列于背，有数至九，后人遂附会之以成《洛书》。

② 宫殿屋角上的装饰。亦称“鸱吻”。

③ 大中祥符元年，当公元一〇〇八年。

④ 社首，山名。按：泰山上筑土为坛以祭天，报天之功，叫作“封”。泰山下小山上祭地，报地之功，叫作“禅”。

⑤ 后土，神名，即地主。

第三十八讲　西夏的由来及其与宋辽的交涉

宋朝对辽始终屈辱，但总算在和议条件底下保持了几十年的和平局面。倒是叛服不常的西夏，却使宋朝受了大累。

西夏的先世

自姚秦建国以来，关中群羌，多同化于中国。余羌散居青海、新疆一带者，尚不下数十种；最著名的是葱茈羌、姥羌、宕昌羌、邓至羌、党项羌；党项最晚起而最强。唐太宗时，党项的酋长拓跋赤辞归向中国，唐朝任命他为西戎州都督，这便是西夏的始祖。

> 史称党项每姓别自为部落，一姓之中，复分为小部落，大者万余骑，小者数千骑，不相统一。有细封氏、费听氏、往利氏、颇超氏、野律氏、房当氏、米禽氏、拓跋氏，而拓跋氏最为强族。拓跋本鲜卑姓，所以有人疑心西夏是鲜卑后裔。大概拓跋赤辞是鲜卑人而做党项的酋长的。

唐僖宗时，拓跋赤辞的后裔拓跋思恭为宥州刺史，以讨黄巢功，为定难军节度使，镇夏州，赐姓李氏；子孙世袭其职，据有夏、银、绥、宥、静五州。宋太宗太平兴国七年[①]，其后裔李继捧内附，把所有的地方献给宋朝。宋朝任命他为彰德军节度

---

① 公元九八二年。

使。他的族弟李继迁不服，据地斤泽以叛。雍熙二年[①]，李继迁袭据银州。明年，李继迁请降于辽国，辽圣宗封他为夏国王，并把义成公主嫁给他。宋朝也用招抚的政策，仍命李继捧为定难军节度使，赐姓名为赵保忠，使他招抚李继迁。淳化二年[②]，李继迁请降，宋朝任命他为银州观察使，赐姓名赵保吉。不久，李继迁反，李继捧和他联合。宋朝派李继隆带兵征讨。淳化五年，李继隆兵入夏州，俘李继捧，但对李继迁终没有办法。此后李继迁叛服不常。真宗初即位时，李继迁派使者来朝贡，并要求给他官职。时太宗新崩，真宗初立，对外不欲多事，就任命他为定难军节度使，辖夏、绥、银、宥、静五州，因此李继迁的势力渐大。咸平四年[③]，继迁又反，明年，攻陷灵州，改称西平府，以为根据地。于是宋朝西北方失去了一个重镇。又明年，李继迁攻取西凉府。是年，宋朔方节度使吐蕃人潘罗支集合蕃部攻继迁，继迁中流矢死，子德明立。德明向宋朝请降，宋朝仍命他做定难军节度使，封西平王。后来辽国亦封德明为大夏国王。德明臣事两国，然在国内则俨然是一个皇帝。德明死，子元昊立。元昊是一个野心勃勃的人，他先后攻破吐蕃、回鹘及兰州诸羌，尽取绥远及甘肃河西地方，据有夏、银等二十州，都兴庆，阻河依贺兰山为固，于宋仁宗宝元元年[④]自称皇帝，国号夏，史称西夏。元昊很有才能，他兼通中国和吐蕃两种文字，即位之后，勒定官制，创造文字，划分郡县，配置屯兵，西夏国顿呈蓬勃气象，而宋朝的西北边，就从此多事了。

李继捧、李继迁的叛服不常

李继迁的坐大

李元昊的称帝

① 公元九八五年。
② 公元九九一年。
③ 公元一〇〇一年。
④ 公元一〇三八年。

⊙西夏“敕燃马牌”青铜敕牌（使者传递紧急文书、命令时的身份凭证）

> 二十州，除前夏、银、绥、宥、静五州及灵州外，又并有盐州、会州、胜州、甘州、凉州、瓜州、沙州、肃州、丰州、宁州、洪州、定州、威州、龙州。

西夏侵宋与宋朝的对付方法

宋仁宗得到元昊自称皇帝的消息，非常震怒，立刻下诏削夺他的赐姓和官爵，并下令悬赏，谁能斩元昊以献的，就任命他做定难军节度使，而元昊也开始向宋朝侵略。宋朝即命范雍、夏竦分守鄜延、环庆、泾原、秦凤四路。既而专用夏竦做陕西招讨使，命韩琦、范仲淹二人为副。韩、范二人主张不同，一主猛攻，一主坚守，议论不一，因而防备疏忽，西夏乘虚来攻，韩琦的大将任福战死于好水川。后又使韩琦守秦凤，王沿守泾原，庞籍守鄜延，范仲淹守环庆，亦只保守边境，无甚进展。这样相持了几年，宋仁宗颇为厌苦，很想找一条和平途径来解决；而西夏虽常常打胜仗，然死伤亦多，财政更为困难，庆历

西夏对宋辽的和议

三年[①]，元昊遂上书请和，自称“男邦泥定国兀卒[②]上书父大宋皇帝”，更名曩霄而不称臣；后又上表称臣，并请每年赐银绮绢茶。宋朝将允许他，刚巧辽国和西夏发生争执，辽兴宗（辽圣宗长子宗真）派使来请宋朝不要与西夏讲和，事遂搁置。那年冬天，西夏与辽国讲和，于是宋朝也就册封元昊为夏国王，岁赐银绮绢茶等二十五万五千。西夏对宋、辽的交涉，至此才告一结束。

宋朝所受西夏的影响

宋朝一代，对外交涉没有不吃亏的。像此次对夏交涉，宋朝所争得的是面子，而骨子里却每年又负担一宗赔款。宋、夏之争，时间不过五六年，然而宋朝连年用兵的耗费以及沿边地方之被破坏，损失已自不小，再加上这一笔新赔款的负担。而对辽国的岁币，那时候也新有增加，自然弄得国家困穷，无法振作了。

当宋朝和西夏相持时，辽兴宗遣使到宋朝要求瓦桥关以南十县地，且聚集大军于河北，宣传将南下。宋朝遣富弼至辽议条件，几经磋商的结果，每岁增银十万两（连前共二十万两），绢十万匹（连前共三十万匹）。本来宋朝给辽国的岁币，名义上说是“赐”的，但当时辽国要求改称“献”，几经磋商，竟改称为“纳”，但据《辽史》说是用“贡”字的。

① 公元一〇四三年。

② 兀卒，犹“可汗”“单于”之类。清人改兀卒为“乌珠”，谓与金之兀朮同名。

第三十九讲　王安石与新法

宋神宗以前的时势与变法的动机

宋自太宗以来，屡受辽、夏两国的侵略，国势日益削弱。仁宗号称贤主，然对外一无办法，只把大量的币帛送给外国，以图苟安。国家的负担日重，相伴的便是百姓的被剥削愈甚，而结果则是民穷财尽。英宗（太宗曾孙赵曙）在位只四年[①]，当时的朝臣都是些迂曲之士，没有远大眼光，外敌如何抵御，内政如何改革，都不放在心上，而为了一些小事，却争执累年。[②]英宗崩，太子赵顼即位，是为神宗。神宗是个颇想振作有为的皇帝，同时他处在这内外形势变相煎迫的时代，改革运动已成为一种时代的要求。却好有一位应运而生的政治大家王安石，主张变法图强，深合神宗的心理，于是君臣如鱼得水，一意厉行“新法”[③]了。

王安石的身世

王安石，字介甫，号半山（因为封荆国公，故后人亦称王荆公），临川人。他很博学，善做文章，又有政治天才。欧阳修非常赏识他，擢进士上第，仁宗命他做度支判官。他尝上万言书，痛论时政。神宗即位的第四年[④]，他为宰相，到熙宁七年[⑤]解

---

① 公元一〇六四年至一〇六七年。

② 例如当时为尊崇英宗生父濮王赵允让的礼节问题而引起许多争论。详下讲。

③“新法”的名称，是当时那些反对改革的旧党所起的。

④ 公元一〇七〇年。

⑤ 公元一〇七四年。

职，出知江宁府。明年，再为宰相，又一年多而解职。神宗在位的时候，始终实行他的改革政策，没有改变。

王安石的新法，先从财政及军政的改革入手，而尤注意于财政。他的理财政策，主要目的在发达国民经济，换句话，在于宽苏人民，培养社会的实力。

⊙王安石

王安石的理财政策

宋朝财政的贫乏，固然因为对辽、夏年纳巨额的金帛，但中央财政的积弊太深也是一大原因。王安石先设立一中央政府的财政整理机关，叫作“制置三司条例司”，凡全国度支都由这机关编制定式[①]，颁布施行。因此减削冗费十分之四，用以增加官吏的俸给。增加官俸，足以保障官风的廉洁，实在是整理行政的根本设施。而当时制置三司条例司所定最有影响于民生的重要设施，是“青苗法”和“免役法”。

青苗法与免役法

青苗法创始于陕西转运司李参[②]。其法：于春天播种时，命农民中之缺乏资本的，自己估量秋收时可得多少，向官府借贷，到秋收时偿还官府，叫作“青苗钱”。王安石在鄞县做县官[③]时曾经仿行，很有成效。既为宰相，便想推行于全国。乃利用各路常平仓、广惠仓[④]所有的钱谷作基金，出借于农民，官府取息

① 就是编造预算案。

② 唐代宗时已有“青苗钱”的名称，但和宋制不同。宋朝的青苗钱是创始于李参的。

③ 王安石于二十七岁调任知鄞县事，在公元一〇四七年。在任四年。

④ 常平仓是汉朝耿寿昌所创的法子。丰收的年份，把米谷存在仓里，到荒年发出来平粜，使米价常得其平，所以称为“常平”。后世仿，也有另立“广惠”的名目的。

二分。[1] 这样，一面可以制止地主豪商的盘剥，一面可以增加政府的收入。

当时农民受地主豪商交相盘剥，生活状况艰窘莫名。我们且引司马光的话作证，他说："稼一不登，则富者操奇赢之资，取倍称之息；偶或小稔，责偿愈急。税调未毕，资储罄然。谷未离场，帛未下机，非己所有。所食者糠籺而不足，所衣者绨褐而不完。直以世服田亩，不知舍此尚有可生之路耳。"（《宋史·食货志·农田条》）在这种状况底下，青苗法确是宽苏农民的一种救急办法。

免役法是改差役制为雇役制。凡人民例当被调为差役的，各按等第，缴纳"免役钱"；本来没有差役的，如官户、女户等，也依次缴纳"助役钱"。政府就用这款项雇募差役，使一般人民得免徭役的苦痛。

唐朝的两税已把田租、口赋、力役统统包括在内，然而从唐朝中叶以后，还是要按"人户等第"充差的。宋朝的差役名目很多，有衙前（主官物）、里正、户长、乡书、手课（以上督课税）、耆长、弓手、壮丁（以上逐捕盗贼）、承符、人力、手力（以上供官驱使）等，更有县曹司至押录，州曹司至押录孔目官，下至杂职虞候拣掏等。当时定制，以丁口多寡、资产厚薄为定差，于是百姓不敢多种一亩田，多栽一株桑，甚至有故意把身体弄成残废以求免差役之苦的，也有自杀以免子孙当差役的。自实行新法以后，人民但缴

① 当时借贷的息金很重，有春天借米一石，秋天要还两石的（《宋史·陈舜俞传》），所以取息二分，不算高利贷。

纳相当的税，就可免差役之苦。后来司马光执政（一〇八三年），想恢复差役，但终因种种不便，仍改为招募。

此外又有调剂物价贵贱的“均输法”，扶助小农小工的“市易法”，都是当时试行的新经济政策。更有就旧法而加以整理改良的，如督责各路官吏注意农田水利以谋农业生产增加的“农田水利法”，精密调查土地以谋税额担负的平均的“方田均税法”，都是有关国民经济的重要措施。

均输法本于汉朝桑弘羊及唐朝刘晏的旧制，就是命发运使对于各地上供的实物，得徙贵就贱，因近易远，视京师仓库所当办的便宜购买。这样，物价的贵贱可以调剂，而富商大贾不能乘公私的需要而操纵财货的大权。

市易法本于汉朝的“平准法”。各地设“市易务”，凡货物滞销的，政府用平价收买。又商贾欲赊贷官物的，可拿田宅或金帛作抵，按期出息。过期不还的，利息之外另加罚款。

据《宋史·食货志》所载，当时实行农田水利法，得废田一〇七九三处，计三六一一七八顷之多。

方田均税法，是划分东西南北各千步的土地为一方，每年九月，由县令派人分头丈量，丈量既毕，乃按其地势的高低与土性的肥瘠，分为五等，而估定赋税的数额。

王安石的裁兵政策

对于军政的革新，王安石先从裁兵入手。宋朝拥兵百万，徒耗国帑，对外作战，一无实力。当时大家都知道裁兵的必要，但恐酿事变，不敢下手。王安石执政后，便把不堪充任禁军的老弱兵士，降为厢军；不堪充任厢军的，使他们退伍。当时退伍的兵士很多，兵额因此大减。[①] 裁兵之后，又改从前的番戍制度，把全国军队重新编制：以将 [②] 为单位，编全国军队为九十二将，分驻各路。其次尚有马军十三指挥，忠果十指挥，土军两指挥，与将并行。宋太祖所定将不知兵、兵不知将的制度，到此完全推翻。但这是他的权宜政策，他的根本主张是国民皆兵主义，其实施方案，便是“保甲法”与“保马法”。保甲法的本意是在实施民兵制，但初着手时先办成地方自治团体中的警察性质。其法：以十家为一保，设保长一人；五十家为大保，设大保长一人；十大保为都保，设都保正、都保副各一人。每户有二丁的，抽一丁充当保丁。每一大保，每晚轮派保丁五人防备盗贼。同保中有犯强盗、杀人、放火、强奸等罪的，应即告发，否则有罪。有窝藏强盗三人以上，经三日以上的，邻近各保亦须处罪。此法先在京畿试行，以次推行各路。第二步乃训练保甲以为民兵。先集合大保长，使教头和禁军教头教他们武艺；大保长武艺成熟，便为教头，转教保丁。保马法是奖励人民替官府养马，免其一部分租税，很像汉朝的“马复令”；并奖励人民自动养马，待战事发生时由国家收用。此外又另设“军器监”，以求兵器的革新。

保甲法

保马法

新法的荦荦大端，已如上述。此外关于教育法及选举法的改革，这里不再细述。新法的立意不能说不好，但当时士大夫蹈习故常，惮于改革，新法施行之初，就群起反对。王安石孤立无助，不得不登用新进之士，办事不免生疏，又受着种种的掣肘，以致推行不得其法，使新法没有显著的成效。加以王安石注意改革内政，对外交不免让步，更被反对者引为口实。

新法失败的原因

① 参阅前第三十六讲。

② “将”并非将帅，是一种军队集团的名称。一将有多少兵，史书上无明文可考。

如熙宁八年（一〇七五），宋、辽重新划界，宋失地七百里，而王安石却说“将欲取之，必固与之”，这明明是外交失败后无可辩解的遁辞。

后来徽宗引用蔡京，又借新法之名搜括全国财富，宋朝几乎因此灭亡。[①]于是天下后世都归咎于王安石。像清朝有名的史学家赵翼，他论史往往独具卓识，而对王安石也说他“以新法害天下”。一位锐意于革新图强的政治家，却蒙了八百多年的不白之冤，大概只有富于保守性的中国民族的历史上才会有这样的事吧。

① 详第四十一讲。

第四十讲　元祐党争及其影响

元祐以前之党争

宋朝党争，起于仁宗、英宗两朝，而极于哲宗元祐[①]以后。仁宗时，宰相吕夷简和范仲淹因仁宗废郭皇后事，大起争论。

仁宗即位之初，立郭氏为皇后。后来宠爱美人尚氏，尚氏尝在仁宗前有冒渎郭皇后的话，皇后动了气，就伸手批尚美人的颊，仁宗上前劝解，却误批了仁宗的颊，仁宗大怒。时宰相吕夷简一向和郭皇后有意见，而内侍阎文应素来和夷简要好，遂劝仁宗废黜郭皇后。吕夷简更竭力主张，并引汉光武废黜郭后为例，仁宗遂下诏废后。右司谏范仲淹等力争，都受降官的处分。从此吕夷简与范仲淹互相攻击，范仲淹再降职。余靖、尹洙等上疏替范仲淹申理，都受降职处分。欧阳修为写信给谏官高若讷责其不上书诤谏，亦遭贬斥。馆阁校勘蔡襄作《四贤一不肖诗》，赞扬范仲淹、余靖、尹洙而讥高若讷。那首诗传诵一时，书贾把它抄下来卖，赚了不少的钱。宋朝士大夫的意气之争，那时候已这样厉害了。

英宗时，韩琦、欧阳修等和司马光、王珪等为了尊崇英宗的本生父濮王赵允让的礼节问题，又彼此争论，刺刺不休。当时

① 元祐，宋哲宗第一个年号，起公元一〇八六年，终一〇九四年。

的士大夫，为了一个小问题，尚互相结党，彼此攻讦，何况王安石变祖宗成法，创立新制，自然要引起更剧烈的党争了。

仁宗无子，以太宗曾孙忠实为皇子，赐名曙。仁宗崩，曙即位，是为英宗。英宗即位后，议怎样尊重他已死的本生父濮王允让。司马光主张“为人后者为之子，不得顾私亲。……宜准先朝封赠期亲尊属故事，尊（濮王）以高官大国”。于是中书省奏：“赠官及改封大国，当降制行册命。而制册有式，濮王当称何亲，名与不名？”王珪等主张“濮王于仁宗为兄，宜称皇伯而不名”。欧阳修引《礼记·丧服大记》提出异议，以为“《丧服大记》云‘为人后者，为其父母降服，而不没父母之名’，以见服可降而名不可没”。但御史吕诲等固执王珪之议，互相辩驳。吕诲等并上书弹劾欧阳修“首创邪议”，并牵连到宰相韩琦等，指为“附会不正”。结果英宗以太后的命令，称濮王为“亲”。吕诲等遂负气辞职（因为英宗没有称濮王为皇伯），英宗加以慰留，而吕诲等辞意坚决，遂命各以原官出补外职。司马光等上疏请留吕诲等，不报，遂请与吕诲同贬官。为了这一点礼节上的争议，居然引起政潮，可见当时士大夫的好以意气用事了。

元祐间新旧党的倾轧

王安石创行的新法，立意不能说不良，不幸在朝的大臣不肯和他合作，反群起与之为难，以致新法的成效未见，而党争的恶果已成。当时反对新法的，如韩琦、范纯仁、司马光、吕公著、程颐[①]、苏轼[②]等，与附和王安石的，如吕惠卿、章惇、蔡

① 程颐，字正叔，世居中山，后从开封徙河南。他是有名的理学家，世称伊川先生。

② 苏轼，字子瞻，眉山人。他是有名的文学家，自号东坡居士。

⊙《元祐党籍碑》石刻拓片［南宋庆元四年（1198）梁律重刻于桂林月牙山龙隐岩壁］

京、蔡卞等，俨然分为新旧两党，互相倾轧。神宗崩，哲宗即位，太皇太后高氏当朝，以司马光等辅政，尽废新法，罢黜新党。但不久旧党之中，又分为洛、蜀、朔三党：洛党以程颐为首，蜀党以苏轼为首，朔党以刘挚为首，互相攻讦。在元祐年间，政权尽在旧党手里，但因为自相倾轧之故，对于政治并无良好的措施。而被罢黜的新党，对旧党衔恨入骨，常想乘机再握政权。当时旧党中的范纯仁也觉得一味排斥敌党，而又自相哄闹，终不是好现象，所以他做了宰相，务以“博大开上意，忠厚革士风”，并对太皇太后痛论前代朋党之祸。但士习已成，终于无法挽救这朋党倾轧的局面。

元祐以后旧党的失势

元祐八年[①]，太皇太后崩。太皇太后在时，旧党一味趋附她，对哲宗却不大理会；哲宗积忿在心，到那时候，自亲政事，便想起用新党。于是杨畏等上疏言：“神宗更法立制，以垂万世。乞赐讲求，以成继述之道。”并请起用章惇为相。明年，哲宗特下诏改年号为绍圣（表示继绍仁宗变法的意思），并起用章惇为

① 公元一〇九三年。

尚书左仆射，政局为之一变。当王安石执政时，反对他的人虽多，却并未窜逐一人。

> 王安石行新法时，对于反对新法的大臣，从未窜逐一人。只有熙宁七年，因久旱饥荒，反对新法的郑侠，绘《流民图》，上之神宗，因此得罪远窜。但那一年王安石也正暂时罢相，郑侠的被窜逐，王安石不负什么责任的。（按：史称郑侠上《流民图》时附有奏章，说："陛下观臣之图，行臣之言，十日不雨，即乞斩臣宣德门外，以正欺君之罪。"是日，天果大雨。其实哪里会有这种事情，即使有，也是适逢其会。于此可见《宋史》所载，大半是不可靠的，尤其是对于王安石的诽谤。）

元祐中旧党执政，才把新党的吕惠卿、邓绾、蔡确等远窜。章惇执政之后，也就窜逐旧党诸臣，以为报复。哲宗崩，徽宗即位，太后向氏听政，又进用旧党。然徽宗亦倾向新法，不久便引用蔡京，并改年号为崇宁（表示尊崇神宗熙宁年间的新法）。蔡京完全是一个善于迎合上峰意志的官僚。当司马光执政时，下令尽废新法，免役法亦限五天内废止，各处都不能如期实行。时蔡京知开封府事，独能依限办到，很得司马光的赏识，被任为户部尚书。章惇执政，恢复新法，他又竭力参赞。徽宗即位时，他免职在杭州，得宦官童贯的推荐，复被起用。既为宰相，揣摩徽宗之意，指旧党司马光等一百二十人为奸党，立碑刻石，颁立于郡县。党争到了这种地步，宋朝的"国难"，也快要临头了。

蔡京立党人碑

历代的党争，像汉朝的钩党，是士大夫与宦官之争。唐朝的牛李党，或者可以说是小人与君子之争。独有宋朝的党争，性质却很复杂。王安石的新法，立意是在改革弊政，发展国民经

宋朝党争与历代不同

济。附和他的人，当然不失其为有识之士（如蔡京一班人当然除外）。但反对新法的旧党如司马光等，都是历史上有名的正人君子，即使一时激于意气，何至把新法的好处一概抹杀，甚至一朝执政，便想把最苛酷的差役法恢复转来？大概宋朝的政治，本尚优柔，真宗、仁宗以后，此风益甚，士大夫竞以含糊为宽厚，因循为老成，在此时而欲顿改前辙，实行新法，已违反士大夫的心理，加以神宗宠任王安石太过[①]，士大夫不免因忌刻而怨恨。于是对祖宗旧法，都以为善，安石新法，都以为恶。司马光在英宗时尝说："农民于租税之外，当无所与。衙前当募民为之。"后来他又力诋雇役之非。苏辙尝言官自借贷之便，后来又竭力攻击青苗钱之非。苏轼论雇役，甚至说士大夫宣力之余，亦欲取乐，若厨传萧然，则似危邦之陋风，非太平之盛观。后来他又力争雇役之不可罢。原来他们反对新法，本没有真知灼见，不过激于意气，共为党援以争胜而已。到了元祐年间，旧党执政，新法虽罢，而士大夫意气的争执，却已欲罢不能。于是由新旧党的互相攻讦一变而为旧党的自相倾轧，再变而为新旧党的循环报复，三变而为小人借新党之名以专权祸国。这样看来，王安石并没有以新法害天下，倒是元祐诸臣的结党倾轧，却该负一部分的祸国之罪了。

党争原因的推测

元祐党争的影响

① 神宗甚至称王安石为圣人。

第四十一讲　约金攻辽与徽钦被掳

金国的先世

金国的祖先，相传就是古代的肃慎氏，在三代时候，曾把石矢献给中国。后世考据家，谓其地在今黑龙江，但此说可信与否，在未得确证以前，殊难悬断。两汉时候，此族臣服于夫余国①。南北朝时，和中国交通，当时名为勿吉，隋、唐时又译作靺鞨。靺鞨分为七部，其中以粟末部和黑水部为最强。

靺鞨七部是：一、粟末部（居最南，与高句丽接壤）；二、伯咄部（《唐书》作汨咄，在粟末北）；三、安车骨部（在伯咄东北）；四、拂涅部（在伯咄东）；五、号室部（在拂涅东，《唐书》不载）；六、黑水部（在安车骨西北）；七、白山部（在粟末东南）。《唐书》谓粟末等六部："部间远者三四百里，近者二百里。"《金史》谓："生女直地有混同江、长白山，混同江亦号黑龙江，所谓白山黑水是也。"

从渤海国到女真

粟末部居南，黑水部居北。高句丽强盛时，靺鞨人被其所役属。唐太宗征高句丽，黑水靺鞨曾出兵拒战。唐高宗时，李勣破高句丽。而粟末靺鞨保东牟山，后遂建设渤海国，其国王姓大，传十余世二百多年，据有辽宁、热河全境及吉林一部和朝鲜部分之地。黑水靺鞨于唐开元中来朝贡，唐任命其酋长为

① 夫余亦作扶余，灭于高句丽。

金的建国

黑水都督，赐姓名为李献诚。五代时，渤海被契丹所灭，靺鞨人大都服属契丹，称为女真。在南的隶契丹籍，称熟女真。在北的不隶契丹籍，称生女真。生女真散处于黑龙江、长白山之间，表面上服从契丹，辽国全盛时，贡献不绝。其中有姓完颜一部的酋长乌古鼐，受辽国委任为生女真部族节度使。他一面用这节度使的名义吞并附近各部落，一面对辽国虚与委蛇，阻止辽兵入境。其后势力渐渐充足，到公元一一一五年（宋徽宗政和五年，辽天祚帝天庆五年），完颜阿骨打叛辽称帝，改名为旻，改国号为金，这就是金太祖。金太祖屡次战胜辽国，掠取辽东京诸州县。那时候金国的疆域差不多占有现在辽宁、吉林两省地方，俨然是中国东北的一个独立国家了。

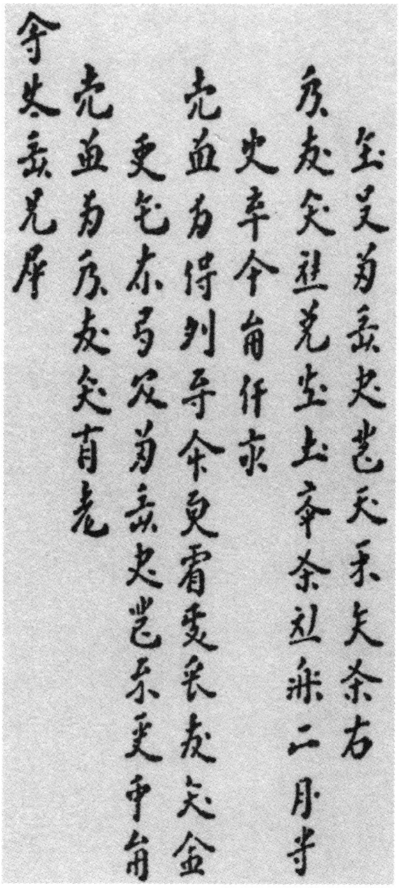

⊙女真文字

辽国在宋徽宗时代，因沐浴汉族的文化已久，不免沾染到一点奢侈的习惯，国势渐渐衰弱。天祚帝即位后，不理政事，专喜畋猎，每年派人向近海地方去访求一种名“海东青”的名鹰，对女真颇多骚扰。公元一一一四年，完颜阿骨打就借端兴兵攻辽，取宁江州。辽天祚帝发兵抵御，大败于

> 出河店，咸州因此失守。明年，完颜阿骨打遂即位称帝。
>
> 辽以“铁”为号，完颜阿骨打以为铁虽坚，终有时变坏，唯有“金”不变不坏，又金的色于五行属白，完颜色尚白，故遂以金为国号。

金国新兴，辽势渐弱，宋徽宗听了赵良嗣的话，并受蔡京、童贯的怂恿，实行联金灭辽的计划。

约金攻辽的动机

> 赵良嗣，本燕人马植，辽国的大族，官至光禄卿。宋政和元年[①]，童贯使辽，植求见，自陈有灭辽之策，贯接见谈论之下，非常佩服，就和他同回中国，改姓名为李良嗣。徽宗召见，他对徽宗说：“女真恨辽人切骨，而天祚荒淫失道，本朝若自登、莱涉海，结好女真，与之相约攻辽，其国可图也。”徽宗大喜，赐他姓赵，任命他为秘书丞。从此徽宗便雄心勃勃，想结金国以恢复燕云十六州了。

当时约定以长城为用兵界线，金兵由平地松林攻取辽中京，宋兵由白沟攻取辽南京，并约定辽灭后，宋得收回五代时后晋所失的故地，同时把送给辽国的岁币转给金国。开战以后，金兵屡胜，连克辽国的上京、中京、西京，而宋兵连战皆败，不能北进。结果仍由金兵单独攻取辽南京，辽天祚帝被掳。辽自契丹太祖建国，至是凡二百一十年而亡。时辽国皇族耶律大石尚有兵万余，自知敌不过金国，向中央亚细亚奔逃，建西辽国于阿姆河流域，称天祐皇帝，其后渐渐强大，成为西域一大国。

辽国的灭亡与金国的强大

辽亡以后，金以宋兵不能胜辽，不肯履行原约。再三交涉的结果，宋朝每年送银二十五万两、绢二十五万匹、燕京代税

辽亡后宋朝所得的酬报

---

① 公元一一一一年。

钱一百万缗给金国，金国把燕京及蓟、景、檀、顺、应、蔚、儒、妫、奉圣、归化、武、朔等州给宋朝。宋朝把这些地方，和辽将郭药师投降带来的涿、易两州，分设燕山府、云中府两路。

张觉降后所引起的纠纷

金国没有把燕云十六州中的平州还给宋朝，就把它建为南京，用辽国的降将张觉为留守。不久，张觉据城叛降于宋。时金太祖已死，其弟完颜吴乞买嗣立，是为金太宗。金太宗也是一个雄才大略的君主。他闻得张觉变叛，即发兵攻破平州，张觉逃往燕山府。金太宗向宋朝提出严重抗议，要求引渡张觉。宋朝无法，只得杀张觉，把他的首级送去。但金国终于把这件事引为口实，大规模发兵攻宋，因宋降将郭药师为向导，长驱渡河，围攻汴京。时宋徽宗见国难日亟，已把皇位传给他的儿子赵桓，是为钦宗。他自己逃至镇江，汴京由李纲奉钦宗固守。终因各方救应的兵太少，无法抵抗金兵，只得向金国请和。当时和议的条件是：宋给金国赔款金五百万两，银五千万两，牛马万头，表缎百万匹；并割太原、中山、河间三镇给金国，尊称金主为伯父，宋使亲王、宰相至金国为质。

⊙宋钦宗

金兵南下与北宋灭亡

金兵攻宋，本分两路，一路由完颜斡离不自平州攻燕山，经略河北，一路由完颜粘没喝自云中攻太原，经略河东。斡离不既渡河进围汴京，粘没喝也积极围攻太原。斡离不既与宋朝议和，得了许多金帛，粘没喝亦遣使向宋朝索金帛，宋朝认为和议已成，不应再无理需索，就坚决地拒绝了。粘没喝大怒，分兵攻破威胜军、隆德府，进取泽州。宋朝认为金国破坏和约，亦出兵救援。于是宋金和议破裂，金又大举兵攻宋。宋钦宗靖康元年，金兵攻破汴京，明年，金人掳徽宗、钦宗及亲王、后妃等三千余人至北方，囚于五国城，别立宋臣张邦昌为楚帝。宋自赵匡胤建国，至徽、钦被掳，北方沦陷，凡一百六十七年，历史上称这时期为“北宋”。

第四十二讲　宋室南渡与对金和战之频更

张邦昌的让位与南宋的建立

金国立张邦昌为帝，其目的是在建立一缓冲国于河南，以便专心经营河北、河东，但张邦昌自己觉得负不了这重大责任，于金兵退出汴京后，就尊宋哲宗的废后孟氏为宋太后，使她垂帘听政。公元一一二七年，张邦昌迎立康王赵构于南京[①]，是为宋高宗。高宗即位后，见北方难于立足，便退至扬州。金人闻高宗南渡，发燕京等八路民兵，分三道南下。高宗建炎三年[②]，金兵入淮泗，高宗奔镇江，又自镇江奔杭州，不久升杭州为临安府，将定为首都。是年冬，金宗室完颜兀朮渡江入建康。高宗奔明州，兀朮攻破临安，派兵渡浙江追高宗。明年，金兵破明州，高宗奔温州。兀朮席卷俘掠所得的财物，退归北方。至镇江，遇宋将韩世忠，相持数十日，兀朮用火攻烧韩世忠的兵船，渡江北去。先是金国已立宋降臣刘豫为齐帝，把河南、陕西的地方给他，使他当宋金之间的缓冲责任。完颜兀朮北还后，一时也不想南下，于是宋高宗得还都临安，从容建立他偏安一隅的新朝。历史上就称高宗南渡以后为“南宋”。

刘豫的被立与被废

刘豫既被立为齐帝，想永远维持他的地位，便请命于金，欲立其子刘麟为太子。金国的答复是：能打胜宋朝，才可允许你的要求。于是刘豫发兵攻宋，但几次都不甚得手，便向金国乞

---

① 康王本应到金国去为质的，走到半路，为百姓所阻。钦宗命他为天下兵马大元帅，统率各地援兵。

② 公元一一二九年。

援。金国最初是派兵帮助他的。不久，金太宗死，金兵引还。宋高宗见刘豫无用，便声言将御驾亲征，刘豫恐惧，又向金国乞援。金国立刘豫，原要他负缓冲责任的，不想他毫无能力，处处要金国帮助，于是金国就把他废掉，而在汴京立了一个行台尚书省。

宋金直接交涉的形势

宋金之间既失去了一个缓冲国，又成了直接交涉的形势。直接交涉，不外和与战两种方式。在宋朝战既无力，和又不免丧地辱国，进退之间，实为狼狈。大抵当时武人都主战，想借以保全自己的地位；文臣都主和，企图暂时的苟安。刘豫被废的那一年，宋使者王伦自金国还，说金国允许归还徽宗梓宫[①]及钦宗与太后，且允归还河南地方。宋高宗大喜，就用主和派的首领秦桧做宰相，专意和金国讲和。绍兴九年[②]三月，金人来归河南、陕西地，诏以王伦为东京留守，交割地界。但金国对宋朝的和议，完颜兀朮是不以为然的。明年，兀朮和完颜撒离喝分道攻宋，复取河南、陕西诸州郡。

宋金和议的破裂

金太宗崩，太祖孙完颜亶立，是为熙宗。原来金国的王位继承是不确定的，大约只凭实际的形势，并无成法可言。在这种制度底下，就人人要"觊觎非分"了。加以对外用兵，实权都在军人手里。那时候，斡离不、粘没喝已死，军人中老资格只有兀朮和挞懒。而挞懒辈行又尊，和左相讹鲁观、太师蒲卢虎都有异志，当国政的斡本制不住他们。把河南、陕西地方还给宋朝，本是挞懒和蒲卢虎、讹鲁观的主张，不但斡本不赞成，兀朮也不以为然。宋绍兴九年[③]七

① 皇帝的棺材称"梓宫"。
② 公元一一三九年。
③ 公元一一三九年。

月，金国的讹鲁观、蒲卢虎、挞懒先后以谋反伏诛，于是主战派又得势。明年五月，兀朮、撒离喝等分道南下，再攻陷河南、陕西诸州郡。

秦桧的卖国外交

幸当时宋朝的陕西都统制吴璘击败撒离喝于扶风，撒离喝还走凤翔。一方面刘锜破兀朮兵于顺昌，湖北宣抚使岳飞遣部将牛皋等击败金兵，收复河南州郡。岳飞又自领兵败兀朮于郾城，追至朱仙镇，声势甚盛。岳飞很高兴，对他的部下说："当直抵黄龙府[①]，与诸君痛饮！"但宰相秦桧，力持和议，先召还各路将领，更一日发十二金牌召还岳飞，并诬岳飞阴谋割据襄阳，下狱治罪。于是秦桧便不顾一切，和金国讲和。绍兴十一年[②]，宋朝和金国的和议成立，其条件是：

⊙岳飞

（一）宋朝与金国，东以淮水，西以大散关为界。

（二）宋朝向金国称臣，金国册封宋主为皇帝。

（三）宋朝每年贡献金国银二十五万两，绢二十五万匹。秦桧接受亡国条件以后，就把主战最力的岳飞杀掉，以减杀反对派的势力。

① 本渤海扶余府，辽太祖平渤海还至此岭，有黄龙见，改今名。金初因之，并以为都。

② 公元一一四一年。

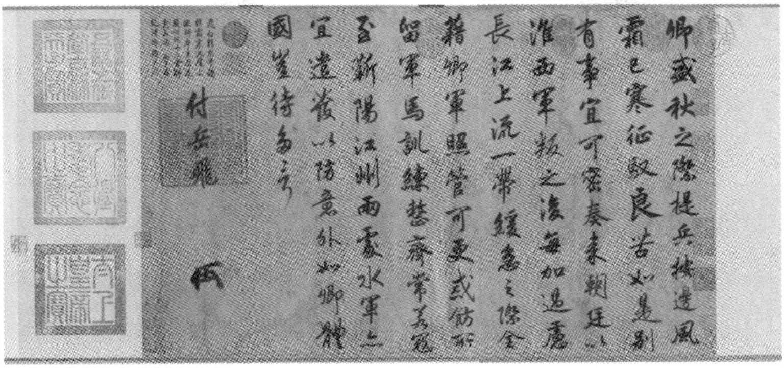
卿盛秋之際提兵按邊風霜已寒征馭良苦如是別有事宜可密奏來朝廷以淮西軍叛之後每加過慮長江上流一帶緩急之際全藉卿軍照管可更戒飭所留軍馬訓練整齊常若寇至蘄陽江州兩處水軍亦宜遣發以防意外如卿體國豈待多言

付岳飛

⊙宋高宗《赐岳飞手敕》

岳飞可以说是主战派的首领。他曾败刘豫兵于唐州，恢复河南西部州郡。上书请进一步恢复中原，帝不许，飞乃还鄂。绍兴七年，飞上书，谓“钱塘僻在海隅，非用武地，愿陛下建都上游，用汉光武故事，亲率六军，往来督战，庶将士知圣意所向，人人用命”。但这一疏，没有效果。后来他又上疏，请乘刘豫被废之际，攻其不备，进兵中原，但又不为朝廷采纳。方宋金进行议和时，飞又上书反对，遂和秦桧有了怨隙。和议成后，例加爵赏，岳飞加开府仪同三司，飞上书力辞，诏书温辞嘉奖，飞不得已，受命。郾城之役，完颜兀朮想弃汴京北走。有人劝他不要走，以为“自古未有权臣在内，而大将能立功于外者”，后来岳飞果被秦桧用十二道金牌召还。既至，授枢密副使。时张俊忌岳飞，遂受秦桧意旨，诬飞部张宪谋据襄阳，还飞兵权。遂捕张宪，押解至临安，并矫诏下岳飞及其子岳云于大理寺狱。绍兴十一年，秦桧使人杀岳飞于大理寺狱；岳云与张宪皆弃市；家属徙岭南。上面的话，根据《宋史》，虽不免有偏袒之处，但岳飞是当时主战派的重要人物，那是无有疑义的。

又屡兴文字之狱，借以驱逐反对他的朝臣。他居然又继续总揽了十六年的朝廷大权。

秦桧因为当时主张和议之故，现在差不多三尺童子，都知道他是一个奸臣。但亦有替他辩护的，如明朝的曾邱曾有宋南渡后不得不和之论。赵翼《廿二史札记·和议篇》亦替秦桧辩护。近人吕思勉编《白话本国史》，更替秦桧极口呼冤。就当时的情势而论，宋朝的兵力万万敌不过金国，忍辱议和，未始不是苟安一时的方法。但金国兵力虽强，统治不了中国，如果宋朝抱着“宁为玉碎，毋为瓦全”的决心，也未始没有出路。秦桧对外既主张不抵抗，对内更用种种手段，诛杀主战的将领，取缔反对他的言论。就是这几点，秦桧已尽够遗臭万年了！

宋金和议后的两次交涉

这次议和以后，宋金之间，又有过两次冲突。一次在绍兴三十年[①]，金国海陵王完颜亮发兵南侵。宋朝扬州失守，势很危急，恰巧金国发生内乱，海陵王被杀，形势就缓和下去。

金主亮于宋绍兴十九年杀金熙宗而自立。他是一个残忍荒淫的国主。杀金太宗子孙七十余人，粘没喝子孙三十余，诸宗室五十余人，又杀撒离喝等及其子孙，前后所杀凡数百人。宗室被杀者，纳其妇女为妃妾，他的从姊妹充满后宫，荒淫暴虐，毫无人道。他又想南灭宋朝，统一中国。那时候他的军队已渡江至采石，幸宋兵竭力拒战，始还趋扬州。时金国内部已起变化：他的从弟乌禄在辽阳自立（是为金世宗）。他得到消息，限将士于三日内渡江，否则全部处死

① 公元一一六〇年。

刑，他的部将奉到这个命令便立刻反抗起来，把他杀掉，与宋朝议和。金主亮在位共十二年，金国追废他为海陵炀王。

宋孝宗乾道元年[①]，宋金重订和好条件，改君臣关系为叔侄关系，改每年宋朝的贡献为岁币，银绢各减少五万。一次在宁宗开禧二年[②]，宋权相韩侂胄发兵北伐，结果宋兵大败，宋朝杀韩侂胄与金国讲和，又改叔侄关系为伯侄关系，增岁币为银三十万两、绢三十万匹，另外又添犒军银三百万两。从此以后，南宋更一蹶不振，而金国也因为风俗奢靡，国势渐弱，遂同为新兴的蒙古族所灭。

① 公元一一六五年。
② 公元一二〇六年。

第四十三讲　理学的风行与庆元党禁

佛教传入中国以后，和原有的儒道两家常在竞争之中。起初这三家壁垒森严，到了宋朝忽然调和起来，便产生所谓“理学”[1]。

理学的中心问题

理学的中心问题在于“性论”。性论本是孔子一派的儒家和老庄一派的道家所提出讨论过的问题。但孔子对于性论同他的天论一样不曾对他的门弟子明白讲过[2]，除了“性相近也，习相远也”[3]一句极简单的话之外。后来孟子、荀子才对这问题大大发挥，但两人的意见却相反：孟子要顺性之自然，即发展固有的良知、良能去养成理想中的人格；荀子却要用人为的努力[4]，即用礼义去矫正自然的本性以养成“善”的人格。老庄则主张摒除一切外物以回复本性。这本来是一个很深奥的问题。秦、汉以来，儒者都埋头研究章句，避开这问题不谈。魏晋南北朝的士大夫也只能空谈玄理，对于这问题不曾加以深刻的研究。唐朝的士大夫大都走入功名利禄一途，对这问题也没有什么发挥，虽然韩愈曾提出过“道统”二字作

① 理学亦称道学，故《宋史》有《道学传》。

②《论语》载子贡的话道：“夫子之文章，可得而闻也；夫子之言性与天道，不可得而闻也。”

③《论语·阳货》载孔子的话。

④ 荀子常说：“人之性恶，其善者伪也。”这“伪”字就是人为的努力的意思，不作真伪之“伪”解。

号召，他的弟子李翱也曾著《复性书》，以发挥他代表儒家的有系统的性论。

> 韩愈著《原道》排斥佛老，推崇儒家。他说："尧以是传之舜，舜以是传之禹，禹以是传之汤，汤以是传之文、武、周公，文、武、周公传之孔子，孔子传之孟轲，轲之死，不得其传焉。"他首先提出道统，并隐然以道统自任。但他的哲学的根柢太浅，所以只做到排斥佛老为止。他的弟子李翱著《复性书》，主张"屏情以明心，明心以见性"，可说是秦汉以来唯一探求性理大源的儒者，实开理学的先河。

儒佛道三家调和的原因

原来关于性论，儒佛道三家都站在"唯心"一方面的，而佛家对这问题研究得比较精深。挂着儒家招牌的"儒"者，要研究到这个问题，就不能不把佛家之说融会贯通起来，同时也不能把道家的思想绝对排斥。所以宋儒表面上虽排斥释老，而实际上理学就是融会儒佛道三家的学说的结晶。

理学的先导

理学的先导者是周敦颐。他所作的《太极图说》为后来理学家讲究心性的根据。

> 太极之名，见于《庄子·大宗师》。所谓"太极"便是天，也就是性。又老子尝说："为天下式，常德不忒，复归于无极。"这"无极"两字，就是老子所谓"道"（现代语便叫作自然律）。《太极图说》是根据道家的无极，由无极而生太极（意思就是说由道而有天与性），太极生阴阳，阴静阳动，故归于主静以立人极。这些学说，比较深奥，且现在比这种更进步的学说很多，似乎一时不必用大部分的心思去研究探讨，只要知道有过这样的一种学说就行。现

在把《太极图》附在右面，使读者知道《太极图》是怎样一种东西。

太极图

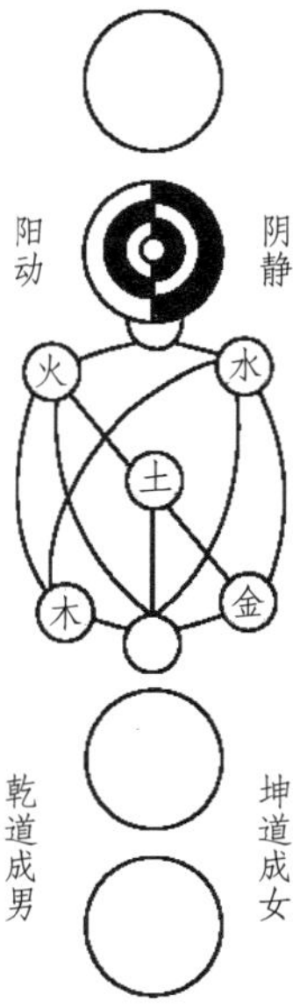

但他的学说渊源，却传自道士陈抟（陈抟以《太极图》传弟子种放，放传弟子穆修与僧寿涯，穆修传周敦颐。一方面他又很受影响于僧寿涯及黄龙山慧南禅师，而会通于东林总禅师）。

周敦颐尝自己说："吾此妙心，实启迪于黄龙，发明于佛印，然易理廓达，自非东林开遮拂拭，无由表里洞然。"又《性学指要》说他初与东林总禅师游，久之无所入。总教之静坐。月余，忽有得，以诗呈曰："书堂兀坐万机休，日暖风和草自幽。谁道二千年远事，而今只在眼睛头。"（见《宋元学案》卷十二黄百家按语）于此可见周敦颐受佛家禅宗影响之深。

他的学说主张"主静以立人极"。明白点说，就是注意行为的动机，主张节制欲望。唯静故无欲，无欲才能见他的本性。而入手的方法，便是佛道两家所习用的静坐。后来的理学家虽然在入手的方法上有种种不同，而注意行为的动机，主张节制欲望，是一致的。这一点是理学上的根本要义。

周敦颐的佛老气息究竟太重，所以他只能算作一个理学的先导者。传到他的弟子程颢、程颐才以"儒者"的资格来奠定理学的基础。程颢、程颐因个性的不同，成就略有殊异。程颢注重涵养，程颐注重实践。而程颐年寿较长，门徒较多，

理学基础的奠定者

所以影响亦较大。和周敦颐同时的尚有邵雍、张载，后世把周、邵、张及二程，称为“北宋五子”。合南宋的朱熹一派，又称为“濂、洛、关、闽”之学。

> 濂指濂溪周敦颐。洛指洛阳邵雍与二程。关指关中长安张载。闽指乔居闽中的朱熹。按：朱熹学于李侗，李侗学于罗从彦，罗从彦学于杨时，杨时是程颐的弟子，杨、罗、李都是闽人。

南宋以来的两大派

到南宋，理学分两大派。朱熹集程颐之大成，主张穷究万物之理以求一旦贯通。他说：“盖人心之灵莫不有知，而天下之物莫不有理。惟于理有未穷，故其知有不尽也。……即凡天下之物，莫不因其已知之理而益穷之，以求至乎其极。”他这一派偏重于外向功夫，可称为“归纳派”。陆九渊集程颢之大成，主张心即是理，理即是心，不必向事物上作支离破碎的求知功夫。他说，“万物皆备于我”，“学苟知本，六经皆我注脚”。他这一派偏重于向内功夫，可称为“演绎派”。这两派的意见完全不同，所以后人说朱是“道问学”，而陆是“尊德性”。

> 《礼记·中庸》说：“故君子尊德性而道问学。”以德性为重叫作“尊德性”，以学问为重叫作“道问学”。

此外还有注重社会的实际的事功，反对个人的玄谈的修养的第三派，以浙东吕祖谦等为领袖，亦称“浙东学派”，但势力甚微。

朱陆两派学说的消长

朱陆两派的学说，朱学平实，重保守，注意现在的秩序过于未来的希望，与当时忍辱偷安的社会心理相投合；又因其主张安名分，很注意于为下不悖之义，与当时的政治制度相投合；

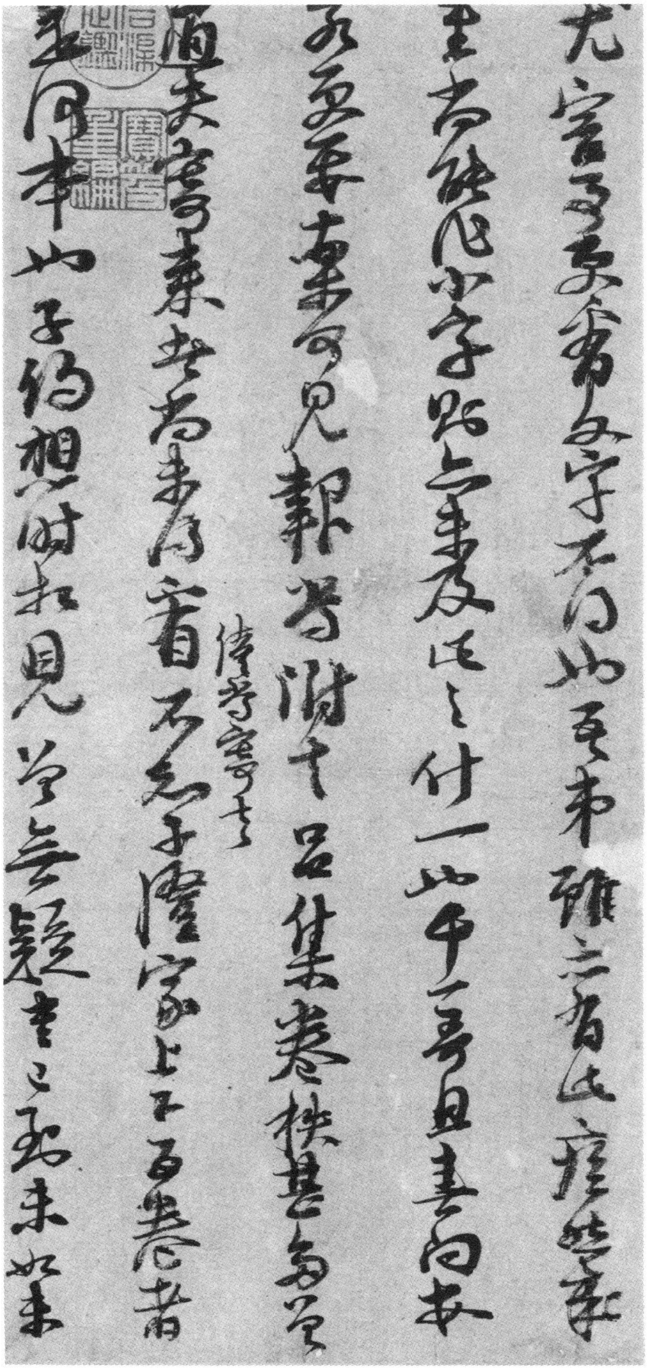

⊙朱熹《书翰文稿帖》（局部）

所以朱学的势力盛过陆学。从南宋末叶经元朝到明朝，朱学支配了中国的思想界。明中叶以后，王守仁起来继承陆九渊系统，提出“知行合一”的口号，于是朱学衰而王学盛。现在把宋明理学的渊源列简表如下：

道士陈抟—种放 { 寿涯 / 穆修 } 周敦颐 { 程颢—陆九渊—王守仁 / 程颐—朱熹 }

庆元党禁的主因

理学家因为极端致意于行为的动机，对于“经世致用”的学术不免轻忽，因此他们往往执着义理之见，不顾到时势利害，对于在朝的执政者，时起意见上的冲突，遂有庆元年间的所谓“伪学之禁”。

从严禁程学到严禁伪学

宋朝的严禁某一派学说，始于蔡京的禁“程学”。其后秦桧卖国外交成功，怕士大夫反对，又严禁“程学”。孝宗（太祖七世孙赵元永）时王淮当国，反对理学，理学又成为当时攻击的目标。宁宗（光宗子赵扩）即位，韩侂胄当权，他反对朱熹一派，把引用朱熹的赵汝愚驱逐。太学生杨宏中等上疏替赵汝愚申理，都遭流窜。并指理学为“伪学”，严申禁令。被指为伪学逆党而遭罢黜的人很多。这是庆元元年至二年的事情。庆元三年，又令编造伪学逆党的党籍，朱熹等五十九人都列名在内。一直到嘉泰二年[1]，才下诏弛伪学之禁。那时候朱熹已经死了。理宗（太祖十世孙赵昀）、度宗（理宗侄赵禥）都提倡理学，朱熹等并从祀孔庙，理学才毫无阻碍地发展起来。

---

① 公元一二〇二年。

第四十四讲　蒙古的兴起与夏金的灭亡

蒙古的起源与强盛

蒙古于诸族中最为后起。旧史多指为铁勒部落之一。然铁勒为土耳其族，衍为今之回族，渊源历历可征，未可与蒙古并为一谈。蒙古之名，见于《新唐书·北狄·室韦传》，“北有大山，山外曰大室韦，濒于室建河[①]，河出俱伦，迤而东，河南有蒙瓦部”。蒙瓦当即蒙古一音之转。

关于这一段记事，新、旧《唐书》略有不同。《旧唐书》说：“大山之北有大室韦部落，其部落傍望建河居，其河源出突厥东北界俱轮泊，屈曲东流，经西室韦界，又东经大室韦界，又东经蒙兀室韦之北。”《旧唐书》的蒙兀室韦，即《新唐书》的蒙瓦部。蒙兀、蒙瓦一音之转。蒙瓦、蒙古，又是一音之转。望建河即室建河，室建河即额尔古纳河，东北流和黑龙江上游敖嫩河合。铁木真大会诸部酋长于斡难河上源，这斡难河便是敖嫩河的同名异译。我们可以知道蒙古的根据地便在敖嫩河的上源。

金时蒙古分为两部，役属于金。

《金史·外国传》不列蒙古。唯《兵志》中东北、西北、

---

① 室建河，《旧唐书》作望建河。

西南的部族乣军都有萌骨部，萌骨即蒙古之音转。又《大金志》载完颜伟云："今朦骨不受调役。"这朦骨就是《金史》里的萌骨，可见蒙古在当时实为金人所役属。

当金初兴时曾向蒙古借兵，强盛后，不曾照原约付酬，加以塔塔儿人的挑拨，因之对金颇怨望，不受调遣。

塔塔儿即鞑靼的一音之转，大约是蒙古同族的一个部落。约在公元一一三五年的时候，蒙古的酋长俺巴孩为塔塔儿诱执，献于金国。金国用极惨酷的刑罚把他杀掉。其子忽图剌遂攻入金国边地，大掠而归。从此蒙古与金国便常常发生战事。

兀朮带兵去讨伐，不能取胜，只得和蒙古讲和，割西平河[①]以北的地方给它，每年致送牛羊米豆等，并封其酋长为蒙辅国王。传至铁木真，和金兵合攻灭塔塔儿，又次第击灭邻近的部落，南攻西夏，大掠鄂尔多斯而归，其势大盛。公元一二〇六年（宋宁宗开禧二年，金章宗泰和六年），铁木真大会诸部酋长于斡难河[②]上源，被推为大汗[③]，自称成吉思汗。这便是元太祖。

蒙古攻夏与金夏交讧

成吉思汗既统一大漠南北，受各部拥戴，势力强固，便开始向夏金用兵。公元一二〇九年（宋宁宗嘉定二年，夏襄宗应天四年），成吉思汗举兵伐夏，夏国不能抵抗，只好向他请和。当

① 《方舆纪要》谓即胪朐河。考胪朐河下流与黑龙江合，蒙古在黑龙江之北，则此西平河或即胪朐河的下流。

② 铁木真亦译作特穆津。新、旧《元史》的译名不同，这里凡人、地名都依《旧元史》，以下不再注，以省烦复。斡难河即黑龙江之源，亦作敖嫩河。

③ 大汗即最大的可汗之意。可汗，是诸部的主。

⊙元太祖成吉思汗

蒙古攻夏时，夏求救于金，金不肯出兵相救，金夏国交，就此破裂。

金夏一向和好，八十余年未曾交兵。及夏为蒙古所败，怨金国不出救兵，遂和金失和，要发兵攻金边地。公元一二一四年，夏复遣使至宋，约两国联合攻金。从此以后，夏金连年战争。直到公元一二二四年，才重定和约。这十年来不断的战争，把夏金两国的国力弄得十分疲惫了。

当时蒙古新兴，金夏的势力本已衰弱，但两国苟能同心协力以御蒙古，未始不可挽回劫运。不幸这两国的当局，眼光短浅，不能联合起来以御共同的敌人，反自相煎迫，兵连祸结者好几年。两国的精锐，丧失殆尽，遂同为蒙古所灭。

蒙兵入关与金室迁都

夏金失和的那一年[①]蒙古也宣言和金国绝交。公元一二一一年（宋宁宗嘉定四年，夏神宗光定元年），蒙古兵攻金西京，进败金兵于会河堡，遂入居庸关，饱掠而去。公元一二一三年（金宣宗贞祐元年），成吉思汗亲自带兵攻金，大败金兵于怀来，进围燕京。同时河东、辽西、山东、河北一带，大受蒙古铁骑的蹂躏。明年，蒙古与金和议成立，蒙兵退出居庸关。是年五

① 公元一二一〇年，夏发兵攻金葭州，夏金从此失和。

月，金宣宗完颜珣迁都汴京。成吉思汗得信，以为两国既已讲和，而金又迁都，显见没有和议诚意，便再进兵围攻燕京。公元一二一五年，蒙古兵破燕京。明年，蒙古兵攻入潼关，沿边州郡，大被蹂躏。但那时候成吉思汗忽又大举西征，金夏两国因此得以苟延残喘。

宋金交攻与夏室灭亡

那时候，金国的财政困难已达极点，而宋朝见金国势力衰弱，便停止缴纳金国岁币。于是金国和宋朝又开起战来，两国兵连祸结者好几年，更给蒙古以南侵的机会。

> 时金国屡向宋朝督催缴纳岁币，宋朝的起居舍人真德秀上书请乘金国衰弱，停止缴纳岁币。他以为当蒙古强盛，金势日蹙的时候，当树自立的规模，不当再以忍辱和戎为苟安一时之计。其实当时宋朝果能扶弱抑强，不计较这点岁币，进而与金国联合，再劝西夏与金言和，三国共同抵御蒙古，也许蒙古铁骑不至踏遍了中国。宋朝的文臣，好高谈义理，不顾实际，这便是明显的例子。

公元一二二六年（宋理宗宝庆二年，夏主睍宝义元年），成吉思汗已西征归来，借口夏国不履行和议条件，发兵攻夏。明年，夏国被灭。夏自元昊建国，至是凡一百八十九年而亡。成吉思汗拟乘胜伐金，但即于是年病死于六盘山。公元一二二九年（宋绍定二年，金哀宗正大六年），成吉思汗的儿子窝阔台被忽里勒台大会推为大汗。这便是元太宗。

> 忽里勒台大会系由诸王族诸将及蒙古所属诸部酋长所组织的大会。蒙古大汗例由该会推举。成吉思汗死后，由其第四子拖雷监国。过了二年，窝阔台自霍博来会丧，耶律

楚材[1]以成吉思汗遗嘱，召开忽里勒台大会，把王位传给窝阔台。

金国的灭亡

窝阔台继立的第二年，定都哈拉和林[2]。公元一二三二年（金天兴元年），窝阔台亲自带兵围金汴京，并大败金兵于三峰山。金国遣使请和，窝阔台退兵河洛，磋商条件。不久，因金兵杀蒙古使者，和议复破裂，蒙古兵再围汴京。明年，蒙古兵破汴京，其时金哀宗完颜守绪早已逃出汴京，蒙古兵掳太后、嫔妃等北去。蒙古又遣使约宋朝同攻金国，宋朝允许了。时金哀宗已辗转逃至蔡州，蒙古兵与宋兵合围蔡州。公元一二三四年（宋理宗端平元年，金天兴三年），蔡州城破，金哀宗自杀。金自完颜阿骨打称帝，凡一百一十九年而亡。

---

① 耶律楚材，字晋卿，辽东丹王突欲之后。他是元朝的名臣。

② 哈拉和林，在蒙古国鄂尔浑河上游，为突厥以来酋长设牙帐之所。

第四十五讲　蒙古大举西征的威力

强悍的蒙古民族，他们不仅统一中国，建立元朝，而且屡次大举西征，深入欧洲腹地，分建王国，形成一蒙古大帝国。

蒙古的大举西征，第一次在成吉思汗时代。当时北印度、波斯、土耳其斯坦一带，有一大帝国名花剌子模。

灭花剌子模

> 花剌子模（Khwarezm），《元史》亦称回回国，就是《唐书·西域传》的货利习弥（亦称货勒自弥），《大唐西域记》称为货利习弥迦，都是一名的异译。当时花剌子模的版图，东至喀什噶尔，凡咸海西南、里海以东、阿姆河下游的地方都是，在当时原是蒙古的一个劲敌。

公元一二一四年，成吉思汗派速不台等平定西辽旧地[①]，葱岭东西各地皆入于蒙古，蒙古的疆域遂和花剌子模相接。

> 辽亡时，其王族耶律大石统率部众西走中央亚细亚，大破西域诸国兵，便在中亚建国，都于虎思斡耳朵，仍号为辽，以别于原来的辽，史称西辽。西辽盛时，曾威服花剌子模。后为乃蛮酋长的儿子古出鲁克所篡。古出鲁克因自己的

① 据多种史料记载，成吉思汗是于1218年派大将哲别讨灭古出鲁克，西辽由此灭亡。——编者

祖国（乃蛮）为蒙古所灭，想用西辽的部众复仇，遂亦为蒙古所灭。

时成吉思汗方经营夏、金，派人和花剌子模修好，请保界通商，无相侵伐。后来花剌子模竟把成吉思汗派去购买货物的商人杀了。成吉思汗大怒，便起兵六十万，大举西征。公元一二一九年，蒙古兵攻入西域，势如破竹。明年，攻破花剌子模的国都寻思干，花剌子模国王逃至里海一小岛而死。其子札剌勒丁收集残兵，逃至印度河[①]边，被成吉思汗亲自击溃。公元一二二二年，成吉思汗带大军东还。

当蒙古攻伐花剌子模的时候，黑海[②]、里海的西北，都已有蒙古的车辙马迹。成吉思汗既东还，他的部将哲别、速不台，乘胜长驱里海之南，过高加索[③]，经略伏尔加河[④]下游之地。公元一二二四年，蒙古兵入俄罗斯境，击败俄罗斯的联军，至克里米亚半岛[⑤]而还。时成吉思汗的儿子朮赤，亦奉命西征，至里海之北，与速不台等会合。朮赤派人侦探俄罗斯、匈牙利、波兰诸国的风土人情、形势险要、兵备强弱，预备进兵。但不久朮赤死了，事遂中止。窝阔台即位，命朮赤的儿子拔都为元帅，名将速不台为副元帅，举兵西征。窝阔台的儿子贵由[⑥]、拖雷的

蒙古兵第一次入俄罗斯

① 亦称印度斯河。出西藏阿里部冈底斯山西之僧格喀巴布山口，其南支萨特累季河（中国境内称象泉河。——编者），源出朗噶池，二川西北分流，经行喀喇昆仑、喜马拉雅二山谷中，入于印度，西南流至旁遮普而合。又西南入于印度洋之阿拉伯海。

② 黑海（Black Sea），土耳其、俄罗斯间的内海。

③ 高加索（Caucasus），山名。跨黑海、里海间，为欧亚两洲的分界。

④ 伏尔加河（Volga），为欧洲俄罗斯的第一大河，亦称阿的勒河，又称的勒河。

⑤ 克里米亚半岛（Crimea），为俄国南部的半岛，突出于黑海中。

⑥ 即元定宗。

蒙古兵第二次入俄罗斯

儿子蒙哥[①]及诸王驸马的长子，各随军出征，是为“长子出征”[②]。蒙古军队从哈拉和林出发，出阿尔泰山[③]，直逼俄罗斯边疆，驻兵窝瓦。先把邻近的部落如钦察等征服，在顿河[④]下游放兵牧马，休息了几个月。一二三七年冬，蒙古军沿顿河上游，直趋北俄罗斯，连败俄兵，遂攻入莫斯科[⑤]。于是附近诸部落，纷纷向蒙古投降。拔都还军顿河下游，休兵息马。一二三九年冬，蒙古军沿顿河下游攻入南俄罗斯境，把南俄的要冲基辅城[⑥]攻破。于是南北俄罗斯尽遭蒙古铁蹄的蹂躏。拔都驻军基辅约一年。

⊙元太宗窝阔台

蒙古兵入波兰

一二四〇年，蒙古军开始向波兰、匈牙利进攻。明年，波兰、日尔曼联军与蒙古军战于里格尼茨[⑦]，联军大败，几乎全军覆没。然蒙古军战胜后亦不再西进，据说因为那里多森林，惯驰骋于大平原的蒙古军队，不免有所顾忌，遂转军南下，夹攻

① 即元宪宗。

② 因为所征的都是强部，长子出征，则兵强而多。

③ 又称阿勒坛，又作阿尔坦。蒙古谓金为阿尔坦，故又称金山。天山北出之脉，横跨额尔齐斯、叶尼塞两河。

④ 顿河（Don River），俄国的大河。河流甚曲，仅下游六百里便于航行，俄人凿运河九十里，以通窝瓦河。

⑤ 莫斯科为俄国国都，距列宁格勒（今名圣彼得堡）约一千四百里。

⑥ 基辅（Kyiv），自公元九世纪至十二世纪为基辅罗斯之都城。

⑦ 里格尼茨（Liegnitz）。

匈牙利。匈牙利王亲自带兵抵抗，连战皆败，蒙古兵遂攻入匈牙利。别遣一军进攻奥地利至维也纳[①]附近而还。当时蒙古兵威，直至威尼斯。欧洲诸国，大为恐惧，甚至称蒙古人为“上帝之鞭”。一二四二年，窝阔台死，以继承事起了纠纷，于是所向无敌的蒙古军被召回国。

蒙古兵入匈牙利奥地利

一二五八年，蒙古大汗蒙哥（元宪宗）命其弟旭烈兀为将，攻灭巴格达[②]，更进兵叙利亚[③]，与东罗马帝国[④]相接境。

蒙古兵入叙利亚

这几次大规模西征的结果，蒙古民族除建立中国元朝外，更建立钦察、窝阔台、察合台、伊儿四大汗国。而后形成一蒙古大帝国。

蒙古建立四大汗国

钦察汗国亦称金帐汗国。拔都西征还军，建黄金帐于窝瓦河下游之萨莱，是为钦察汗，领有今咸海、里海以北，俄领西伯利亚西南部及欧俄一大部分。其全国辖境，东至今叶尼塞旷野，西至多瑙河[⑤]下游，南尽高加索山，北负喀拉海，在蒙古四大藩中最为强大。欧洲的诸侯王震慑于黄金帐之下者且二百五十年。一四八〇年为俄王伊凡第三所灭。窝阔台的子孙封于金山，是为窝阔台汗国，领有阿尔泰山一带及新疆北部，后为察合台汗国所并。察合台汗国，成吉思汗次子察合台所建，领有今新疆额敏河一带地方，至也先不花汗时并有窝阔台汗国。后为元仁宗所破，失其东境之地，国

① Vienna 为奥地利国都，在多瑙河南岸。

② 大食国的都城，《元史》作八吉打、八哈塔，西名 Bagdad。Bagdad 在美索不达米亚地方。

③ Syria，公元前六四年为罗马领土。

④ 东晋时，罗马（Rome）分皇居黑海西，今土耳其都城之地，辖治东境，别称东罗马。

⑤ 为欧洲第二大河。发源于德国巴登之南部，东南流经德、奥及巴尔干诸国，分为三河而入于黑海。

势渐衰。一三六九年，为帖木儿[①]所灭。伊儿汗国，为成吉思汗的孙子旭烈兀所建。先是成吉思汗的第四子拖雷领有蒙古本国，后拖雷子旭烈兀灭西亚诸国，遂另建伊儿汗国，领有今波斯、美索不达米亚[②]、叙利亚、小亚细亚[③]等地。其疆域东逾阿姆河，北尽咸海、里海、黑海间地，南尽波斯湾[④]，西包小亚细亚。后为帖木儿所灭。按：当时四大汗国分立，以统治中国及蒙古旧地的元朝的皇帝为大汗，但元帝不过名义上的大汗而已，实际上还是五个分立的蒙古帝国。

① 帖木儿亦蒙古族，本为察合台的臣子，后自建帖木儿帝国。
② 美索不达米亚（Mesopotamia）。
③ 小亚细亚（Asia Minor），土耳其之一部，东与美索不达米亚相接。
④ 在印度洋，当波斯、阿拉伯间，通霍尔木兹海峡，而曲折入于西北。

第四十六讲　宋室之亡与元兵出海

宋徽宗联金攻辽，结果辽虽灭亡，而徽钦北狩，宋室南渡。宋理宗不以往事为前车之鉴，却再来玩一次联蒙古攻金的把戏，结果便把半壁的江山完全断送了。

宋理宗绍定六年[①]，蒙古派使者来约南宋会师攻金国，允许于成功后把河南地方还给宋朝。是年十月，宋和蒙古联军攻金，明年，金国灭亡，宋朝居然收复河南南部之地。但宋朝所处的

金国亡后的南宋形势

地位，实际上较前更为危险。因为以前新兴的蒙古和衰弱的南宋中间还隔着一个做缓冲的金国，金国既亡，宋和蒙古接境，就成了直接冲突的形势。偏偏宋朝的武臣赵葵、赵范等，不估计自己的力量，又建议“守河，据关，收复三京”[②]，宰相郑清之附和其说。理宗遂派全子才[③]攻汴，杨谊[④]攻洛阳。蒙古得了这个消息，也就派兵南下。杨谊的军队入洛的下一天，因粮饷未集，又闻蒙古兵已大举南下，突然溃散。全子才的军队虽攻入汴京，但亦不能久守。于是宋和蒙古的和好遂绝，蒙古军攻破襄阳、成都，江淮一带，其地大被蹂躏。幸那时候蒙古又大举西征，宋朝才得勉强把襄阳、成都收复，又偷安了好几年。

---

① 公元一二三三年。

② 即东京汴京、北京大名和西京洛阳。

③ 全子才时知庐州。

④ 赵葵的偏将。

蒙古攻宋与忽必烈自立

宋理宗宝祐五年[①]，蒙古已全定西域，出兵两路攻宋，大汗蒙哥亲自指挥西路，命其弟忽必烈指挥东路。蒙哥由四川攻入，于宋理宗开庆元年[②]围合州城。宋守将王坚固守不降，蒙哥死于军中，遂退兵。但东路的忽必烈连战皆胜，已渡长江，进围鄂州，临江、瑞州亦被攻破，形势非常吃紧。

⊙宋理宗

贾似道的卖国

宋朝的宰相贾似道亲自带兵救鄂州。他知道敌不过蒙古兵，便秘密遣使乞降，情愿称臣纳贡，尽割江北地给蒙古。忽必烈因蒙哥已死，留守哈拉和林的阿里不哥[③]已自立为大汗，急欲收兵回去，争夺大汗的位置，也就乐得应许。忽必烈回至开平，于宋理宗景定元年[④]自立为大汗。到景定五年，蒙古的内部问题已告一段落，阿里不哥也降服了忽必烈，忽必烈遂迁都燕京，称为大都，专心经略中国。

贾似道的秘密向蒙古请降，居然蒙蔽了宋理宗；宋理宗以为贾似道打了胜仗，所以蒙古兵退回北方，就非常信任他。理宗崩，其侄赵禥继立，是为宋度宗。度宗封贾似道为魏国公。时宋将刘整和贾似道不睦，投蒙古，劝忽必烈攻取襄阳。度宗咸淳四年[⑤]，蒙古围襄阳。襄阳被围六年，贾似道坐视不救，守将

① 公元一二五七年。
② 公元一二五九年。
③ 阿里不哥也是蒙哥的弟弟，时留守漠北。
④ 公元一二六〇年。
⑤ 公元一二六八年。

蒙古改国号为元

吕文焕忿而投降蒙古。时忽必烈已于咸淳七年建国号曰元，是为元世祖。

宋朝最后的挣扎

宋度宗于咸淳十年七月崩，次子赵㬎即位，是为恭帝。是年八月，元世祖命宰相伯颜领大军二十万，分道大举南下，连陷湖北、淮西州郡。贾似道出兵抵御。明年，似道兵大败于芜湖，元兵遂入建康。伯颜分兵东下，自领军攻临安。恭帝德祐二年，元兵攻入临安，恭帝被掳。宋臣文天祥、张世杰等拥立恭帝兄赵昰于福州，是为端宗。元兵从明州、江西两路攻入福建，张世杰等奉帝渡海入潮州。公元一二七七年，文天祥出兵江西，为元兵所败。是年元兵攻入潮州，张世杰奉帝奔秀山[①]，又奔谢女峡。明年，端宗以受惊得病而死。陆秀夫等立其弟赵昺为帝，再避至厓山。元兵来攻，文天祥在五坡岭被掳，不屈而死。公元一二七九年，元兵攻厓山，张世杰力战不胜，陆秀夫抱帝沉于海。张世杰收兵至海陵山，船覆，死于海中。南宋凡一百五十二年而亡。

蒙古的臣服高丽与征伐日本

当蒙古经略中国时，一方面也经略高丽、日本和南洋各地。

宋时南洋诸国与中国交通最频繁者为三佛齐、阇婆、渤泥诸国。元世祖时曾几次派遣使者，招致南洋各国。计应招而来朝贡者，有马八儿、须门那、僧急里、南无力、马兰丹、那旺、丁呵儿、来来、急兰亦解、苏木都剌等十国。这些国名都是译音，除马八儿就是现在的马德拉斯，马兰丹就是现在的马六甲，苏木都剌就是现今的苏门答腊可以用译音推求外，其余都不知今为何地。

① 在今广东东莞西南海中。——编者

元世祖即位时，高丽已成为蒙古的藩属，又想招致日本。

高句丽既为唐高宗所灭，其后又为新罗所据。五代之际，王建创建高丽国。其后常臣服于辽金。金末，耶律留哥、蒲鲜万奴割据东北，契丹遗族，因之作乱。蒙古派兵征讨，追入高丽境，高丽助蒙古夹攻，因此两国约为兄弟之国。后蒙古使者从高丽回来，道经鸭绿江，为盗所杀，蒙古疑心出于高丽的指使，两国遂开兵衅。公元一二五八年，高丽将赵晖以和州叛降蒙古，蒙古置双城总管府于和州，以赵晖为总管，以重兵守之。明年，高丽都统领崔坦据西京等五十余城叛降蒙古，蒙古改西京为东宁府，划慈悲岭为界。[①]又明年，为元世祖至元元年，高丽王瞮死，元世祖护送王瞮的儿子王倎归国为王。从此高丽降为蒙古的属国了。

几次派高丽人到日本去，都不得要领，又派赵良弼去招致，也无结果。至元十一年[②]，元世祖派大将带蒙古兵、汉兵和高丽兵一万五千出海征日本，攻破对马岛[③]，掠肥前沿海诸郡邑。遇飓风，船多触礁，无功而还。至元十八年[④]，又命范文虎等带十五万大兵伐日本，分两路：一偕高丽兵从合浦（今韩国马山市合浦区）出发，一从江南出发。诸将至鹰岛，范文虎见飓风将起，无心作战，拣了坚固的船先走，诸将都弃军而归。其留在鹰岛者尚有十多万人，受日本人的袭击，死的只剩二三万人，

① 据《元史》，崔坦于元世祖至元六年（一二六九年）十一月以高丽西京五十余城内附；七年正月以其地置东宁府。——编者

② 公元一二七四年。

③ 对马岛在日本九州西北，朝鲜庆尚南道东南，旧为日本、朝鲜间要地。

④ 公元一二八一年。

⊙ 1281 年，忽必烈第二次进攻日本，元兵试图将夜袭兵船的日本武士赶下船

被掳至八角岛，日本人把南人留作奴隶，把汉人、高丽人和蒙古人一概杀掉。这一次元兵出海者十五万人，生还者不及五分之一，范文虎所带的江南兵十万，只剩三个人逃得性命归来。元世祖大怒，还想再派大兵去征讨，以臣下的劝阻，又适用兵于安南，遂下诏罢征日本。从此以后，元兵不复出海东征，而日本九州的边民，乘隙侵略中国内地，遂酿成倭寇之祸。

蒙古的用兵南方，始于大汗蒙哥时。忽必烈奉命南征大理，平之，进攻吐蕃，降其酋长唆火脱。班师回国，留兀良哈台平乌白蛮。兀良哈台想要招降安南，安南不听，遂发兵攻入安南，以南方暑湿，蒙古兵不耐久住，遂还师。元世祖至元二十年[①]，因占城国的王子不肯内附，发兵征讨，假道安南，安南出兵抵拒，为元兵所击破。明年，元兵入安南都城，安南王弃城而逃。又以蒙古兵不服水土，发生瘟疫，只得退还，中途被安南兵邀击，损失甚大。至元二十四年[②]，

① 公元一二八三年。

② 公元一二八七年。

又大规模地征伐安南，深入其境，打了十七次胜仗，但卒因天气暑湿，军士多病，只得退兵。又为安南人所邀击，遭受极大的损失。蒙古人对于安南始终无法征服，只得因安南王派使来谢罪，就掩耳盗铃地罢了兵。又元世祖曾两次对缅甸用兵，也没有什么成绩。大概蒙古人的用兵，利于平原而不利于山险，南方暑湿尤和蒙古人的体质不相宜，所以屡次失败。

第四十七讲 宋代的制度与文物

三权鼎立的中央官制

（一）官制 宋初仿汉初政事、军事、监察三权鼎立的制度，以仆射同中书门下平章事为宰相，总揽政务；以枢密使掌军政；以御史中丞掌监察。此外又设参知政事以辅宰相，设三司使[①]以管财政。更将兵权分隶于三个机关：平时统率归殿前马步三司都指挥，给养训练归兵部，调度征发则由枢密院秉承皇帝行之。这样，权不专属，君主集权的政局于是确立。神宗时王安石当国，改革官制，废三司使而移其权于宰相所辖的户部；又以枢密院专主军事上的计划，把其余的职务归还兵部。虽小有变更，但实际上始终保存三权鼎立的组织。至地方制度，则实行中央集权，尽罢诸藩镇，分天下为十五路，后又为十八路，神宗时增至二十三路，徽宗时增至二十六路。

中央集权下的外官制

宋太宗时分全国为十五路，计：一、京东路（今河南开封、商丘一带及山东黄河以南全境，南有江苏铜山县以北之地），二、京西路（今河南洛阳市以西、黄河以南全境，南有陕西东南部，湖北郧县、襄阳、随县一带之地），三、河北路（今河南北部、河北南部、山东北部），四、河东路（今山西中部、南部），五、陕西路（今陕西北部的大

① 宋承五代之旧，以天下财计归之盐铁、度支、户部三司，置三司使以总之，时人号为“计相”。

部分及甘肃东部），六、淮南路（今江苏、安徽中部及河南、湖北的一小部与江淮二水之间），七、江南路（今江苏、安徽南部及江西全部），八、湖南路（今湖南大部及广西一部），九、湖北路（今湖北大部及湖南北部），十、两浙路（今浙江全部及江苏东南部），十一、福建路（今福建全部），十二、四川路（今四川西部的大部分），十三、峡西路（今四川东部及陕甘的一部，贵州的一小部），十四、广东路（今广东的大部分），十五、广西路（今广西的大部分及广东西部）。仁宗时又于京东、京西两路分设京畿路，河北路分为高阳、大名、定州、真定四路，共十九路。神宗时取消京畿路，于京东、京西分设京东东、京东西、京西北、京西南四路，又取消高阳、大名、定州、真定四路，设河北东、河北西两路，分陕西为秦凤、永兴两路，淮南为淮南东、淮南西两路，江南为江南东、江南西两路，四川为成都、梓州两路，峡西为利州、夔州两路，共二十三路。徽宗时又恢复京畿路，并增设燕山（今河北的北部及东北部）、云中（今河北、山西北部长城以内地）二路，共二十六路。南渡后，只剩浙西（今浙江北部及江苏东南部）、浙东（今浙江南部）、江东（即北宋的江南东）、江西（即北宋的江南西）、淮东（即北宋的淮南东）、淮西（即北宋的淮南西）、湖南、湖北、京西（即北宋的京西南）、成都、潼川（即北宋的梓州）、利州、夔州、福建、广东、广西等十七路而已。

取中央集权主义，废地方常置官，仅以朝臣出守列郡，称为“权知军州事”，以缩小地方政府的权力。当时地方制度略分三级，路设转运使，路下有府州军监，府州军监下有县，各设知事为亲民之官。

（二）田制和税法　自从唐中叶施行两税制后，对于土地问

施行未久的限田制

题，历代均取放任政策。宋仁宗初即位时，曾一度行限田，限公卿以下毋过三十顷，衙前毋过十五顷，但不久因不便而废止。至于赋税，则承袭唐朝的两税制，其名目有五：

赋税的名目

一、公田之赋（官田，佃户所出）；

二、民田之赋（私田，地主、自耕农所出）；

三、城郭之赋（宅税、地税，地主所出）；

四、丁口之赋（男子满二十岁者所出）；

五、杂变之赋（地丁税以外附加的财产捐）。

征收的方法

征收物类，则为谷（以石为单位）、帛（以匹为单位，丝线与绵以两为单位）、金钱（金银以两为单位，钱以缗为单位）、物产（薪草等以围为单位，其他各用其向来沿用的单位）。征收期限，仍分夏秋两季。而征收方法，则除正常的在本地方官厅完纳规定的物品外，又有所谓“支移”“折变”等办法，使百姓受到不少的苦累。田税、丁税之外，尚有盐、茶、酒、矾等的官卖及其他种种杂税，这里不及详叙。总之，宋自王安石变法失败后，除繁征苛捐外，没有什么经济政策可讲。

百姓轮纳租税，本有一定的地方。但因当时所输纳的地方，官家不需要那些物品，而别的地方却需要这些物品，就命百姓移此输彼，移近输远，以有余补不足，就叫作“支移”。又百姓的纳税，应纳什么物品，本有规定，但因所输物不合官家之用，就命百姓改输相当价值的官家需要的物品，就叫作“折变”。支移折变的弊窦很多：支移如不愿须出脚钱，后来即使愿意也要纳脚钱。折变则往往折了又折，比原税额增大了许多。譬如西川初时绢每匹值三百文，草每围值二文，于是应输绢一匹的改输草一百五十围。后来又把草价估作每围一百五十文，命输草的人改输钱，便要输钱二十二千五百文了。

纸币的产生及其流弊

（三）钞法　然有一事值得注意者，就是纸币的行用。纸币制度，是宋朝经济上一大特点。它的起源，在北宋真宗时。[1]原来五代时各国因没有力量大开铜矿，有的就用铁钱。宋初定天下，除江南、四川外，禁止行用铁钱（后来江南也不用了），于是笨重的铁钱都流入四川地方。四川人因铁钱太重，行用不便，由富民发行一种纸币，叫作“交子”。每张计钱一缗。每隔三年，由发行的富民将旧票尽行收回，另发新票，称为“一界”。其后富民穷了，准备金短少，纸币不能兑现，以致时有争讼。仁宗时改归官家发行，禁民间私造。曾以此法推行河东、陕西，旋即停罢。蔡京当国，把那种纸币改名为“钱引”，扩充推行的区域，当时除闽、浙、湖、广外全国通行。然滥发滥造，没有相当的准备金，纸币就不能维持它的票面的价格。南渡以后，仍以“交子”的名称行用各地。后来又有“会子”“关子”的名称。但既不能兑现，而每界又不能按时收回，甚至两界同时并行，于是纸币价格十分低落。纸币价格低落，相伴的便是物价腾贵，使平民生活受了极重大的影响。

⊙北宋“交子”旧版拓存

①《宋史·食货志》下三“会子”条云：“真宗时，张咏镇蜀，患蜀人铁钱重，不便贸易，设质剂之法。”质剂就是抵销推划的意思，那么起初也许由于契据的变化。

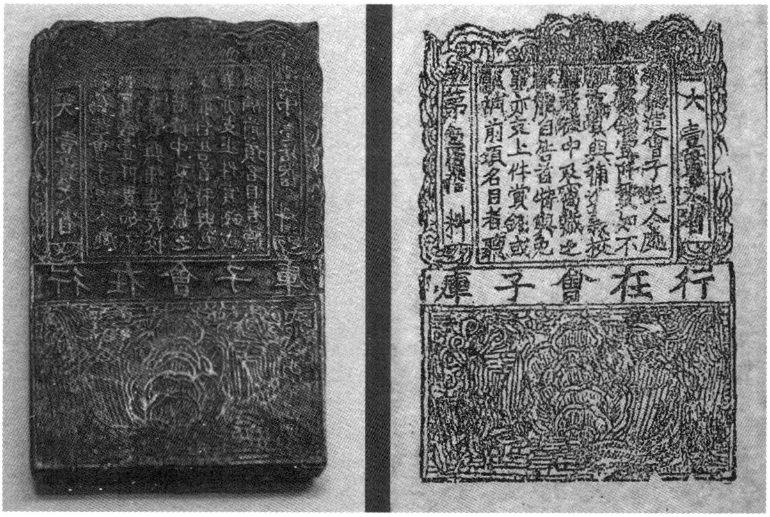

⊙南宋“行在会子库”版（左）及拓本（右）

（四）学校制和考试制 唐代以诗赋取士，颇养成士大夫不务实学、专尚浮文的习气。到了宋朝，王安石主张改科举取士为学校养士。他执政的时候，于太学立三舍：始入学的居外舍，以次升内舍、上舍。内舍生得免礼部试，特授以官。这便是以学校代科举的办法。但学问与功名本是两事，所以施行的结果没有什么成效。对于考试制度颇有改革，其要点有二：一、罢诸科而独存“进士”；二、对进士科则废诗赋而改“帖经”“墨义”[①]为“大义”。这都是唐代考试过重诗赋的反动，同时开明、清时代科举制度的先河。另设新科叫作“明法”，以待本应“诸科”试，不能改应新进士科的人。元祐以后，分进士为“诗赋”“经义”二科，南宋承其制。于是士大夫又趋重于诗赋一途。此外于礼部试之后，又有“殿试”，为后代所取法，于科举制度的变迁上颇有关系。

王安石的学校养士法

科举制度的改革

从科举制度实施以后，士大夫都慕虚荣而不务实学，其反动

① 以经义取士，令其笔答，叫作“墨义”。相对于“口义”而言。

私立书院的繁盛

遂有私立书院的创设。唐朝末年已有私立书院以研究学术之风，历五代至宋朝而大盛。当时最著名的书院有四：一、白鹿洞书院，在九江庐山，始于南唐；二、石鼓书院，在湖南衡阳，唐宪宗时李宽所建；三、应天书院，在河南商丘，宋真宗时应天人曹诚所建；四、岳麓书院，宋初潭州守朱洞所建。这些书院，均系地方所立，不为国家学制所限，故能充分发挥其自由研究、自由讲习的精神。宋朝一代理学之盛，和书院制度极有关系的。

史学的发达

学术方面，则除“理学”已在四十三讲讲过了以外，司马光等奉敕编《资治通鉴》，为中国编年史中有名的巨著。郑樵撰《通志》，与唐杜佑所撰的《通典》，和元马端临所撰的《文献通考》，并称“三通”，为中国政治史中有名的巨著。朱熹因《资治通鉴》而著《通鉴纲目》；袁枢把《通鉴》所纪事分类编纂，成《通鉴纪事本末》；王应麟编《玉海》。这些都是史学上有名的著作。文学方面，则唐中叶以后，已有所谓“诗余”的词，

词与平话的繁兴

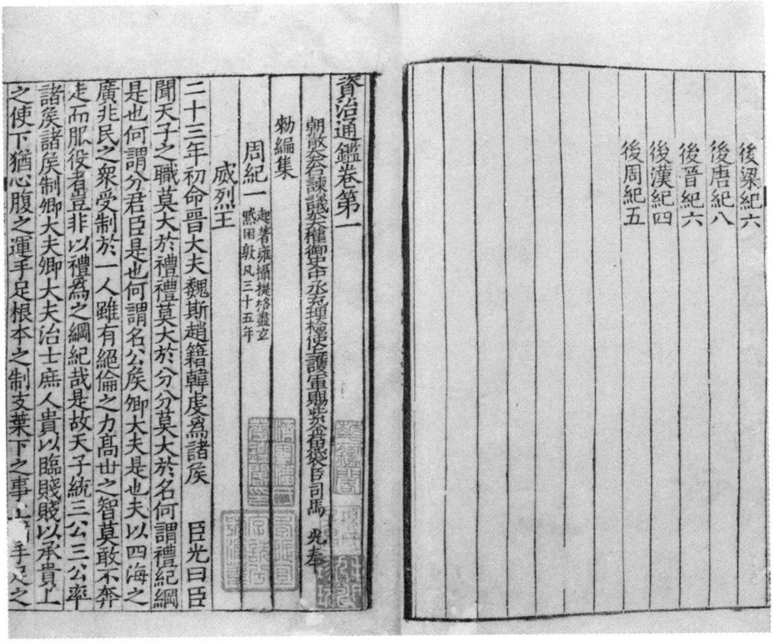

⊙《资治通鉴》宋刻本

至宋朝而大盛，当时歌唱都用词，词遂成了宋代文学的特色。

一向都称词为“诗余”，然细考它的体裁，并不是由五七言诗转变而来，而是由于乐府[①]。词在唐朝已经产生。五代时，南唐后主李煜[②]与其臣冯延巳都很有名。至宋朝而词学大兴，作者更多，并且时引俗调入词，另成一种风格，实可称为词的黄金时代。当时的大词家，在北宋有柳永、周邦彦等，南宋有辛弃疾、姜夔[③]、吴文英[④]等。女作家则有李清照[⑤]与朱淑真[⑥]等。

小说则从唐朝的“传奇体”，一变而为“话本体”，为现在通行的章回小说之权舆。艺术方面，则因宋徽宗提倡画学，命题试画，其结果使中国画风由写实而进于写意，以后画家专讲神韵兴趣，而成中国画的特色。其他如天文历数及药物学或制乐学，在宋代都有相当的进步。而印刷术的进步，从现存的宋版书籍中，可以窥见一斑。

画风的转变

中国画最初只有人物、图案两种。后汉时佛画输入，给中国画以不小影响。至南朝宋陆探微[⑦]始有绵密的组织，南齐谢赫始综合画法创为六法论[⑧]，梁张僧繇始参用印度画染

① 乐府的名称起于汉，依乐曲而作诗歌，与五七言的古今体诗不是同一个系统。郑振铎编《中国文学史（中世卷）》，言之甚详。

② 南唐中主李璟与后主李煜都以词名，今存有《南唐二主集》。

③ 姜夔，字尧章，鄱阳人。今存有《白石诗词集》。

④ 吴文英，字君特，号梦窗，庆元人。有《梦窗词》。

⑤ 李清照，号易安居士，湖州守赵明诚之妻。今存有《漱玉词》。

⑥ 朱淑真，钱塘人，一作海宁人。今存有《断肠集》。

⑦ 陆探微，吴人。明帝时常侍从左右。

⑧ 谢赫作《古画品录》，言画有六法：一气韵生动，二骨法用笔，三应物象形，四随类赋彩，五经营位置，六传移模写。

⊙《瑞鹤图》〔北宋〕赵佶

晕法，创为没骨法，此外更有南朝宋宗炳的创设山水画。所以追溯中国画的渊源，当推六朝。至唐而集其大成，吴道玄、李思训、王维等大家辈出。吴于山水、人物无所不能，无所不精，李思训以苍劲的金碧山水开北派之宗，王维以秀润的破墨山水开南派之宗。宋徽宗自己也会画画，于政和中建设画学，用太学法补试四方画工，以古人诗句命题。尝出一题为“竹锁桥边卖酒家”。有一应试者，画一丛竹、一座桥，而于桥头竹外，挂一酒帘，帘上书一“酒”字，这样便见得酒家在竹内。又出一题为“踏花归去马蹄香”。有一应试者画一人骑马缓行，有许多蝴蝶飞逐马后，这样便表出马蹄上带着花香，可见当时画风已从写实而转到写意。至元黄公望、倪瓒等提倡“文人画”，便专讲神韵，而成为中国画的特色。

第四十八讲　元代的政治及其影响

蒙古人不懂政治

蒙古本是文化较低的游牧民族，起初他们根本不懂得所谓政治。当窝阔台初灭金国的时候，他的侍臣别迭等都劝他把汉人[①]杀尽。他们以为："虽得汉人亦无所用，不若尽去之，使草木畅茂，以为牧地。"幸耶律楚材竭力阻止，未成事实。元世祖统一中国时，已经懂得农业的重要，再没有人主张杀尽汉人，变农田为牧场了。

⊙耶律楚材

《元史·食货志》说："世祖即位之初，首诏天下：国以民为本，民以衣食为本，衣食以农桑为本。于是颁《农桑辑要》之书于民，俾民崇本抑末。……中统元年[②]，命各路宣抚司，择通晓农事者，充随处劝农官。……至元七年[③]，立司农司。……是年又颁农桑之制一十四条。……二十五年[④]，立行大司农司及营田司于

① 指金亡以后中原的居民。
② 公元一二六〇年。
③ 公元一二七〇年。
④ 公元一二八八年。

江南。二十八年[1]，颁农桑杂令。……故终世祖之世家给人足。”

但蒙古人究竟是游牧民族，像中国儒家所提倡的“礼治主义”，他们做梦也没有想到。他们只知道自己是战胜的民族，其他都是被征服者。当时他们把人民分为四等：第一等当然是蒙古人；第二等是蒙古以外的各部族人，叫作“色目人”；第三等是“汉人”；第四等是“南人”[2]。凡各种行政机关，其行政长官必用蒙古人或色目人，汉人与南人只能做到副贰。元仁宗时，参酌中国旧制，仿行科举，但汉人、南人只能列名左榜。

元初分人民为四等

元仁宗延祐二年[3]，始行科举，分进士为左右榜：蒙古人、色目人为右，汉人、南人为左。蒙古人、色目人只考两场，汉人、南人要考三场；倘蒙古人、色目人愿意应试汉人、南人的科目，中试之后，得加一等注授。

其用意是限制汉人、南人在政治方面的活动。又分职业为十等：一官、二吏、三僧、四道、五医、六工、七匠、八娼、九儒、十丐，故意违反中国尊儒的传统习惯，降低士大夫在社会上的地位。又禁止江南人民藏挟兵器，每十家设一甲长监视一切，这辈甲长便可以任意作威作福，侮虐百姓。加以政府的横征暴敛，

元初分职业为十等

元朝一代政治，关于财政方面完全是一种聚敛政策。原

① 公元一二九一年。
② 指宋亡以后江南的居民。
③ 公元一三一五年。

来蒙古人理财观念素极缺乏，最初用西域人理财[①]，世祖时犹重用阿合马、卢世荣、桑哥等聚敛之臣。所以元朝官制，关于财政的官署，比前朝为详密，特立十路宣课司，为各地方征收机关。其后为战乱、崇佛及赐与的冒滥，国库益加匮乏，人民负担年年加重。且太宗以来，仿宋金印造纸币（交钞），后即以此为统一财政经济的方针。结果纸币成为不兑现的废纸，伪纸币又常常发现，民间对于纸币的信用日薄，经济状况日益混乱，物价日益提高，使人民受到莫大的苦痛。

官吏将帅的贪污骚扰，

元代主财政的官吏大都贪污。成宗时，赃污官吏发觉的达一万八千人。将帅常奴役人民，如阿里海牙掠降民为家奴，先后数达千万。

高压政策的结果

豪强的兼并侵占，百姓在这种高压、暴虐政策底下，除挺身而起反抗蒙古人的统治外，再没有其他的出路了。

元代的所谓豪强特权阶级，约可分为三类：（一）皇家的亲戚或直接效忠于国君者，如王公、公主、驸马、官吏、将帅等；（二）受朝廷特别尊信之僧道等；（三）前官吏之家、豪商及大中小地主等。这些豪强阶级，互相勾结，侵占民田，役使农奴，在《元史》及《元典章》等书上记载得很多，几乎例不胜举。《文献通考》载至元末年，赵天麟上

① 窝阔台死后，后乃蛮真氏当国，信任西域商人奥鲁剌合蛮，命他专掌财赋。

书说："又江南豪家广占农地，驱役佃户，无爵邑而有封君之贵，无印节而有官府之权，恣纵妄为，靡所不至。……贫家乐岁终身苦，凶年不免于死亡。荆、楚之域至有雇妻鬻子者……衣食不足，由豪富之兼并故也。"

和政治关系最密切的便是宗教。宗教一向做了征服者统治被征服者、支配阶级欺骗被支配阶级的武器。在这里，我得先举一个例：四千年前，雅利安人越喜马拉雅山而至印度，他们统治印度的土人，创立了四个阶级，并带来了一种婆罗门教，婆罗门教的僧侣处于最高地位，可以任意压迫平民。蒙古人也是这样，他们带来的是喇嘛教。

对喇嘛教的尊崇

喇嘛教本为唐朝的真言宗，为佛教的一支派，盛行于吐蕃，为元朝帝室所崇拜。按：蒙古大帝国领土阔大，民族复杂，所以崇奉的宗教亦不一致。大约西方各分国则崇奉回教及耶教，东方大汗本国则崇拜喇嘛教与中国之道教。但喇嘛教与元朝帝室的关系最密切。其他如道教等，虽表面上尚受元朝的崇奉，不过一种羁縻汉族的政策而已。

元世祖曾尊嘛喇僧八思巴为帝师，其后帝师成为一种常设的爵位。每逢帝师死后归葬，必命百官出京祭送。新帝师将至中国，必派大臣去迎候。迎到京师，必排法驾命百官郊迎，皇帝、后妃、公主等一律要向他膜拜。朝会班列，帝师独占一席。帝师所发的命令，与皇帝的诏书并行。又特设宣政院，掌管喇嘛教的寺院僧徒。后来政教之权混合，宣政院竟一变而为统辖军民的很有权力的机关。喇嘛教在当时既成为国教，又有像宣政院这样的机关做喇嘛教徒的护符，于是喇嘛教徒便放纵恣肆，无所不为。当时喇嘛教徒专横凶虐的事实，史不绝书。最著名

喇嘛教徒的横暴

的，如世祖时命番僧杨琏真伽做江南释教总统，他就发掘宋代帝王大臣的坟墓，掠夺民间美女珍宝，籍民为佃户达五十万人。这种情形，真是黑暗到了极点。但这时候的中国民族究非四千年前的印度土人可比，民族间的不平，终于使蒙古人不能立足，把统治权交还了汉族。

元代引用色目人的影响

元代的政治设施有一点很值得注意的。当时因为不信任中国人，而蒙古的政治人才太感缺乏，不得不用些色目人。回回人在元朝做官的最多，欧洲人也不少。意大利人马可·波罗（Marco Polo）便是其中的一个。

马可·波罗于幼年跟他的父亲及叔父来中国，在元朝前后近二十年，官至枢密副使。详可参考《汉译世界史纲》（页六〇六至六一二）。其所著《马可·波罗游记》（*The*

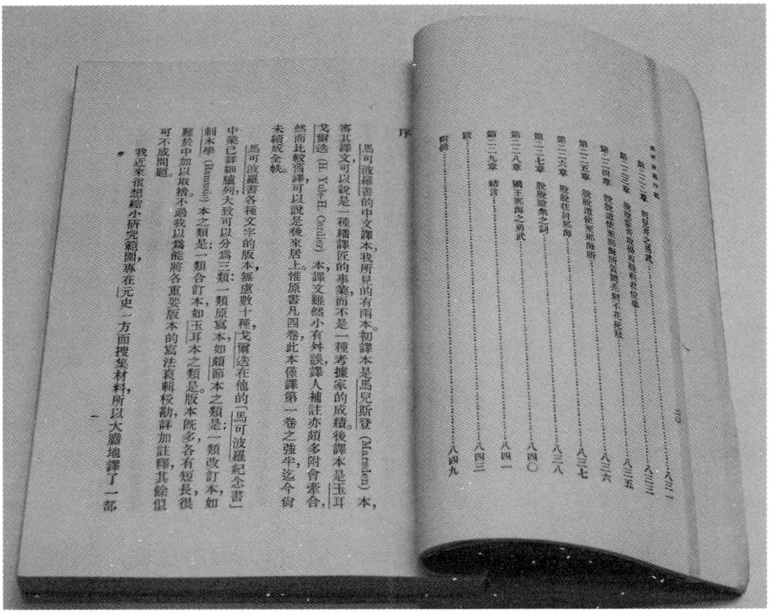
序

馬可波羅書的中文譯本，我所見的有兩本。初譯本是馬兒斯登(Marsden)本，審其譯文，可以說是一種繙譯匠的事業，而不是一種考據家的成績。後譯本是玉耳戈爾迭(H. Yule-H. Cordier)本，譯文雖然小有舛誤，譯人補註亦頗多附會牽合，然而比較舊譯，可以說是後來居上。惟原書凡四卷，此本僅譯第一卷之強半，迄今尙未續成全帙。

馬可波羅書各種文字的版本，無慮數十種，戈爾迭在他的「馬可波羅紀念書」中業已詳細臚列，大致可以分為三類：一類原寫本，如頗節本之類是；一類改訂本，如剌木學(Ramusio)本之類是；一類合訂本，如玉耳本之類是。版本既多，各有短長，很難於中加以取捨。不過我以為能將各重要版本的寫法裒輯校勘，詳加註釋，其餘似可不成問題。

我近來很想縮小研究範圍，專在元史一方面搜集材料，所以大膽地譯了一部

⊙《马可·波罗行纪》（即《马可·波罗游记》）

Travels of Marco Polo），相传由马氏口述，著作家鲁思梯谦（Rusticiano）笔录。

他久在元朝做官，本其经历，撰著《马可·波罗游记》一书，盛称中国的富庶。此书盛行于欧洲，便引起欧洲人东来的动机。又因欧洲人到元朝做官，便带了一些西洋学术来。例如，回回历的推行、浑天仪的制造等，都影响了中国文化。

第四十九讲　元末革命的纷起

元朝衰亡的原因

蒙古人入主中国以前，曾席卷中亚及欧洲东部，早与各种民族及各种文明相接触，故对汉族的文化不甚重视，只一贯地实行其“蒙古政策”。游牧民族的政治思想本不发达，又不知接受汉族的文化，只一味用极度的高压政策统治汉人，其结果使阶级间、民族间的仇恨日益加深。同时蒙古人在中国既久，享受丰裕的生活，渐失其犷悍的本性，日就腐化，便给汉族以恢复政权的机会。

元朝以异族入主中华，又以被征服民族待汉人，种族间的仇恨当然免不了的。所以宋朝遗民郑思肖[①]曾有诗云：“纵遇圣明过尧舜，毕竟不是真父母。”[②]但这是士大夫的心理。一般平民，能过安定的生活，即使不是真父母，也会隐忍下去的。不然，元朝以后的清朝，怎能统治中国二百多年？根本的仇恨，还是在阶级间。元朝豪强特权阶级的对平民压迫剥削，实为空前所未有，尤其是喇嘛僧徒的横暴。所以元末起兵的群雄，大都是失去了土地的农民及游民无产阶级（方国珍是盐贩，刘福通是邪教徒，徐寿辉、郭子兴是布贩，张士诚是运盐舟子，朱元璋是游食的僧徒，陈友谅是渔

① 郑思肖，宋连江人，号所南，著有《铁函心史》。

②《元鞑攻日本败北歌》，见《铁函心史·中兴集》。

家子，徐达是农民，常遇春是盗匪）。而起兵以后，平日没收农田、虐待佃户的僧侣，受害最烈（元朝的遗民杨维桢说“海内兵变，三教之厄，浮屠氏为甚”）。

复次，蒙古自元世祖破坏成法，自立为大汗以来，皇位继承的问题，常起争执。

革命军纷起的背景

蒙古大汗，例由忽里勒台大会推定，元世祖破坏成法，自立为大汗。终世祖之世，常遣其孙铁穆耳及其臣伯颜戍守漠北，蒙古大帝国实际上早已分裂。世祖仿中国立太子，但不幸其太子真金早死。世祖崩，伯颜以宿将重臣，专断朝政，所以成宗铁穆耳继立，没有什么争执。成宗立，命他的侄儿海山代守漠北。成宗的太子德寿亦早死。及成宗崩，后伯岳吾氏欲立世祖次子阿答难为帝，但海山握有重兵，皇位终于被他夺去，是为武宗。武宗崩，其弟爱育黎拔力八达立，是为仁宗。仁宗立自己的儿子硕德八剌为太子，后即位，是为英宗。英宗被奸臣铁木迭儿之党铁失所弑，子也孙铁木儿继立，是为泰定帝。泰定帝崩于上都，其子阿速吉八就在上都即皇帝位，是为天顺帝。天顺帝年方九岁，武宗旧臣燕铁木儿在大都主张迎立武宗的儿子为帝，于是一方派人迎立和世㻋于漠北，一方派人迎接图帖睦尔于江陵。图帖睦尔先到，摄位以待和世㻋。燕铁木儿带兵攻陷上都，天顺帝不知下落。和世㻋即皇帝位于和宁之北，是为明宗，立图帖睦尔为太子。不久，图帖睦尔弑明宗自立，是为文宗。文宗弑杀兄自立，心不自安，遗命必立明帝的儿子。文宗崩，燕铁木儿欲立其子燕帖古思，文宗后翁吉喇氏坚主必立明宗后，乃迎立明宗的儿子懿璘质班，是为宁宗。宁宗立一月崩，燕铁木儿又主张立燕帖古思，皇后坚执不可，遂立明宗长子妥懽帖睦尔。但燕铁木儿多方阻挡，不许他即位，恰好燕铁木儿死了，妥懽帖睦尔遂得即位，是为顺帝。顺帝即位后，自己荒淫无度，把政事交皇后和近臣。皇后奇氏又想他禅位给自己所生的儿子爱猷识理达腊，和朝臣结党弄权。皇位继承问题的争执，遂和元朝相终始。

元英宗以后，权臣专政，皇位继承问题的争执愈甚，因之朝政紊乱，法制废弛。元朝一代，中国本部的农民，本已受到空前的压迫与榨取。到末年，因国家政法的废弛，豪强特权阶级更大胆地加紧其对农民的剥削。加以水灾旱荒，连年发生，在民不聊生的状态中，就一齐反动，起而为革命的斗争。

元顺帝至正八年，浙江盐贩方国珍起兵台州。不久便有白莲教徒刘福通起兵安丰，奉教主韩山童之子韩林儿为主；李二起兵徐州；徐寿辉起兵蕲州；都以红巾为号。郭子兴起兵濠州；张士诚起兵高邮。广大的革命斗争，遂一发而不可收拾。

革命的爆发

栾城人韩山童，从他的祖父以来，借白莲会烧香聚众，被官府逮捕，谪徙永平。那时候盗匪四起，韩山童遂倡言天下当大乱，弥勒佛下生；河南及江淮间的平民，颇有一部分信奉他。颍州人刘福通更造作谣言，说韩山童实是宋徽宗的八世孙，当为中国皇帝。官厅因他妖言惑众，捕捉甚急，遂聚众造反。韩山童被捕，其子韩林儿潜逃到武安，刘福通推他为首领。后刘福通被张士诚的部将所杀。韩林儿为朱元璋所得，死在长江中。白莲会是元时盛行的一种宗教的秘密组织，出于佛教的白莲宗。至明时，称为白莲教。

革命军声势之渐盛

元朝派兵征讨叛乱，连年无功。宰相脱脱乃亲自出马，大破李二于徐州，围张士诚于高邮，而脱脱适在这时候受人攻讦，被顺帝免职，窜死云南。朝廷征剿之势松懈，革命军声势复盛。于是长江上游，尽被徐寿辉及其部将陈友谅、明玉珍所据，长江下游尽被张士诚、郭子兴及其部将朱元璋所据。黄河流域则刘福通占据汴梁，又分兵连陷山西、山东、河北各要地，声势颇盛。不久刘福通被察罕帖木儿、李思齐所败，走还安丰。黄河流域，渐次肃清，但长江流域却全非元朝所有了。

元朝的内讧

元朝到这时候已势穷力蹙，但还在闹着争夺皇位的把戏。顺帝颇荒淫，皇后奇氏想胁迫顺帝禅位于她所生的儿子爱猷识理达腊，便暗结朝中大臣及在外的统兵大将，因此引起兵争，把讨伐叛乱的事情置之脑后，正好给朱元璋从容兼并各路，日渐强大的机会。

奇皇后想废顺帝，把皇位传给她的儿子爱猷识理达腊，其臣哈麻、雪雪都预闻其事。哈麻代脱脱为宰相时，雪雪为御史大夫，就想胁迫顺帝禅让，事机不密，哈麻等被杀。哈麻死后，太平[①]代为宰相，因不同意奇后的主张，不久就被排挤去位，搠思监代为宰相。山西地方本是察罕帖木儿所平定的，却有个孛罗帖木儿驻军大同，想兼并他的地盘，于是出兵相攻。陕西参政张良弼也和察罕帖木儿有冲突，察罕帖木儿与李思齐连兵攻之。察罕帖木儿死，其子扩廓帖木儿代统其军，还是继续的互相攻战。扩廓帖木儿则党于搠思监和太监朴不花，而孛罗帖木儿则党于顺帝的母舅御史大夫老的沙。老的沙奏参搠思监等，触爱猷识理达腊之怒。时顺帝厌倦政治，爱猷识理达腊以太子专国政，老的沙遂被免职。老的沙逃到大同依孛罗帖木儿，搠思监等就诬孛罗帖木儿谋反。于是孛罗帖木儿举兵攻京师，把搠思监、朴不花杀掉，

① 太平本姓贺名惟一，赐姓蒙古名太平。

太子逃兴州。不久，孛罗帖木儿兵退。太子命扩廓帖木儿带兵讨之，孛罗帖木儿又攻入京师，顺帝密遣勇士把他刺杀（老的沙不久亦被杀）。太子暗示扩廓帖木儿，要他用兵力逼迫顺帝让位，扩廓帖木儿不从，太子大怒。时诏封扩廓帖木儿为河南王，命总统诸军，进平南方。李思齐自以和察罕帖木儿同起兵，耻受扩廓帖木儿的节制，便和张良弼连兵攻击扩廓帖木儿。扩廓帖木儿的部下貊高等又起叛乱。太子乘此机会，请顺帝下诏削扩廓帖木儿官爵，命太子总统天下兵马讨之。不久，扩廓帖木儿已平定其部下之乱，明兵又已逼近，元朝无法，又恢复他的官爵，命他带兵抵抗，然而已经无及了。

朱元璋的出身

朱元璋势力的扩张

朱元璋本是钟离县太平乡的一个贫民，在皇觉寺里做和尚。郭子兴起兵时，他投身为亲兵，很得郭子兴的宠爱。后见郭子兴为人懦弱，不足与共大事，乃别为一军，自谋发展，于至正十五年[①]攻占和、滁二州。不久，郭子兴死，其部下都归朱元璋，他便渡江取采石，乘胜占太平路建元帅府。明年，取集庆路，改名应天府，以为根据地，自称吴国公。至正十七年[②]，复取常州、宁国、江阴及徽、池、扬等州，于是江东州郡，都隶属于朱元璋。

至正十九年[③]，陈友谅徙其主徐寿辉于江州，自称汉王。明年，陈友谅攻朱元璋，取太平，遂杀寿辉，自称皇帝。朱元璋建国金陵，西与陈友谅，东与张士诚接境，兵力远不及陈友谅，又怕陈友谅和张士诚结合，遂用计挑动他自来寻衅。陈友谅中

① 公元一三五五年。
② 公元一三五七年。
③ 公元一三五九年。

⊙张士诚

计，派兵东下，被朱元璋打败。陈友谅弃太平，逃还江州，又退武昌。朱元璋乘胜取江州，占龙兴路，改为洪都府。至正二十三年[①]，陈友谅用水军倾全力围洪都，与朱元璋大战于鄱阳湖，陈友谅败死。明年，朱元璋自立为吴王，带兵进攻武昌，陈友谅的儿子投降。于是江西及湖北东部亦隶属于朱元璋。时张士诚徙据平江，自称吴王。至元二十六年，朱元璋派徐达等攻取高邮，淮安及徐、濠、宿等州相继降。于是淮南北亦都隶属朱元璋。又派徐达、常遇春等大举兵东下，取湖州、杭州、绍兴、嘉兴诸路。明年，克平江，张士诚被掳，自缢死。于是浙西、江东亦隶属于朱元璋了。是年十月，以徐达为征虏大将军，常遇春副之，率师北伐；汤和为征南将军，吴祯副之，率师南征。十二月，汤和等攻克温、台、庆元，方国珍降。遂分兵由海陆两道攻福建[②]。明年正月，克福州。四月，克广东[③]。六月，克广西。于是中国南部略定。徐达等率领的北伐军，于至正二十七年十二月克山东。明年四月，克河南。都督冯胜领前锋，攻破潼关。元朝仓皇调兵应付，然已不能挽回大局。是年闰七月，徐

陈友谅的败亡

张士诚的败亡

朱元璋的北伐与南征

① 公元一三六三年。
② 时元朝的平章事陈友定据福建。
③ 时元朝的广东行省右丞相何真据广东。

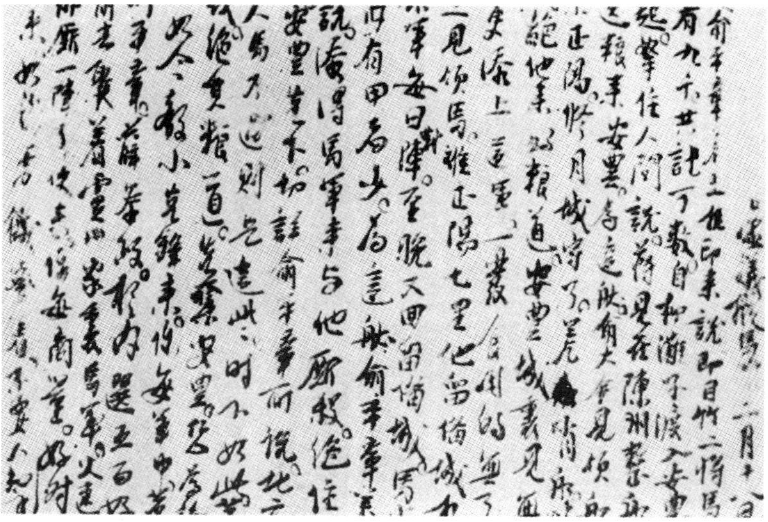

⊙朱元璋给徐达的军令

达、常遇春等破通州，元顺帝出居庸关北走。元自世祖入主中国，仅八十八年而亡。其时，朱元璋已在应天府即皇帝位，改国号为明，是为明太祖。

元朝灭亡与明朝建国

第五十讲　辽、金、元的制度

辽、金、元都以异族入主中国，其制除大半规仿汉制外，各因其文化程度之不同而有种种差异，兹分述如下。

（一）官制　辽官分“南面”“北面”，南面治汉人州县，北面治部族属国。　辽之官制

部族是契丹国里的游牧之民。分地而起的叫作“部”，合族而处的叫作“族”。其中有因同族而合居一处的族而部者，有因同居一处向来认为一族的部而族者，有虽同居一地而非同族的部而不族者，亦有虽同族而不合居一处的族而不部者。属国则北方游牧之族不直接归辽国治理，但由辽国授给其酋长以官衔，有事时向其征兵征饷，颇有些像中国的土司。

北面的官署，有北枢密院（如历代的兵部）、南枢密院（如吏部）、北南两大王院（如户部）、夷离毕（如刑部）、宣徽南北院（如工部）[①]、敌烈麻都（如礼部），而总以南北两宰相府。南面的官署，亦有三公府、枢密院、台、省、寺、监、卫等。外官亦有节度、观察诸使及刺史、县令等，大都模仿中国。金初

① 北面官又分南北，与南面官无涉。

金之官制

设官很简单，长官都称勃极烈[①]，有所谓都勃极烈（汉译元首）、谙版勃极烈（汉译储君）、国论勃极烈（汉译宰相）等等。金太宗始仿汉制置官。其颁定官制，则在金熙宗时。元初设官亦很简单。元世祖始定内外官制，内官取三权分立：设中书省以总揽政务，枢密院以主兵事，御史台以司黜陟。其余大都模仿汉制。所不同者：诸官或汉蒙并置；[②]特设宣政院以管理喇嘛僧徒；关于工艺如织造、油漆等均设专官；而理财之官所设特多。最可注意者，则元于中央政府的“中书省”以外，又另于地方政府设“行中书省”，简称“行省”。其地方分级之法，大概以省领路，路领州县；或有以路领府，府领州，州领县者；其府与州，又有不隶路而直隶省者。然行省制从此确立，至今不能改。[③]

元之官制

行省制之确立

辽、金的田制与税法

（二）田制和税法 辽分田为“沿边屯田”“在官闲田”“私田”三种。种屯田者不纳赋税，种在官闲田及私田者，则计亩出粟。金分“官地”和“私田”两种。官地纳租，私田纳税。纳税之法，分田为九等，按等差缴纳。[④]纳税之期，亦分夏、秋两季。元朝田制，无甚改革。其赋税则取于内地者为“丁税”“地税”，是仿唐朝的租庸调；取于江南者为“秋税”和“夏税”，是仿唐朝的两税制。至于力役，则辽有驿递、马车、旗鼓、乡正、厅隶、仓役等，被役者往往破产不能给，后来改为使民出钱，由官家募役。[⑤]金分有物力的为“课役户”，无物力的为“不课役户”。京府州县设坊正，乡村设里正，其职务是按比户口，催督赋役，劝课农桑。坊正、里正都出钱雇募，其

元之税法

辽、金、元的力役制

① 就是贝勒的同音异译。

② 如翰林院兼国史院之外，又别有蒙古翰林院。

③ 明朝虽废行省的名目，但各布政司的区划，都仍元行省之旧。

④ 金地租之制，历史上没有详细记载，此据《金史·食货志》。

⑤ 辽役法历史上没有详细的记载，仅凭《辽史·马人望传》得其大概。

钱以该地课役户所出的物力钱总额十分之三为标准。

> 物力钱，是租税之外计算其田园、屋舍、车马、牛羊、树艺之数，及其藏镪多寡，以征钱。金时征收物力钱甚严酷，上自公卿，下至平民，都不能免。甚至出使外国回来，说他受了馈遗，也要加征物力钱。

又置主首，以佐里正督察非违；置壮丁，以佐里正巡捕盗贼。主首、里正，都出于签差。

> 金签差先及富人，富力相等之家则以丁多为标准。其役非一家能任，而又不能分任者，以次户为之协助。

元朝力役称为“科差”，有“丝料”“包银”两种。丝料之法：每二户出丝一斤，纳入官府，叫作“二户丝”；每五户出丝一斤，由地方官代收，给与受赐的贵戚功臣之家，叫作“五户丝”。包银之法：汉人每户出银四两（其中二两折收丝绢等物），但其征收亦往往因户而不同。此外又有“俸钞”，全料户纳一两，减半料户纳五钱。于是并合应科的数目作六门摊，分三个期限缴纳。[①] 总而言之，从租庸调变为两税制之后，又另外加收庸调一类的税，使人民受两重负担，实在不合理的。我们看宋元间的赋税名目的繁多，就可以知道那时候的赋税实比唐以前加重了许多。其他的苛捐杂税尚多，在这里不及细述。

辽、金的科举制

（三）学校与考试 辽、金都行科举制，都是三年一开，有乡、府、省三试（金加殿试）。其科目：辽分诗赋、法律两科，诗赋为正科，法律为杂科，后改法律科为经义。金初设词赋和

① 初限八月，中限十月，末限十二月。

经义两科，又有策试一科，后罢策试及经义，增设律科，但不久又恢复经义科。辽设科举，专以待汉人，而金则又添设女直[①]进士科，并置女直国子学。元朝对于学校颇为注重。元世祖于京师立国子学，蒙古人、色目人和汉人各行定额。又特立蒙古国子学和回回国子学。诸路各设教授一人，学正一人，学录一人。府及上、中州各设教授一人，下州设学正一人，县设教谕一人。科举之制，则始于元仁宗时，分汉人为左右榜，也有乡试、会试及御试等。

元的学校制与科举制

辽、金的兵制

（四）兵制 辽本游牧民族，其兵虽分有五种，而正式军队，就只有部族军。

> 辽军队分六种：（一）御帐亲军，（二）宫卫军，（三）大首领部族军，（四）部族军，（五）五京乡丁，（六）属国军。乡丁是辽国的耕稼之民，战斗时不能作为主力军队。属国军是有事时向属国征调而来，所以也不能算是正式的军队。御帐亲军和宫卫军，是部族军之属于君主者；大首领部族军，是部族军之属于亲王大臣者；其所属虽不同，而实际则和普通的部族军没有什么差别。所以辽国的正式军队只有部族军。

金初起时，部落极为寡弱，其部长平时称“孛堇”，战争时称为“猛安”或“谋克”[②]。诸部的强壮者都被征为兵，由部长带领作战。后来于猛安之上置军帅，军帅之上置万户，万户之上置都统。又改都统为元帅府，置元帅及左右副元帅，而元帅常

① 女直即女真。辽兴宗名宗真，辽人避其讳，改名女直。

② 猛安、谋克所部的兵初无定额。金太祖始规定三百户为一谋克，十谋克为一猛安。

居守不出。最后行兵称元帅府，平时则称枢密院，而罢万户官。金初起时，兵不满万，只因其犷悍善战，就占据了中国北部。后来他们自己的兵，渐渐腐败不可用，每有征伐及边警，辄下令签汉人为兵，民家丁男的强壮者都被强迫征发，引起百姓的怨恨，金国于是立不住了。

元的兵制

元代兵制，极为复杂。出于本部族的叫作“蒙古军”，出于其他部族的叫作“探马赤军”。既定中原，发民为兵，称为“汉军”。其统兵之官，则以兵数的多少，为爵秩的崇卑，有万户、千户、百户之分，都是世袭的。万户之下设总管，千户之下设总把，百户之下设弹压，皆总之于枢密院。元朝的统治中国，全用一种兵力高压政策。河洛、山东用蒙古军及探马赤军分别戍守。淮、江以南又各以汉军及新附军[①]戍守。起初军官兼理民政，后虽军民分治，而戍守各地的军官，皆世守不易，故多与豪强大地主相结，侵占田宅，压迫平民，无所不为，遂酿成元末各地农民的扰动。

金、元的纸币制

（五）纸币制 金、元都仿宋朝行使纸币。金初印造一贯、二贯、三贯、五贯及十贯五种，叫作“大钞”；一百、二百、三百、五百、七百五种，叫作“小钞”，与钱并行。起初信用甚好，但后来价格低落，弄到财政十分紊乱。元朝的纸币制却很特别，其所权物不是铜钱而是丝银。先造“中统交钞”，每交合丝一两、银五钱。中统元年[②]又造不兑现的“中统元宝交钞”，分十文至二千文九种，每千文合交钞银一两，又合银五钱。至元二十四年[③]，改造“至元钞”，每贯合中统钞（中统钞在二十八年间价格跌至五分之一）五贯，又合银五钱，又合金五分。武

① 元朝平宋之后，所得的兵叫作“新附军”。
② 公元一二六〇年。
③ 公元一二八七年。

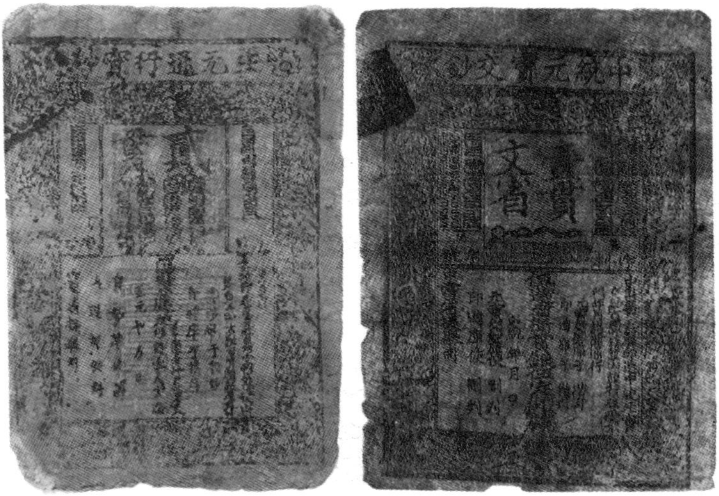

⊙至元通行宝钞（左）与中统元宝交钞（右）

宗时又造“至大银钞”，但不久即罢。当时社会上受纸币价低落物价腾贵的影响很大，元朝末年，便有重铸金属货币的提议。至正十年[①]，铸至正通宝钱，和历代铜钱并用，使中统钞一贯或至元钞二贯之价都等于钱币一千文。但当时名为相权，其实徒有虚名，以至行之未久，物价又涨起了十倍，反引起极大骚扰。在这纸币政策发生流弊之际，另外一个发展的方向，就是用贵金属：金朝末年，银两的使用已见端倪；元亡以后，明朝便大用银两了。

此外，辽、金、元的刑法制度，大都斟酌汉制，又参以他们固有的习惯，没有可以特别称述之处。

元代的理学与文学

在这里要附带讲到学术方面。自燕云十六州没入辽国之后，久与汉族的声教不相通。宋理宗时，蒙古兵攻鄂，得赵复以去。后赵复在燕京讲学，南方理学开始传到北方。接踵而起的，北

① 公元一三五〇年。

方有许衡、刘因等，南方有吴澄、金履祥、许谦等，都是元朝一代的理学大师。文学方面，则杂剧、传奇的勃兴，使中国文学史上开辟一个新的境界。

杂剧、传奇是戏曲的一种文体：杂剧出数较少，初流行于北方，故亦称“北曲”；传奇出数较多，初流行于南方，故亦称“南曲”。南曲起于温州杂剧，在元时已与北曲并行，至明始渐取北曲而代之。大约北曲悲壮沉雄，南曲缠绵婉转，此由南北风气及曲的体制不同之故。杂剧作家如关汉卿、马致远、白仁甫、王实甫等。关所作有《闺怨佳人拜月亭》《关大王单刀会》等。马所作有《江州司马青衫泪》《汉宫秋》等。白所作有《唐明皇秋夜梧桐雨》《苏小小月夜钱塘梦》等。王所作有《崔莺莺待月西厢记》《才子佳人拜月亭》等。传奇的最初有名著作则有《荆》《刘》《拜》《杀》及《琵琶记》。《荆》《刘》《拜》《杀》是传奇中最古最有名的著作，然依作者时代排列，当作“《拜》《刘》《杀》《荆》”。《拜》

⊙《西厢记》插图

即《拜月亭》，一名《幽闺记》，相传为元施惠所作。《刘》即《白兔记》，因叙刘知远事，故简称为《刘》，不知作者姓名。其著作年代，约与《拜月亭》同时。《杀》为《杀狗记》，相传为元末明初的徐畛所作。《荆》为《荆钗记》，相传为元柯丹丘所作。其实是明初宁献王朱权[①]所作，因朱权别号丹丘子，故因此误会。《琵琶记》系元末明初的高明[②]所作。至杂剧、传奇的起源，却受印度佛曲的影响，和中国一向以歌舞或戏谑为主的俳优，似乎没有多大关系。

① 朱权，明太祖第十七子。

② 高明，字则诚，瑞安人，或以为平阳人。按：或以为《琵琶记》系高拭字则成者所作，则因高明字则诚，诚、成同音而误。

第五十一讲　明太祖的开国方略

明太祖的驱逐元朝平定西南

明太祖既克元都，遂下诏以应天府为南京，开封为北京。洪武元年[①]十二月，徐达等克太原、大同，山西遂平。明年，徐达等平陕西。又明年，徐达平甘肃。李文忠出居庸关追元顺帝。元顺帝病死于应昌，子爱猷识理达腊继立。李文忠进兵围应昌，爱猷识理达腊北走，李文忠追至北庆州而还。于是北方完全平定。先是明玉珍闻陈友谅杀徐寿辉，遂据四川独立，建都重庆，改国号为夏。洪武四年，明太祖命汤和等分道伐夏。时明玉珍已死，其子明昇出降，四川遂平。唯元朝的梁王把匝剌瓦尔密占据云南，至洪武十四年[②]才平定。

明太祖和汉高祖一样以游民一跃而为帝王，他的谋臣常把汉高祖的故事讲给他听，所以他开国之初的种种设施，大都模仿汉高祖。最显著的是：

大封同姓与诛戮功臣

（一）他仿汉初大封同姓的办法，分封诸王子于各地，并各设傅相官属，置护卫兵。

> 明太祖封诸子于要地，各设傅相官属，并许置护卫兵，有多至万九千人者，而燕王朱棣、晋王朱棡以守御北边故，并得节制诸将，权势尤大。今将受封的诸皇子，列表如下：

---

① 即元至正二十八年，公元一三六八年。

② 公元一三八一年。

国名	人名	封地	国名	人名	封地
秦	樉	西安	晋	棡	太原
燕	棣	北平	周	橚	开封
楚	桢	武昌	齐	榑	青州
潭	梓	长沙	鲁	檀	兖州
蜀	椿	成都	湘	柏	荆州
代	桂	大同	肃	楧	甘州
辽	植	广宁	庆	㮵	宁夏
宁	权	大宁	岷	楩	岷州
谷	橞	宣府	韩	松	开原
沈	模	潞州	安	楹	平凉
唐	桱	南阳	郢	栋	安陆
伊	㰘	洛阳	赵	杞	未之国
靖江	守谦	桂林			

注：守谦是太祖的侄儿

（二）他仿汉高祖的诛灭功臣宿将。先族诛左丞相[①]胡惟庸；继又族诛右丞相李善长，株连而死的三万人；后又族诛功臣蓝玉、傅友德等，株连而死者万五千人。

明太祖建国之初，以李善长为相。后来李善长以病去官，胡惟庸、汪广洋同为丞相。诚意伯刘基，是佐明太祖定天下的功臣，胡惟庸和他不睦；刘基有病，胡惟庸带了医生去替他诊治，服药后病更加甚，终致不起。其后有人上疏，说刘基是被人毒死的，其情形汪广洋应该知道。太祖问汪广洋，汪广洋说没有这回事。太祖大怒，命汪广洋自杀。不久，又有人上疏告胡惟庸等谋反，太祖遂诛戮胡惟庸，株连被杀者甚多，并上疏告胡谋反者亦被诛戮。这是洪武十三

① 明初设左右相国，后改为左右丞相。

年[1]的事。过了十年，有人上书告李善长从前和胡惟庸交通，太祖大怒，命李善长自杀，被牵连的人又不少。再过两年，又追究胡惟庸党，杀了不少人：计自胡案发觉，前后十多年，被杀三万余人，史称“胡党之狱”。蓝玉佐明太祖征伐有功，封凉国公，颇有点恃功粗暴。洪武二十五年[2]，有人告他谋反，遂全家被杀。列侯以下坐蓝党而死者有傅友德等数百家，被诛戮者万五千人，史称“蓝党之狱”。其他非胡蓝之党而被诛戮者亦不少。赵翼说：“明祖则起事虽早，而天下大定则年已六十余，懿文太子[3]又柔仁，懿文死，孙更孱弱，遂不得不为身后之虑。是以两兴大狱，一网打尽，此可以推见其心迹也。胡惟庸之死在洪武十三年，同诛者不过陈宁、涂节数人。至胡党之狱则在二十三年，距惟庸死时已十余年，岂有逆首已死，同谋之人至十余年始败露者？此不过借惟庸为题，使狱词牵连诸人，为草薙禽狝之计耳。胡党既诛，犹以为未尽，则二十六年又兴蓝党之狱，于是诸功臣宿将始尽。”

明太祖本是一个猜忌好杀的君主，像这样大规模的杀戮，其残忍凶狠，实为汉高祖所不及！

明太祖的猜忌好杀，已如前述，今更举几桩极荒谬可笑的事情为例：杭州教授徐一夔上贺表，有“光天之下，天生圣人，为世作则”的话。他看了大怒，以为““生’者僧也，以我尝为僧也。‘光’则剃发也。‘则’字音近贼也”，就把他斩首。又僧来复谢恩诗，有“殊域及自惭，无德颂陶

① 公元一三八〇年。
② 公元一三九二年。
③ 太祖长子朱标，立为太子，早死，谥懿文。

⊙明太祖

唐”之句。他又大怒，以为“用‘殊’字是谓我歹朱也；‘无德颂陶唐’，是谓我无德，虽欲以陶唐颂我而不能也”，又把他杀掉。又尝于元旦夜出游，见一灯谜，画一妇人，怀中抱一西瓜，安坐马上，马蹄画得很大。他见了又大怒，以为这一个谜底是“淮西妇人，马氏脚大”，明明是讥诮他的皇后马氏，就把制谜的人杖死。诸如此类，不胜枚举。据说太祖略识之无，平定江南后，颇招致文士，十分优礼，那些武将很妒忌。一天，有人对太祖说：“文士最喜讥诮人，如张九四[①]优礼文士，请文士们替他取名，却取了‘士诚’两字。”太祖说：“这两字也不坏。”那人却说：“孟子有‘士诚小人也’的话，张士诚哪里知道！”从此太祖对于臣下的章奏，动生疑忌，遂发生这类荒谬可笑的事情。

更进一步的君主集权

明太祖又鉴于元朝政制的松懈，便厉行中央集权政策，把君权极力扩张。明初尝设中书省，不久便废；将政务分给吏、户、礼、兵、刑、工六部，设六部尚书，辅以侍郎，而直接总其成于皇帝。于是事权都各个独立，并总揽政权的宰相也废去[②]，不过设一都察院以掌监察之权，更设吏、户、礼、兵、刑、工六科给事中，封驳章奏。君主集权的组织，到此又更进一步。

要扩张君主的权势，不能不把臣下们养成绝对服从的奴隶。

① 张士诚小名九四。

② 明太祖惩胡惟庸之擅权，始废丞相不设，专任六部，分相职于各尚书，事在洪武十三年。

明太祖的奴待臣下

明太祖的方法较前代君主更为巧妙；他不像汉光武那样用表彰气节等方法来养成士大夫忠于一姓的奴隶意识，而是直接使士大夫出身的官僚变成奴隶，其办法便是“跪对”和“廷杖”。古代三公坐而论道，入朝则皇帝为之起立，出朝则皇帝临轩相送。宋太祖时，始废“坐论”，但亦不过“立对”而已。到了明朝，君坐臣跪，甚至“膝行”“叩头”。廷杖则更为野蛮，大臣在皇帝面前，一言不合，便受杖责，甚有因伤身死或立毙杖下者。在这种情形底下，当时的所谓“大臣”和奴隶有什么区别？但明朝的士大夫却不觉得耻辱，往往朝受棰楚，晚上谢恩的奏章，未闻有因受辱而弃官隐居者。朝廷以奴隶对待臣下，臣下也以奴隶自居，谈不到什么“身份”和“气节”了。

明太祖腐化智识分子的方法

明太祖以奴隶待臣下还不足，更进一步设法把智识分子腐化：他在科举制度下规定试题的范围不能出“四书”“五经”之外，又规定用排偶的文体，称为“制义”，后通称为“八股”[①]。从此以后，士大夫非精通八股就休想做官；欲精通八股，非埋头几年把那些《四书大全》《五经大全》《性理大全》等书[②]读个烂熟不可。到后来那些“八股先生”除了闱墨[③]、律诗、律赋[④]、小楷及所谓《四书大全》等之外就一无所知。

与民休养及严惩贪吏

明初的政治设施，虽专在扩张君权、奴待臣下及腐化智识分子，但明太祖颇懂得与民休养之道。他尝对那些府、州、县官说：“天下初定，百姓财力俱困。如初飞之鸟，不可拔其羽；新植之木，不可摇其根，在安养生息之而已。”又尝谕户部：“国

① 据顾炎武《日知录》说，八股的名称，盖起于成化以后。

② 明朝颁布《四书大全》《五经大全》《性理大全》等书，而《四书大全》尤非研习不可，因为当时程式，以“四书”义为重。清《四库全书总目》卷三十六《四书大全》提要谓“有明一代，士大夫学问根柢具在于斯”。

③ 科举时代乡、会试选刊中式前列之作，称为“闱墨”。

④ 指应制诗赋而言。

家赋税已定，撙节用度，自有余饶，使民得尽力农桑，自然家给人足，何事聚敛也。”他对于贪官污吏的惩罚极严，地方官贪贿至银六十两以上，便斩首示众，甚至于剥皮。

> 明太祖在各府、州、县、卫官署的左面特立土地庙，以为施行剥皮的场所，称为“皮场庙”。官署的公座旁，悬挂剥皮实草的袋，使官吏有所警惕。据说这种非法之刑，在元朝已经有了[①]，但不像明朝那样公然作为一种正当的刑罚。

其罪轻者，或逮捕至京师筑城，或徙凤阳耕田。当时的官吏在法令森严之下，自然不敢违法殃民。不过这种局面是暂时的，在确认土地私有制度之下，无法抑制豪强的兼并及地方官的侵暴。明太祖晚年渐去严刑峻法，而当时的百姓已非所谓“初飞之鸟”“新植之木”，大可供豪强兼并、官吏剥削了。清赵翼说：“前明一代风气，不特地方有司私派横征，民不堪命，而缙绅居乡者，亦多倚势恃强，视细民如弱肉，上下相护，民无所控诉也。”于此可见灭元而兴的明朝，虽已除掉多年所受异族凌虐之苦，但同族间的弱肉强食还是依旧！

无法抑制的豪强兼并与官吏侵暴

> 中国历来每一朝代的推翻，大都由于平民的到处暴动。当时领导暴动的，不外失意的贵族、军阀、官僚或游侠好事之徒，不然，就是妖教师；而其大部分的军队，不消说是农民。但农民没有政治的觉悟，不懂得团结起来争取自己的阶级的利益，所以打倒了一个暴虐的统治阶级，再来一个以暴易暴的统治阶级，农民依旧是被剥削被压迫者。

---

① 元世祖借阿合马家有人皮一张，诛阿合马之子阿散，亦剥其皮，是元代已有此非法之刑。

第五十二讲　明成祖的刻忌与事功

明成祖的篡夺皇帝

明太祖的第四子燕王朱棣，封于北平，屡立战功，因得节制北平军事，势甚强盛。洪武二十五年[①]，太子朱标死，帝立朱标的第二子朱允炆为皇太孙，燕王颇愤愤不平。洪武三十一年[②]，太祖崩，皇太孙即位，是为惠帝。其时诸藩王都拥有兵力，且大多数是惠帝的尊属，不免有些跋扈的表示。惠帝用齐泰、黄子澄的计划，极力裁制他们，对拥有强兵的燕王，尤为注意。燕王久有做皇帝的野心，见形势不佳，便先发制人，以驱除惠帝左右的奸臣为名，起兵南下，号为靖难军。屡次攻陷城邑，双方相持至三年之久。后惠帝因事严办宦官，宦官中有恨惠帝的，便把京师的虚实去报告燕王。建文三年[③]冬，燕王大发兵南下，明年，燕兵渡江，破京师。惠帝不知下落。燕王即皇帝位，是为成祖。改称其原驻地北平为顺天府，于永乐十九年[④]迁都，而以应天府为南京。

惠帝于城破时不知下落，或传已自焚死。但民间纷纷传说惠帝实于城破时逃出，跟他同逃的有程济及河西佣、补锅

① 公元一三九二年。
② 公元一三九八年。
③ 公元一四〇一年。
④ 公元一四二一年。

匠之属，说来凿凿有据。今所传《逊国逸书》载有《致身录》《从亡随笔》，把惠帝的行踪及从亡诸臣的姓名爵里，装点得若有其事。大概燕王用武力夺取皇位，又大施杀戮，颇引起民间的不平，所以大家都相信惠帝未死，或有卷土重来之一日，又经好事者把这故事附会装点起来，就说得“像煞有介事”了。近人胡適著有《建文逊国传说的演变》一文，颇有断制，可参阅。

明成祖诛杀方孝孺

明成祖为人刻忌，其残忍好杀很像太祖。他即位之初，命儒臣方孝孺起草登极诏，孝孺大书“燕贼篡位”四字。成祖大怒，要夷他九族[①]，他说：“便十族奈我何！”于是收捕他的门生廖镛等为一族，合方氏九族，概加杀戮。又族灭齐泰、黄子澄的全家。御史大夫景清因谋刺成祖，被夷九族，并籍抄他的家乡，称为“瓜蔓抄”。杀戮之惨，更甚于太祖时胡蓝之狱。

⊙明成祖

明成祖的重用宦官

成祖的篡夺皇位，得宦官的帮助，所以他十分信任宦官。且以镇守西北的边将，多洪武朝旧臣，不能无疑虑，乃命宦官中有智谋者，参预诸将戎幕，赐公侯服，位在诸将上。又设军营提督，使宦监军。又于京师内设东厂[②]，委任宦官作政事侦探。更屡次遣宦官出使外国。明太祖本有“内官不得与政

① 旧时《刑法》有夷九族之刑，被刑者自高祖至玄孙的亲属皆诛灭无遗。

② 东厂是明内监掌权者的办事公署，专司缉案，永乐十八年置。详见下第五九讲。

事”的禁令，至此完全破坏，宦官在政事上占了优越的地位；明朝一代宦官出使、专征、监军、分镇、刺臣民隐事诸弊政，都开始于此时。

明成祖的外征

成祖虽刻忌好杀戮，但亦不失为一个振作有为的君主。他曾北破蒙古、瓦剌，

> 元朝的爱猷识理达腊，于公元一三七七年死，子脱古思帖木儿嗣位。明将蓝玉袭其众于捕鱼儿海，脱古思帖木儿向和林逃走，想依其丞相咬住，至土剌河，为其部下所弑。子恩克卓里克图继立，三传至坤帖木儿，被其部帅鬼力赤所篡，改称鞑靼可汗。蒙古大汗的统系，从此中绝。不久鬼力赤被其臣下阿鲁台所杀。阿鲁台迎立元后本雅失里于别失八里。明成祖遣邱福征讨，败没。永乐八年[1]，成祖亲征，击破之。本雅失里后为瓦剌部马哈木所杀，阿鲁台来降。其后阿鲁台渐跋扈，甚至拘留明朝的使者，并不时在边疆骚扰，成祖曾两次亲征：第一次在永乐二十年，成祖兵至沙狐原，阿鲁台向北逃走，遂班师；第二次在永乐二十二年，成祖兵至答兰纳木儿河不见敌踪，以粮尽还兵。瓦剌部在鞑靼西，占有贝加尔湖西面一带及阿尔泰山附近的地方。元亡时，被其强臣猛哥帖木儿所据。明成祖起兵北平时，和他通好。猛哥帖木儿死，其部众分属于马哈木、太平、把秃孛罗三酋长。永乐十二年，马哈木想来侵犯边境，成祖就下诏亲征，大破其众于忽兰忽失温。于是瓦剌部的酋长都来谢罪，愿受明朝册封。

南并安南，而几次命宦官郑和带兵出海，遍历南洋及印度洋西

① 公元一四一〇年。

岸各国，促进海外交通的发达，对于后来的影响很大。

安南本为陈氏所据，世袭为王。公元一三九九年，被其外戚黎季犛所篡。黎季犛更名为胡一元，自称出舜裔胡公后，改国号为大虞。不久，传位于其子胡奃，诡言陈氏之后已绝，向中国请封。明成祖信以为真，就封他为安南国王。后安南的旧臣裴伯耆把真实情形告诉明朝，陈氏的后裔陈天平也逃到中国，向明朝请兵复仇。明成祖派使切责胡一元父子。胡氏遣使来谢罪，并表示愿迎接陈天平回去做国王。陈天平回至芹站地方，被预伏的安南兵所杀。成祖大怒，就发大军征讨，结果胡一元父子被擒，明朝把安南地方设立交趾布政司。这是永乐五年的事。

郑和的出使南洋诸国

惠帝于京师攻破时不知下落，民间纷纷传说他逃亡在海外。成祖也很疑心，便借招谕南洋诸番的名义，先后命宦官出海访查，其中以郑和为最著名。郑和于永乐三年[①]，奉命带海军三万七千及多量的金帛与航海必用的罗盘针，乘大船六十二艘[②]，由苏州刘家港出发，泛海经福建，出五虎门放洋，南达占城，以次遍历南洋诸国。每至一处，便发布明朝皇帝的谕旨，宣示威德，把金帛赠给他们的君长；不服的便用兵力镇压。他到旧港，因酋长陈祖义假意投降，阴谋袭击，便把他擒住。永乐五年，郑和回国，各番国都遣派使臣，随同进贡朝见。将陈祖义在应天府斩首示众。同年，郑和第二次奉命出发，到锡兰。

郑和的三擒番王

① 公元一四〇五年。

② 据《明史·郑和传》，当时船只长四十四丈，广十八丈，几与近代航海的商船的长度相近。

⊙郑和海船（模型）

其王亚烈苦奈儿引诱郑和到他国里，一面发兵劫掠郑和的海船。郑和乘其国内空虚，统兵二千余人，出其不意攻取城堡，擒亚烈苦奈儿。永乐七年，郑和回国，把亚烈苦奈儿解至应天府，经成祖特赦释放。其时南洋各番国来归服者更多。同年，郑和第三次奉命出发，至苏门答腊，其王子苏干剌谋杀其王，并欲杀郑和，郑和便把他擒住。此后郑和又于永乐十四年奉命出洋，永乐十七年回国；永乐十九年又奉命出洋，明年回国；永乐二十二年又奉

⊙金锭（目前唯一一件考古发现有铭文记载的与郑和下西洋有关的文物）

命出洋，同年回国；宣宗宣德五年[①]，又奉命出洋，宣德八年回国：前后凡七奉使、三擒番王，为历代宦官所未有。他的航程，南到爪哇，西到红海，西南到非洲的竹步[②]，计程万里，亦为前代中国从事海上交通者所未有。

郑和的航程

《明史·郑和传》极简略，兹据《明史·外国传》，把当时曾派使招谕的南洋各国，列表如下：

国名	今地	国名	今地
吕宋	吕宋	日罗夏治	爪哇附近
合猫里	菲律宾群岛中	三佛齐	苏门答腊的巴邻旁
美洛居	摩鹿加	渤尼	苏门答腊西北
沙瑶	未详	满剌加	马六甲
婆罗	婆罗洲	苏门答腊	苏门答腊
麻叶瓮	比利敦附近的岛屿	苏禄	苏禄岛
交烂山	比利敦群岛	西洋琐里	未详
古麻剌朗	未详	琐里	未详
冯嘉施兰	未详	览邨	印度洋中岛屿（？）
文朗马神	未详	淡巴	印度洋中岛屿（？）
宾童龙	柬埔寨的岬	百花	印度洋中岛屿（？）
爪哇（阇婆）	爪哇	彭亨	马来半岛
苏吉丹	爪哇附近	那孤儿	苏门答腊西
碟里	爪哇附近	黎伐	苏门答腊西
南渤利	哑齐之西	剌撒	阿拉伯半岛马利尔拉附近
阿鲁（哑鲁）	亚罗亚群岛	麻林	未详
柔佛	马来半岛南端	忽鲁谟斯	波斯湾外的和尔木斯

① 公元一四三〇年。

② Juba。

续表

国名	今地	国名	今地
巴喇西	未详	滔山	未详（锡兰南印度洋中？）
古里	印度的科利库特	南巫里	未详（锡兰南印度洋中？）
柯枝	印度的可陈	加异勒	未详（锡兰南印度洋中？）
大小葛兰	印度的固兰	甘巴里	未详（锡兰南印度洋中？）
锡兰山	锡兰岛	忽兰丹	未详
榜葛剌	孟加拉	沙里尼湾	未详
沼纳朴儿	榜葛剌西	底里	（特里？）
祖法儿	阿拉伯半岛的设黑尔	千里达	未详
木骨都束	非洲的东岸	失剌比	未详
不剌哇	非洲的东岸	古里班卒	未详
竹步	非洲的东岸	剌泥	未详
阿丹	亚丁	白黑葛达	报达

所以“三保太监下西洋”[①]的故事，为当时民间所盛传。从此以后，沿海一带的人民，往海外经商者渐多，实开近代南洋华侨的先路。

① 郑和小名三保，所以当时都称他为三保太监。明人称印度洋西岸为西洋。

第五十三讲　元裔的扰边与明廷的应付

明太祖虽驱逐元朝，统一中国，但蒙古族在大漠的势力终未消灭。蒙古自元亡以后，内部分裂，成为鞑靼、瓦剌对立的形势，而瓦剌势力较盛。瓦剌的酋长脱欢攻破鞑靼，立元裔脱脱不花为鞑靼可汗，自为丞相，居漠北。脱欢死，其子也先继任，自称太师淮王，脱脱不花徒拥虚名，不能相制。也先颇勇武，先后攻破哈密，胁服明边朵颜等三卫，时常侵入长城，攻扰大同、宣府。英宗（成祖曾孙朱祁镇）正统十四年[1]，也先纠合部众，分道大举南下，使脱脱不花攻辽东，自己领兵攻大同，又分兵扰宣府、甘州。明朝的边将敌不过蒙古兵，纷纷逃匿，朝廷一天接到数十次的警报。时英宗宠信宦官王振，王振劝他亲征也先，遂亲率大军五十万，出居庸关，向大同前进。也先故意退避，引明兵深入。明兵前锋至大同，为也先所败。英宗闻报，急下诏班师。大同总兵郭登请英宗退入紫荆关。王振因其家在蔚州，想乘便请英宗到他家里，便竭力主张仍由居庸关退回。行至土木堡，被也先兵袭击，明兵大败。英宗被掳，王振死于乱军之中。这一件事历史上称为“土木之变”。

元亡后蒙古内部的分裂

也先的扰边

英宗的亲征

土木之变

英宗被掳后，也先就挟了他引兵入紫荆关，直逼北京。时英宗弟郕王朱祁钰已奉太后命即位，是为景帝。遥尊英宗为太上皇。兵部尚书于谦，督率总兵石亨等奋力抵抗，也先战败，大

景帝即位与英宗复辟

① 公元一四四九年。

掠而退。于谦又派重兵镇守大同、宣府，也先屡派兵来扰，都被击退。也先计无所施，而鞑靼可汗脱脱不花又主张与明朝议和，乃把英宗送还。景帝立七年，有疾。明年，石亨等奉英宗复辟。

⊙明英宗

景帝初立英宗的儿子朱见深为太子，后来把他废掉，又立自己的儿子朱见济为太子。见济病死，皇储的位置就空悬着。先是英宗被掳，也先兵逼京师，朝臣有主张迁都的，侍讲徐有贞便是主张迁都最力的一个。英宗回国以后，他心里不免有点惭愧。又战将石亨，守京城有功，也因赏薄怨望。后来景帝有病，徐有贞、石亨等和内监曹吉祥私下定议，以兵闯入宫中，迎接英宗复位。废景帝为郕王，并诬于谦等以谋迎外藩，入继大统，坐以谋大逆，凌迟处死。①这件事历史上称为“夺门之变”。徐有贞不久被石亨所排挤，贬谪而死。石亨、曹吉祥后来都因谋反事泄，处死刑。

瓦剌鞑靼势力的消长

也先既与明朝议和，乘其势力方盛，杀其主脱脱不花，自立为田盛可汗。不久，也先被其部下阿剌攻杀，于是瓦剌部落分散。鞑靼部长孛来，又攻杀阿剌，立脱脱不花的儿子麻儿可儿，

① 这是一种最惨酷的刑罚。先把犯人的肢体断绝，然后割断他的喉管。唐朝以前还没有这种惨酷的刑罚，虽谋反大逆，亦止杀头而已。五代时才于法外置凌迟一条。宋以后，凡犯大逆与逆伦重犯，都用这惨酷的刑罚。

蒙古各部的统一

号为小王子。从此瓦剌势衰，鞑靼复兴。至宪宗（英宗子朱见深）成化十六年[①]，成吉思汗后裔巴图孟克立，是为鞑靼的达延可汗[②]。达延可汗统一蒙古各部，为蒙古中兴的一大伟人。他使幼子格哷森札札赉尔统治漠北，这一支后来就成为喀尔喀部。使三子巴尔苏和长孙卜赤统治漠南，这一支后来就成为察哈尔部。巴尔苏的长子衮必里克图驻扎河套，这一支后来就成为鄂尔多斯部。衮必里克图之弟俺答驻阴山，这一支后来就成为土默特部。衮必里克图早死，其部下为俺答所兼并，于是俺答的势力独盛。

俺答侵边与明廷的应付

明世宗（英宗曾孙朱厚熜）嘉靖[③]年间，俺答屡次侵扰边境。三边总制曾铣倡议出兵收复河套地方，为权相严嵩所阻。嘉靖二十九年[④]，俺答起兵攻宣府，入古北口，直逼北京。那时候皇帝深居宫中，一切政事都委之严嵩。各路救兵到北京，严嵩怕交战失败，于自己地位不利，令诸将不许轻易出战。俺答的兵在北京城外大掠数日，饱载而去。严嵩归罪于兵部尚书丁汝夔，将他正法，而引用他的党羽仇鸾，使他总督京营戎政。仇鸾和严嵩定计，厚结俺答，使贡马互市。俺答所要的是中国的财帛，自然答应了。明年，遂开马市于大同、宣府，每年春秋两市。从此边兵尽撤，俺答更肆无忌惮，往往用疲惫不堪的马索取重价，不照给，便借端寇掠。甚至一方在大同开马市，而一方在宣府寇掠；或在宣府开马市，而一方在大同寇掠。到后来索性早上开马市，晚上便派兵来把那些马抢夺去了。不久，仇鸾死，遂罢马市。但从此以后，俺答时常南犯，边城都被蹂

---

① 公元一四八〇年。

② 明译为大元大可汗，即《明史》正嘉以后所称“小王子”者，为元太祖十五世孙。

③ 公元一五二二至一五六六年。

④ 公元一五五〇年。

躏。明朝的兵力既不够防止俺答的侵扰，后来总算用喇嘛教及其他方法去笼络他们，才渐渐相安无事。

> 蒙古人迷信喇嘛教，在前面已经讲起过。但到了明朝，喇嘛教又另开一新派。原来喇嘛教本盛行于西藏，从蒙古征服西藏以来，极其崇信僧侣，喇嘛的势力极盛。当时西藏的政权，从部酋而移入于喇嘛之手，成为政教合一的局面。明初，喇嘛僧宗喀巴倡言改革，别立宗派，喇嘛教遂分为红、黄两派。旧派喇嘛许置家室，专究幻术。因为服色用红，所以称为红教。新派喇嘛禁止娶妻，排斥幻术，注重修行。因为服色用黄，所以称为黄教。黄教教主的继任法，由大弟子达赖、二弟子班禅转生承袭，称为“呼毕勒罕”[1]。宗喀巴于明宪宗成化十五年示寂。[2]三传至锁南坚错，始得蒙古诸部的尊信。明神宗万历七年[3]，俺答和他的儿子黄台吉入藏，迎接锁南坚错到青海、漠南一带去传教。锁南坚错劝俺答不要专事用兵杀戮。这时候俺答已受明朝顺义王的封号[4]，加以锁南坚错的感化，就从此不再侵犯明朝的边境。

俺答死后，三传至卜失兔，国势大衰，而东方的察哈尔部转盛，遂与新兴的满洲发生交涉。

---

① 黄教既禁止娶妻，不能不别立继承法。宗喀巴死时，遗嘱大弟子达赖喇嘛、二弟子班禅额尔德尼世世以化身转世。当他们将死时，预示自己托生的处所，由门徒访寻迎奉，称为“呼毕勒罕”，意思就是“转世”。

② 成化十五年，当公元一四七九年。宗喀巴去世日期当为明成祖永乐十七年（一四一九年）。佛徒死叫作“示寂”。

③ 公元一五七九年。

④ 俺答的孙子把汉那吉娶妻美，被俺答所夺，把汉那吉就投降明朝。把汉那吉本来是俺答的妻抚养长大的，她怕明朝把把汉那吉杀掉，日夜向俺答哭泣，因此俺答向明朝求和，受明朝的封号，事在穆宗隆庆四年（一五七〇年）。

明廷应付蒙古的失策

统观明朝一代，蒙古族与中国始终取抗争的局势。造成这种局势自然有许多原因，但明廷的应付失当和明中叶以后政治的腐败，可说是造成这种局势的大原因。当明朝初年，兀良哈部内附，太祖就其地分设泰宁、朵颜、福余三卫。成祖夺取皇位，曾借用三卫的兵力，结果把大宁卫[①]部近三卫的地方让给他们，作为酬报。于是三卫势力渐盛，渐渐向大宁旧属侵略。三卫的地方既放弃，明初在元上都所建立的开平卫，地势上便成孤立，到宣宗时（成祖孙朱瞻基），不得不把卫治移至独石，而中国遂无力控制漠南和辽西。这是明朝对于国防方面的大失策。又当成祖时，蒙古内部分裂，大可乘此时机，经略北边，但成祖急于同室操戈，竟把国防要地任意让给外族，后来虽曾亲征瓦剌，但不曾给以重大的惩创。其后宦官权臣，相继专权，政治弄得十分腐败，更没有能力去应付强悍的外族了。

① 明改元大宁路为大宁卫。

第五十四讲　倭寇与朝鲜战争

蒙古以外，与明朝发生交涉，而使明朝大受侵扰的外族，便是日本。

日本自与元朝冲突之后，就禁其人民与中国交通。一班从事于海外贸易的“倭商”，本系边地的无赖居民，禁止交通则无利可图，便多流落为海盗。恰值日本当时有南北战争，南朝战败，其遗臣逃入海中，遂与海盗勾结，侵略中国。于是中国和朝鲜的沿海，乃有所谓“倭寇”出没。明初倭寇已屡来侵扰中国沿海各省，太祖特命汤和等在浙江、福建等处筑濒海城以资防守。其后日本大将军足利义满统一南北朝，濒海的诸侯国都欲和中国及朝鲜通商，以救济财政上的困难。而那时候浙江、福建、广东都设有市舶司，倭商还以贸易为生计，亦不肯公然劫掠。倭寇的问题暂时寝息。到了世宗时，日本足利幕府的势力已经衰弱，而中国亦废弃市舶司，对外贸易由土豪劣绅包揽，往往拖欠货款不还，倭商乃又一变而为海盗，向中国沿海劫掠。汉奸汪直、徐海等更勾结倭商，为之谋主，于是倭寇的声势十分猖獗。上海、金山、昌国等卫城，相继失陷，江南北、浙东西都大被骚扰，甚至沿江深入，直逼南京。其时严嵩当国，负防倭责任的，大都是他的党徒，只会侵饷冒功，一无防御的计划，倭寇往往以数十人侵略数千里，如入无人之境。后来朝廷命巡按御史胡宗宪总督军务，设计诱降汪直、徐海，浙东一带渐渐安定。倭寇沿

倭寇的起源

倭寇的渐次猖獗

⊙《抗倭图卷》(局部)

海东掠，又被巡抚都御史李遂击破之于庙湾，江北也就此平定。倭寇窜到福建，又被总兵官俞大猷、副总兵官戚继光等攻破于平海卫，于是倭势渐衰。然犹踞台湾，出没于近海一带。万历时，尚来侵犯广东、浙江，那时候海防巩固，倭寇每次失利，从此倭患就渐渐平息了。

倭寇势力的衰弱

倭寇是日本的海盗，其扰害中国沿海，只是一种寇盗行为，算不得日本国家的行动。到了万历年间，因日本丰臣秀吉的西侵朝鲜，却引起了中日两国的正式冲突。

“倭寇”二字，向为日本人之侵略中国者的总名称。以

⊙《抗倭图卷》（局部）

广义言之，新罗时代的神功皇后、明朝中叶的丰臣秀吉、中日战争时代的明治天皇，都可包括在内。狭义言之，则所谓“倭寇”，都是日本的无赖边民与失败军人的一种寇盗行为，不必一定含有什么政治上的意味。但我们读历史，第一要把每一事件的背景看得清楚，如果把日本的海盗和日本的权臣丰臣秀吉相提并论，那就把朝鲜战争所含的严重性质减轻了。例如，最近日本帝国主义者的侵略中国，我们倘不指出这是日本帝国主义者的侵略，而仍混称之为“倭寇”，不但名实不符，简直带一点欺骗民众的性质了。所以这里所称的“倭寇”，单指狭义的倭寇而言，庶几名实相符，使读者对于这种史迹，有深切的认识。

日本幕府时代的政治

从前日本的政权，被大军阀所组织的幕府掌握着，并不在天皇手里。所谓“幕府”，它的起灭，仿佛我国朝代的兴亡。一幕府倒，一幕府兴，便分封其将士于各地，拥护自己，就是所谓“诸藩”。当足利氏幕府势力衰弱的时候，分布各地的诸藩，互相争斗，全国成瓦解之局。有织田信长者，提倡尊王主义，号召全国用兵力打平本州地方的一大半，自为右大臣，专制国政。明万历十年，其部将明智光秀作乱，杀织田信长。丰臣秀吉那时候也是织田信长的部将，他就起兵讨平乱党，以次平定割据的诸藩，统一全国，自为太政大臣，专制国政。当织田信长时代，丰臣秀吉曾献议伐朝鲜，欲取道朝鲜，侵略中国。那时候日本内部未统一，所以他的计划，不曾实行。丰臣秀吉既统一全国，掌握政权，便派遣使臣至朝鲜，要求朝鲜向日本进贡，并且要朝鲜做侵略中国的向导，朝鲜不从。万历二十年，丰臣秀吉便发大军进攻朝鲜。其时朝鲜军备废弛，党争剧烈，就不能抵抗外来的强寇；朝鲜王李昖逃至平壤①，不能立足，再逃到别的地方，派人向明朝求救。明神宗命兵部侍郎宋应昌为经略，都督李如松为东征提督，发兵救应。明兵与日本兵战于平壤，日本兵败，汉江②以北的地方，差不多完全恢复。不幸李如松轻率，前进遇着伏兵，大败于汉城附近的碧蹄馆，大军丧失甚多，李如松几乎阵亡。于是双方进行和议，但迁延数年，终于决裂，战争又起，而明兵大都失败。万历二十六年③，丰臣秀吉死，遗令罢兵，朝鲜王才回居京城，中日的交涉也就此结束。所谓朝鲜战争，先后凡七年，明朝损失兵力数十万，糜费饷项数百万，结果还是以不了了之。从此中国的实力已经暴露于天下，遂起满洲民族的觊觎。所以朝鲜战争和明朝的灭亡实在大有关系。

丰臣秀吉的进攻朝鲜

明朝援救朝鲜的失败

五代时王建建高丽国，明初被其臣下李成桂所篡，改国

① 平壤，朝鲜王朝平安道的首邑，据大同江北岸，北负大城山，形势极险要。
② 汉江，朝鲜的大河，全长约三百四十里，其下游二百里，可通舟楫。
③ 公元一五九八年。

号为朝鲜。开国之初，兵力亦颇强盛。其后因注意文治，武备废弛。加以朝鲜半岛，佛教久已盛行，后来宋朝的理学输入，使朝鲜人沾染了高谈义理、不顾实际的习气。朝鲜王李昖当国时，朝中分东西两党，互相倾轧。据东党的观察，日本决不会向朝鲜进攻，遂一无设备。等到日本兵逼近京城，才仓卒调兵应付，自然无法抵抗了。

第五十五讲　明代的宦官权臣与党祸

明代自中叶以后，北蒙南倭，交相煎迫，而宦官权臣，又相继盗窃政权。到末年党祸纠结，流寇蜂起，姓朱的天下就此断送了。

英宗以后的宦官乱政

明太祖本定下宦官不得干政的训条，自从成祖破坏太祖遗法，引用宦官，已种下了宦官乱政的祸根。英宗因宠任宦官王振，酿成土木之变。宪宗荒于女色，政事都委之宦官。最先宠任宦官汪直，命他提督西厂[①]。汪直屡次以细故兴大狱，死在他手里的人不知多少。其后汪直因罪被杀，而宪宗却又宠任宦官梁芳等。宪宗晚年颇信道术，又素来宠爱贵妃万氏，因此梁芳等和方士李孜省、僧继晓等结合，一味巴结万贵妃，把明朝历代所积下的藏金七窖，都挥霍光了。孝宗即位，把梁芳等一班小人杀掉。但宦官专政的局面，已积重难返。到武宗即位，又宠任宦官刘瑾。当时于东西厂之外另设内厂，命刘瑾主持其事。刘瑾遂勾结同党，诱导皇帝荒淫嬉戏。当时的皇帝，住在一所特别建筑的所谓“豹房”里面，什么事都不顾问，任凭刘瑾等一班小人在那里擅作威福，把朝政搅乱得不成样子。后来刘瑾被人告发，得罪处死。而武宗的荒嬉已成习惯，竟听信了江彬的话，常常出游大同、宣府，以致人心惶惶，谣言蜂起。宁王朱宸濠就乘机叛变。

① 西厂，明内监掌权者办案之所。成祖始设东厂缉访谋逆、妖言、大奸恶等。宪宗时又别设西厂，以汪直督之。

宁王朱宸濠是宁王朱权的五世孙，一向住在南昌。他见朝政腐败，久有篡夺皇位之意。时武宗荒嬉无度，人心不安，他便蠢蠢欲动。御史萧淮，摭取他图谋不轨的事实，据以上奏，并请先解散他的护卫兵士。宁王得到了这个消息，便先发制人，发兵攻下九江、南昌，那是正德十四年[①]的事情。是年巡抚南赣都御史王守仁起兵讨宁王，直捣南昌，宁王还兵相救，被王守仁大败于樵舍，宁王被擒。宁王起兵仅五个月便失败了。

宁王之乱，不久被王守仁所讨平，武宗也就死了。世宗即位，颇能抑制宦官，改革弊政。但他中年以后，迷信神仙，天天在宫中斋醮，把朝政委之大学士严嵩。严嵩是明代著名的权奸，他专事排斥异己，引用私人，卖官鬻爵，无所不为。以前宦官弄权，本已贿赂公行，到严嵩当国，贪黩更甚。他后来得了罪被没收家产，据《明史》所载，有黄金三万余两，白金百余万两，其他珍宝不可胜计。而实际还不止此数，其贪黩实为历代权奸所未有。

严嵩的登用

严嵩的贪黩

明代宦官擅权，广收贿赂，到失败时，没收家产，其富有往往骇人听闻。如王振籍没时，有金银六十余库，玉盘一百，珊瑚高六七尺者二十余株。刘瑾籍没之数，据王鏊笔记，有大玉带八十束，黄金二百五十万两，银五千余万两，其他珍宝无算。至魏忠贤声势更甚，他籍没时有多少家产，历史上没有明白的记载，然其数目一定超过以前的宦官。但纳贿并不限于宦官，大概势之所在，贿即随之。如江彬以武人得宠，籍没时有黄金七柜，白银二千三百柜。世宗时宦官

① 公元一五一九年。

没有擅权者，但严嵩为相二十年，《明史》所记他被籍没的家产，其数已属可骇。而稗史所载，他的儿子严世蕃与其妻藏金于地窖中，每窖百万，有数十窖之多。则《明史》所载尚非实数。杨继盛弹劾严嵩的奏章上说："文武迁擢，不论可否，但问贿之多寡。将弁贿嵩，不得不朘削士卒；有司贿嵩，不得不掊克[①]百姓。"王宗茂弹劾严嵩，也说："文吏以赂而出其门，则必剥民之财；武将以赂而出其门，则必克军之饷。"他们的话，把权奸贪黩的影响说得很透彻。所以明中叶后吏治腐败，兵威不振，宦官、权奸的贪黩无厌，实为重大原因。

神宗的昏庸及党争的酿成

世宗二传而至神宗，那是明朝最昏庸的皇帝了。初即位时，张居正辅政，政事尚算清明。其后自亲政事，荒于酒色，竟有二十多年没有上过朝堂。政局黑暗，是非无定，于是就引起了朋党之争。先是无锡人顾宪成失职在野，在故乡修复东林书院，聚同志讲学，往往议论时事，批评朝政，一时名流附和他们的很多，朝臣也有一部分和他们互相呼应。东林之名，盛极一时。后来邹元标、赵南星等相继在东林书院讲学，都以气节自负，立志和恶势力相奋斗。一方面忌刻他们的人也日渐增多，于是政治上形成东林党与非东林党两派。

东林党

当时非东林党又分四派：（一）宣昆党，以汤宾尹、顾天埈[②]为领袖，收召党徒干预时政；（二）齐党，以亓诗教[③]

① 剥削百姓的意思，语本《诗经》。

② 汤宾尹，字嘉宾，宣城人；顾天埈，昆山人。所以称为"宣昆党"。

③ 亓诗教，山东莱芜人。山东一向是齐国的地方，故称亓诗教一派为"齐党"。亓，作姓氏时音"齐"。

⊙东林书院

为领袖；（三）楚党，以官应震[①]为领袖；（四）浙党，以姚宗文为领袖。这四党互为声援，攻击东林，排斥异己。

东林党与非东林党的争执

东林党人本来是倾向于意气的反抗态度，对于不相投合的人，往往尽力攻击，不肯稍留余地。反对他们的人，也就连结一气，专以排击东林党为能事。到后来，因宫廷细故，双方攻击得很厉害，就形成了一个誓不两立的形势。

当时因宫廷细故，发生“三案”，渐引起东林党与非东林党的严重斗争。所谓“三案”者，即“梃击案”“红丸案”与“移宫案”。神宗时，有一男子持梃闯入东宫[②]，被捕后，供称出于郑贵妃宫中太监的指使（神宗皇后王氏无子。

① 官应震，湖北人。湖北一向是楚国的地方，故称官应震一派为“楚党”。

② 太子所居的宫，称为“东宫”。

恭妃王氏生子名常洛，后贵妃郑氏也生一子，名常洵。神宗宠贵妃，想立常洵为太子，经朝臣力争，才立常洛，郑贵妃不免有点怨望，所以这桩案子，郑贵妃是有嫌疑的）。于是东林党主张严究主使者；非东林党则主张把那闯入宫中的男子，作为疯癫者定罪，不必穷究，因此两党大起争论：这便是所谓“梃击案”。神宗崩，光宗即位，没有几天就生起病来。宦官崔文升进泄剂，光宗服后，精神就此萎顿起来。鸿胪寺丞[1]李可灼呈进红丸一颗，光宗服后，精神觉得爽快些，就命他再进一颗，不料吞服后到第二天就死了。东林党主张应严办举荐李可灼的方从哲，非东林党主张应严办李可灼，于是两党又起争论：是为“红丸案”。光宗崩后，其宠姬选侍[2]李氏，想住在乾清宫里。东林党人以为选侍既非皇长子（即光宗的长子朱由校）的嫡母，又非生母，不得留居正宫，力持异议，选侍不得已，只好移居他宫。非东林党以为不应薄待先朝嫔御，于是两党又大起争论：是为“移宫案”。这三案并不是大不了的事情，但当时的士大夫却当作党同伐异的资料，事情过去了，还在那儿喋喋不休，可见明朝的党争，偏于意气，和东汉的党争又不同了。

神宗崩，子朱常洛立，是为光宗。光宗在位不到一年便死了。子朱由校立，是为熹宗。熹宗也是一个昏庸的君主。宠信乳母客氏，封为奉圣夫人。宦官魏忠贤与客氏私通，因此得熹宗宠信，命他提督东厂。魏忠贤是一个不识字的阴狠小人，得势之后，自然十分放肆，便大遭东林党人的攻击。于是非东林党人就和他相结，希图把持政局，压倒敌党。御史崔呈秀，本

---

① 鸿胪寺丞，鸿胪寺的属宦，掌赞导相礼等事。
② 选侍，女官名。

⊙东林党人魏大中的《绝命书》(局部)

东林党中著名人物的被杀

以勾结魏忠贤得官，又曾被赵南星、高攀龙[1]攻击，非常愤恨，就把东林党人的名单交与魏忠贤，请他设法一网打尽。魏忠贤就逮捕东林党中最著名的杨涟、左光斗、魏大中、周朝瑞、袁化中、顾大章、高攀龙、周顺昌、周起元、缪昌期、李应昇、周宗建等十二人，加以杀害。又把东林党人榜示全国，并废毁国内所有书院，禁止他们活动。从此以后，魏忠贤的势力大盛，其党羽有五虎、五彪、十狗、十孩儿、四十孙等名目，自内阁六部至各省巡抚、总督，差不多全是他的党羽。浙江巡抚潘汝桢竟首倡替魏忠贤建立生祠，各省争先仿效，每建一祠，动费万金。监生陆万龄，甚至上疏请以魏忠贤配享孔子，熹宗也居然听从。皇帝的昏庸，士流的无耻，竟到了这种地步，政治哪里还有清明的希望。直到熹宗死后，皇弟朱由检继立，那便是明朝末代的思宗皇帝[2]。思宗即位后，逮治魏忠贤，忠贤惧罪自杀。

党争的影响

但朝臣党争的风气已成，边臣名将如熊廷弼、袁崇焕等，也都受了党争的影响，不能有所施展，以致关外的满洲势力日益强大，终于夺取明朝的统治权而代之。

① 高攀龙，字存之，无锡人，与顾宪成齐名，时称“高顾”。

② 清朝改谥为庄烈帝。

第五十六讲　清朝的兴起

满洲的来历

满洲本是女真的部属，也就是金国的后裔。

满洲本名“满住”，乃“文殊”二字的音转。明朝中叶，有李满住者，从朝鲜咸镜道移居兴京，后来清太祖努尔哈赤统其部落，以“满住”二字为尊号，至清太宗皇太极才以满洲为部族的名称。后人因今东三省为清太祖、太宗所经略，遂称其地为满洲。今又分称南满、北满，以吉林长春县为分界线。

金末时，有爱新觉罗·布库里雍顺，住在长白山东面的鄂多里城。传了几代到孟特穆，迁居于赫图阿拉，受明朝的任命，为建州卫都督。

明初仿唐朝“羁縻州”的制度，于女真旧部设建州、海西、野人三卫。建州卫为明成祖所设，以其酋长为指挥等官，分据吉林附近及穆棱河流域，每年朝贡。后又增设建州左卫，居于朝鲜咸镜道。宣宗时，建州卫迁其部落于辽宁的桓仁及兴京。英宗复分左卫置右卫。是为建州三卫。海西卫，在吉林松花江以西。野人卫，在吉林东部及滨海一带。

到明神宗时，他的后裔努尔哈赤创立旗兵制，先后翦灭海

满洲内部的统一

西、野人诸卫的部落，威势忽盛。明神宗万历四十四年[①]，努尔哈赤自称满住可汗，因其祖先曾经在中国建立金国，极盛一时，所以仍旧称为金国，历史上称它为后金。那时候后金的版图，差不多有现在的辽宁、吉林两省地方了。

满洲兵制，初分为四旗，称为正黄、正白、正红、正蓝；后又增设四旗，为镶黄、镶白、镶红、镶蓝：共八旗。每旗计兵七千五百人，设有都统及二副都统；其下称为参领，领兵一千五百人；又其下称为佐领，领兵三百人。满洲编制户口，也以八旗分别，所以满人又称“旗人”。

满洲的进攻与辽东的陷落

努尔哈赤既自称可汗，便野心勃勃，图谋向中国内部进攻。万历四十六年，他就借了“七大恨”[②]的名目，起兵攻占抚顺，进兵围攻清河堡。明朝政府得到抚顺失守的消息，便命杨镐为辽东经略，带了号称二十万的杂色军队，分兵四路，征讨后金。那时候努尔哈赤统着他积极编练的八旗兵，声势方盛，明朝的杂色军队哪里敌得过他。努尔哈赤用各个击破的方法，把明朝的四路军击破了三路，其中萨尔浒山一战，把明兵正面的一路打得全军覆没。努尔哈

⊙努尔哈赤

① 公元一六一六年。
② 当努尔哈赤起兵时，曾书“七大恨”告天。详可看《通鉴辑览》。

赤的军队便乘胜攻下了开原、铁岭。明朝得到警报，改任熊廷弼为辽东经略。熊廷弼是很熟悉辽东的情形的，受命之后，赶赴辽阳，整肃军纪，招集流亡，筹置战具，修缮城堡，为长期抵抗之计。但不久熊廷弼被朝臣所排挤，由袁应泰继任为经略。袁应泰本是一个精敏强毅的人，而用兵却非其所长。他既代熊廷弼为经略，对部下十分宽纵，又招致蒙古诸部的流民，命他们和内地的百姓同居，并且十分优待他们，想得他们的助力，收复清河、抚顺。努尔哈赤见袁应泰不懂军事，以为有机可乘，便派兵向辽阳、沈阳进攻，那些蒙古流民又在内响应。明熹宗天启元年[①]，努尔哈赤攻破沈阳，进陷辽阳，袁应泰自杀，辽河以东大小七十余卫城完全为后金所有。努尔哈赤就从赫图阿拉移居辽阳，后五年，又迁至沈阳，改名盛京。从此兴建宫殿，渐具独立帝国的规模。

熊廷弼的三方布置策

辽阳、沈阳同时失守，兵事的争点乃移至辽河以西。明朝再起用熊廷弼为经略，命王化贞为广宁巡抚。廷弼定下“三方布置”的策略：以马步兵驻广宁，沿辽河岸筑堡垒严密防守；以舟师分防天津、登州、莱州，准备乘虚冲击满洲南部；经略坐镇山海关，节制双方。但王化贞不听他的调度，常常和他争执。朝廷大臣，因党派的关系，大都附和王化贞，熊廷弼到处受着掣肘，因此三方布置的计划没有成功，努尔哈赤的军队已于天启二年攻入山海关。[②]王化贞弃广宁，和熊廷弼逃入关内，得罪下狱。后来熊廷弼被斩首，而王化贞竟得保全生命。[③]

辽西的固守

广宁既失，辽东的事情更紧急了，明朝乃任命孙承宗为兵部尚书，经略蓟辽。孙承宗采用袁崇焕的主张，命袁崇焕在宁远

① 公元一六二一年。

② 广宁之战后，明朝丧失整个辽东，只能退守山海关，但其时后金军并未攻入关内。——编者

③ 王化贞至崇祯五年被处死。——编者

筑城坚守。那时候后金方在经营沈阳都城，按兵不动，边境稍为安静。孙承宗在辽三年，因为不附和权阉魏忠贤，被魏忠贤所排诋，不得已向政府辞职。天启五年，孙承宗免职，以高第代为经略。高第畏怯无能，以为关外不可守，主张退守山海关，撤退锦州的驻兵，袁崇焕独坚守宁远不退。明年，努尔哈赤大发兵攻宁远，袁崇焕用向葡萄牙人购来的红夷大炮抵敌，努尔哈赤因此身受重伤，不久即死。

⊙红夷大炮

满洲南侵与袁崇焕的冤死

努尔哈赤死后，他的第八子皇太极，于天启六年继立为后金可汗。皇太极做了可汗以后，先用兵威胁朝鲜，要挟朝鲜和明朝断绝关系。天启七年，皇太极大发兵攻宁远、锦州，受袁崇焕猛力的抵抗，大败而回。皇太极因宁远、山海关方面用兵不利，于思宗崇祯二年[①]改由大凌河上游，联合蒙古喀喇沁等部，使为向导，抄入龙井关，破遵化，京东州县相继失守，后金兵直逼北京。北京戒严。袁崇焕闻警，率军由山海关兼程来救。其时皇太极屯兵南海子，捕得明朝的太监二人，便用计故意在这两个太监面前走漏消息，说什么袁崇焕和后金有某种密约，随后把这两个太监放回，让他们把这消息去报告明朝。袁崇焕在先曾向朝廷建议和后金议和以为缓兵之计，又曾捕杀跋扈难制的东江总兵毛文龙。思宗对他本已有点疑心，至是遂听信朝

① 公元一六二九年。

臣的谗言，把他处死。又复起用孙承宗为兵部尚书兼大学士，命他督师抵抗后金。后金兵在北京附近大肆焚掠，后因各地援兵齐集，就从冷口关退去。关内的城邑，都给孙承宗恢复了。

毛文龙于明天启元年[①]受命为辽东都司，用水军经略辽东半岛南部，攻扰鸭绿江口，满洲很受威胁。当时毛文龙盘踞鸭绿江口外的皮岛[②]，建东江镇。他并非完全忠于明朝，颇有些海盗的行径。袁崇焕怕他日后跋扈难制，于崇祯二年六月，假阅兵为名，把毛文龙诱至双岛，加以杀害，派人代守皮岛。毛文龙部下孔有德、耿仲明等不服，逃奔山东巡抚孙元化。崇祯四年，满洲兵攻大凌河，孙元化派孔有德带兵救应。走到半路，部下因粮食缺乏起了变乱，占据登州。明朝派兵围剿，孔有德、耿仲明无可奈何，携带了红夷大炮，投降满洲。皇太极非常欢迎，就把他们的军队改编为天祐军。崇祯十年，孔有德、耿仲明助满洲攻取皮岛，从此满洲更没有什么后方的顾虑了。

满洲对蒙古的征服

当满洲强盛的时候，鞑靼达延可汗的后裔察哈尔部林丹汗也想恢复达延可汗的基业。但鞑靼的部落如科尔沁、喀喇沁、土默特等，都不服从林丹汗，反向满洲投顺，使林丹汗的计划受了挫折。明思宗崇祯元年，皇太极和喀喇沁各部曾攻察哈尔部，把察哈尔势力驱出西喇木伦河流域。崇祯五年，皇太极又联合蒙古归附的各部，逼迫林丹汗向西退走。林丹汗带了他的部众，经归化渡黄河，到甘州得病而死，其部众数万人，都被皇太极

① 公元一六二一年。
② 在辽宁南大海中。

⊙皇太极调兵信牌

收编了去。于是皇太极无后顾之忧，便于崇祯九年[①]，自称皇帝，改建国号为清。这便是清太宗，而他的父亲努尔哈赤，后来被尊为清太祖了。明年，皇太极用兵征服朝鲜。再过两年，林丹汗的儿子向皇太极投降，并献其祖遗的所得于中国的传国玺[②]，从此漠南各部都归附满洲。那时候清国各方的敌人，差不多已完全降服，便可用全力对付明朝了。

皇太极的称帝

征服朝鲜

① 公元一六三六年。

② 传国玺即皇位之玺，为秦以后历代相传之宝器。五代割据时，至以得玺者为正统。元顺帝出亡时，带了此玺以去。到林丹汗的儿子，又拿来献给清朝。但历代时得时失，是否秦朝的原玺，已不可知了。

第五十七讲　天主教的传来及其影响

天主教的来历

天主教就是基督教中的罗马旧教。[①] 基督教最早传入中国的是唐朝的景教。到了元朝，曾与欧洲教皇及基督教国王互通信使[②]，而且国内盛行也里可温教[③]。元朝亡后，一切带有外族色彩的，尤其是元朝所尊信的宗教，都不免受到压迫，也里可温教的势力也就衰落了。到十六世纪初叶，欧洲发生宗教革新运动，罗马旧教大受打击。旧教中有老卫道的人，便组织了一个耶稣会，设法改良内部，图谋恢复已失的势力。那时候葡萄牙人已经绕过好望角，在东方得了许多属地。耶稣会的教士为补偿他们在欧洲的损失，便请得了葡萄牙政府的同意，到东方各地来传教。

公元一四八六年（明宪宗成化二十二年），葡萄牙人迪亚士[④]，沿着非洲西岸，向南航海，直达非洲南端的好望角。一四九七年（明孝宗弘治十年），葡人发斯科·达·伽

① 基督教分新旧两派：旧教奉罗马教皇为宗主，一名加特力教，我国称为天主教。新教即俗称的耶稣教。

② 教皇英诺森第四（Innocent IV）曾遣柏朗嘉宾（Plan Carpin）来朝见元定宗。法皇路易第九（Louis IX）亦曾遣教士路卜洛克（Rubruck）来谒元宪宗。

③ 也里可温教为基督教之一派。详可看陈垣《元也里可温考》（“东方文库”第三十七）。

④ Bartolomeu Dias。

马[①]竟绕过了好望角而达到印度西岸的卡利卡特[②]，遂发现印度洋的新航线。一五一〇年（明武宗正德五年），葡人掠取印度的果阿[③]为根据地，逐渐扩充势力，及于南洋的苏门答腊、爪哇等处。一五一五年（明武宗正德十年），葡人拉斐尔·伯斯德罗[④]乘葡船来中国。明年，葡印度总督派遣使臣，要求与中国订约通商，明廷不答允他，但葡商仍居留在广州的上川、电白、澳门三处，并上溯到泉州与宁波。一五三五年（明世宗嘉靖十四年），开澳门为商埠，明廷每年收地租二万金。这是中国人允许外人租地之始。其后葡商屡次请托地方官吏扩充境地，并设官置兵，俨然视为领土。因此耶稣教会中人要想到中国来传教，非先请得葡政府的同意不可。

方济各、利玛窦的先后东来

明世宗嘉靖三十一年[⑤]，耶稣会的东方布教长方济各[⑥]由印度走海道来中国，不幸到广东的上川岛，便得病而死。神宗万历十年[⑦]，意大利人利玛窦[⑧]从澳门到广东的肇庆，宣传天主教教义。利玛窦是一个聪明机警的人，他一到中国，就改着中国的服装，学中国话，读中国书，一切起居饮食都仿效中国人，务使中国人对他不起什么疑窦。他又觉得单纯的传教，不容易收

① Vasco da Gama。

② Calicut，中国古籍称作古里，是郑和与达·伽马共同的登陆地点与去世地点。

③ Goa。

④ Raffel Perestrello。

⑤ 公元一五五二年。

⑥ Francis Xavier。

⑦ 公元一五八二年。

⑧ Matteo Ricci。

⊙利玛窦

效，应该先从介绍西洋学术方面下手，就把在罗马时所学得的天文、地理、数学等知识，向中国人讲演，果然引起一般士大夫的注意，渐渐和他亲近起来。他于讲演学术之余，宣传天主教的福音，居然把当时的总督收为信徒。于是得了这位总督的保护，再至韶州传教，在那里建立教堂。他又用医病为传教的手段。万历二十六年[①]，遂借医病的机会，跟一高级官员到南京。此年，又到北京，那时候明朝正和日本为朝鲜事件开战，他恐遭嫌疑，又回到南京。他在南京结交官场，广通声气，并设立医院为传教机关。于是信徒渐多，并于上海建立天主堂，开十字街。万历二十九年，利玛窦使人至澳门筹得大宗款项，偕同他的友人西班牙人庞迪我[②]由运河至北京，贡献天主像、圣母像、《天主经》、十字架、报时钟、《万国图志》等。神宗皇帝很优待他，命他得在京师建立教堂，从事传教。万历三十八年，利玛窦死于北京，南京方面反对天主教的空气突然紧张。

利玛窦到南京、北京

利玛窦死后的影响

当时反对派所持的理由，大概是：（一）指天主教的教主是胡人，并且是有罪而被官府杀死的囚徒，不应该崇拜他。（二）天主教的仪式有洒圣水、抹圣油等名目，夜聚晨散，是违反《大明律》“私家不准告天”的禁条。（三）天主教徒讲演天体运行的学说，又与《大明律》“不准私习天

① 公元一五九八年。
② Diego de Pantoja。

文”的禁条相抵触。于是一般人随声附和，都指天主教为邪教了。

万历四十四年，明廷下令禁止传教，并将在京教士逐回澳门。后来明朝和满洲人打仗，需要铳炮抵御，始于熹宗天启二年[①]，从澳门召回教徒阳玛诺[②]、罗如望[③]等制造铳炮。明年又召用毕方济[④]、艾儒略[⑤]等，天主教的禁令才解弛。其时留在京里的传教士，有庞迪我诸人，后又来了一个德意志人汤若望[⑥]，都能继承利玛窦以来的传教事业。到明朝末年，教徒已达数千人。明思宗与永历帝的太后[⑦]都很相信。永历帝的太后曾写信给罗马教皇，请他替明朝祈祷。[⑧]清人入关后，天主教势力并未衰歇，到康熙[⑨]时信徒已有几十万之多。康熙四十三年[⑩]，因罗马教皇改派传教士至北京，不许教徒崇拜祖先，大触清圣祖之怒，把那传教士逮捕，押送澳门，并令教士不守利玛窦遗法者一概出境。从此以后，历世宗、高宗、仁宗三代，均严禁人民信教。唯新教一派，却于仁宗时代，传入中国。

汤若望

明亡后天主教的势力

利玛窦传教时，为迎合中国人心理起见，允许入教的教徒保存其从来的习惯仪式，祖先的崇拜与孔子的崇奉，概不

① 公元一六二二年。
② Emmanuel Diaz。
③ Jean de Rocha。
④ Francesco Sambiasi。
⑤ Giulio Aleni。
⑥ Johann Adam Schall von Bell。
⑦ 永历帝朱由榔，神宗的孙子。明亡后，在肇庆称帝，尊其继母王氏为皇太后。
⑧ 原书现尚保存在罗马耶稣会藏书楼中。
⑨ 公元一六六二年至一七二二年。
⑩ 公元一七〇四年。

禁阻。故清廷虽未明令允许人民信教自由，然当时信徒已渐渐增多。但利玛窦的传教方法，后来被教中的别派所反对，上书罗马教皇，指摘这种传教方法，是破坏基督教的教义。教皇遂另派教士至北京，发表教皇的教书，命不从教皇命令者退出中国。

天主教传来时的时代背景

当明朝中叶以后，海上交通十分发达，中西文明开始接触，中国固有的学术思想，渐渐不够应付这时代的环境，加以明中叶后士大夫“束书不观，游谈无根”，好空言不务实际，颇使有识之士感到知识上的饥荒。所以天主教徒所带来的西洋的科学知识，正适合于当时学术界的需要，而利玛窦那样的人物，便受一部分士大夫的欢迎了。当时朝臣如徐光启[1]、李之藻[2]等都很尊信天主教，并从利玛窦研究西学。徐光启和利玛窦合译的《几何原本》，大受士大夫的欢迎，而李之藻所译《名理探》一书，实为论理学最初的译本。利玛窦通中国文字，译著亦甚多。关于天文地理的，有《乾坤体义》《坤舆万国全图》《万国图志》等；关于说明天主教教义的，有《天主实义》；关于发表其对于

徐光启与李之藻

利玛窦著述

⊙利玛窦（左）与徐光启（右）

① 徐光启，字子先，号玄扈，上海人，累官至礼部尚书。现在上海的徐家汇，就是他的故宅所在地。

② 李之藻，字振之，仁和人，累官至太仆寺少卿。

儒佛两教的感想的，有《二十五言》；关于音乐方面的，有《西琴曲意》。而利玛窦的朋友庞迪我在北京的时候，曾参加历法修正，颇为朝廷所重视。这些都是天主教所以能在中国传布的原因，同时也是西学随宗教传入中国的开始。

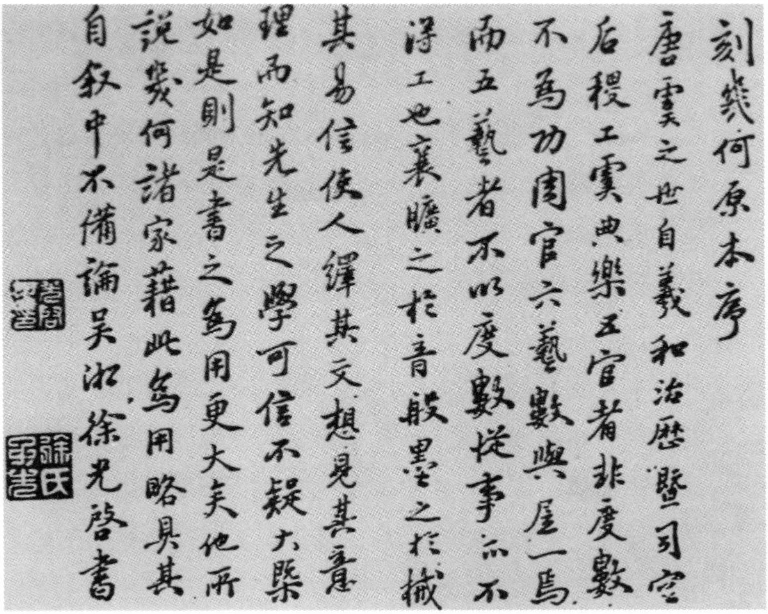
刻幾何原本序
唐虞之世自羲和治歷暨司空
后稷工虞典樂五官者非度數
不為功周官六藝數與居一焉
而五藝者不以度數從事亦不
得工也襄曠之於音般墨之於械
其易信使人繹其文想見其意
理而知先生之學可信不疑大槩
如是則是書之為用更大矣他所
說幾何諸家藉此為用略具其
自叙中不備論吳淞徐光啓書

⊙徐光启手书《刻〈几何原本〉序》

明人对于西洋科学的信仰

明熹宗重召天主教徒回中国的时候，除罗如望、阳玛诺等耶稣会教士外，有不少住在澳门的西洋人，受明朝雇用，或制造铳炮，或在军队中服务。因当时铳炮的成效很好，一般人对于西洋科学更加一层的信仰。天启七年[①]，汤若望到北京。后因徐光启的推荐，任钦天监事，命修订历法。汤若望与南怀仁[②]等开设历局于首善书院，制造仪器，并编译历书。思宗崇祯十四

① 公元一六二七年。

② Ferdinand Verbiest。

年[①]，新历告成。过了二年，因新历对于日食的推算较为准确，就下诏改用新历。但不久明亡，新历又搁置。清人入关，汤若望、南怀仁仍先后任钦天监监正，得清世祖、圣祖的信任。当时并命教士白进[②]、德玛诺[③]分赴各省测绘，成《皇舆全览图》，这是中国用经纬度实测地图之始。至今无论中国外国所出版的中国地图，还是把它当作蓝本哩。

汤若望、南怀仁等的修订历法、测绘地图

历法向为中国人所重视。那时候沿明朝以来沿用的《大统历》，因墨守成法，不加修改，对于日食等渐有误推之弊。汤若望深明历法，又得徐光启等的尽力赞助，所以新历书对于日食等推算，十分正确。

天主教传来后的影响

自国外交通日渐发达以来，经外国传入的宗教原也不少，要以印度的佛教和欧洲的天主教的传入，对于中国学术思想界的影响最大：佛教的传入，使中印文化合流；天主教的传入，使中西文化接融。至鸦片战争以后，基督教新旧两教在中国势力的广布，那是另有原因，留待后面再讲。

① 公元一六四一年。

② Bouvet。

③ Hinderer。

第五十八讲　流寇覆明与清人入关

明朝末年，关外满洲势力骤然强盛，已使明廷穷于应付，而直接颠覆明朝者却不是满人而是流寇。明中叶后，政治腐败，习俗奢侈，加以武宗以后不绝的增加田赋，和其他层出不穷的苛捐杂税，使一般民众普遍地感到生活的苦难，实为酿成流寇的大原因。

酿成流寇的原因

明从武宗以后，屡次加征田赋：正德九年①，因建筑乾清宫，加征一百万，这是加征田赋之始。世宗嘉靖三十年②，因边境多事，又加征江南、浙江田赋一百二十万。到满洲兴起，边用愈绌，于是又另立“辽饷”名目，从神宗朝到思宗朝，先后加征到六百八十万。最后因流寇蜂起，更加征“剿饷”二百八十万，“练饷”七百二十万。统计明代加赋，先后近二千万。田赋加征以外，神宗又用张位、仲春的计划，于万历二十四年③开征矿税，派遣宦官主持。他们与奸民相勾结，无恶不作。官吏持正，就控他阻挠；资产稍富，就诬他盗矿；良田美宅，就指为下有矿脉，须加发掘；弄得民怨沸腾。同时又增设各省税使，天津有店租，广州有珠榷，两淮有余盐，京口有供用，浙江有市舶，成都有盐

① 公元一五一四年。
② 公元一五五一年。
③ 公元一五九六年。

> 茶，重庆有名木，湖口、长江有船税，荆州有店税。此外又有门摊商税、油杂布税等名目。水路要道，相隔数十里，即竖旗立局征税。骚扰搜刮，达于极点。

当魏忠贤擅权时，他的私党乔应甲等巡抚陕西，朱童蒙巡抚延绥，都贪黩不堪，人民更受到非分的剥削。思宗崇祯元年[①]，陕西一带大饥荒，延安一府更甚。人民不愿饿死，便群起为盗。首先发难的是府谷王嘉胤与白水王二，最强的一伙是安塞的高迎祥。各地的被裁的驿夫和闹饷的溃兵都归附他，他自称闯王。崇祯三年，张献忠起兵延安，自称八大王。明年，米脂人李自成也自称闯将，与张献忠等联合。而其他各地土匪蜂起，有什么一斗谷、满天星等，不胜枚举。

流寇的蜂起

> 当时流贼蜂起，他们各有奇怪的绰号，除一斗谷、满天星外，还有横天一字王、小红狼、一丈青、掠地虎、混天飞、黑煞神、一盏灯、开山斧、老曹操等奇怪名称。

陕西盗匪初起之时，明廷派兵剿办，匪众窜入山西；明廷派兵于陕西、山西两方同时并剿，匪众又窜入湖北、湖南、四川。政府军疲于奔命，而匪众却东窜西流，飘忽无定，且势力一天大似一天。崇祯七年，陈奇瑜总督各路剿匪军队，四面围剿，匪众误入车厢峡，大受围困。高迎祥用李自成计，假作投降，陈奇瑜信以为真，把投降的匪众解送西安，分头遣散，不料匪众一出栈道，重又叛变。于是陈奇瑜被朝廷拿办，改命洪承畴专办西北军务，卢象昇专办东南军务。崇祯九年，高迎祥

匪势的坐大

① 公元一六二八年。

被陕西巡抚孙传廷擒杀，李自成逃往甘肃，张献忠也被卢象昇打败，逃往湖北，又被左良玉围困，不得已而投降，匪祸已略有肃清的希望。不料清兵南下寇略，各路剿匪军队被调回援救北京，卢象昇与清兵相遇，战死保定。于是流寇又乘机活动，到处叛变。当时陕西、山西、四川、河南、安徽、湖广、直隶一带，被流寇屠杀焚烧，往往千里无人烟。

李自成入陕西、陷北京

李自成自高迎祥被擒杀后，受部下推戴为第二闯王，于崇祯十四年[①]，攻陷河南，又东攻开封，声势大盛。明年，攻陷开封。又明年，攻破潼关，孙传廷战死。李自成乃直抵西安，改西安为长安府，占为根据地。崇祯十七年，张献忠由湖广入四川，据成都，即帝位。李自成亦在西安称王，改国号为顺，年号永昌。继由太原出兵经大同、宣化、居庸关，直逼北京。当时守将除雁门总兵周遇吉战死外，其余都望风投顺，是年三月，李自成攻破北京，思宗先使皇后自杀，又剑斫公主及妃嫔数人，乃自缢于紫禁城北煤山上[②]。明自朱元璋建国，凡二百七十七年而亡。

明思宗的自杀

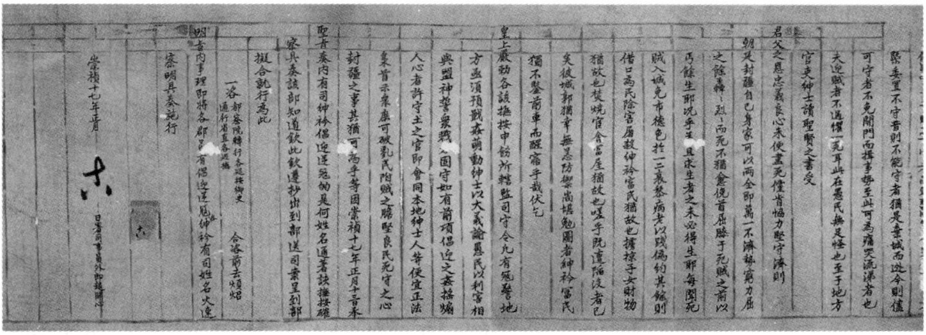

聚委置不守者則不能守者猶是棄城而逃今則儀
可守者不免開門而揖事勢至此可為痛哭流涕者也
大逆賊者不過惧一死耳此在愚民無足怪也至于地方
官吏紳士讀聖賢之書受
君父之恩忠義良心未便盡死惟當協力堅守濟則
朝廷封疆自己身家可以兩全即萬一不濟稀窮力屈
之餘轟轟烈烈而死不猶愈俛首屈膝于死賊之前以
丐餘生耶況乎生且求生者之未必得生耶每聞死
賊入城先市德色於一二衰怒病老以賤偽約其餘則
借口為民除害屠殺紳衿富民猶故也擄掠子女財物
猶故也焚燒官舍富屋猶故也嗟乎既遭陷沒者已
矣彼城郭猶幸無恙防禦尚堪勉圖者紳衿富民
獨不鑒前車而醒寤乎哉伏乞
皇上嚴敕各該撫按申飭所轄監司守令凡有衝要地
方亟須預戢奸萌動紳士以大義諭愚民以利害相
興盟神誓衆戮力固守如有前項倡逆之奸搖煽
人心者許守土之官即會同本地紳士人等便宜正法
梟首示衆庶可破亂民附賊之膽堅良民死守之心
封疆之事其猶可為乎等因崇禎十七年正月十三日奉
聖旨奏內有司紳衿倡逆迎賊的是何姓名通著該撫按確
察具奏該部知道欽此欽遵抄出到部送司案呈到部
擬合就行為此
一咨　都察院轉行各巡按御史　通行省直各巡撫　合咨前去煩照
明旨內事理即將各郡邑有倡逆迎賊紳衿有司姓名火速
察明具奏施行
崇禎十七年正月　日
大

⊙兵部报告李自成活动情况行稿（局部）

① 公元一六四一年。
② 亦称景山。

> 思宗女长平公主时年十六，京城被攻陷时，思宗入寿宁宫，公主牵了他的衣裳哭个不止。思宗说："汝何故生我家！"挥剑斫断她的左臂。

清太宗于李自成攻破北京的前一年死，其弟睿亲王多尔衮拥立太宗第三子福临，是为清世祖。清世祖年方六岁，由多尔衮与郑亲王济尔哈朗摄政。新君即位之后，多尔衮即出兵辽西，准备攻取山海关。

吴三桂借清兵

当李自成进逼北京时，明将吴三桂[①]驻兵山海关，思宗命他带兵入援，行至丰顺，闻北京已陷落，他的爱妾被掳，大为震怒，便回去向清朝请兵攻李自成。多尔衮本想乘机入关，得吴三桂请兵的信，便率领大兵西下，和吴三桂军合攻李自成。

清兵入北京与李自成、张献忠的败亡

李自成战败，逃回陕西，清兵遂入北京。那年十月，清世祖迁都北京，分兵下山东、河南，两道攻陕西。李自成连战都败，明年，逃至湖北的通城，食粮尽，被村民所杀。张献忠据四川，不敢出，不久亦病死。余党先后降清。

> 吴三桂有爱妾陈圆圆，为李自成所得，三桂因此动怒，向清国乞兵。诗人吴梅村（伟业）作《圆圆曲》以纪其事，中有句云："恸哭六军俱缟素，冲冠一怒为红颜。"讥吴三桂向清国乞兵，不是替吾国报仇，乃是泄爱妾被掳之恨。

明臣的最后挣扎

当李自成攻陷北京时，明臣史可法等拥立福王朱由崧[②]于南京，改元弘光。明年，清兵破扬州，史可法战死。清兵进陷南京，弘光帝出走，终被清军所掳。明臣黄道周[③]又拥立唐王朱聿

① 吴三桂，字长伯，高邮人。后降清，为三藩之一。
② 神宗的孙子。
③ 黄道周，字幼平，漳浦人。学者称石斋先生。

键[①]于福州，改元隆武。同时，张国维等更奉鲁王朱以海[②]监国于绍兴。清顺治三年[③]，清兵克绍兴，鲁王败走入台湾依郑成功。是年，清兵又从仙霞关[④]入福建，唐王逃至汀州，被清兵擒杀。明臣瞿式耜等又拥立桂王朱由榔于肇庆，改元永历，辗转于两广、云南、贵州、江西、湖南、四川诸省境，与清兵抗拒十多年。清顺治十六年[⑤]，永历帝出奔缅甸；清圣祖康熙元年[⑥]，为明降臣吴三桂所穷追，被杀。而鲁王亦病死于台湾。于是清朝遂正式统一中国本部。

郑成功，福建南安县人，明南安伯郑芝龙的儿子。他的母亲（田川氏）是日本肥前平户人。他初为南安县学生员，唐王即位时，他以材武被任用，赐姓朱，封忠孝伯，当时人都称他为“国姓爷”。清兵下泉州，田川氏抗节死，郑芝龙投降清朝。他恸哭阻止无效，便航海走广东澄海县的南澳岛，招集义士，遥奉桂王年号，抵抗清兵。清廷屡次使芝龙写信去招他，他不理。清顺治七年[⑦]，移屯厦门，桂王封他为延平郡公，后又进爵为延平郡王。顺治十四年[⑧]，他和明兵部尚书张煌言合兵攻浙江，下温州、台州两府，适遇飓风，兵船都被风吹覆，乃还守厦门。顺治十五年，清廷大发兵攻桂王于云南，他急引兵攻江西以图牵制。明年六月，由崇明入长江，与张煌言合兵攻破瓜洲，进克镇江，引

① 朱聿键，小字长寿，太祖九世孙。
② 朱以海，明太祖十世孙。
③ 公元一六四六年。
④ 仙霞关在浙江江山南仙霞岭上，为浙闽要冲。
⑤ 公元一六五九年。
⑥ 公元一六六二年。
⑦ 公元一六五〇年。
⑧ 公元一六五七年。

兵而西。七月，抵江宁。张煌言别率所部，由芜湖进取徽宁，太平、宁国、池州、徽州、广德、无为、和州等四府三州二十四县都望风归附，东南大震。不幸郑成功在江宁被清两江总督郎廷佐[①]及崇明总兵梁化凤所败，成功走还厦门。张煌言的兵亦溃散，走入徽宁山中，出钱塘江入海。（张煌言后避入海岛，为清兵所执，不屈死。）郑成功见江南不易攻取，乃思取台湾为根据地。时台湾为荷人哥依德（Coyet）所守。顺治十八年，郑成功引兵攻台湾，哥依德降。郑成功既取台湾，聘处士陈永华为谋主，兴学校，修战备，招徕明宗室遗臣；以赤嵌城为承天府，并派兵守金门、厦门二岛，俾成掎角之势；派遣使臣至菲律宾群岛，结好于西班牙驻菲总督，以为海上的应援。清廷知道终不能招致郑成功了，就把他的父亲及其诸弟之在北京者一并诛戮，徙福建沿海三十里内的居民于内地，禁渔舟商船出海，用坚壁清野的方法对付他，于是沿海各县商民多流离失业。康熙元年，郑成功闻桂王被吴三桂所掳，发愤成疾而死。其长子郑经袭职，犹奉

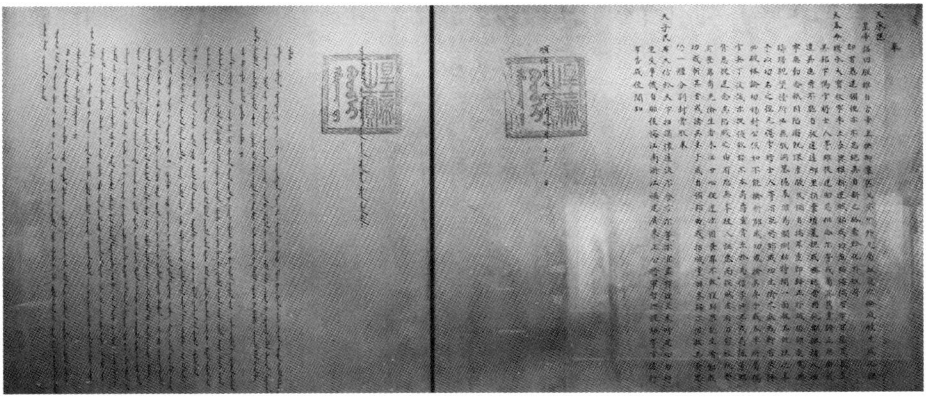

⊙顺治帝招抚郑成功诏书

① 郎廷佐，隶汉军镶黄旗。他在江西时所制瓷器，仿古逼真，世称“郎窑”，极名贵。

桂王永历年号。康熙二十年，郑经死，因王位继承的争执，引起内乱。康熙二十二年，清廷遂派水兵攻台湾，郑经的儿子郑克塽出降。自顺治十八年郑成功入台湾，凡传三世，二十二年而亡。

义勇军之失败

当清兵南下时，沿路屠杀汉人，极其残酷。既攻下南京，又下令强迫人民剃发，于是激起汉族的愤怒，各地义勇军纷起。最著名的，为江西杨廷麟设忠诚社于赣州，远近毁家入社者近三万人。但这些义勇军未经训练，饷械又缺乏，加以孤军奋斗，不能联络一气，终于被清兵先后扑灭。

第五十九讲　明代的制度与学术

明代的中央官制

（一）官制　明初设中书省，置左右丞相。其后明太祖惩胡惟庸之变，罢中书省，把中书省的职权分归六部，尚书握中央政权，殿阁大学士仅备顾问而已。仁宗时，大学士杨士奇等都身兼尚书，参预机务，于是其权渐重。到了世宗时，政务枢机，悉归内阁，大学士俨然成了真宰相。但明朝自太祖以后，厉行中央集权制，宰相虽掌枢机，而实际上仅职司批答，所谓入阁办事，也是有名无实的。明初掌兵柄的为大都督府，即宋元枢密院的变相。其分大都督府为左、右、中、前、后五军都督府，府设左右都督为长官。征调则归兵部。掌监政的为御史台，以御史大夫为长官。成祖以后，罢御史，设都察院以掌纠察，以左右都御史为长官。其他各官，略同前代。唯以司礼监掌理内外文书章奏，实为宦官弄权的祸根。至于地方官制，则改元行中书省为承宣布政使司，计分全国为十五区。

明代的地方官制

北直隶（北京顺天）、南直隶（南京应天）二区外，尚有十三区，即浙江、江西、福建、湖广（今湖北、湖南两省）、山东、山西、河南、陕西（今陕西及甘肃大部）、广东、广西、四川（今四川中东二部）、云南、贵州。中叶以后，沿北要地设重镇凡九，计辽东、蓟州、宣府、太原、大同、榆林、宁夏、固原、甘肃，称为“九边”。

以北直隶、南直隶为中央行政及行在政府所在地，以六部长官分理地方行政。其余十三布政司，则各设布政使理民政，按察使司纠察，都指挥使主兵柄，是为“三司”。布政使司以下有府、州、县，府设知府，州设知州，县设知县，为亲民官。所以明朝的地方官制，也是三级制。后来虽间或设总督、巡抚等官节制二省或一省乃至数府的一切政务，但其性质和宋初由中央大臣出镇州军差不多，不算是地方长官。

地税与丁役

（二）田制和税法　明朝把农田分为“官田”“民田”两种。征税时期也分夏秋两季，都缴纳米麦绢钱钞等物，此为地税。丁役则有役法，凡分三等：以户计的为“甲役”，以丁计的为“徭役”，出于临时的为“杂役”。三等都有所谓“力役”与“雇役”之分。力役用其力，叫作“力差”；雇役用银代役，叫作“银差”。中叶以后，名目繁多，称为“加派”。人民不堪负担，乃创行“一条鞭法”：总括一州县的田赋力役，一律折为银钞缴纳。这样一来，人民负担虽依旧，但不受官吏的骚扰了。然对于田赋，末年又任意增加，所谓“三饷”[①]者，总数近二千万之多。又明朝田赋，轻重颇不均。苏、松、杭、嘉、湖五处最重，江西之南昌、袁、瑞等处亦甚重。说者谓明太祖恨那些地方的人民在元末时都归附张士诚、陈友谅，所以特别把田赋加重，以示惩戒。其实也不尽然。田赋之外的税收，仍以盐、茶两税及商税为大宗。

一条鞭法

江南田赋之重，说者谓明太祖恨张士诚、陈友谅，因而迁怒到那些地方的百姓，有意叫他们都负担些田赋。其实也不尽然。盖其害实起于宋朝的官田：宋徽宗时，浙西平江诸州，积水新退，田多荒芜，廷臣献议募民耕种，由官家收

① 即“辽饷”“剿饷”“练饷”。

租，称为“官田”。既称收租，则其所缴纳的租税必较民田的赋税为大。其后籍没蔡京、王辅、韩侂胄等之田，都并入官田，于是官田愈多。沿及元朝，相仍不改。张士诚据江南，又把元朝贵戚王公的田产，并入官田。明太祖灭张氏，其部下官属田产遍于苏、松等处，太祖把这些田和那些地方的富民的田都没收了，即以原租额为税额。后来又以浙西膏腴之地，加税两倍。于是一亩之赋，有收至两三石者，江南的百姓，大受其害。大抵苏、松最重，嘉、湖次之，杭州又次之。邱濬说：“江南之赋，当天下十分之九。浙东西当江南十分之九。苏、松、常、嘉、湖，又当两浙十分之九。”负担的不平，可谓达于极点。建文以后，经臣下奏请，略有轻减。然而浙西之赋，毕竟仍比他处为重。

钞法的废除与银两的使用

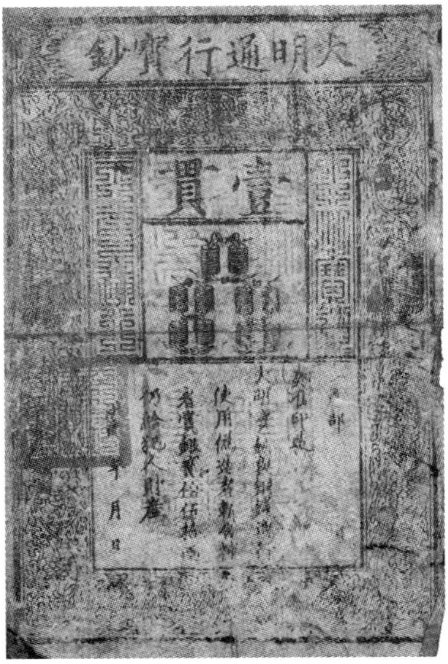

⊙明洪武朝大明通行宝钞

（三）币制 明初承钞法极弊之后，便趋向于废除钞币，使用银两之一途。银两的使用，在金朝末年已见端倪。[①]明初虽仍用钞币，但行之未久，钞价跌落。到宣宗宣德三年[②]，便停造新钞，更设法收回旧钞。其收回旧钞的方法，便是添设新税目及增加旧税额，那些添设或增加的税，一概缴纳钞币，陆续把收回的钞币焚毁。这样一来，钞币虽

① 金哀宗末年，民间已以银交易货物。见《金史·食货志》。
② 公元一四二八年。

然还有这样东西，实际上已不能行用。然而铜钱一时鼓铸不出许多。即使铸得出，也嫌其质重而值轻。用布帛等作货币的习惯，又已随时代而破坏了，再也不能恢复。另外一个发展方向，便是用贵金属——银。于是银两便成为通行天下、负有货币资格的东西了。不过那时的银两，还是以秤量货币的资格，与铜并行。

明初仍用钞，分一贯、五百、四百、三百、二百、一百六种。其定价为钞一贯等于钱一千，又等于银一两，又等于金四分之一两。一百文以下，即用钱。后因钞币跌价，又添造小钞，禁用铜钱。成祖时又禁用金银。但钞币价终于一落千丈，甚至只值千分之一二，于是不得不趋向于使用银两之一途。

从科举时代到八股时代

（四）科举制　我国选举之法，自唐到清，可称为“科举时代”。而科举制度，至明清又一变，我们可以称这个时代为“八股取士的时代”。明初本学校、科举、荐举三途并用，但其后科举日重，而学校及荐举日轻。科举之制，有乡试、会试、殿试三种。凡子、午、卯、酉之年，于各省试士，是为“乡试”，中

⊙明人绘《考试图》横轴（复制品）

试者为“举人”；明年（丑、未、辰、戌之年），举人至京师，应礼部试，是为“会试”；中试者由皇帝试于殿中，是为“殿试”。殿试及第者分三等：一等为一甲，限三名，第一曰“状元”，第二曰“榜眼”，第三曰“探花”，都赐进士及第；二等为二甲，赐进士出身；三等为三甲，赐同进士出身。二三等都无定员，状元授翰林院修撰，榜眼授翰林院编修，二三甲选用庶吉士者都为翰林官，其他授给事中、御史、主事、中书、行人、评事、太常博士，或授府推官、知州、知县等官。其试士之法，专取《四书》《五经》命题，文体略同宋朝的经义，然有两个特殊之点：第一，经义一尊程（颐）朱（熹）之说；第二，体用排偶，须代古人语气为之，就是所谓“八股”，通称“制义”。从此思想定于一宗，不敢稍有违异，而八股文体，更使举子的心力消磨殆尽。

明初由政府编订的《四书大全》《性理大全》，都是以程、朱派的学说为中心。清朱彝尊说：“世之治举业者，以《四书》为先务，视《六经》可缓。以言《诗》《易》，非朱子之传义弗敢道也；以言《礼》，非朱子之《家礼》弗敢行也。推是而言《尚书》、言《春秋》，非朱子所授，则朱子所与也。……言不合朱子，率鸣鼓百面攻之。”这确乎道着了当时的实情。

此外兵制则远规唐朝的府兵制；司法制度，亦大都仍唐之旧，没有详细叙述的必要。

宋明理学的四个时期

我国学术，自北宋至明末，可称为“理学时期”。而理学从产生到没落，又可分为四个时期：

胚胎时期——北宋；

极盛时期——南宋；

复兴时期——明中叶；

没落时期——明末至清初。

然而严格言之，只有“极盛”和“复兴”两个时期。前一时期的代表人物是朱熹，后一时期的代表人物是王守仁。

复兴时期的代表人物

明朝的前期，朱熹一派俨然为儒家正统。到了明朝中叶，朱派的流弊日甚，便有王守仁起来继承陆九渊系统，提出“心即理说”“致良知说”“知行合一说”的三大纲领。一时学者翕然从风，王守仁一派的学说，遂完全代替了朱熹一派的学说。本来朱熹的“即物穷理”的主张，是很容易发生流弊的：照他这样做学问，假若没有统摄力的人，这方面也要去探求，那方面也要去考察，结果往往流于支离破碎，同时对于修养方面忽略了。再，政治势力做了一派学说的护符，这学说便没有人敢反对，所以朱学末流，每每仅将《四书》《五经》咿唔一番，便自以已达“格物”“致知”的妙境，再也不想另辟新境了。在这种情形底下，当然有许多学者不能安居于朱学的藩篱而要自寻出路的。王守仁便是应运而生的代表人物。他主张求理于吾心，较之朱熹的即物穷理为简易。他主张知行合一，不但陆九渊所未曾想到，即从来讲“知”与“行”的关系者都没有像他那样切实。最后他又发明“致良知说”，上溯于孟子[①]，把行为的动机都归之于“良知”。于是“王学”的三大纲领备具了，哲学上的“心一元论”[②]也完成了。

朱学的极弊与王学的兴起

王学的三大纲领

王守仁的学说，本来是重实践躬行的，然因为他偏重向内一边，且和佛家禅宗的“明心见性”，有点相近，所以其流弊便是使一般学者“束书不观，游谈无根”。到清初，“汉学”遂承之

王学的流弊

① “良知”二字，见于孟子“人之所不学而能者，其良能也；所不虑而知者，其良知也”。但孟子“良知”“良能”并称，而王守仁则把良能统摄在良知之内，较孟子所说，更进一步。

② 心一元论也可称为“唯心的理想主义”，以为万物都由心造。

而起。

明代的文学

在文学方面，则明代小说的作家更多，最有名的章回小说如《水浒传》《三国演义》，皆出于明人罗贯中[①]的编订或撰著。戏曲方面，则由杂剧而趋于传奇[②]。传奇作家最著名的，在明初有高则诚，在明末有汤显祖[③]。现尚存在的“昆腔”[④]，是起源于这些杂剧和传奇的。所谓“正统文学”的古文与诗，在明初有宋濂、高启等。后来有李梦阳、李攀龙先后提倡复古，一味模仿秦汉，所作的文章，貌似艰深而实浅陋。末年归有光[⑤]等取法唐宋，才有几篇可供讽诵的文章出现。而袁宏道兄弟[⑥]和钟惺、谭元春等

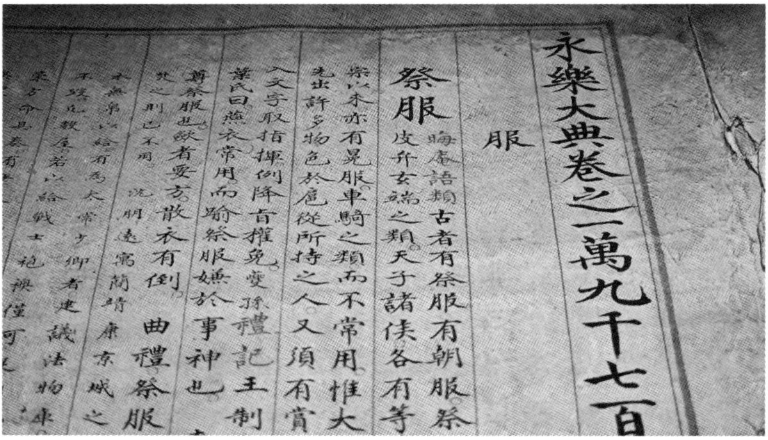

⊙《永乐大典》明嘉靖内府抄本原件

---

① 罗贯中，名本，一说名贯，字贯中，太原人。他所作的小说极多，但往往被后人增订删改。

② 传奇最初称“戏文”，与唐代的“传奇小说”，体制完全不同。

③ 汤显祖，字义仍，所著传奇，以《牡丹亭》《南柯记》《邯郸记》《紫钗记》最有名，称为“临川四梦”。

④ 昆腔创于昆山人魏良辅，故名。

⑤ 归有光，字熙甫，昆山人，时称震川先生。今存有《震川集》。

⑥ 袁宏道，字中郎，公安人。今存有《袁中郎集》。他和他的兄宗道、弟中道，都以文学著名。而他和宗道，提倡诗文以清真为主，力矫模仿恶习，时称“公安体”。

提倡以清真孤峭为主，其诗文自成一派，即所谓“公安体”与“竟陵体”，颇有影响于后来文学界。[①]

《永乐大典》的编纂

此外尚有关于中国文献的一大著作，就是明初编成的《永乐大典》。这部书的编纂，开始于成祖永乐元年[②]，成书于永乐六年，以韵字类聚经、史、子、集、天文、地理、阴阳、医卜、僧道、技艺之言为一书，凡二万二千八百七十七卷。是为中国从来未有的类书，可惜现在已经散佚，仅剩数十册了。

① 今人周作人说“五四”以后的新文学运动，与明末的公安、竟陵派有关。

② 公元一四〇三年。

第六十讲　清初的政略与武功

三藩的叛乱及平定

满人入关后，渐渐统一中国全部，多靠明朝降将的力量。清圣祖以吴三桂为平西王，镇云南；尚可喜[①]为平南王，镇广东；耿继茂[②]为靖南王，镇福建。康熙十二年[③]，圣祖忌三镇擅权，命他们撤藩归养。吴三桂遂约尚可喜的儿子尚之信及耿继茂的儿子耿精忠叛变。郑成功的儿子亦由台湾出兵相助。一时广东、广西、福建、云南、贵州、湖南六省以及四川、江西、陕西、甘肃的一部分都脱离清朝的管辖。但吴三桂因年老，过于持重，只坚守湖南。清兵先平定耿精忠与尚之信，不久，吴三桂死，其孙吴世璠嗣位，势渐穷蹙。康熙二十年，吴世璠兵败自杀，“三藩”全平。过了两年，台湾的郑氏亦被清朝所灭。于是汉族毫无兵力，完全屈服于清廷了。

清廷对付汉族的高压政策

三藩既平，清朝一面将藩兵撤回京师，一面派旗兵驻扎重要城市，称为“驻防”。中央及地方政府的长官，都以满人居正缺，汉人只能居于次副的地位。更屡次兴文字狱，使士大夫都惧怕清朝的威力，不敢再有革命的思想。最著名的，如庄廷鑨案惨杀七十余人。

---

① 尚可喜，辽东人。初为明广鹿岛副将，航海归清，助清征战有功。

② 耿继茂，其先山东人，涉盖州卫。他的父亲耿仲明，仕明为登州参将，降清，助清征战有功，封靖南王。他袭父爵，初与尚可喜同镇广东。后移福建。

③ 公元一六七三年。

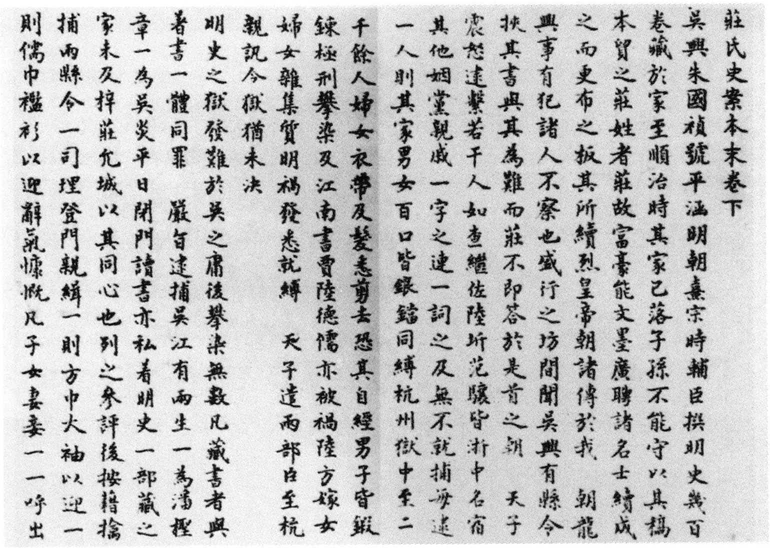
莊氏史案本末卷下
吴興朱國禎號平涵明朝熹宗時輔臣撰明史幾百卷藏於家至順治時其家已落子孫不能守以其稿本質之莊姓者莊故富豪能文墨廣聘諸名士續成之而更布之板其所續烈皇帝朝諸傳於我 朝龍興事有犯諸人不察也盛行之坊間聞吴興有縣令挾其書與其為難而莊不即荅於是肯之朝 天子震怒逮繫若干人如查繼佐陸圻范驤皆浙中名宿其他姻黨親戚一字之連一詞之及無不就捕海逮一人則其家男女百口皆鋃鐺同縛杭州獄中至二千餘人婦女衣帶及髮悉剪去恐其自經男子皆鍛鍊極刑攀染及江南書賈陸德儒亦被禍陸方嫁女婦女雜集賀明禍發悉就縛 天子遣兩部臣至杭親訊今獄猶未決
明史之獄發難於吴之庸後攀染無數凡藏書者與著書一體同罪 嚴旨逮捕吴江有兩生一為潘檉章一為吴炎平日閉門讀書亦私着明史一部藏之家未及梓莊允城以其同心也列之參評後按籍搶捕兩縣令一司理登門親緝一則方中大袖以迎一則儒巾襤衫以迎辭氣慷慨凡子女妻妾一一呼出

⊙《庄氏史案本末》（记载庄廷鑨《明史》狱事，此为清康熙年间文字狱）

明大学士朱国祯著《明史》，已刊行于世，只有《列朝诸臣传》没有刊。明亡后，朱氏家道中落，把稿本抵押于湖州富翁庄廷鑨处。廷鑨就招聘名士修辑，并补崇祯一朝事，名曰《明史辑略》，中多指斥满洲的话。康熙二年[①]，归安知县吴之荣因罢官闲居，就向上官告发，说庄廷鑨毁谤朝廷，想借此复被起用。经庄廷鑨向官厅纳贿，并删改内容，重新刊行，这桩案件，本可无形消弭。但吴之荣不肯干休，访购得初刊原本，再向上司告发。于是事情果然闹大了。时庄廷鑨已死，乃把他的弟弟庄廷钺正法，并戮庄廷鑨的尸骸。这桩案子牵连极大，凡曾替这书作序的或校对的、刻的、买的、卖的，都杀的杀，绞的绞，妇女并送边。而吴之荣竟复被起用，并赏赐他一份没收下来的财产。

① 公元一六六三年。

戴名世案，牵连数百人。

> 戴名世，字田有，号药身，别号忧庵，安徽桐城人。喜读《左传》《史记》，留心明朝一代的掌故，常常访明季遗老，考求故事，兼访求明季野史，参互考订，以冀成一家之言。他的同乡人方孝标，曾随吴三桂，所著《钝斋文选》《滇黔纪闻》，中多叙述明末清初的事情。戴名世购得其书，为之考订异同，作成《南山集》。他的门人替他刻印行世。他自己应顺天乡试中式，官翰林院编修，于是他的《南山集》便流传于京师。康熙五十年[①]，御史赵申乔据以弹劾。时方孝标已死，就把戴名世斩决。其他被牵连者数百人，总算还是清圣祖的“恩典”，没有被杀，但方孝标的妻子都被充发黑龙江去了。清圣祖时除庄廷鑨和戴名世两案以外，尚有金人瑞[②]的哭庙狱，朱方旦[③]的秘书狱，因为和这两起的“文字狱”性质略有不同，兹不赘述。

世宗（圣祖子爱新觉罗·胤禛）时，士大夫为文字狱被惨杀的更多，如钱名世、查嗣庭、吕留良诸案，都十分残酷。

> 钱名世，字䌹庵，江苏武进人，康熙进士，官翰林院侍讲学士，曾作诗称颂年羹尧[④]平定西藏功德。年羹尧败后，清世宗亲书“名教罪人”的匾额，命地方官张挂在他（钱名

① 公元一七一一年。

② 金人瑞，即有名的文学批评家金圣叹。本姓张，名采，后改姓金，名喟，一名人瑞，圣叹是他的号。吴县人。

③ 朱方旦，号尔枚，又号二眉道人，汉阳人。

④ 年羹尧，号双峰。康熙进士，累官川陕总督、抚远大将军。定川边、征西藏、平青海，以功封一等公。雍正时，下狱赐死。

世）的住宅。又令朝臣作刺恶诗，特下谕命钱名世刻刊进呈。查嗣庭，号横浦，浙江海宁人，康熙进士，官至礼部侍郎。雍正四年[①]，典试江西，以“维民所止”“君子不以言举人”“山径之蹊间”一节命题。被言官控告，说“维止”二字是取“雍正”二字而割去其首。[②]时当行保举，清世宗以为末两题是讽刺时事，派人到他寓里搜查，得日记两册，其中批评康雍朝政，触忌讳之处甚多。嗣庭遂死于狱，被戮尸，家属或死或流。和查嗣庭家乡相近的诸家桥（查嗣庭家海宁之袁花，和诸家桥相距非遥）有一个老学究，曾撰一门联为：“荒村古庙犹留汉，野店浮桥独姓诸。”嗣庭采入笔记，老学究也牵连被杀。专制帝王的淫威，实在可怕。吕留良，字庄生，又名光纶，字用晦，浙江石门人。尝进学补廪。然他颇具反清的思想，所以不想做官，专在乡里讲学，学者称他为晚村先生。后因地方官荐他举博学弘儒试，他剃发为僧。著书立说，大都排斥满洲。有论夷夏之防及《井田》《封建》等篇，又有“清风虽细难吹我，明月何尝不照人”之句。他死于康熙二十二年。其后湖南永兴的诸生曾静受他的影响，曾劝川陕总督岳钟琪叛变。事发，曾静被逮，吕留良戮尸，被牵连者二十多家。清世宗并录曾静等口供及谕旨，刊为《大义觉迷录》。世宗时除此二案以外，尚有汪景祺的《西征随笔》狱[③]及陆生楠《通鉴论》狱[④]、谢济世

① 公元一七二六年。

② 传试题为“维民所止”一节，非历史事实。——编者

③ 汪景祺，杭州举人。著有《西征随笔》，中有“皇帝挥毫不值钱”之句，被控为讪谤朝廷，处死刑。

④ 陆生楠，广西举人。因细书《通鉴论》十七篇，中有论封建、立储、兵制等事，被指为诽谤朝政，处斩。

《大学注》狱[①]、徐骏诗集狱[②]，兹不赘述。

高宗（世宗子爱新觉罗·弘历）时，依然袭用这种政策，所兴文字狱甚多，而以胡中藻、王锡侯两案为最著。

> 胡中藻，江西新建人。大学士鄂尔泰门生，累官至内阁学士，督湖南学政，因事去职。他所著《坚磨生诗钞》中有“一世无日月”“一把心肠论浊清”及其他清高宗所认为“语涉诽谤”的句子，逮捕下狱，弃市。被牵连的人也不少。王锡侯，字韩伯，江西新昌人。著有《字贯》一书，依《康熙字典》例分部。被奏删改钦定字书，易刻字典，与叛逆无异。而他的凡例中，将圣祖、世祖的庙号及高宗的名字悉行开列，高宗认为大逆不法，逮捕至京，本人及子孙都斩决。此外如杭世骏[③]为对策失险，受免官的处分。段昌绪为收藏吴三桂檄文，彭家屏为收藏明季野史等，一被斩决，一赐自尽。齐赤若[④]为所著书有触忌讳处，被磔死。徐述夔著《一柱楼诗》，有“大明天子重相见，且把壶儿搁半边”之句，被认为“壶儿”与“胡儿”同音，有意诽谤，戮尸。甚至受知于高宗的沈德潜，为了《咏黑牡丹》诗有“夺朱非正色，异种也称王”之句，死后还被剖棺。

---

① 谢济世，字石霖，号梅庄，全州人。以注释《大学》不宗程朱，几乎被杀。

② 翰林院庶吉士徐骏上书言事，于陛下之陛字误书作“狴”，世宗大怒，把他革职。后检查其诗集，有“清风不识字，何故乱翻书”之句，指为讥讪清朝，被杀。

③ 杭世骏，字大宗，号堇浦，晚号秦亭老民，浙江仁和人。因上奏中有“朝廷用人，宜泯满汉”之语，下狱论死，后得放还。

④ 齐赤若，字周华，浙江天台人。以坐吕留良党，被判永远监禁。后得释，因刻所著书，中有触忌讳之处，被磔死。

清廷对汉族的软化政策

但清朝不是一味用高压政策的，同时又施行一种牢笼的软化政策。圣祖初年，征辟明末的名儒如顾炎武[①]、黄宗羲[②]、王夫之[③]、李颙[④]等，因为他们不就，于是提倡理学，刻行《朱子全书》《理学大全》等书，擢用陆陇其[⑤]、汤斌[⑥]等理学名家。一面特开“博学弘儒科”[⑦]令京外各长官各举所知，疏荐送部，以便召试授官。对于这些博学的名士，广开书局，请他们从事于巨大的类书或字典的编纂。当时编成的有《佩文韵府》《渊鉴类函》等。世宗时又辑成《古今图书集成》一万卷，为类书中空前的巨著。高宗时，于编纂《皇朝通典》《皇朝通志》《皇朝文献通考》《大清一统志》之外，更于乾隆三十八年[⑧]开四库全书馆，搜罗已刻未刻的古今著作，成《四库全书》，缮写七部，分藏全国。当时因编辑这种伟大的类书，不知消磨了多少学者的精力与思想，而因《四库全书》之搜辑，更把许多不利于清朝统治的著作或销毁绝版，或删改窜乱，借着“稽古右文”的美名，以实行焚书坑儒的政策。清廷的控驭汉族的方法，实在巧妙极了。

清廷对付农民的政策

上面所讲，只限于清朝对付士大夫的办法。其他如解放奴隶制度，清理全国田赋，纠察贪官污吏，都是清朝进一步收买农

① 顾炎武，字宁人，号亭林，昆山人。明末屏居山中，不仕清朝。所著以《日知录》为最著名。

② 黄宗羲，字太冲，号梨洲，学者称南雷先生，余姚人。明亡不仕。今存有《南雷集》等。

③ 王夫之，学者称船山先生，衡阳人。明亡不仕。所著有《大学衍》《中庸衍》，皆羽翼朱子。其他著述甚多。

④ 李颙，明亡后，专事讲学。所著有《二曲集》等。

⑤ 陆陇其，字稼书，康熙进士。官嘉定、灵寿二县知县，行取御史。所著有《三鱼堂文集》。

⑥ 汤斌，顺治进士。官至工部尚书。所著有《汤子遗书》等。

⑦ 后因避高宗讳，改称“博学鸿儒”。

⑧ 公元一七七三年。

民的好方法。清朝控驭汉族所以能达二百六十多年，这是很重要的原因。

> 《清通考》(《户口考》) 载：世宗雍正元年[①]，“令山西等省之‘乐户’，浙江之‘惰民’，俱除籍为良。……至五年，以江南徽州府有‘伴当’，宁国府有‘世仆’，本地呼为‘细民’，其籍业与‘乐户’‘惰民’同，甚有两姓丁户村庄相等，而此姓为彼姓执役，有如奴隶，究其仆役起自何时，则茫然无考，非实有上下之分。特谕开除为良民”。

清初的对外武功，也有很可称述的地方。兹分述如下：

准部的平定与蒙古族的内附

（一）平定蒙古　清廷未入关以前，已与蒙古发生交涉，就是讨伐察哈尔部林丹汗，收服漠南蒙古的事件。但蒙古除漠南各部之外，还有外蒙古喀尔喀三部[②]和瓦剌后裔卫拉特四部[③]。当清朝征服漠南蒙古时，外蒙古喀尔喀三部也派使朝贡；唯卫拉特各部因僻处西北，没有内附。卫拉特即厄鲁特，亦称西蒙古，其四部中以准噶尔及和硕特两部为较强。康熙十二年[④]，准噶尔部的噶尔丹汗即位，征服和硕特部，统一厄鲁特，威令达于西藏、青海。康熙二十七年，噶尔丹率兵东侵喀尔喀，喀尔喀人因信奉喇嘛教，势力已渐衰弱，便弃了牲畜帐幕，逃奔漠南，向清朝求救。康熙二十九年，清圣祖以三藩乱平，中国的统治已渐巩固，遂亲领大军征讨噶尔丹，噶尔丹兵败，退据科布多。三十六七年两年，又先后亲征。噶尔丹败走，遂服药自杀。漠

---

① 公元一七二三年。

② 喀尔喀三部：一曰土谢图汗，二曰车臣汗，三曰札萨克图汗。

③ 卫拉特四部：一曰准噶尔，即绰罗斯，牧伊犁；二曰和硕特，牧乌鲁木齐；三曰土尔扈特，牧塔尔巴哈台；四曰杜尔伯特，牧额尔齐斯河。

④ 公元一六七三年。

北已平，清朝命喀尔喀三部的人仍还居故地。世宗时，准噶尔汗噶尔丹策零又东侵喀尔喀。雍正九年[①]，世宗用三音诺颜[②]的额驸[③]策棱兵败准噶尔，准噶尔部又请和。高宗时，准噶尔部因发生内乱，势力渐衰，但辉特部长阿睦尔撒纳又崛起占据厄鲁特。乾隆二十二年[④]，清朝命兆惠进讨，阿睦尔撒纳败死。其时厄鲁特人民因天痘流行，死于时疫的约十分之四，因战争而死的约十分之三，逃入俄罗斯境的约十分之二，存留者不过十分之一。于是清朝平定了蒙古全部，设伊犁将军以统治之。

⊙《康熙首征噶尔丹命福全出师图轴》

喇嘛教的纷争与藏族的内附

（二）平定西藏　西藏从唐朝吐蕃以后盛行喇嘛教。明朝初年，喇嘛教分为红、黄两派。清初黄教大盛，统一全藏，以达赖、班禅分治前后藏。康熙二十一年[⑤]，达赖五世死，和硕特所拥立的达赖六世与青海诸蒙古所拥立的达赖六世互争正统，内部又起纷争。清圣祖因西

① 公元一七三一年。
② 三音诺颜系由土谢图汗分出，从雍正后，喀尔喀计分为四部。
③ 就是尚公主的驸马。
④ 公元一七五七年。
⑤ 公元一六八二年。

藏是青海、四川、云南的屏蔽，遂于康熙五十七年，发大兵入藏，迎立青海所拥立的达赖七世，于是西藏直属于中国。世宗雍正初年，置驻藏大臣于拉萨[①]，带领川、陕兵二千分驻前后藏。高宗乾隆间，又立金瓶掣签的办法，以解决达赖、班禅继承的纷争。[②]至此，清朝利用喇嘛教以统治西藏的政策，完全成功。

回教的东来与回族的内附

（三）平定新疆 新疆以天山分南北二路：天山北路为蒙古准噶尔部所占，天山南路为回部。回部的酋长本元朝后裔。明朝中叶，回教祖后裔和卓木东来传教，得喀什噶尔汗的信仰。其后喀什噶尔汗以兵力平定诸部，于是回教势力偏于天山南路，另称回疆。清朝初年，回部又分裂为白山宗、黑山宗两派[③]，互相倾轧。准噶尔的噶尔丹汗帮助白山宗派灭黑山宗派，于是回部遂臣服于准噶尔。其后准噶尔部被清朝所灭，清朝就想乘胜收服回疆。乾隆二十四年[④]，回部酋长大小和卓木败死，回部遂平定。清朝设参赞大臣于喀什噶尔，以节制诸城。其后新疆虽小有叛乱，但不久即平定。

改土归流政策与苗族的同化

（四）同化苗族 苗族本散处于云南、贵州等西南各省的边境。因语言风俗和汉族不同，元明以来，都采用羁縻政策，设有宣慰、宣抚、安抚、招讨等土司，由他们世袭统治。但这些土司每每纵使苗人劫掠，边民时被杀害。清世宗雍正四年[⑤]，云贵总督鄂尔泰建议改土司为流官，废除世袭制的土司，改设普通的官吏去统治。二三年间，招抚贵州生苗三千余寨，开辟苗

---

① 拉萨为西藏首府，在雅鲁藏布右岸。

② “呼毕尔汗”的制度，每因不能确定某人而起纷争。高宗另立抽签法，预颁二金瓶（称为金奔巴），一藏西藏大昭寺，一藏北京雍和宫，凡达赖等继承发生争议时，便书名于签，纳入盒瓶中，然后抽定去取。

③ 和卓木二子，一名加利晏，一名伊撒克。其后加利宴的门徒称为白山宗，伊撒克的门徒称为黑山宗。

④ 公元一七五九年。

⑤ 公元一七二六年。

疆二三千里，刻黜云南诸土司，平定澜沧江以东各地。而广西诸土司也都缴纳印信军器，改土归流的政策大告成功。后来因鄂尔泰去官，苗人又纷起作乱。到高宗乾隆三年，乱事才平定，而苗族从此逐渐与汉族同化了。

清朝全盛时代的武功与疆域

清朝当圣祖、世宗、高宗三朝，为全盛时期。武力所及，不仅收服了西北的蒙古、藏、回三族与西南的苗族，而且先后平定四川边境的金川；

> 金川本是四川西边的土司，分大小两部，乾隆时，逐渐强大，屡次叛变。乾隆三十七年至四十一年[①]，由将军阿桂平定，隶属四川省。

臣服印度支那半岛上的缅甸、暹罗、安南三国；攻讨尼泊尔西境的廓尔喀部。当时的版图：东起鄂霍次克海、日本海，包括库页岛与朝鲜，东南渡海直达台湾与琉球，南至南海、暹罗湾与印度洋、孟加拉湾，西越葱岭，北接西伯利亚。除元朝以外，实为中国史上领域最广的一朝。

> 缅甸于乾隆三十四年[②]，向清廷乞和。清廷封其酋长孟云为缅甸国王，并定十年一贡之例。暹罗于乾隆三十四年由华侨郑昭统治。乾隆四十七年派使入贡，受册封为暹罗王。安南于乾隆五十四年与清朝议和，由清朝封其酋长阮光平为安南王。

① 公元一七七二年至一七七六年。

② 公元一七六九年。

第六十一讲　鸦片战争的惨败

清朝国势的渐弱

清朝的国运，到了高宗时已达极盛，然而衰乱之机，在高宗时已经预伏了。原来高宗是一个自负不凡，喜欢闹阔绰的人，处处想模仿圣祖。几次巡游江南[①]，糜费无算，国家元气被他斫丧不少。中岁后任用贪黩无厌的和珅，以致污吏赃官，布满全国，民众受到剥削的苦痛。

和珅是满洲官学生，初为高宗侍从。有一次，高宗有事将出发，一切仪仗都齐备了，仓皇之中缺了一个黄盖。高宗大怒道："是谁之过欤？"和珅在旁很从容地回答道："典守者不得辞其职！"高宗本是一个自作聪明的皇帝，他引用了这句《论语》中的成语，而和珅居然用《论语》的注解作答，因此就被高宗赏识。后来和珅官至大学士，贪贿弄权，吏治大坏。仁宗嘉庆四年[②]，被王念孙等所参劾，夺职下狱，赐自尽，并抄没他的家财。据仁宗谕旨，清查和珅之遗产，共计一百零九号，内八十三号尚未估价，已估价之二十六号，合算共计银二亿二千三百八十九万五千一百六十两。照此推算，未估价的应值八亿两有余。明朝的权相如严嵩，阉宦如魏忠贤，都以贪黩著名，但比起和珅来，又瞠乎其后了。

---

① 清高宗凡六次南巡，一在乾隆十六年，一在二十二年，一在二十七年，一在三十年，一在四十五年，一在四十九年。

② 公元一七九九年。

⊙《弘历雪景行乐图》 郎世宁

加以清朝所恃以为战斗主力的八旗兵，自从入关以后，恃胜而骄，荒弃平时的训练，其战斗力乃渐渐衰退。三藩作乱时，旗兵已毫无战斗力。到了仁宗时，铜仁、永绥等处苗民作乱，调兵数省，转输数十万，尚未尽平，而白莲教匪又起于湖北，窜扰河南、陕西、四川等省。

白莲教起源于元末，为反对异族统治中国的秘密的带有宗教性的组织，至清代而复盛。乾隆四十年[①]，首领刘松被捕，发往甘肃充军。但其余党刘之协、宋之清等，已在陕西、四川、湖南等省秘密传教，得了不少信徒。至是遂宣言清朝的国运已终，诈奉河南鹿邑县的王发生为明裔朱氏，起兵叛变，但不久即平。乾隆五十八年，湖北一带教徒又起事，声言官逼民反，蔓延及于川、陕、甘、豫诸省。嘉庆九年[②]才完全平定，前后近十余年，杀伤近数十万。

同时东南又有“艇盗”之乱，清朝费了不少的兵力财力，方把那些匪乱平定。

当川楚教匪势焰大张之时，江、浙、闽、粤等省又有所谓“艇盗”发生。先是乾隆中，清高宗所封的安南国王阮光平死，其子阮光缵嗣立。因国用支绌，招集中国沿海亡命之徒，给与军械船只，命他们入海劫掠商船。福建、广东一带海面，大受其害。后来中国内地的土盗又和他们勾通，其势更大，蔓延到江浙的沿海。嘉庆七年，安南政变，阮福映攻杀阮光缵，统一安南，禁绝海盗。那些艇盗失了靠山，都投奔福建海盗蔡牵，仍与陆上的土盗相勾结，对闽浙沿海肆行劫掠。浙江巡抚阮元用全力剿办，居然把蔡牵打溃。后来蔡牵又与广东海盗朱渍联合，仍出没于闽粤沿海一带。至嘉庆十三、十四两年，朱渍、蔡牵都被清朝的水师打死。嘉庆十五年，两广总督张百龄收降其余党二万余人，艇盗才完全平定。

---

① 公元一七七五年。

② 公元一八〇四年。

宣宗初年，又有回疆张格尔之变，虽不久剿平，但朝廷的威力已失，民心开始动摇，清朝已由全盛时期而转入衰乱时期了。

鸦片战争的远因

在那时候，欧洲各国——尤其是英国——的机器业已十分发达，因出产物品的增多，不得不向外找寻销售出品的市场。生产方式落后的中国，正是他们销售物品的最好场所。但中国一向闭关自守，并且十二分看不起外国人，这是使他们感到十二分困难的。英国时时设法解决这困难，曾派公使和清朝办交涉。当时中国人并不知什么是外交，只以为英国来进贡罢了，便拿进贡的旗子插在英使的船上，到了北京，又强迫英使用跪拜礼朝见皇帝，而交涉又毫无结果。又有一次，英国派人来和粤督办交涉。粤督对他说，有什么事可以向行商转达，外国人照例没有资格和中国大臣直接办交涉的。即此可见那时中国人看不起外国人的一斑了。英国人一心要打开中国的门户始终没有

⊙ 1793年（乾隆五十八年），英国马戛尔尼率使团在热河（今河北承德市）行宫觐见乾隆帝。因使团拒绝以跪拜礼觐见，双方争执不下，后以改为单膝下跪礼妥协

成功，只好借端用武力来解决了，因此就发生了所谓“鸦片[①]战争”。

> 从前不准外国商人与中国人民直接做买卖，由中国商人组织公行，经国家认可后，为华洋贸易的仲买机关。外国商人的货物都要卖给公行，再由公行发卖给一般中国商人。外国商人与中国有什么交涉，也要由行商转，不能直接向中国官厅讲话。

鸦片输入的情形

鸦片的输入中国，始于唐德宗贞元中（约当公元的八世纪末）的阿拉伯商人。起初只作药品，到了明末，葡萄牙商人从印度输入，民间才渐多吸食以代烟草。到英商东印度公司[②]成立，因鸦片在中国销路日广，于是输入愈增。清世宗雍正七年[③]曾下令禁止，但终未能禁绝。在清初，鸦片每年输入不过二百箱[④]左右，到嘉庆二十二年[⑤]增加到三千六百余箱，道光十八年[⑥]竟增至二万八千余箱，每年漏卮达银三千余万两。鸦片这样的大量输入，不仅为害民生，国家经济也大受影响。当时因为银币缺乏，每两仅兑换制钱一千六百有余。于是清廷采用鸿胪寺卿黄爵滋等的奏请，严禁鸦片，行连坐法，凡家藏烟具与鸦片者处死刑。以湖广总督林则徐[⑦]为钦差大臣，查办广东海港事

① 鸦片即罂粟，或称阿芙蓉。

② 公元一千六百年间，葡、荷、英、法等国，各设东印度公司于印度，与之通商，英法两国势力尤甚。一六九〇年以后，变商业主义为侵略主义。英复以兵力制法，独取税权、兵权，归诸公司，渐并诸王侯领土，尽革其旧制。一八五八年，英以印度政府直辖，公司遂罢。

③ 公元一七二九年。

④ 每箱计一百二十斤。

⑤ 公元一八一七年。

⑥ 公元一八三八年。

⑦ 林则徐，字少穆，侯官人。

宜，兼节制广东水师，实行禁止鸦片贸易。明年二月，林则徐强迫英商交出鸦片二万二百余箱，全数销毁，并布告各国商人，凡商船夹带鸦片入口的，“船货入官，人即正法”。当时葡、美诸商都签字承认，独英商不愿。那时候不但英国贩卖鸦片的商人想和我们一战，英国的资本家为销售他们的货物起见，也想借端用武力打开中国的门户。一八四〇年三月，代表英国资本家的国会开了三天三夜的会议，通过对中国宣战。由印度派海陆军两万五千余人，军舰二十六艘向广东进发。英军到澳门，探知广东的林则徐已经备战，便向北攻福建、浙江的沿海。七月初，攻下浙江的定海，又进攻乍浦、宁波，破中国水师，封锁钱塘江口。当时沿海各地长官因承平日久，毫无战备，都怕英军来攻，大家向朝廷上奏章，攻讦林则徐孟浪操切，激成事变。清廷见英兵势盛，便也改变态度，罢免林则徐，改派直隶总督琦善[①]到广东查办，并进行和议。琦善到广东后，办法与林

鸦片战争的第一幕

林则徐的罢免

⊙林则徐销毁鸦片

① 琦善，满洲人。嘉道间以治河办海有功，官至直隶总督、文渊阁大学士。

⊙琦善与英国人谈判

则徐完全相反。他把海口的防御工事撤废，算是与英国开诚相见。谈判初开，便允许赔偿英国鸦片价七百万元，但英国又要求割让香港。琦善不敢允许，英军便攻占虎门外的沙角、大角两炮台。琦善大恐慌，连夜派人请求英军继续谈判，并允许赔偿鸦片价之外，开放广州，割让香港。双方签订草约。英军即行交还沙角、大角两炮台，一面在香港出示安民，起造房屋埠头，开始经营。

割让香港

当英军占领沙角、大角两炮台的警报传到北京，清宣宗大为震怒，再下令对英宣战，罢免琦善，先后命奕山等带兵往广东。英军探知清廷变计主战，便先下手攻陷虎门炮台，并向广州进攻。其时清廷的援兵未到，各要隘尽被英军占领。后来奕山等没有法子，只好向英军求和，议定休战条约如下：

鸦片战争的第二幕

（一）中国于赔偿鸦片价之外，先偿还英国军费六百万元，五日内交付。

（二）中国军队退驻城外六十里。

（三）香港割让事件缓日再商。

（四）英军退出虎门。

条约签订，英军在广州游行示威以后，便陆续退去。但广州人民愤慨之余，突然树立“平英团”的旗帜，结合万余人，乘英军撤退的当儿，起来袭击。英军见我民气激昂，不可轻敌，乃依休战条约退去。这一回是我国民众自动团结直接反抗帝国主义的第一次示威运动！

平英团

帝国主义的原名为 Imperialism。它是由资本主义转化而来，是资本主义发展到最后的一个阶段。原来资本主义有个矛盾点：因为资本家使用机器制造物品，其目的在赚钱，所以最初物品的出产愈多愈快，则资本家的赚钱亦愈多愈快。但到后来，巨大的资本积聚于少数的资本家之手，社会上大多数之人日趋贫乏，购买力日渐减少，因之不但生产品有过剩的现象，即资本因过度集中，发生停止膨胀的现象。同时因为出产品的增多，又感到原料的缺乏。到这时候，那些资本主义的国家，为要解除自身的危险，不得不向国外找寻销售货物、购买原料及投资的场所。凡为了上述的原因，用国家的力量向外侵略者，便叫作帝国主义。一八七四年，英国的 Disraeli① 已提出“帝国主义团结”的口号，可见当时的英国资本主义已经走进了转换到帝国主义的阶段了。

当英军攻下定海时，曾向清廷提出要求六款：（一）偿还鸦片价；（二）开放广州、厦门、福州、定海、上海为通商口岸；（三）两国交际礼仪彼此平等；（四）赔偿军费；（五）不得因英国商船夹带鸦片累及无辜英商；（六）尽裁公行浮费。在休战条

英国的无理要求

① Benjamin Disraeli，即本杰明·迪斯雷利（1804—1881），英国政治家，一八六八年任英国首相，以推行帝国主义的世界政策有名。

约里面，这些条款全未提及。英国政府便屡次催促奕山订立正约，但奕山并没有把休战条约的内容明白报告清廷，对订立正约，非但不敢做主，更不敢奏闻皇帝，只得一味延宕。英国遂决计再用兵，连破厦门、舟山①，进陷镇海、宁波。道光二十二年②，英军改变战略，决定转略长江，以断南北的交通。四月，陷乍浦，陷宝山、上海；六月，陷镇江；七月，更进逼南京。于是清廷大震，派耆英、伊里布、牛鉴为媾和全权大臣，便宜行事。当时英国恃强要挟，而耆英等但求和议成就，处处让步。于是成立媾和条约。这条约称为《中英修好和约》，亦称《南京条约》或《江宁条约》。其中重要条款为：

鸦片战争的第三幕

《南京条约》

（一）中国政府向英国政府缴纳军费一千二百万元，商欠三百万元，鸦片赔偿六百万元，共二千一百万元，限四年交清。

（二）中国政府以香港全岛永远割让给英国。

（三）中国政府将广州、厦门、福州、宁波、上海五处为通商口岸，准英国派领事居住，并许英国商人带同家眷自由来往。英商货物，照例纳进口税后，准由中国商人贩运至内地各处，所过关税，不得加重课税。

（四）以后两国往来公文用平等款式。

是年九月，又在虎门订立善后事宜条约和《五口通商章程》，作为《南京条约》的附录。这就是所谓《虎门条约》。其中有几点颇关重要，摘举大意如下：

《虎门条约》

（一）五处通商，既准英国人自由居住，中国地方官须与英国领事官就各地情形划定一区域准英国人租赁。

（二）凡未列入税则表内的货物，概照货价纳值百抽五之税。

① 舟山旁小岛林立，称舟山群岛，为东海中舰队屯煤避风的要港。

② 公元一八四二年。

（三）英国人与中国人因事涉讼，由英国领事与中国官员共同查明，秉公处断；至于英国商人如何定罪，由英国议定章程法律，发给领事照办。

这三条的关系极大：第一条便是所谓“租界”的起源；第二条开关税协定的恶例；第三条便是“领事裁判权”的开端。

鸦片战争的影响

鸦片战争的影响是很大的。原来中国文化以汉族文化为主干，而汉族所住的是广阔的平原，温和的气候，肥饶的土壤，最适宜于农业，所以农业便成为主要的生产。在这生产方式之下形成了封建制度的经济基础与政治组织。更因为地理上、气候上、土质上的种种关系，使中国的生产方式不易变更，生产力及全部文化、全部历史发生停滞状态。所以从秦汉到鸦片战争以前，虽经过不少次外来民族的侵入，但因为生产方式没有变动，同时外来民族的生产方式比较落后之故，只有使异民族同化于汉族，中国社会的经济基础与政治组织没有什么动摇或变更。自从鸦片战争以后，欧洲资本主义的势力随武力而俱来，使中国绵延几千年的封建社会根本动摇。中国不及采用资本主义的生产方式，却早已变为资本主义国家的原料取给所和商品竞卖场了。从此以后，整个的中国民族全在帝国主义的束缚之下，因生产方式的落后，中国民族在全世界上变为一个文化落后的民族了。同时侵略中国的帝国主义者，他们是处于文化较高的地位，和过去生产方式比较落后的外来民族完全不同了。因此，我们对于鸦片战争要有明确的认识，不可和过去的外来民族的侵入等量齐观，同时对于鸦片战争以后的史实，要加以深切的注意！

第六十二讲　太平天国的革命与捻回的响应

太平天国崛起的因素

中国人的反对清朝，二百年来，几无时或息，然终以清朝势强，很难成功。鸦片战争以后，人民看破了清朝的统治能力已开始动摇，便想趁此机会起来把清朝打倒。又自鸦片战争后，洋货在中国南方自由输入，首先是两广人民受其压迫，弄得穷苦不堪。他们一心希望有人起来把颟顸无能的清朝政府打倒，建立一强有力的政府，以便抵抗外来的侵略。在这种情形底下便发生了太平天国的革命，而其发动地点，便在中国南方的广西。

太平天国的缘起

太平天国革命的领袖为洪秀全。先是有广东人朱九涛，自称是明朝的后裔，在仁宗嘉庆末年，仿白莲教的方法，创上帝教于广西，一时信奉的人很多，花县人洪秀全、冯云山等都拜他为师。朱九涛死后，洪秀全与冯云山继续宣传上帝教，另创三点会，由洪秀全为领袖。宣宗道光十六年[①]，洪秀全、冯云山至广西省桂平、武宣两县之间的鹏化山中设立秘密机关，渐与桂平县人杨秀清、韦昌辉，武宣县人萧朝贵，贵县人石达开、秦日纲等相结合，分头至各县招集党徒，宣传教义。洪秀全曾害大病，好了以后，自称死去七日而复活，能知未来之事。预言世界不久将有大乱，唯有入三点会信仰上帝教方可免受灾难。入会规则，先纳香灯费银五两，只拜上帝，不拜其他神佛。会

① 公元一八三六年。

中男女相称为兄弟姊妹，一律平等。洪秀全又自称是上帝耶和华的幼子，耶稣的幼弟，所以称上帝耶和华为天父，耶稣基督为天兄。不久，信徒至二千人以上，上帝教在两广渐为民间的一大势力。

太平天国的发动

道光末年，两广一带连年饥荒，盗匪蜂起。以广西中部柳州、庆远、思恩、浔州、梧州一带为最甚。那些地方的有产阶级，见官军不能平定盗匪，便自办团练来防守地方。团练是保护有产阶级的，因此渐与贫农的集团三点会中人发生冲突，互相仇杀。洪秀全等便乘机于道光三十年[①]起兵于广西桂平县的金田村。为表示反清起见，一律留着长发，改易衣冠（所以当时的官书上称为“发匪”，民间呼为“长毛”）。贵县人林凤祥、揭阳人罗大纲、衡山人洪大全等都聚众和洪秀全会合，声势日盛。

太平天国的建立

时清文宗（宣宗子爱新觉罗·奕詝）初立，派固原提督向荣、云南提督张必禄带兵讨伐，没有什么成绩，张必禄竟然战死。文宗咸丰元年[②]，洪秀全攻陷永安，建号太平天国，自称天王，封杨秀清为东王，萧朝贵为西王，冯云山为南王，韦昌辉为北王，石达开为翼王，洪大全为天德王。更北出湖南，浮洞庭，顺长江而下。咸丰三年，太平军攻陷南京，改称天京，定为国都，从事于政制的建设。

太平天国的政制，比较可考而重要的，在积极方面为：禁鸦片，禁酒，禁赌博，禁妇女缠足，禁奴隶买卖，禁娼妓，禁蓄妾。在消极方面为：颁行均田制，分田为九等，上上田一亩当下下田三亩，照人口分配，凡男女年十六以上受田，年十五以下减半受田。同时下令不得私藏金钱，凡

① 公元一八五〇年。
② 公元一八五一年。

私藏银十两、金一两的，便须处罚。又仿太阳历法，以三百六十六日为一年。此外如定《天条书》，下《原道醒世诏》，都以基督教义为背景。

一面派林凤祥等北出河南、山西以图中原，胡以晃等西攻安徽、江西以争长江上游，而同时清廷围攻南京的江北、江南大营又屡为太平军所败。当时太平军的势力遍于两广、两湖、福建、浙江、江苏等省。

太平军由武昌向东，向荣即在背后跟踪追赶。南京城破后十数天，向荣军队也赶到城外，即结营于城东孝陵卫，是为江南大营。琦善亦带领了直隶、陕西、黑龙江的马队步兵，奉命自河南至扬州结营，是为江北大营。但当时八旗绿营的暮气已深，这两座大营并不能阻碍太平军的活动。

太平天国初起兵时，军纪严肃，军中的重要人物，也颇有朝气，所以不上一年就攻下南京，震动全国。

洪秀全在永安时，即颁布《奉天讨胡檄》，历数清朝入关以来蹂躏中国的罪恶，全篇都是唤起种族思想激励人心的话。由永安出发至长沙，在途中定军制：五人为“伍”，有“伍长”；五伍为“两”，有“两司马”；四两为“卒”，有“卒长”；五卒为“旅”，有“旅帅”；五旅为“师”，有“师帅”；五师为“军”，有“军帅”；军帅以上有监军。由天王自为元帅。军中都是血气方盛、富有排满思想的青年。亦有女子兵，但男女分营，不相混杂。凡烟酒赌博，都在禁止之列，军纪极严。所以由永安一直打到南京，到处受人民欢迎。

太平天国的中衰

但他们没有一定的主义，几个领袖的结合全靠感情。可是感情是靠不住的，没有主义的人，一有误会，便找不到“感情”这个东西了。后来太平天国内部起了纠纷，诸王为争夺政权，互相残杀。杨秀清、韦昌辉先后被杀，石达开为洪秀全所忌，亦引兵入四川自保。内部仅由后起的陈玉成、李秀成二人勉强维持。加以太平天国实行均田制，在乱离之世，农民没有受到均田制的好处，而已引起大地主的反感。同时上帝教的教义与中国一般民众的习惯不合，如焚毁儒、佛、道的庙宇神像，颇引起民众的误会，尤其是智识分子，觉得这种举动简直是“名教之奇变”！而帝国主义者如英美各国因拉拢太平天国没有成功，便放弃中立态度，实行帮助清朝。

当洪秀全攻破南京时，帝国主义者都很高兴，以为他是一个基督教徒，一定容易说话。那时英国的香港总督便亲到南京，想和洪秀全办交涉。不料洪秀全和清朝政府一样，以为外国人只配来进贡，没有什么交涉可讲。帝国主义者见洪秀全不能拉拢，便变更计划，索性帮助清廷打太平军。太平天国的败亡，受帝国主义所组织的常胜军的打击不小。

曾国藩等的反太平军

因此，湘军、淮军的将领曾国藩、李鸿章等树起“拥护名教”的旗帜以反抗太平天国，同时帝国主义者也居然由美人华尔（Huaer）、英人戈登（Gordon）组织“常胜军”以帮助淮军。

曾国藩，号涤生，字伯涵，湘乡人。他初在本地办团练，保护地方，后来募乡勇出战，遂称为“湘军”。李鸿章，字少荃，合肥人。他仿湘军成法，招募淮勇，称为“淮军”。湘军、淮军，都是攻灭太平军的主要军队。当曾国藩出兵讨伐太平军时，曾发布《讨粤匪檄》，其中有这样的

⊙常胜军在英国洋枪队的帮助下进攻被太平军占领的城市

话："士不能诵孔子之经，而别有所谓耶稣之说、《新约》之书。举中国数千年礼义人伦、诗书典则，一旦扫地荡尽。此岂独我大清之变，乃开辟以来名教之奇变！我孔子、孟子之所痛哭于九原！凡读书识字者，又乌可袖手安坐，不思一为之所也？"又说："即忠臣义士如关帝、岳王之凛凛，亦皆污其宫室，残其身首，以至佛寺、道院、城隍、社坛，无庙不焚，无像不灭。斯又鬼神所共愤怒，欲一雪此憾于冥冥之中者也。"他提出"名教之奇变"的口号以引起士大夫的义愤，再列举太平军的沿途破坏佛寺、道院、城隍、社坛及不敬关帝、岳王等事实，以激起农民的反感。所以曾国藩等的与太平军为敌，除他们固有的忠君思想以外，还带有宗教思想的斗争的性质。

太平天国的灭亡

时清廷已知道自己的满洲的军队毫无力量，索性用"以汉攻汉"的政策，命曾国藩为两江总督，负责剿办。经过几次猛烈的战争，太平军势力渐蹙。清穆宗（文宗子爱新觉罗·载淳）同治三年[①]，曾国藩弟曾国荃攻陷南京，洪秀全服毒自杀，余党也逐渐平定。计太平天国与清朝抗争先后凡十五年，军队所过凡十六省，为有清中叶最大的变乱。

当太平军正盛时，淮北有“捻子”之乱，西南和西北的陕、甘、新疆又有“回乱”。

捻匪之乱

捻子初起于山东。它的名称的起源很奇怪。据说山东地方的乡农，常在农事空闲的时候，捻纸燃脂作龙戏，借以驱瘟逐疫，凡参加的称为“拜捻”。后来不知怎样这“捻”字就成为匪徒集团的名称，而那些匪徒就被称为“捻子”。起初不过结队仇杀，扰害地方。到太平军起，捻子首领张洛行和太平军勾连，声势甚盛。张洛行死，分为两股：一股入陕西，称为“西捻”；一股出没于河南、湖北、江苏、山东，称为“东捻”。到太平天国灭亡后，清廷命两江总督李鸿章负责剿办。同治六年，李鸿章平东捻，明年，西捻亦平。然自淮以北，已经凋敝不堪了。

回疆之乱

回族自元以来杂居内地者日多。因宗教不同之故，和汉族颇多隔阂。而当时的地方官，大都袒护汉人，压迫回人，汉回的互相猜忌，已非一日。到了太平军起，西南及西北的回民亦起叛变。西南的回乱，起于咸丰五年[②]，以云南回民杜文秀、马连陞等为首领，到同治十二年[③]才平定。西北的回乱，起于同治元年[④]，以陕甘回民马化龙、新疆回民白彦虎为首领。其后新疆回民金相印又引敖罕回酋入寇，声势更盛。至德宗（文宗侄爱新觉罗·载湉）光绪四年[⑤]，才先后肃清。

---

① 公元一八六四年。
② 公元一八五五年。
③ 公元一八七三年。
④ 公元一八六二年。
⑤ 公元一八七八年。

第六十三讲　英法联军与中俄交涉

鸦片战争后的局势

鸦片战争以后，帝国主义者已看破了中国的弱点，便处处挑衅，乘机侵略。同时中国虽受帝国主义的武力压迫，缔结了不平等条约，但政府与人民的排外倾向，并不因此而衰退。以此之故，当太平天国及捻回之乱发生时，又有英法联军攻入北京的事情。

英法联军的起因

《南京条约》本许开放广州等五处为通商口岸，上海、宁波、福州、厦门四处都已依约办妥，独广州人民自己组织团练，坚决拒绝洋商入城。道光二十九年[①]，英国的香港总督派军舰开入省河，胁迫履行条约。时徐广缙为两广总督，叶名琛为广东巡抚。徐广缙密召各乡团练十余万人至省城示威，英国虽有军舰，却也无可奈何。后来香港总督移书徐广缙，请重定广东通商条约。徐广缙先与地方士绅接洽，教他们出面要求订明“严禁入城”一条。香港总督见广州民气激昂，诚恐有碍商务，勉强承认。因此，广州人民以为得了胜利，非常高兴。而徐广缙、叶名琛亦因此受清廷的褒奖。咸丰二年[②]，徐广缙被调任为湖广总督，叶名琛坐升为两广总督。英国方面，也另派宝林[③]为香港总督。过了几年，英国政府又任命巴夏礼[④]为广州领事。宝林与

① 公元一八四九年。

② 公元一八五二年。

③ Sir. J. Bowring。

④ Harry Smith Parkes。

巴夏礼都是十分顽强的人。但叶名琛也自命不凡，把英国人不放在眼里。宝林屡次向叶名琛交涉事件，都被置之不理。巴夏礼屡次依据条约，要求入城，也被拒绝。因此，双方结下仇恨。这时候，清廷正忙于应付太平军，政令废弛。东南沿海各省，鸦片贸易，漫无限制。奸商乘机倚仗英人势力，都想以贩运鸦片获得重利。而英国亦乘我内乱，利用奸商，给他们护照和国旗，使他们自由往来各海港。咸丰六年[①]，有中国船“亚罗[②]号”由厦门至广州，船上张挂英国国旗，而所载的却完全是中国人。中国水兵见了，便上去搜查，拘去中国人十三名，并拔去船上的英国国旗。西洋各国对国旗很重视，这回英国国旗被中国水兵拔下，便认为侮辱英国（其实这是借题开衅，假使中国强盛，或外国不敢引起国际战争时，即使把他们的领事无端杀却，也只好隐忍的）。于是英军遂发炮攻黄埔炮台，广州亦被攻下。然而英军这次的举动，并未奉本国政府的命令，而且兵力单薄，所以不久即退去。广东人民见英兵退去，便不分皂白，把英美法各国商馆一概焚毁，同时，广西又发生二教士被杀事件。于是英法两国于咸丰七年正式组织联军，向中国进发。叶名琛相信扶乩，得到英法联军的最后通牒，也向乩坛请示，乩语“过十五日[③]必无事”，遂深信不疑，一无防备。是年阴历十一月，广州再度被攻陷，叶名琛被掳。从此广州城被英法联军占领了三年，到咸丰十年才交还。

英法联军的第一幕

英人掳叶名琛至香港，他犹每天应外人之请，写字画画，自署海上苏武。不久，英人送他到印度的孟加拉，差不

① 公元一八五六年。

② Arrow。

③ 此系指咸丰七年阴历的十一月十五日，正当公元一八五七年十二月三十日。

多当作博物院的标本一样给人家观看。但他还是天天作诗，并且每天诵《吕祖经》。咸丰九年，病死于印度，英人把他的遗骸及所作诗文送还中国。那时候的人恨他玩敌误国，造韵语以嘲之云："不战不和不守，不死不降不走；相臣度量，疆臣抱负；古之所无，今亦罕有。"

英法联军的第二幕

英法联军的目的，并不在占据城市，是要强迫清廷改订条约，承认赔款，增辟商埠。那时俄美两国也想乘机改订商约。英法联军攻下广州之明年，英、法、俄、美四国公使同向清廷交涉，没有结果。于是英法联军又攻陷大沽炮台，军舰直抵天津。清廷无法，只得派遣桂良、花沙纳为媾和全权大臣，与英法商订新约。桂良、花沙纳至天津，英公使提出新约五十六款，法公使提出新约四十二款，要求照签。桂良、花沙纳据情报告清廷，清廷惧怕帝国主义的坚甲利兵，只得完全依允。这就是

《天津条约》

所谓《天津条约》，计英国五十六条，法国四十二条。其主要的

⊙ 1858 年 6 月 26 日，清政府代表桂良、花沙纳与英国全权代表额尔金在天津签订《天津条约》

条款为：

（一）除五口外，更开营口、烟台、台湾、汕头、琼州五处为通商口岸。又长江一带，待太平军平定之后，再选择三处为通商口岸。（后来开了镇江、九江、汉口三处。）

（二）允许教士入内地传教。英法人民得入内地游历。英法商船得航行内河。

（三）英法侨民犯罪，由英法领事审判；中、英或英、法人民发生交涉时，由中国官吏会同英法领事审理。

（四）减低关税，由双方派员另订新税则。

（五）赔偿英法军费各二百万两，赔偿英商损失二百万两。

从此以后，内河航行权、领事裁制权、关税协定权等，都被英法等国正式攫去了。

英法联军的第三幕

咸丰九年[①]，英法两使到北京正式换约，乘军舰进抵白河口。其时清廷派僧格林沁[②]督兵防守天津，僧格林沁待英法联军退出之后，便在白河口建筑炮台，严密布防。英法公使所乘的兵舰即抵白河口，僧格林沁派人通知他们改由北塘入口，但英法两公使不听，擅将防御工事破坏，硬行闯入大沽口。僧格林沁便命令炮台发炮，打破英国兵舰四艘。英法两公使退回上海，各向本国政府请示。于是英国再组织联军，于咸丰十年先陷定海，继又由北塘攻大沽，进据天津。不久，又攻北京，文宗避居热河，圆明园[③]亦被英领事巴夏礼所毁。清廷派奕䜣[④]向英法讲和，由俄使调停，重订条约。这就是所谓《北京条约》。其重要条

《北京条约》

① 公元一八五九年。

② 僧格林沁，姓博尔济吉特氏，蒙古科尔沁亲王。

③ 圆明园在北京西直门外，地名海滨，清世宗在藩邸时所赐之园。中有正大光明殿、勤政殿。雍正间，每岁初春，即于此听政，历朝才以为常。实为中国有名建筑物。

④ 奕䜣，清宣宗第六子。

款为：

（一）实行《天津条约》。

（二）再开天津为通商口岸。

（三）割九龙半岛给英国。

（四）改增赔偿英法军费各八百万两。

这条约经清文宗批准，公布于北京市街，并通令各省督抚遵照办理，英法联军方始退去。

在这时期的中国，外患内乱，一时并起，大有不可收拾之势。于是向抱侵略野心的俄罗斯，便乘机向中国的东北及西北的边境侵略。因为那时候的俄国，完全是帝国主义者，和社会

⊙ 1860 年 10 月，清政府被迫分别与英、法签订《北京条约》。图为条约签订后，清朝官吏押送赔款到天津

主义的苏联不同。

中俄交涉的追溯

西欧各国，从水道首先通中国的是葡萄牙，从陆路首先通中国的是俄罗斯。俄国自明宪宗以来（当公元十五世纪的末期），屡次派遣远征队由西伯利亚，越外兴安岭，直达黑龙江下游。清朝初年（十七世纪的上半期），更乘满人入主中国的机会，在雅克萨河[①]口筑城驻兵，预备占领。清圣祖既平三藩之乱，便出兵伐俄。那时候清势甚盛，不敢顽抗，于康熙二十八年[②]和清廷议和于尼布楚[③]，约定东以外兴安岭，西以额尔古纳河[④]为界，而毁去雅克萨城。雍正五年[⑤]，俄国又派遣使臣，与清吏改订商约于恰克图[⑥]。乾隆五十七年[⑦]，又重订于恰克图。这《尼布楚条约》和《恰克图条约》是中国与外国订立条约的开端。但《尼布楚条约》仅限于划定两国境界，且其时清朝国势方盛，并无丧权失地之处。《恰克图条约》虽是商约性质，但所开放的只限于恰克图一埠，于中国并无什么影响。

《尼布楚条约》和《恰克图条约》

俄国对东北的侵略

鸦片战争之后，情形便大不同了。时俄皇尼古拉斯一世当国，见中国软弱易欺，积极图谋侵略。咸丰四年，俄国向清廷要求派代表划界，一面出兵入黑龙江，过雅克萨，至瑷珲[⑧]，派人向瑷珲都统申明俄国军队航行黑龙江的缘由。都统无法抵抗，只得任其通过。此后又于咸丰五、六两年，由黑龙江强行输送

---

① 雅克萨河在黑龙江左面。

② 公元一六八九年。

③ Nerchinsk。

④ 额尔古纳河，黑龙江南源，位于内蒙古呼伦贝尔盟，源出大兴安岭，岭以西诸水都注入此河。

⑤ 公元一七二七年。

⑥ 恰克图在外蒙古土谢图汗中左翼末旗北色楞格河东岸，北与俄西伯利亚接界，南与买卖城仅隔中立地一段。

⑦ 公元一七九二年。

⑧ 瑷珲亦作爱珲，属黑龙江省，清初置黑龙江将军，后改置黑龙江副都统于此。

军队二次，并在黑龙江左岸扼要地点建设屯营四所，置兵防御。那时候清廷方用全力对付太平军，无暇再顾及黑龙江，于是黑龙江下游地方，尽被俄国占领。咸丰八年，俄国移哥萨克[①]兵一万二千于黑龙江口，并派人通知黑龙江将军奕山[②]，要求重议两国疆界。清廷即命奕山为全权大臣，至瑷珲与俄使谈判。经俄使的种种恫吓，奕山不敢坚拒，便签定了所谓《瑷珲条约》。其重要条款为：

《瑷珲条约》

（一）割黑龙江北岸雅克萨一带为俄国领土。

（二）从乌苏里江以东的海岸，作为中俄两国共管的区域。

（三）黑龙江、松花江、乌苏里江的航行权为中俄两国所共有。

于是《尼布楚条约》所赋予中国的大兴安岭以南的广大领土完全割让给俄国了。《瑷珲条约》刚订定，而英法联军攻下天津，订立《天津条约》，于是俄国也援例订立条约十二条，其中以允俄国由海道到上海、宁波、福州、厦门、广州、台湾、琼州七处通商为最重要的条款。到了英法联军攻陷北京时，俄国自以为居间调停有功，又订立《北京条约》十五条，割黑龙江以北乌苏里河以东一带地方给俄国，作为报酬。俄国乃划黑龙江以北为阿穆尔省，划乌苏里河以东为东海滨省。于是中国东北的藩篱尽撤，而俄罗斯帝国主义的势力更深入东南沿海一带了。

俄国对西北的侵略

俄国侵略中国东北既成功，便又转向西北侵略。同治十年[③]，俄国因中国回乱，借口维持边境治安，派兵攻占伊犁。又以通商为名，想进兵乌鲁木齐，至绥来县境，被清兵所败，即

① Cossack，种族名，散处于俄罗斯、波兰、土耳其、中亚细亚、西伯利亚。性质勇悍。公元十六世纪顷，俄国始组织为军队。

② 奕山，清宗室，镶蓝旗人。

③ 公元一八七一年。

行折回。光绪四年[①]，回乱平定。明年，清廷派崇厚[②]出使俄国，要求交还伊犁。崇厚为人昏庸，到了俄国以后，受俄人的胁迫，竟与俄国缔结了十八条《还付伊犁条约》。其内容：除承认偿还俄国占领伊犁军费五百万卢布[③]之外，更将伊犁南部关系国防很大且十分肥沃的特克斯河[④]两岸地割让给俄国。约文传到北京，朝野大为惊诧。一时都主张毁约。清廷并将崇厚革职，议处死刑[⑤]，双方交涉，几乎决裂。后由英人调停，于光绪七年[⑥]，另派曾纪泽[⑦]为钦差大臣，往俄国改订《伊犁条约》。双方让步的结果，将原有条约改订。其重要条款为：　《伊犁条约》

（一）割霍尔果斯河以西的地方给俄国。

（二）偿还俄国占领伊犁的费用，比原约增加四百万卢布，共为九百万卢布。

（三）俄国在伊犁得有土地权与各种贸易上的特权。

这新约虽割地较少，但从此俄国对中国的通商权扩张，并且俄国势力可以公然侵入天山南北路和内外蒙古了。

---

① 公元一八七八年。

② 崇厚，满洲人。时为左都御史，以全权使俄。

③ Rouble，俄国货币名。

④ 特克斯河即伊犁河东南源。准噶尔语谓野山羊为“特克”，谓众多为“斯”，意思是说濒河多野山羊。

⑤ 但终于因俄国的抗议，在续派使臣与俄国改订条约时，先赦免了他的死罪。

⑥ 公元一八八一年。

⑦ 曾纪泽，字劼刚，曾国藩的儿子。

第六十四讲　东南藩属的丧失与沿海港湾的租借

同光以后的局势

清朝到了同治、光绪间，国势愈加衰弱，同时中国的纸老虎完全拆穿，列强对中国已成了“协以谋我”的形势。当俄国向东北及西北侵略的时候，英、法两国也在西南方面大肆活动。而东方的岛国日本，自从变法维新以后，国势日强，也居然跟着欧洲列强来侵略中国了。

日本在先也是一个封建制度的国家，与中国一般抱着闭关主义。公元一八五三年，美国因日本仇杀教士，拒绝通商，派培里①率领战舰四艘来日，要求开辟商埠，日人无法拒绝，只得应允。其后俄国、荷兰、英国继起要求，日本又增开商埠数处。一八六五年，英法荷美四国联军舰队，下碇于西京，强迫日本签订不平等条约。那时候日本的命运，真和中国相差不远。一八六八年，明治天皇即位，他就着手推翻幕府制度，统一政权，变法维新，采吸西洋文化，用国家的力量，提倡机器业生产。于是日本由封建社会一跃而为资本主义的社会，且以资本主义的迅速发展故，不久即走上了帝国主义的阶段。

① Calbraith Perry。

日本侵略的开始

日本向中国开始侵略，其第一目的，便是琉球。琉球从明朝以来，服属中国。同治十年[①]，琉球人民因漂海被台湾生番所杀。那时日本明治天皇已即位，正力谋扩充国势，于是一面册封琉球王为藩王，宣布琉球为日本的藩属，并照会各国公使，申明琉球已归日本，接办琉球政府与各国所订的条约；一面向清廷责问台湾生番是否隶属中国。颟顸的清廷，答以“生番向属化外，其杀人劫掠，中国政府不能负责”。同治十三年，日本即以中国不负责任为理由，出兵台湾，声言为琉球人民复仇，占领生番住居的地方。清廷得信，便派使向日本交涉撤兵。日本态度非常强硬，两国国交势将决裂。驻京的英国公使恐中、日两国开战有碍他们在中国的商业，乃居间调停。于是中、日双方订立和约，其大要如下：

琉球的丧失

（一）中国认日本出兵攻击台湾为保护人民应有的举动。

（二）中国抚恤琉球难民银十万两，赔偿日本在台湾修路筑屋费四十万两。

（三）台湾生番由中国管束。

这条约的第一款，无异自认琉球是日本的属地，清政府及其外交官的糊涂，可见一斑。光绪五年[②]，日本居然废琉球王，把琉球地方改为冲绳县。清廷再三抗议，没有结果。这是中国丧失藩属的第一次。其后安南、缅甸、暹罗、朝鲜便相继丧失。

法国的侵略安南

安南从阮光平受中国册封以来，新旧阮氏互相争国。嘉庆七年[③]，旧阮阮福映借兵于法，统一安南，许割化南岛为酬报。事成以后，阮福映却置之不理，两国间就积下了恶感。咸丰八

① 公元一八七一年。
② 公元一八七九年。
③ 公元一八〇二年。

年[①]，法国与西班牙联军攻安南。明年，占领西贡。同治元年[②]，法西联军又攻安南北部，安南向联军求和，订下《西贡条约》，允许割地赔款。同治六年[③]，安南发生内乱，法人以代平内乱为名，出兵攻占安南北部，就是现在的法属交趾地方。法国既占领了交趾，便派测量队测量通中国内地的水道。结果发现湄公河[④]不适于航运，大为失望，乃转而注意于红河[⑤]，想由红河以侵略云南。同治十二年法国派军舰入红河。其时红河上游有太平军余党广西人刘永福占据着，部下共二十五万人，号称"黑旗兵"。[⑥]他见法国人闯入红河，十分不平，便助安南政府击败法军。但不久安南政府竟与法国订立和约，确定安南为法国的保护国。清廷得到这消息，就向法国提出严重抗议，但没有什么结果。光绪六年，安南感受法国的压迫过甚，派使求中国保护，一面与刘永福联络，想借他的兵力与法国为敌。光绪八年，法国为保护红河航运的权利，派遣海军，攻陷河内。明年，刘永福与法军开战，法军大败。于是法国派大军至河内，向刘永福及安南的京都顺化府分途进攻。攻刘永福的军队，还是失败，但攻顺化府的军队则节节胜利。安南政府没有办法，只得向法国讲和，订立和约，自认为法国的保护国。清廷得信，决计积极对付。明年，中法战争开始，中国陆军失利，刘永福的黑旗兵亦溃退。于是清廷派李鸿章为全权大臣，主持和议。李鸿章

中法战争

① 公元一八五八年。

② 公元一八六二年。

③ 公元一八六七年。

④ 澜沧江南流入老挝、缅甸间，又经暹罗，为暹罗、老挝之界河，又东南经安南注入南海，是为湄公河。

⑤ 红河亦称富良江，发源云南，为安南北部第一大河流，入东京湾（今北部湾）。

⑥"黑旗兵"是太平天国余党吴琨的部下。琨死，部下分为黄、黑两旗。黑旗军由刘永福率领，占领安南东京西北一带。

和法国订结和约，承认安南归法国保护，同时法国也不得向中国要求赔偿及侵犯边境。但中国方面对这和约大为反对，一时弹劾李鸿章的奏章多至四十余封，而法国议会亦以为对中国让步太多，把和约否决。时法军进至谅山[①]，要求中国军队撤退，发生冲突，于是法国即借口中国违背和约，战事又起。法海军攻台湾、福州，毁路政局与马尾炮台，陆军陷谅山，进逼镇南关，边境大震。后来法海军被督办台湾军务刘铭传所败，法陆军又被广西提督冯子材、总兵王孝祺等大败于谅山，中国军声势大震。法军失败的消息传至巴黎，法国政府即派使来向中国讲和，但李鸿章依英使的调停，重订和约十条，仍旧承认安南为法国的保护国，开谅山以北二处为通商口岸，且允许南方数省建筑铁路时须雇用法国人。那时候是光绪十一年[②]。明年，又订立《越南边界通商章程》十九款。又明年，缔结《中法界务专条》五款，《中法续议商务专条》十款。在《中法续议商务专条》中订明中国开龙州、蒙自、蛮耗（后改为河口）为通商口岸。于是不仅安南丧失，法国势力更伸入广西、云南，西南边境从此多事了。

安南的丧失与法国势力的伸入

当法国经营安南的时候，英国也下手夺取缅甸。缅甸与印度接境，于乾隆四十一年[③]，入贡称臣，内属于中国。到英灭印度，才屡次向缅甸挑衅，那时候中国多事，无暇顾及。到了光绪十一年，英国就借端出兵攻缅甸，囚缅甸王。明年，缅甸各地都被英军占领，缅甸乃完全灭亡，清廷命驻英公使曾纪泽提出抗议。结果，英国仅允许由缅甸人照旧例每十年向中国进贡一次，中国则承认英国对缅甸有最高主权。缅甸既失，英人拟继

缅甸的灭亡与英国势力的伸入

---

① 谅山在安南东北隅，当我国广西镇南关外。
② 公元一八八五年。
③ 公元一七七六年。

续侵占云南边境，赖曾纪泽、薛福成先后力争，才勉强维持现状。但光绪二十年，重订《滇缅条约》十九款，将江洪[①]地方认为法国领土，而以科干、木邦两地给英国。宣统（爱新觉罗·溥仪）二年，英人更乘机占据了片马，到现在[②]还是一桩未解决的悬案。

英法的分割暹罗

暹罗于乾隆四十七年[③]，内属于中国。英国既并缅甸，便想进占湄公河上游，以通云南。法国亦借口以前曾侵占安南所有湄公河以东的地方，要求交还。暹罗政府不允，法国便出兵占据湄公河口，实行封锁。暹罗政府不得已，于光绪十九年[④]把湄公河以东的地方和河口的几个小岛割让给法国。英国怕暹罗被法国所独占，便与法国协商，分割暹罗所辖的南掌[⑤]地方，订立协约，共认暹罗为独立国，而废止入贡中国的旧例。于是暹罗在英法两国互相钳制之下，保持其独立国的地位，而中国南部的藩属完全丧失了。

日本侵略朝鲜和我国台湾

英法向中国南方的藩属继续不断地侵略，日本也不甘落后，便积极侵略朝鲜和我国台湾。朝鲜在清朝未入关以前，已为清廷的藩属。日本明治维新以后，想把势力伸入朝鲜，常常借端引起交涉。光绪元年，日本因朝鲜炮击了他们的军舰，便借端威胁朝鲜，订立商约。其时朝鲜分主张锁国主义的大院君[⑥]和主张开国主义的王妃闵氏两派，互相倾轧。炮击日本军舰的事情发生后，两派争议甚烈。结果，闵妃一派占胜利，乃由这一派主持，与日本订约讲和。光绪九年，朝鲜被裁的兵作乱，拥已

---

① 江洪即云南边外车里土司之地，与暹罗接境。

② 现在指二十世纪三十年代。——编者

③ 公元一七八二年。

④ 公元一八九三年。

⑤ 南掌，又译澜沧，老挝古国名。

⑥ 大院君，名昰应，朝鲜废帝李熙的本生父，封兴宣大院君，摄政。

经退休的大院君为领袖①，袭击日本使馆，朝鲜与日本势将决裂。清廷得信，即命北洋水师提督丁汝昌等带兵往朝鲜。李鸿章恐引起战争，即命驻朝鲜的中国公使马建忠②会同丁汝昌等，将大院君逮捕，解送天津。③于是朝鲜政府派使向日本谢罪，续订和约，事情暂告解决。中国方面亦任命袁世凯为驻朝鲜全权委员，并使吴长庆率兵二千驻汉城④。袁世凯与朝鲜外戚闵泳骏等竭力勾结，同时朝鲜主张变法维新的金玉均等一派，亦组织独立党，处处求助于日本。于是一向主张开国主义的闵妃一派，一变而为守旧党了。光绪十年，日本乘中法开战，煽动独立党夺取政权。袁世凯使吴长庆讨独立党，日兵助独立党应战，结果独立党失败。日本政府即派兵至汉城，威胁朝鲜政府订善后条约。中国亦派吴大澂为钦差大臣，带兵至朝鲜办理善后。明年，日本派伊藤博文等与李鸿章议约于天津。李不明《国际法》，约中订定中日两国在朝鲜同时撤兵，将来如派兵，须先行互相知照。于是朝鲜变为中日共同保护国了。光绪二十年（甲午）⑤，朝鲜东学党⑥起事，中国因受条约的拘束，一面出兵朝鲜，一面知照日本。但日本已先出兵，等中国军队到朝鲜时，乱事早已平定。中国据约要求日本撤兵，日本不从，并进而干涉朝鲜内政。李鸿章力求避免冲突，委曲求全，想靠列强的调停，以解决争端。但日本态度强硬，竟把朝鲜王掳去，使大院君主持朝鲜国政，并使大院君宣布废弃与中国历年所订的一切条约。日本军队更乘中国不备，突击中国军队于牙山，于是双方战争遂起。中国

朝鲜新旧系势力的消长

朝鲜东学党之乱与中日战争

中日战争的惨败

① 时大院君已把政权归于闵妃之党，颇愤愤不平。

② 马建忠，字眉叔，丹徒人。所著《马氏文通》，为中国第一部讲文法的书。

③ 清廷把他囚在保定，三年后才放回。

④ 朝鲜的京城。

⑤ 公元一八九四年。

⑥ 东学党是朝鲜学者的团体，以振兴东学排斥西教为宗旨。

⊙ 1894 年 4 月，朝鲜爆发东学党起义

陆军战都不利，海军亦败绩于大东沟。日军舰渡鸭绿江，由辽宁连陷大连湾、旅顺口各地，更由旅顺渡海，侵入山东，连陷威海卫各地。中国的北洋舰队或沉或降，丁汝昌饮药自杀。于是渤海门户洞开，北京大受威胁。日军又另编舰队，进逼台湾、澎湖[1]，战事大有蔓延至南洋之势。清廷无法，只得托英美公使

《马关条约》

调停，派李鸿章为全权大臣，订约于日本马关[2]，是为《马关条约》。其重要条款为：

（一）中国认朝鲜为独立国。

（二）割辽东半岛、台湾及澎湖列岛给日本。

（三）赔偿日本军费二万万两。

（四）开沙市、重庆、苏州、杭州为通商口岸。

---

① 澎湖为散布于福建与台湾间的群岛。

② 马关，在日本本州岛极西。

（五）日本人民在中国各通商口岸得自由从事各种工业制造；所造物品的税课及租栈利益得享受一切的优例豁免。

（六）两国从前所订条约作废，另结与中国和欧美各国所订条约同等的条约。

沿海港湾的出借与列强势力范围的划定

《马关条约》既成，俄国因辽东半岛割给日本，妨碍他们在中国东北的权利，遂约同德法两国，共同出头干涉。日本不得已，允许中国以银三千万两收回。俄国自以为有功于中国，要求酬报。光绪二十二年，李鸿章与俄订立密约，允许以东三省的铁路敷设权及矿山开采权让给俄国，并将胶州湾租为军港。德国也要求酬谢，清廷不许。明年，遂借口曹州杀害教士事件，派兵占胶州湾，强行租借，并取得山东全省铁路敷设权及铁路附近三十里内的矿山开采权。俄国因不得胶州湾，便强租旅顺、大连湾。于是英人借口均势，强租威海卫。法人借口杀害武官教士事件，强租广州湾。英人又扩充九龙司地方，作为租借，以抵抗法国势力的向南发展，这便是帝国主义者在中国势力范围的开始划定。

第六十五讲　义和团与《辛丑和约》

帝国主义的势力排山倒海地侵入中国，中国人民反帝国主义的热情也似怒潮一般不可遏制。代表这种反帝运动的，便是光绪二十六年（庚子）[1]的义和团事件。

义和团的起源

义和团本称义和拳，起于嘉庆时，为降神练拳的一种低等宗教，源出八卦教，为白莲教的支流。白莲教在清初，本以“反清复明”为口号，当时禁令严切，犯者凌迟处死，然山东一带，民间还有秘密传授其法术的。清朝末年，帝国主义侵略中国的结果，使一般人民感觉到清朝果然可恶，洋人比清朝还要可恶，所以蛰伏着的义和拳便乘机起来，而把“反清复明”的口号一变而为“扶清灭洋”。

义和团发动的原因

义和团的变乱，发动于山东。因为那时候山东是德国人的势力范围，他们根据条约，着手建筑胶济铁路，同时在铁路附近试探矿苗。他们用贱价强买铁路线以内的田地，擅掘人民的坟墓，并且在附近的山里到处挖掘（因为试探矿苗）。这些都足以引起中国人民的极度反感，因为中国人最看重坟墓，又最相信风水。德国人的擅掘坟墓，到处挖掘，中国人认为有坏风水，不但一人一家受影响，而且这地方的人都要受影响的。因此，山东地方的人民，恨德人刺骨。加以从鸦片战争以后，西洋的传教士，跟帝国主义的武力而俱来，他们倚帝国主义做靠

[1] 公元一九〇〇年。

⊙1900 年，在天津紫竹林教堂避难的神父和中国教民

山，对于中国平民，往往任意欺侮，而教徒又每每凭借洋人势力以欺压平民。而中国官僚到处怕得罪洋人，对于平民与教徒的诉讼案件，不能公平处断，更使人民对“洋教洋人”由反感、愤慨而变为仇恨。同治以来，民教冲突的事件常常发生，几成为中国社会上一大问题。为了上述的种种原因，所以中国平民的排外运动突然爆发，而最先以义和拳相号召，并提出“扶清灭洋”的口号的，便在受洋人压迫最厉害的山东。

同治元年[1]，湖南、江西发生拆毁教堂事件，结果各县知县革职，严惩首从，并勒限赔偿。同年，贵州发生杀害教士事件，结果巡抚田兴恕竟至遣戍。同治六年及八年，四川殴毙教士两案，都惩犯赔银。而教民王学鼎、张添兴等奸掳焚烧，杀害平民，虽经官厅传讯，终不到案。司铎覃辅臣纠众杀害团民二百余名，官吏也竟不能查办。同治九年，天津捕获拐匪，供系天主教民王三所指使，因发生平民与教士的冲突。法领事到官厅交涉，竟向知县刘杰放枪，死仆从一人。于是人民大愤，殴毙法领事，焚毁教堂，杀伤教民数十人，并误杀俄国商人，误毁英、美讲堂，天津大扰乱。时曾国藩为直隶总督，竟受法使的要挟，把天津知府张光藻、知县刘杰都遣戍，被牵连而处死刑或遣戍的共二十五人之多，并派大臣到法国道歉。[2]

义和团的内容

当义和拳初起时，到处设坛降神，传习拳棒。他们所奉的神都是《西游记》《封神传》《三国演义》《七侠五义》等通俗小说中人物。其组织，以八卦分团，有“乾字团”“坎字团”等名目。总首领是陕西人李中来，各团首领有曹福田、张德成、韩以礼等。练术有“浑功”“清功”之别，浑功一百天，清功四百天，浑功能避枪炮，清功能飞升上天。当时大家都恨洋人，但怕洋人的枪炮厉害，所以不敢动手，一朝听见有法术能避炮，大家便放胆与洋人为敌了。当时义和拳中人对于普通外国人及教士、教民分为“大毛子”“二毛子”“三毛子”三种名目，随

义和团的仇杀教士

① 公元一八六二年。

② 曾国藩办理这桩教案，完全对帝国主义者屈服，他的声誉，当时大受影响。

时加以杀害。山东巡抚李秉衡因恨洋人跋扈，对于义和拳十分奖励，才酿成光绪二十三年[①]的曹州教案。

> 时有德国教士二人，在山东省曹州府巨野县被山东巡抚李秉衡遣散的游勇杀害。德国政府即以此事为借口，占领胶州湾，并派大军来中国，强迫清廷签订《胶澳租借条约》（就是第六十四讲末段所述德国强借胶州湾的事件）。

李秉衡因此免职。继任的巡抚毓贤对义和拳仍旧竭力庇护，加以招抚，改称义和团。于是党徒愈多，教案屡起。经英使抗议，清廷乃以袁世凯继任，专事剿办。党徒逃入直隶。而毓贤至北京，见端郡王载漪[②]，极口称赞义和团有神技，忠勇可用，并将李中来介绍给载漪。载漪大喜，转禀慈禧太后[③]。时德宗因“戊戌政变”被禁，太后专制朝政，她恨德宗要学洋人变法，同时又恨洋人压迫，听得有义和团能打倒洋人，便非常高兴。于是毓贤被任为山西巡抚，而义和团乃蔓延于直隶、山西。直隶总督裕禄，见太后及王公大臣都信任义和团，也渐渐崇信，对义和团首领敬如上宾。义和团的势力一天大似一天，竟焚毁北京附近琉璃河、长辛店、卢沟桥、丰台各车站，并破坏铁道电线[④]，交通全被阻断。在长辛店、保定一带的外国人，都逃入北京。各国公使调兵自卫，并提出质问。慈禧太后派大学士刚毅、刑部尚书赵舒翘[⑤]等借查办为名，召义和团数万人入北京，王

义和团势力的蔓延

义和团入北京

---

① 公元一八九七年。

② 载漪，清之宗室。

③ 慈禧太后，文宗之妃，穆宗之母，姓叶赫那拉氏。穆宗、德宗两朝，垂帘听政者四十余年。卒谥孝钦。

④ 因为铁路电线都是由外国人建筑设置的。

⑤ 赵舒翘，字展如，长安人。

公亲贵争相信仰，公然设坛传教。慈禧太后且密召曹福田入宫，赏赐银两，呼为“义民”。时为光绪二十六年（庚子）[①]。

义和团在北京的捣乱

义和团在北京简直闹得不成样子了，他们指德宗为洋教教主，并指斥历年主办外交的李鸿章和庆亲王奕劻，扬言将取一龙二虎的首领。[②]一面焚教堂、杀教士，凡家藏洋书洋画的都被指为“二毛子”，捕杀不赦。清廷又任载漪为总理各国事务衙门总理大臣，召甘肃提督董福祥[③]带军队三千人来京师。董福祥一向仇视外国人的，他到了北京，便与义和团取一致行动。于是日本使馆书记杉山彬、德国公使克林德[④]，先后被杀，情势日形严重。太后又听信载漪的话，以为各国公使将要求太后交还政权于德宗，大为愤怒，才发布对各国宣战的上谕，限各国公使于二十四小时内出京，并通令各省尽杀境内洋人。各国公使因无法出京，即固守东交民巷。太后即命义和团及董福祥的军队围攻东交民巷，但攻了两月余，终未攻破。

慈禧太后对各国宣战

八国联军入北京

时各国公使早向其各本国告急。英、法、日、俄、德、奥、意、美八国立刻派遣军队，组织联军，攻陷大沽炮台，直下天津，由天津乘胜长驱直入，破北仓、杨村，沿白河占河西务、张家湾，直取通州。通州既陷，京师大震，急得太后向王公大臣哭泣。那时义和团的法术显见得不灵验了，董福祥的军队也毫无能力了。不久北京城即被联军攻下，太后于先一日挟德宗及皇后仓皇由西直门乘驴车出奔，先到太原，后转西安。联军既陷北京，更分兵南占保定，东据山海关，以搜索“拳匪”为名，大肆杀戮。那时候两广总督李鸿章、两江总督刘坤一、湖

东南各省的自保

① 公元一九〇〇年。

② 一龙指德宗，二虎指李鸿章及奕劻。

③ 董福祥，字星五，宁夏人。本为匪首，受招抚，积功至甘肃提督。

④ Ketteler。

⊙ 1900 年，北京，各国领事馆人员和卫队在东交民巷构筑工事抵御义和团的进攻

广总督张之洞、山东巡抚袁世凯，不奉朝廷命令，与领事团立东南互保之约，东南各省幸得保全。

八国联军入京以后，抢掠宝藏东西，焚烧房屋，真是奸淫掳掠，无所不为。他们这样闹，他们自己也就快要闹出争端来了，于是各国公使乃会议媾和条件，准备议和。同时慈禧太后也知道事情已不可收拾，便用德宗的名义下诏罪己，并派李鸿章及奕劻为全权大臣，向各国议和。经过许多次的谈判，李鸿章竟积劳成疾而死，以王文韶继代。光绪二十七年（辛丑）[①] 阳历的九月七日，议和条约签字，是为《辛丑和约》。其重要条款为：

和议的进行

《辛丑和约》

① 公元一九〇一年。

⊙ 1900 年，八国联军攻占北京后，李鸿章等前去与八国联军代表谈判

⊙ 1901 年 9 月 7 日，清政府全权代表奕劻、李鸿章与英、美、俄、德、日、法、奥、意、西、荷、比 11 国代表在北京签订《辛丑条约》

（一）惩办罪魁。[1]

（二）赔款四亿五千万两。

这就是所谓“庚子赔款”。总计海关银四亿五千万两，分三十九年偿还，年息四厘。后来美国一部分的赔款，首先作有条件的退还。欧战以后，德、奥以战败国的地位，把赔款取消。俄国因革命后实行社会主义，把赔款及租借地、领事裁判权等都无条件地退还我国。荷、法、英等国，亦先后作有条件的退还。

（三）分派亲王大臣为全权特使，向德、日谢罪。

（四）大沽炮台和有碍北京至海通道之间的交通的炮台，一律拆毁。

（五）许各国驻兵黄村、廊坊、杨村、天津、军粮城、塘沽、芦台、唐山、昌黎、滦州、秦皇岛、山海关等处，保持由北京至海口之间的交通。

（六）划定公使馆区域，不许中国人居住，并许各国驻兵保护。

（七）改总理各国事务衙门为外务部，位在六部上。

（八）改订条约，整理财政以筹措赔款。

和议成立，联军陆续退出。义和团事件总算告一段落。

义和团事件的评价

义和团事件是一种原始的反帝国主义运动。因为他们只知道痛恨洋人，还没有知道什么叫作帝国主义，所以他们不曾喊出打倒帝国主义口号，只把洋人乱杀了一顿，使帝国主义者借口

① 当时宗室如载漪等发配新疆，载勋等赐自尽。大臣如徐承煜等都斩决。董福祥革职，徐桐等已先死，追夺官爵。

中国人野蛮，联合起来向我们进攻。这是义和团的大失策。同时义和团不知道用枪炮来抵敌帝国主义，只知用些骗人的迷信假话来号召一般愚民，想用符咒抵敌枪炮，岂非笑话。但义和团本是原始的反帝运动，我们不能用现在的眼光来苛责他们。

义和团失败后的影响

所可痛心者，从义和团失败以后，一般士大夫视洋大人为天之骄子，从此不敢得罪，反在那里骂义和团为“拳匪”，使帝国主义者益发在中国横行无忌，使中国的民族革命运动发生停顿的状态。而《辛丑和约》所给予我国人民巨额的赔款负担，使国用民生，从此更感到困穷了。

第六十六讲　日俄战争及其影响

日俄在华的利害冲突

当甲午中日战争以后，日本向中国夺得辽东半岛，俄人心有不甘，约德法出面干涉，迫日本把吞下的一块肉从嘴里还出来。不多几年，俄国又将旅顺、大连占去，因此日本非常痛恨俄国。义和团之乱，俄国乘机侵占东三省全境。《辛丑和约》成立后，联军陆续撤兵，独俄国借口前与李鸿章订有密约，声言两国须直接交涉后方可撤兵。日本怕在中国东北、朝鲜的权利为俄国所夺，就约同英、美两国向俄国抗议。俄国不得已，允许将军队于十八个月内分三期撤退。第一期在光绪二十八年[①]，俄国是依约撤兵的。但到了第二期，俄国不但不肯履行成约，而且竭力经营旅顺及朝鲜，委派东方总督处理极东事务。第三期又不履行条约，反增加守备，以威胁朝鲜。日本屡次向俄提出严重抗议，但都无效。光绪三十年[②]日俄两国遂由绝交而正式开战。

日俄开战与俄国的惨败

日俄开战是在中国境内的，但中国因清廷能力的薄弱，既不能阻止于前，又无法干涉于后，只好宣布严守中立，划辽河以东为日、俄两国的交战区域。后来俄兵侵入辽西，又以沟帮子到新民府的铁路为战争界线。这次战争的结果，俄国大败，旅顺、大连相继失守，东洋及波罗的海[③]的舰队均遭歼灭，光绪

① 公元一九〇二年。
② 公元一九〇四年。
③ Baltic Sea。

⊙被日军巨炮击伤的俄国海军装甲巡洋舰“佩列斯韦特”号停靠在旅顺港内

日俄在中国东北势力的消长

三十一年[①]由美国出任调停，日俄各派专使，会议于美国朴次茅斯[②]订立和约。这和约可以说是日俄两国在满洲势力的重新支配。其与中国有关的为：

（一）俄国定期撤退在满洲的军队，并放弃在满洲的一切权利。

（二）日本把占领的满洲地域还给中国，但旅顺、大连不在其内，并且将该两地的租借权让给日本。

① 公元一九〇五年。

② Portsmouth。

（三）哈尔滨以南的铁路、材料及煤矿等，都让给日本。

（四）横贯满洲的铁路，俄国所管有的，以工商业为限。

从此以后，日本势力才由朝鲜而侵入满洲的南部。而俄国为保持战后的权利，也竭力在长春以北经营，于是遂有所谓“南满”“北满”两名词，居然以中国的领土，供他们的分配与争夺了。

日本强迫清廷订立的《满洲善后条约》

日本既从俄国手里攫取了在南满的一切权利，便强迫清廷订立《满洲善后条约》及附约。其中最重要的为：

（一）开凤凰城、新民屯、辽阳、铁岭、通江子、法库门、长春、吉林、哈尔滨、宁古塔、珲春、三姓、齐齐哈尔、海拉尔、瑷珲、满洲里等十六处为商埠。

（二）安东、奉天之间的军用铁道，由日本继续经营，改为专运各国商品的铁道。

日本对南满的积极侵略

（三）设立中日合办的材木公司，采伐鸭绿江右岸的森林。明年，日本仿东印度公司组织南满铁道株式会社，以为侵略的大本营。从此中日交涉连续发生，在清朝灭亡以前有安奉铁路、间岛领土权、抚顺烟台煤矿、新法铁路、营口支线等交涉。到最近日本居然在满洲组织起傀儡国来了。

安奉铁路亦称安沈铁路，从奉天（即今辽宁）省城沈阳到安东，接朝鲜境，为南满铁路的支线，本日俄战争的军用铁路。宣统元年，为路线发生交涉，依日本意见解决。间岛[①]本图们江中的江通滩，清设延吉厅。日俄战后，日本派兵占领。屡经交涉，于宣统元年解决。中、韩界线仍以图们江为界，但允许韩人在江北垦地，与中国人民一律待遇。抚

① 间岛指中国图们江水岸一带领土，朝鲜人称间岛，早年曾越界前来垦殖。

顺煤矿，距沈阳城东六十里，日本认为是中东铁路附属品，应归日本。又烟台煤矿在南满铁路沿线，日本也要求开采。宣统元年，依日本意见，把两处开采权都让与日本。新法铁路是由新民屯到法库门的铁路，中国想向英国借款建筑，日本反对。宣统元年，依日本意见，允许先与日本商议。营口支线，本建筑中东铁路时运输材料的临时支线，日本要求与南满铁路期限满了时同时交还。宣统元年，中国正式承认日本的要求。

俄国在北满的竭力经营

一方面俄国在北满也竭力经营，以为战败后补偿。先是清廷的驻俄公使许景澄于光绪二十二年[①]与俄国道胜银行订约，许俄国在吉林、黑龙江二省境内建筑铁路，称为东清铁路，从赤塔经吉、黑二省到海参崴。光绪二十四年，又添筑支线，由哈尔滨南达旅顺、大连湾。日俄战争以后，长春以东的铁路割让给日本，别称南满铁路。光绪三十三年，忽发生中俄东清铁路行政权问题：俄国强以哈尔滨的行政权归隶于东清铁路公司，经英、德两国抗议而罢。明年，哈尔滨俄领事又颁布东清铁路市制，向中外人民课税。清廷屡次交涉，允许东清铁路附属地得组织自治会，以为行政的枢纽，纠纷才得解决。宣统元年[②]，俄国又要求松花江全部的航行权。清廷无法对付，于次年开放满洲界内的松花江，允许各国自由航运，借以免俄国的垄断。但松花江的航行权从此丧失了。

在这帝国主义争先恐后向中国侵略的当儿，北美洲中南部的美国（不用说也是帝国主义之一），难道肯默尔而息吗？但美国以所处地位不同，他们虽需要把商品向中国输入，但没有占领

① 公元一八九六年。
② 公元一九〇九年。

美国提出的“中国门户开放宣言”

中国土地的必要。于是他们用了一个极妙的方法，以超然第三者的地位，标榜“世界和平”的好名词，于光绪二十五年[①]，发表所谓“中国门户开放宣言”，主张：

（一）各国对于在中国所获的利益范围，或租借地域，或别项既得权利，互不干涉。

（二）各国势力范围内的各港，除自由港外，对于任何国输入的商品，都依照中国现行关税率纳税。

（三）各国范围内的各港，对于别国入港船舶，不得课以比本国船舶较重的入港税。各国范围内的铁路，对于别国货物，不得课以比本国货物较重的运费。

当时各国为暂时保持既得的权利计，先后表示赞同。日俄战争以后，满洲完全受日俄两国的支配，于是美国又于宣统元年提出通牒，主张满洲铁路中立。

> 美国提出的主张：（一）各国共同借款给中国，将满洲铁路全部赎回。（二）在借款没有还清以前，由各国共同管理。（三）满洲全部铁路，只作商业上的运输，不得作一切政治上与军事上的使用。

当时英、法两国因受英、日及英、法协约的牵制，不表示赞同，美国的主张遂无结果。但美国始终以“门户开放”的口号，与各国平分在中国扩张经济势力的地位。到最近日本组织满洲傀儡国的事件发生，美国务卿史汀生[②]还在大唱维持中国门户开放的论调哩！

---

① 公元一八九九年。

② H. L. Stimson.

第六十七讲　预备立宪的前因后果

戊戌政变的追溯

清朝末年，曾派遣使臣到各国考察宪政，复下诏预备立宪，想借以缓和国民的反抗。这件事情的起因，不仅是受义和团的失败及日俄战争的影响，且和光绪二十四年（戊戌）[1]康有为、梁启超[2]等的维新运动——就是所谓“戊戌政变”——有关系。现在先把康、梁的维新运动追述一番。

戊戌政变的原因

从鸦片战争以后，中国对于所谓“夷狄”已由轻视一变而为惊惧，但那时候的士大夫，还是一致主张把国门关起来，大家讲究如何防守海口，抵御洋人。太平天国之乱，清廷得“洋兵”的帮助，平定江南，于是西洋人的坚船利炮，引起了士大夫们的注意。事平以后，左宗棠奏请于福建设立船厂，曾国藩于上海制造局附设机器学堂，以养成工程人材，又奏请选派年幼机警的学童，出洋学习军船诸政。同时铁路局、电线局、水师学堂、武备学堂等相继成立。而北洋、南洋、广东、福建四舰队也创办起来了。那时候士大夫们的口号，便是“中学为体，西学为用”，他们以为西洋人只懂得制造枪炮兵船等，其他如政治学术当然远不及中国。及经“中法”“中日”两次战事，比较觉悟的士大夫，知道西洋于坚船利炮之外，还有他们的政治制度也值得模仿的，便起来高喊“变法维新”的口号，从事政治改

① 公元一八九八年。

② 梁启超，字卓如，号任公，广东新会人。

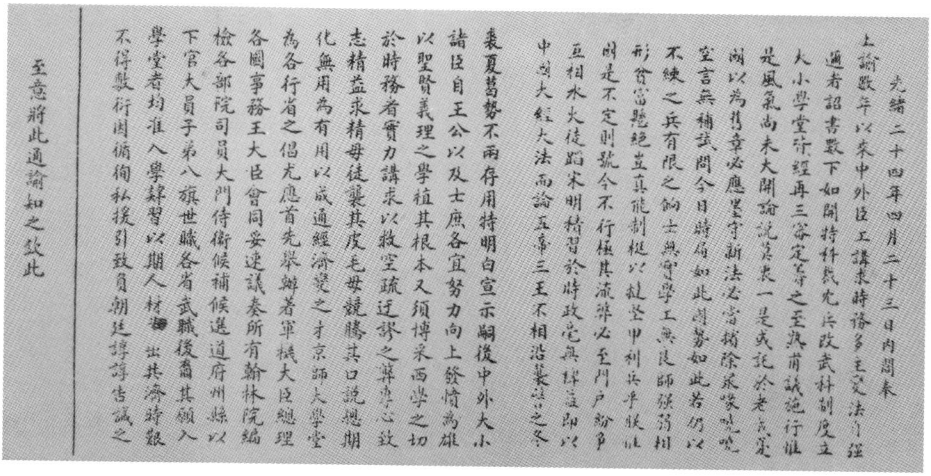
光緒二十四年四月二十三日內閣奉
上諭數年以來中外臣工講求時務多主變法自強
邇者詔書數下如開特科裁冗兵改武科制度立
大小學堂皆經再三審定籌之至熟甫議施行惟
是風氣尚未大開論說莫衷一是或託於老成憂
國以為舊章必應墨守新法必當擯除眾喙嘵嘵
空言無補試問今日時局如此國勢如此若仍以
不練之兵有限之餉士無實學工無良師強弱相
形貧富懸絕豈真能制梃以撻堅甲利兵乎朕惟
國是不定則號令不行極其流弊必至門戶紛爭
互相水火徒蹈宋明積習於時政毫無裨益即以
中國大經大法而論五帝三王不相沿襲譬之冬
裘夏葛勢不兩存用特明白宣示嗣後中外大小
諸臣自王公以及士庶各宜努力向上發憤為雄
以聖賢義理之學植其根本又須博采西學之切
於時務者實力講求以救空疏迂謬之弊專心致
志精益求精毋徒襲其皮毛毋競騰其口說總期
化無用為有用以成通經濟變之才京師大學堂
為各行省之倡尤應首先舉辦著軍機大臣總理
各國事務王大臣會同妥速議奏所有翰林院編
檢各部院司員大門侍衛候補候選道府州縣以
下官大員子弟八旗世職各省武職後裔其願入
學堂者均准入學肄習以期人材輩出共濟時艱
不得敷衍因循徇私援引致負朝廷諄諄告誡之
至意將此通諭知之欽此

⊙ 1898 年 6 月 11 日光绪帝宣布变法的“明定国是”诏书

革的运动。领袖这一派的人物，便是康有为。

康有为的身世及其领导变法运动的经过

康有为原名祖诒，字广厦，号长素，广东南海人，一向研究经学，属于今文学的一派。

古代儒家不专究经典，所谓经典亦不限于儒家。自从汉朝的儒生，专门研究《诗》《书》《礼》《易》《春秋》五经，遂有“经学”之名；而“经”之一字，遂为儒家经典的专称。汉初儒生所研究的经典的版本以当时通行的隶书书写，他们都是承受师说，专门研究一经，不相混乱。汉武帝时，在孔子宅壁中发现古代经典[①]，以古代籀文书写，后经刘歆提倡，又得皇帝的袒护，研究这一类经典的人，也有相当势力。于是经学上遂有“今文家”与“古文家”之别。后汉末

① 相传汉武帝末年，鲁恭王坏孔子宅，欲以为宫，于坏壁中得古文《尚书》及《礼记》《论语》《孝经》，凡数十篇。见《汉书・艺文志》。

年，郑玄等混合两派，以自己的见地为去取，忽略了思想方面，专门研究“名物训诂”，实开后世考证学的先河。到清朝末年，士大夫都不满于文字训诂之枯燥的研究，于是发生依托经学以“改制”的风气。这派以后汉今文学为中心，而最后的代表大师便是康有为。他取《春秋》三世、《礼运》大同诸说与社会进化论相牵合，撰《孔子改制考》《大同书》等以为革新运动之理论的基础。

他从经学上说破孔子是一个“托古改制”[①]的思想家，发明“《春秋》三世”的学说。所谓“三世”，是据乱世、升平世、太平世。升平世为“小康”，太平世为“大同”。[②]他以为汉朝以来的治法只是个“小康”之法，孔门另有“大同”的道理。而现在方为据乱之世，只能言小康，不能说大同。他根据了这个理论，号召同志，起来提倡变法维新。光绪十四年[③]他以布衣上书，陈说列强侵略中国的危状，请取法欧、美、日本，实行改革，为大臣所阻。中日之战将要讲和的时候，他恰在北京会试，便纠合各省到京会试的举人一千三百余人，上万言书，主张迁都续战，力陈变法维新之不可再缓。这就是轰传一时的“公车[④]上书”。时大学士翁同龢以皇帝的师傅兼军机大臣，赞助康有为的主张。德宗看了奏章也很为感动，便密命翁同龢拟诏敕十二道，将颁布维新政令，为慈禧太后所发觉，翁同龢贬官，康有

① 改制，是改革制度的简称。

② 所谓“大同”“小康”，见《礼记·礼运》。

③ 公元一八八八年。

④《后汉书·丁鸿传》：“赐御衣及绶，禀食公车。”注：“公车，署名，公车所在，因以名。”盖汉时应征之人，都由公家以车递送，即古之所谓“乘传”，清之所谓“驰驿”。清时举人入京会试，称公车，本此。

为南归，事遂中止。光绪二十三年[①]，德人强租胶州湾，康有为时任工部主事，又上书言变法，仍为长官所阻。但康有为的理论和主张，虽不为朝廷所容，已得一部分官僚和士大夫的信仰。他初创强学会于北京，后被封闭。他的弟子梁启超复创《时务报》于上海，竭力鼓吹变法自强。各地方受其影响，学会纷起，报馆林立，颇具一部分在野的势力。光绪二十四年，恭亲王奕䜣[②]死，御史杨深秀、侍读徐致靖先后上书请定国是。德宗本已决心变法，但被做慈禧太后耳目的奕䜣等所阻，现在奕䜣已死，少了一个监视他、掣肘他的人，便毅然召见康有为，任命他为总理各国事务衙门行走，许他专折奏事。不久，又擢用杨锐、刘光第、林旭、谭嗣同入军机处，命参预新政。自夏初至秋初三四月内，所下实行新政的上谕凡数十道，如废八股，兴学堂，行保甲，裁汰冗官，变更兵制，开办中国通商银行，设矿务、铁路及农工商局于京师，命各省设商会，上海设总商会等，都是比较重要的设施，使中外耳目，为之一新。但旧派对于新政本来怀疑，对于新党十分妒忌。初则设法把持，使新法不能施行，继而怂恿太后，请她重行听政。德宗见形势不利，便召袁世凯入京，加官为侍郎，命他专办练兵事务，使谭嗣同传密谕，命他夺取直隶总督荣禄的兵权。袁世凯见旧党势盛，怕自己因附新党而失败，回到天津，竟向荣禄告密。荣禄本是慈禧太后的爪牙，得了这消息，立即进京，借口新党将谋害太后，即奉太后回宫听政，把德宗软禁于瀛台。一面捕杀新党杨锐、刘光第、林旭、谭嗣同及康有为之弟康广仁、御史杨深秀等六人——即所谓“六君子”——即行斩首。康有为事前奉德宗

清德宗的实行变法

维新运动的失败与六君子的被杀

① 公元一八九七年。

② 奕䜣，清宣宗第六子。

⊙“戊戌六君子”浮雕

命往上海督办官报局，尚在途中，荣禄发电各处截拿，幸上海英领事派人在吴淞口救至英国军舰；梁启超在北京，亦由日本领事护送出关。二人都逃往海外。当时与新党有关的，都被牵连，受充军或革职的处分。同时下诏停办一切新政。这个事变，历史上称为“戊戌政变”。

> 当时新党被处分的：礼部尚书李端棻、户部侍郎张荫桓发遣新疆；礼部侍郎徐致靖永禁诏狱；湖北巡抚曾鉌，湖南巡抚陈宝箴，编修徐仁铸、徐仁镜，三品卿衔黄遵宪，四品京堂王照、江标，庶吉士熊希龄，詹事府少詹事王锡蕃，工部员外郎李岳瑞，吏部主事陈三立，刑部主事张元济等都革职。

清廷预备立宪的经过

戊戌政变失败后，康、梁在海外组织保皇会，勾连会党，秘密活动，并注意于宣传工作，由梁启超在日本横滨发行《清议报》和《新民丛报》，竭力鼓吹君主立宪，颇具有一部分的势力。日俄战后，一般士大夫鉴于日以立宪而胜，俄以专制而败，遂纷纷赞成立宪派的主张，一时要求清政府立宪，成为最有力的舆论。慈禧太后想缓和民气，于光绪三十一年①，派载泽②等出洋考察宪政，表示预备立宪。载泽等至欧、美、日本考察结果，一致赞成改行立宪政体。清廷乃下诏预备立宪，逐渐改革官制，修订法律，兴办学堂，颁定资政院和各省谘议局章程，发布立宪大纲等。这些虽是清廷的敷衍政策，但一部分士大夫的立宪运动更因此而风起云涌，不可遏制，清廷乃于光绪三十四年下诏明定预备立宪期限为九年。是年德宗及慈禧太后先后崩，溥仪嗣位，由醇亲王载沣③摄政。明年为宣统元年，各省谘议局成立。江苏谘议局议长张謇，发起联合各省谘议局，在上海组织国会请愿同志会。是年各省代表孙洪伊等三十三人入京请愿，清廷不许。又明年，民党汪兆铭行刺摄政王事件发生，立宪派乘机向清廷作第二次的请愿，又未得许可。是年资政院成立，各省代表又

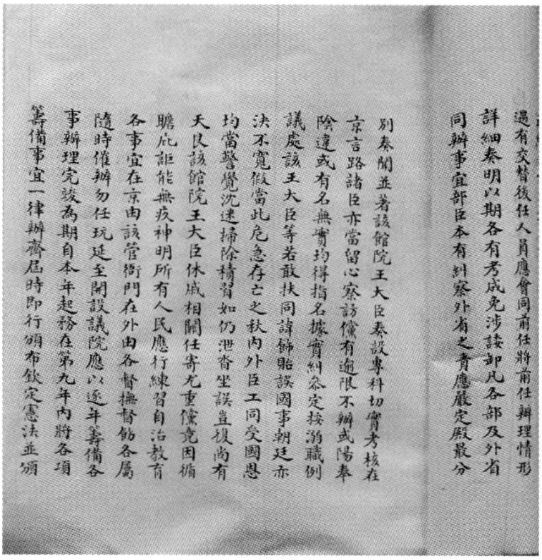
遇有交替後任人員應會同前任將前任辦理情形
詳細奏明以期各有考成免涉諉卸凡各部及外省
同辦事宜部臣本有糾察外省之責應嚴定殿最分
別奏聞並著該館院王大臣奏設專科切實考核在
京言路諸臣亦當留心察訪儻有逾限不辦或陽奉
陰違或有名無實均得指名據實糾參定按溺職例
議處該王大臣等若敢扶同諱飾貽誤國事朝廷亦
決不寬假當此危急存亡之秋內外臣工同受國恩
均當警覺沈迷掃除積習如仍泄沓坐誤豈復尚有
天良該館院王大臣休戚相關任寄尤重儻竟因循
瞻徇詎能無疚神明所有人民應行練習自治教育
各事宜在京由該管衙門在外由各督撫督飭各屬
隨時催辦勿任玩延至開設議院應以逐年籌備各
事辦理完竣為期自本年起務在第九年內將各項
籌備事宜一律辦齊屆時即行頒布欽定憲法並頒

⊙《九年预备立宪逐年推行筹备事宜谕》

① 公元一九〇五年。
② 载泽，清之宗室。
③ 载沣是溥仪的生父。

为第三次请愿，清廷不得已，将九年期限缩短为五年。但这又是清廷的拖延政策，所以它一面允许缩短立宪年限，一面却将东三省代表押送回籍。不久，因天津人温世霖在籍组织第四次请愿团，清廷就将他逮捕，发往新疆。于是立宪派中的觉悟分子多倾向于左翼的革命运动了。

由立宪运动到革命运动

政治的改革不是用“请愿”手段所能达到的。同时政府到了不受大多数民众的拥护时，它虽用尽了高压手段或敷衍政策，终究要被推翻的。清朝末年的立宪运动，完全是一班怕彻底改革的士大夫们的改良主义，而清朝的允许立宪，也完全是一种敷衍政策。但时势的亟变，已失去了大多数人民的信仰的清朝，决不是改良主义或敷衍政策所能挽救了。所以不多几时，如火如荼的革命军便在武昌爆发，把统治中国二百多年的清朝摧枯拉朽地推翻了。

第六十八讲　辛亥革命与中华民国的成立

辛亥革命运动的领导者

与立宪运动对立的为革命运动，领导这革命运动的是孙文。据他自述，在中法战争结束的那一年，他已决意要推翻清朝，建立民国。中日战争爆发，他乘机在檀香山[①]创立兴中会，以民族主义、民权主义相号召。其后中国为日本所败，人心愤激，他与同志谋在广州起事，因运送军械不慎，被海关截获，事机泄漏，陆皓东死难，他因此亡命海外。光绪二十二年[②]，他由美赴英，在伦敦被中国驻英公使馆所诱捕，预备解归本国，后得外人援救，才得脱险。[③]因此他遍历欧洲各国，于政治制度之外，兼考察各国的经济组织。他见欧洲各国民权发达，犹不免有社会革命的运动。于是他决计采取民生主义，以与民族、民权问题同时解决，而成为他所独创的“三民主义”。光绪二十三年，他为扩大兴中会的组织，由欧洲返日本，命陈少白在香港创办鼓吹革命的报纸，命史坚如到内地联络秘密会党。光绪二十六年，他乘义和团的变乱，谋在广州起事，不幸又遭失败。明年，《辛丑条约》成立，给国人以重大的戟刺，表同情于革命运动的日渐增多。那时候革命党有三派：一为孙文的兴中会，二为湖南黄兴、宋教仁所组织的华兴会，三为江浙一带章炳麟、蔡元培所组织的光复会。黄兴等的主张与孙文不同，他们只知排满

三民主义的确立

① 檀香山，岛名，在太平洋，今属美国。
② 公元一八九六年。
③ 详见孙文自著《伦敦被难记》。

复汉，并没有揭橥什么主义。章太炎等一派，大都是读书人，因为古书读得太多，对于皇皇华胄受制于鞑虏，未免有故国遗民之痛，因而想推翻清朝，光复旧物。黄兴等在湖南图谋起事未成，逃往日本。章太炎等在上海办报痛骂清廷，为清廷所控，被捕监禁，后亦逃亡日本。光绪三十一年[①]，孙文至日本，联合华兴会、光复会，合组革命同盟会，中国本部十八省除甘肃省外，都有人加入。推孙文为首领，黄兴为副首领。拟定党纲六条：

同盟会的成立

（一）推翻清朝政府。

（二）建设共和政体。

（三）维持世界真正和平。

（四）主张土地国有。

（五）主张中日两国国民的联合。

（六）要求世界列国赞助中国革命事业。

从此以后，革命势力日益发展，中国各省大都有同盟会支部，会员很迅速地增加。以前孙文自以为革命成功乃身后事，至是始信革命事业目前可以成功了。那时候同盟会由汪兆铭、胡汉民、章炳麟等创办《民报》，与立宪派的《新民丛报》起激烈的辩论，用以揭破立宪派的主张的荒谬，引起青年的革命思想。一面运动军队，暗杀长官，以直接的流血行动引起一般人民的注意。最著者，便是民国前一年三月二十九日（农历），黄兴、赵声等在广州联络军队，围攻督署，事败死难者七十二人。后合葬黄花岗[②]，称“黄花岗七十二烈士”——从此以后，革命运动的声势渐渐盛大，不久因“铁路国有”问题，引起乱事，革命军就乘机在武昌起事。

广州起事的失败

① 公元一九〇五年。

② 在广东省城北门外白云山。

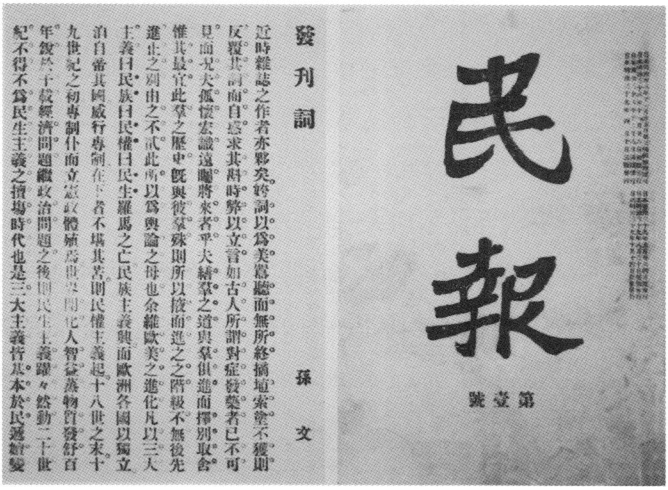

民報

第壹號

發刊詞　　孫文

近時雜誌之作者亦夥矣姱詞以爲美囂聽而無所終擿埴索塗不獲則
反覆其詞而自惑求其斠時弊以立言如古人所謂對症發藥者已不可
見而況夫孤懷宏識遠矚將來者乎夫繕羣之道與羣俱進而擇別取舍
惟其最宜此羣之歷史既與彼羣殊則所以掖而進之之階級不無後先
進止之別由之不貳此所以爲輿論之母也余維歐美之進化凡以三大
主義曰民族曰民權曰民生羅馬之亡民族主義興而歐洲各國以獨立
洎自帝其國威行專制在下者不堪其苦則民權主義起十八世紀之末十
九世紀之初專制仆而立憲政體殖焉世界開化人智益蒸物質發舒百
年銳於千載經濟問題繼政治問題之後則民生主義躍躍然動二十世
紀不得不爲民生主義之擅場時代也是三大主義皆基本於民遞嬗變

⊙同盟会机关报《民报》发刊词

辛亥革命的导火线——铁路国有问题

中日战争以后，各帝国主义者在中国先后取得铁路建筑权，铁路所经过的地方，就是帝国主义势力所达到的地方。后来中国人渐渐觉悟了，于是对于已经和外国订约建筑的铁路，往往不惜重资，赎归已有，一面筹备自己建筑铁路。清廷亦以建筑铁路为当务之急，但国库空虚，无从着手。而且各省争回自办或自行建筑的铁路，亦因人民企业能力薄弱，没有多大成绩。于是清朝末年盛宣怀等主张利用外资实行铁路国有政策：由政府向外国借款，将全国铁路收归国有。

铁路收归国有政策，倡自御史石长信，时盛宣怀为新内阁的邮传部大臣，遂把铁路国有政策定为新内阁的大政方针之一。本来利用外资而实行铁道国有的政策，和承认列强铁道建筑权的要求，大不相同：承认列强铁路建筑权的要求，是妨碍国家主权的；利用外资而实行铁道国有的政策，既不十分妨碍国家主权，又可发展国家产业。所以清廷的铁路国有政策，平心而论，实在未可厚非。但因当时的官僚，只晓得攫取对外借款的回扣，失了一般人民的信仰。而把商民投资建筑的铁路，一旦收为国有，又和投资的商民起了利害冲突，所以就酿成了极大的风潮。

武昌起义与各省相应

当时川汉、粤汉两路本由人民集资向美商赎回的，一朝要收归国有，当地人民便群起反对，而四川更为激烈。川督赵尔丰用高压政策，拘留代表，枪伤平民四十余人，以人民谋叛上奏。清廷遂调湖北军队入川平乱。湖北新军中的下级军官本多倾向革命，湖广总督瑞澂怕他们乘机捣乱，便把新军中最富于革命思想的一部分交川汉铁路督办大臣端方调遣，并秘密与某国领事相约，请调军舰入武汉，以资镇压。不料武汉的军队调空了，终给革命党以起事的机会。民国纪元前十月十日，新军的工程营首先发难，占领军械局，辎重营由城外加入，会攻督署。瑞澂及新军统制张彪，本是闻“革命党”三字而胆寒的人，事前既防备不得法，一听得炮声，便弃城而逃。革命军既占领武昌，以事起仓卒，重要人物没有齐集，便临时公推二十一混成旅协

⊙武昌起义（油画）

统黎元洪为中华民国湖北军政府大都督，组织中华民国军政府，改用黄帝纪元。不久，攻下汉阳、汉口，完全占领了武汉三镇。各国领事团因得军政府的照会，申明从前清廷对外缔结的条约继续有效，亦遂宣告严守中立。革命军声势大振。一时湖南、江西、陕西、山西、云南、安徽、江苏、浙江、福建、广东、广西、贵州、四川、山东等省，相继宣布独立，另推都督，与革命军取一致行动。东三省亦组织奉天保安会，为变相的独立。清廷所领有者，仅直隶、河南两省而已。

清廷对革命军的应付与袁世凯的乘机夺取政权

当革命军起事之第二日，清廷即得警报，派陆军部大臣荫昌统兵由京汉路南下，并令萨镇冰率领海军开往武汉江面助战。荫昌往来孝感、信阳之间，军事毫无起色。清廷乃召回荫昌，命冯国璋总统第一军，段祺瑞总统第二军，起用袁世凯为钦差大臣，付与调遣陆海军及湖北剿抚事宜的全权。十月二十八日，冯国璋的第一军，夺回汉口，革命军稍受挫折，但不久即取得上海，各省又纷纷响应，清军虽夺回汉口，无补于大局。而袁世凯却乘此时机，设法攫取清廷的政权。不久，清廷任命袁世凯为内阁总理。清摄政王载沣亦辞职。于是清廷的政治、军事大权完全落入袁世凯一人之手。革命军方面，虽声势浩大，但各省的独立，大都是出自官僚绅士的投机政策，他们表面赞助革命，实际是把持政权，以致革命势力的内部，因分子复杂，渐渐地不健全起来了。武汉的各路革命军，又因发生暗潮，被清军夺回汉阳，大受威胁。同时因帝国主义者把持海关收入和盐税收入，经济上大受影响。不得已，便在袁世凯的暗示和威胁之下，实行停战议和。十二月十八日，各省军政府公举伍廷芳为议和代表，与袁世凯所委的全权代表唐绍仪，在上海公共租界开和平会议。清廷后因革命军方面坚决须请清帝退位，改政体为共和，双方相持不决，和议遂告停顿。

和平会议的开始与停顿

当和平会议开始时，各省军政府选派代表会议于武昌，议决

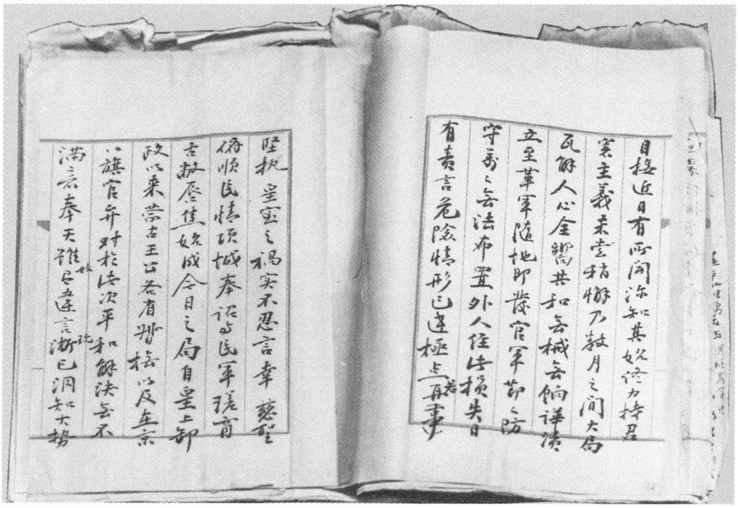

⊙辛亥革命爆发后，端绪谈清帝退位、实行共和的信函书稿

临时政府的组织

组织临时政府，并暂定武昌为中央军政府所在地。十二月二日，苏浙联军攻下南京，各省代表乃决议以南京为临时政府，移代表会于南京。是月二十五日，孙文自海外归国，抵上海。许多革命党员因孙文对于革命有大功，总统一职，非他莫属，因扬言他必带有充裕的金钱回来，以耸动众听。后来人家见孙文，便问他带来有多少钱，他只说“带了革命的精神回来”，因此一部分人大为失望。然卒因拥护他的人还不是少数，所以各省代表会于二十九日在南京开临时大总统选举会，孙文以十六票当选为中华民国临时大总统。明年一月一日，孙文由上海至南京就职，立即下令改用阳历，以本日为中华民国元年元旦。三日，孙文任命黄兴等为各部次长，组织内阁。各省代表会亦即改组为临时参议院。中华民国临时政府，至此遂正式成立。

孙文被举为临时大总统

袁世凯见南京成立临时政府，知道改建共和政体，已成民众一致的要求，便一面运动清帝退位，一面向南京临时政府要求举他为正式大总统作协议条例。那时候革命党员大都主张拉拢

袁世凯运动清帝退位

袁世凯，给他做大总统，以为这样就算把汉族的江山夺回来了，革命的目的已经达到了。孙文虽不以为然，但一般党员以为他要争总统位置，破坏和局。黄兴曾说：“如不让步，粮饷再难维持下去，我亦不负责了。”他看四围空气不佳，便提出最后协议条件，交由伍廷芳转告袁世凯。其中最重要的三条是：

（一）袁世凯须宣布政见，绝对赞成共和。

（二）孙文向临时参议院辞职。

（三）由临时参议院举袁世凯为临时大总统。

这条件袁世凯当然是满意的。是年二月十二日，清宣统帝因受袁世凯及其部下的威吓，在订定优待条件之下，宣布退位。明日，孙文向临时参议院提出辞职书。

清帝退位、孙文辞职

当时商定优待清皇室条件八款，待遇清皇族条件四款，待遇满、蒙、回、藏各族条件七款。大旨如下：

（一）清帝退位后，仍存尊号，中华民国以待各外国君主之礼相待。

（二）清帝退位后，由中华民国拨优待费用四百万两。

（三）清皇族与满、蒙、回、藏各族王公世爵概仍其旧。

（四）满、蒙、回、藏原有的宗教，听其自由信仰。

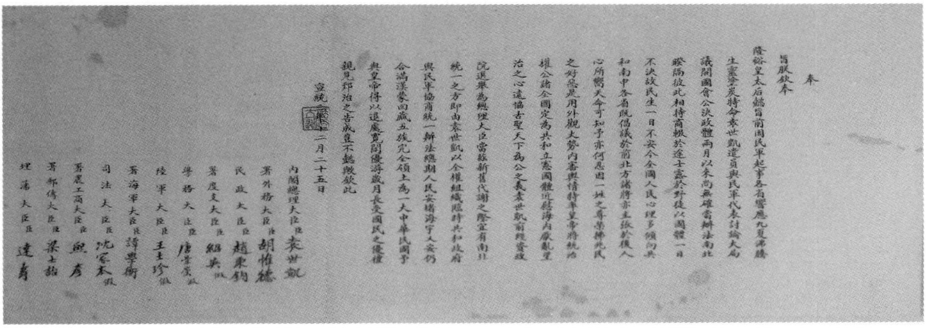

奉
旨朕欽奉
隆裕皇太后懿旨前因民軍起事各省響應九夏沸騰
生靈塗炭特命袁世凱遣員與民軍代表討論大局
議開國會公決政體兩月以來尚無確當辦法南北
睽隔彼此相持商輟於途士露於野徒以國體一日
不決故民生一日不安今全國人民心理多傾向共
和南中各省既倡議於前北方諸將亦主張於後人
心所嚮天命可知予亦何忍因一姓之尊榮拂兆民
之好惡是用外觀大勢內審輿情特率皇帝將統治
權公諸全國定為共和立憲國體近慰海內厭亂望
治之心遠協古聖天下為公之義袁世凱前經資政
院選舉為總理大臣當茲新舊代謝之際宜有南北
統一之方即由袁世凱以全權組織臨時共和政府
與民軍協商統一辦法總期人民安堵海宇乂安仍
合滿漢蒙回藏五族完全領土為一大中華民國予
與皇帝得以退處寬閒優游歲月長受國民之優禮
親見郅治之告成豈不懿歟欽此
宣統　二月二十五日
內閣總理大臣臣袁世凱
署外務大臣臣胡惟德
民政大臣臣趙秉鈞
署度支大臣臣紹英假
學務大臣臣唐景崇假
陸軍大臣臣王士珍假
署海軍大臣臣譚學衡
司法大臣臣沈家本假
署農工商大臣臣熙彥
署郵傳大臣臣梁士詒
理藩大臣臣達壽

⊙《清帝退位诏书》

十五日，临时参议院即选举袁世凯为临时大总统，议决临时政府仍设南京，派蔡元培、汪兆铭至北京迎袁世凯南下就职。袁世凯因南下不利于己，唆使军队在北京、天津、保定等处叛变。他就借口镇压，要求在北京就职。孙文于三月十一日公布《临时约法》五十六条。四月一日，孙文实行解职。二日，临时参议院议决将临时政府移往北京。那时南北统一，遂根据约法，于明年四月八日召集正式国会。十月六日，举袁世凯为正式大总统。明日，举黎元洪为副总统。十月十日，袁世凯正式就大总统职。欧、美、日本等各先后承认，中华民国遂正式取得国际地位。但是，政权已落入反革命派的手中，轰轰烈烈的辛亥革命，除推翻清政府外，其他可以说完全失败了。

《临时约法》

袁世凯为正式大总统

中华民国的基础，实以民国元年各省代表所组织之参议院制定之《约法》为主。现在把最重要的两项，录在下面：

（一）中华民国之主权，属于国民全体。(《约法》第

⊙袁世凯正式就任中华民国大总统之后，与各国驻华使节合影

二条）

（二）人民得享下列各项之自由权：（1）人民之身体，非依法律不得逮捕、拘禁、审问、处罚。（2）人民之家宅，非依法律不得侵入或搜索。（3）人民有保有财产及营业之自由。（4）人民有言论、著作、刊行及集会结社之自由。（5）人民有书信秘密之自由。……（《约法》第六条）

但实际上《约法》所赋予人民的主权及自由权，被军阀剥夺无遗。

第六十九讲　清代的制度

中央官制

（一）官制　明废宰相，以殿阁学士代掌宰相之职。清承其制，以文华殿、武英殿、文渊阁、体仁阁大学士各一人，同掌政务。世宗用兵西北，特设军机处，其后一切大政都出自军机处，而军机大臣遂夺内阁实权，成为实际上的宰相。此外大都沿袭前朝之旧，唯办理外交的理藩院为增设机关。咸丰中，以外交事繁，特设总理各国事务衙门。至光绪二十七年，改为外务部。变法以后，改订新官制，设外务、吏、民政、度支、礼、学、陆军、农工商、邮传、理藩、法十一部。宣统初年，又增设海军部，而将吏、礼部并入内阁，裁军机处，设总理、协理大臣，是为吾国责任内阁制度实行之始。至于外官制，则清分全国为二十二行省[①]，各省设总督、巡抚，总揽一省民政，而以布政使理财，按察使司刑。省下有府、州、厅、县。府设知府，州设知州，厅设同知，县设知县。大抵以省统府、州、厅，以府、州统县，为三级制度。又清代各官署长官，杂用满蒙人而各有定额，这是清官制的特异之点。

变法以后的新官制

外官制

清朝官制的特异之点

清代官制最特异之点，是杂用满蒙之人而各有定额，据《清会典》：内阁大学士，满洲二人，汉二人。六部尚书，满

① 内地十八省，加东三省及新疆，为二十二行省。

洲一人，汉一人。左右侍郎，均满洲一人，汉一人。又“凡内外官之缺，有宗室缺，有满洲缺，有蒙古缺，有汉军缺，有内务府包衣[①]缺，有汉缺。凡宗室，京堂[②]而上得用满洲缺，蒙古亦如之，内务府包衣亦如之。汉军司官[③]而上，得用汉缺，京堂而上，兼得用满洲缺。凡外官，蒙古得用满洲缺；满洲、蒙古、汉军、包衣，皆得用汉缺。满洲、蒙古无微员，宗室无外任”。其不定额的，也常常用满洲人。那些人大都不学无术，且常与汉官争权。到太平天国乱后，汉人才握地方的政权。

（二）田制和税法 清代田制，有民田、官庄、官田。征税的方法，分上下忙：上忙从阴历二月开征，五月停征；下忙从八月开征，十月停征。也还是两税制的遗法。征收的手续，也沿用明朝的一条鞭法。但清代的赋税制有一种重要的改革，便是所谓“丁随地起”的办法。原来清朝初年和唐以后历朝一样，丁役和田赋并重。丁役折银缴纳，丁册五年一编审，年满十六者添入，年满六十者免除；丁增则赋亦随之而增，按户稽查，以贫富为差。因此，当时各省往往不将增加的人丁，据实造报，往往户有五六丁，只纳一二丁的赋税的。而以贫富为差，负担亦很不平等：轻的每丁只纳银一分五，重的则有至八九两者。康熙五十一年[④]，下诏以现在丁册为常额，以后滋生人丁，永不

赋税制度上的重要改革

① 包衣，满洲语，僮仆之义。清入关以前，凡各部落之被俘者，都以为包衣，其属上三旗者，叫作“内务府包衣”，隶内务府。属下五旗者，分隶王府，都是世仆。

② 清制诸卿如都察院，通政司，大理、太常、太仆、光禄、鸿胪等寺，詹事府、国子监等堂官，概称“京堂”。诸卿中品级不一，中叶以后，用为一种虚衔官名，如三品京堂、四品京堂之类。

③ 司官，指各部的郎官，相当于现在各部的司长。

④ 公元一七一二年。

加赋。命各省据实造册，仍定五年一编审。雍正初[1]，又定各省丁银，陆续摊入地亩缴纳，就是把丁税、地税合而为一，称为“地丁”。从此以后，计田收赋，没有田的贫民，就没有赋税的负担，而赋税都出自有地的地主，且有一定的赋额，不会随时增加。这是赋税制度上一种重要的改革，值得我们注意的。田赋而外，物税方面，仍以盐茶专卖的收入为大宗。

中国自汉武帝以来，始有“禁榷政策”。所谓“禁榷”，就是对于某种货物设官专卖。武帝时，置盐铁官，设立煮盐冶铁的场所，令人民要煮盐，必须就官有的盐盆中来煮，有敢私行冶铁、煮盐的，便要从重处罚，其后又禁止人民酿酒，由官家酿酒专卖。唐朝更于盐、铁、酒之外加榷茶。宋初又于盐、铁、酒、茶之外加矾。这些都是人生日用品，国家借专卖来从中取利。金制所榷之货有十种，即酒、曲、茶、醋、香、矾、丹、锡、铁、盐，而以盐利为最大。当时“鬻盐以引，行引以界”，只近盐场之地，计口定税，每年所入最多达一千七十余万贯。元朝所榷，只有盐、茶、酒三项。明朝只有盐、茶两项。清承明制，单凭盐、茶，且沿用宋以来的引法。清代所谓“盐引”，就是政府把专卖权招商缴价承包。其办法：由盐商向政府承领执业凭照（这凭照可以世袭的），凭凭照缴纳盐价盐税，然后由政府给一引票（即运盐执照）于盐商，盐商凭引票向场户购盐，在由政府指定的引地内行销。引地有一定的界限，每引地内有一定的行销引额。譬如规定天津得销若干引，汉口得销若干引，过额或逾越指定的界限的，便作私盐论。政府以各引地的引额为准，征收盐价和盐税。不问销了多少，引商都须照规定的

① 公元一七二三年。

引额计价缴税。销数不足，其损失在引商；销数逾额，引商须向主管官厅申报增额。所谓引，是盐的量度，每引通常为六八八斤。茶引和盐引相同，不过茶每引为一百斤，其量度与盐不同。清朝的后期，内地茶引无形废止，但西北边地还用引法。

商税方面，则以通行税及海关税为大宗；太平天国作乱时，又创立厘金制；其后相沿不废，到处设立关卡，对于商货层层征税，种种阻难，商人大受其困。 物税与商税

唐、宋、明三朝都有市舶司，征榷沿海进出口货税。清康熙中，始设浙、闽、江、粤四关。鸦片战争后，与英人订约，开广州、厦门、福州、宁波、上海五口，于是称旧有之关为“常关”，而专称新设之关为“海关”。后来陆续增开商埠，设关征税，至时全国凡有海关十处[①]。外人根据《辛丑条约》，规定税务司由外人充任，其税额：洋货入口与土货出口均值百抽五，叫作“进出口正税”；土货转运别口者值百抽二点五，叫作“复进口半税”；洋货转运别口者，在三十六个月之内免税，过期依正税之额完纳，叫作“复进口正税”；外商运货入内地以及洋商入内地购买土货，均值百抽二点五，叫作“内地半税”。这样就叫作“协定税则”。在协定税则底下，对于进口洋货不能增税，出口土货不能减税，以致洋货充斥，中国工商业不能发展。

厘金亦称厘捐，其法，于水陆要隘，分布卡局，以抽行商货物之税，大约照物价抽税若干厘，所以叫作“厘金”或

① 即津海关、山海关、东海关、江海关、浙海关、瓯海关、闽海关、粤海关、北海关、琼海关。

“厘捐”，而收税之卡局，亦称“厘卡”。创始于太平天国作乱之时，先在江北施行，后遂推行广东、湖南、江西等处。本因军饷不继，为暂时权宜之计，后遂遍行各省，为国家正项收入。最近国民政府，始有裁厘加税之令。

（三）学校与考试 清代的学校及考试制度，大都沿明之旧。但实际上学校已等于虚设，所谓入学的生员并不真正入学，教官也无事可做。戊戌变法，曾废八股，用策论经义取士，但不久又回复原状。八国联军以后，清廷始正式废除科举，改书院为学堂。当时学制，模仿日本与西洋，有初等小学堂、高等小学堂、初级师范学堂、优级师范学堂、中学堂、高等学堂及大学堂等名目。教本大都翻译日文书籍编制而成。学校毕业生仍按等第，赐给秀才、举人、翰林等头衔。而当时出洋留学归国的学生，亦往往经过考验，赐予出身，授给官爵。于是有钱的子弟，以出洋留学为猎官的捷径。留学日本的中国学生多至数万，其次要算美国。

废科举兴学堂

留学

⊙部分留美中国学生与使馆官员在纽约的合影

（四）兵制 清初的兵制，分为“旗兵”与“绿营”。旗兵有“满洲八旗”“蒙古八旗”“汉军八旗”之分。八旗兵在京师者，叫作“禁旅八旗”；驻防各地者叫作“驻防八旗”。旗兵均系世袭，一人领饷，全家坐食。绿营均以汉人充选，其长官有提督、总兵、副将、参将、游击、都司、守备、千总、把总、外委等。其兵有马步之别，为平定内乱的常备兵。嘉庆以后，旗兵、绿营都已腐败不堪。所以川楚教匪乱时，又另募乡民为兵，叫作“练勇”。太平天国之乱，都靠湘淮练勇讨平，于是全国兵力的重心，移于勇营。中日战后，清廷又感到勇营的不中用，乃于勇营之外，挑选精壮，加饷重练，称为“练军”。最初练军的操法，仍用旧法。张之洞练“自强军”于湖北，始改用西洋操法。到了袁世凯练兵小站[①]，有步队、炮队、马队、工程队等，已规模粗具，北洋新建的陆军，遂为全国兵力的重心。清末更定新军为三十六镇，分驻各地。又行征兵之法：于各省设督练公所，选各州县壮丁有身家者入伍训练，为常备兵；三年回乡，称为续备兵；又三年为后备兵；又三年始脱军籍。然未及大行，而清朝已经灭亡了。陆军之外，清初只有水师，分内河和外海两种：湖南、湖北、江西的战船，属于内河；直隶、山东、福建的战船，属于外海；江苏、浙江、广东，则两者兼有。后来曾国藩打太平军，始练长江水师。乱平以后，另练南北洋海军。中日一役，海军全没。宣统末年，立海军部，重兴海军，然而没有巨大的经费制造军舰，且良好的军港多为帝国主义者所占有，所以没有什么成绩可说。

旗兵与绿营

练勇

练军

新军

水师

海军

（五）司法制 清代司法制度，多仍明旧。就刑法方面而言：从开国之初到光绪二十八、九年间，所奉行的便是一部《大清律例》。那部《大清律例》是根据《唐律》及《明律》而

从《大清律例》到《新刑律》

① 小站，在天津南，戊戌政变后，袁世凯奉命练兵于此。

⊙约 1895 年，山东威海卫（今山东威海）刘公岛海军公所正门

编纂的，分为名例、吏、户、礼、兵、刑、工七大目。刑分笞、杖、流、徒、死。五刑之外，又有凌迟、充军，和《明律》相同。而凌迟之外，又有枭示。较充军更重的，则发至黑龙江等处给戍兵为奴，叫作发遣。从帝国主义侵略强迫通商以来，各国便借口我国法律的野蛮、不完备，遂都在我国施行领事裁判权。光绪二十八年，清廷派沈家本、伍廷芳等为修订法律大臣，乃将枭示、凌迟等酷刑删除；发遣、流、徒改为做工；笞、杖改为罚金。从光绪二十九年以后至宣统三年为止，所奉行者便是那部根据《大清律例》修改而成的《现行律例》。光绪三十三年八月，修订法律馆所起草的《新刑律草案》告成，经各部及各省签注，加以修正；复经宪政编查馆核订，经资政院第一期议会议决通过总则，而分则不及议毕，于宣统二年十二月一并奉旨颁布，预定宣统四年实行，而清朝已亡。这部《新刑律》后来为民国所援用。清朝末年于修改刑律之外，同时议订民律

及商律。民律终未编定，仅有《民事诉讼法》一种。商律则清末已定《商人通例》《公司破产律》等，至民国才逐渐编订完备。清朝末年，且拟改良审判制度，然均未及实行。

银币与铜币的并用

（六）币制　清代顺康雍乾四朝，对于铜钱的鼓铸，颇能认真办理，又许以银块当货币使用，所以清朝的货币，可以说是银铜并用。唯银块重量不一，成色不均，所以行使之时，每感不便。后来墨西哥的银币成为一种商品大量输入[①]，在各地行用。到光绪时，因设厂自铸银币，分一圆、半圆、二角、一角四种。后各省都开厂自铸。唯所铸银币，成色颇不一致，所以价格亦极不相等。

纸币

至于纸币，则多由商家私发，至光绪末年，因外国纸币充斥各地，始设立大清银行，发行纸币。总之，中国货币始终未跳出铜币时代，由明末至清末，始进于银铜并用时代。但当全世界通行金本位的时候，我国因币制之不统一，所受国际贸易的影响，极为重大。

① 墨西哥银币输入，在明朝末年，是西班牙商人带来的。

第七十讲　清代的学术

代王学而兴的朴学

高唱良知之说的“王学”，没有救得明朝的危亡，其末流且流于荡佚礼法，于是王学便随社会的转变而渐失去了它的地位，到清初“朴学”遂代之而兴。

朴学勃兴的因素

朴学亦称“汉学”，因为它是反抗宋明理学而回复到汉代考据学的缘故。它的勃兴的因素，不外下列几种：（一）明末封建社会发生破绽，饥荒、贫困、叛逆同时并起，一般人对于当时的社会制度之是否合理发生了疑问，于是有志于谋社会改革的人，便想从经书里去寻根究底地研究从来一切典章制度的得失，以解答目前社会所以杌陧的原因，并预备做建立一个合理的社会的根据。这样一来，许多学者，自然走上考古的一途，而精神所注，便不知不觉地集中到经书上面。而那些经书经过了宋明理学家的曲解，已经蒙上了一件理学的外衣，又非先把那件外衣脱下，还它一个本来面目不可。所以当时一般学者，最初对唯心的、理想的、主观的王学提出抗议，继又对程、朱的经解，大肆攻击，而抬出去古不远的汉儒，以压倒传统已久的宋儒。（二）如果照这样一步进一步的研究下去，未始不是一种经世致用之学。惜乎自清朝入主中国以后，对士大夫用尽威吓、诱惑的手段。士大夫见反抗无效，只得埋头著书，最初还是高谈典章制度，以备后继者的应用。到后来清廷的统治权愈巩固，它的高压政策的恐怖程度愈加甚，一般学者为明哲保身计，群趋于经典的文字训诂研究，于是原来经世致用的治学精神，一变而为狭义的考据之学了。

清初诸儒的思想

清代的学术思想，既以朴学为中心，但朴学的特盛，则在乾嘉之时。清初大儒如顾炎武、黄宗羲、王夫之、颜元等，学问的方向虽不同，而反对王学的空疏，以读书讲学为立身行己的基础是一样的。

顾炎武，本名绛，明亡后，改名炎武；字宁人，昆山人。居亭林镇，学者称“亭林先生”。自署蒋山傭。他曾遍游南北，考察山川形势；又探究历代的典章制度，加以评判。著有《日知录》《天下郡国利病书》《音学五书》《左传杜解补正》《石经考》《金石文字记》等。传可参考江藩《汉学师承记》。黄宗羲，字太冲，号南雷，余姚人。学者称“梨洲先生”。明亡后，他参加反清运动甚力，后来见事不可为，便隐居讲学。所著有《明儒学案》等数十种，今存有《梨洲全书》。详可参考《汉学师承记》。王夫之，字而农，号姜（薑）斋，衡阳人。明亡后，他隐居衡阳石船山，学者称“船山先生”。所著有《噩梦》《黄书》《俟解》《思问录内外篇》等，今存有《船山全书》。详可参考《清史列传》。颜元，字浑然，号习斋，博野人。著有《存性》《存学》《存治》《存人》等篇。近人把他的著

⊙顾炎武

作和他的弟子李塨的著作，合辑成《颜李遗书》。详可参考戴望《颜氏学记》。此外与顾、黄、王、颜并有名于时的学者，尚有李颙、陆世仪、张履祥①、孙奇逢②等，在这里不能细述了。

他们都是明朝遗民，种族的思想极浓厚，既无力推翻清廷，只得把自己研究所得，著成专书，预备给后人采用。王夫之著有《黄书》，顾炎武有《郡县论》，都极注意于法制。而黄宗羲的《明夷待访录》，极力反对专制君主，不仅是种族之见而已。至颜元则专在“实学、实习、实用”，不但不认宋明理学为学，并不认汉学为学。总之，清初诸儒的精神，不专局促于考据一部分，大都注重于躬行及用世之术。到了乾嘉时，清廷的统治权已十分巩固，社会秩序也非常安定，一般士大夫既不用高谈政治经济，唯讲求古书，专力于校勘训诂，于是所谓“朴学”，遂达到了全盛时期。而顾炎武且以精于考据之学的缘故，被公认为清代朴学的开山祖了。

乾嘉时学风的转变

朴学分吴、皖两派

当朴学全盛时期。分为吴、皖两派：吴派渊源于吴县人惠周惕、惠士奇，成于惠栋；

惠栋，字定宇，号松崖，吴县人。他的祖父惠周惕（字元龙）、父亲惠士奇（字天牧，一字仲孺，晚号半农居士），都是经学名家。他承袭家学，著述很多，重要的有《易汉学》《周易述》《易微言》《九经古义》《明堂大道录》《禘说》《古文尚书考》《后汉书补注》等。详可参考《汉学师承记》。因为他是吴人，故称他的一派为吴派。

① 张履祥，学者称“杨园先生”。他是清初有名的理学家。
② 孙奇逢是明末清初有名的理学家。

其后有王鸣盛、钱大昕、江声、汪中诸人。皖派渊源于江永，成于戴震；

> 戴震，字东原，休宁人。初，婺源人江永（字慎修），博通古今，专心十三经注疏，尤精音韵之学，著述甚多。戴震之学，大都得力于江永，而精深尤过之。所著有《毛郑诗考正》《仪礼正误》《考工记图》《孟子字义疏证》《原善》《尔雅文字考》《方言疏证》《声韵考》《声类表》《水地记》《戴氏水经注》《勾股割圆记》《东原集》等。详可参考《汉学师承记》。因为他们都是安徽人，故称皖派。

⊙戴震

其后有段玉裁、王念孙、王引之诸人。吴派以详博见称，皖派以精断见长，各有特色。清末的朴学大师俞樾、孙诒让、章炳麟，都是很受皖派的影响的。

朴学的蜕变与经今文学的突兴

清代到了康熙朝，黄金时代已渐过去。道、咸以后，内乱外患，相逼而来，有心经世的士大夫都不满于文字训诂的枯燥研究，一变而为微言大义的发挥。换句话，由汉儒笺注的演绎转变而为孔、孟思想的探讨。原来汉代经学，有今文与古文的区别。乾嘉时的朴学家，都是宗古文家法的。到了那时候，今文学派就起而代之。这派的开创者是庄存与；

> 清代经今文学派也称“公羊学派”，因为这一派都从《春秋公羊传》入手。又称“常州学派”，因为这一派最

初的几个学者都是常州人。庄存与，字方耕，武进（即常州）人。与戴震同时，而治经的方法不同。他著有《春秋正辞》，为清代今文学的开创的书籍。

继起的是刘逢禄、宋翔凤、龚自珍、魏源诸人。清末如廖平、康有为等，都是这派的最后大师。尤其是康有为，他取《春秋》三世及《礼运》大同诸说与社会进化论相牵合，撰《孔子改制考》《大同书》等，作为维新运动的根据。

综上所述，清代学风，可分为三时期：明末清初的学者，一方矫正王学的空疏，一方讲求实学，想借此以为世用。乾嘉时的学者，则一味埋头做考证功夫，于经世致用之学不甚注意。清末因外侮频来，一般学者遂弃考据之学，回复到清初的经世致用的精神，而借经学为革新政治的工具。

清代的史学

清儒除考证学外，如史学、地理学、文字学、音韵学、金石学、历算学等，亦多所发明。尤其是史学，自黄宗羲开创浙东史学以来，自成一支。继他而起的，有万斯同、全祖望诸人。其后章学诚撰《文史通义》，为中国史学研究的名著。清末章炳麟，以皖派的朴学大师而兼浙东史学家，他用史学家的见地以鼓吹民族革命，对于当时革命运动的扩大，

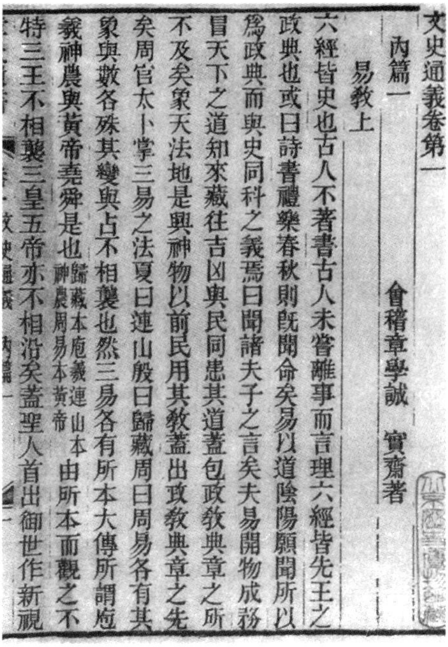
文史通義卷第一
內篇一　會稽章學誠　實齋著
易教上
六經皆史也古人不著書古人未嘗離事而言理六經皆先王之政典也或曰詩書禮樂春秋則既聞命矣易以道陰陽願聞所以為政典而與史同科之義焉曰聞諸夫子之言矣夫易開物成務冒天下之道知來藏往吉凶與民同患其道蓋包政教典章之所不及矣象天法地是興神物以前民用其教蓋出政教典章之先矣周官太卜掌三易之法夏曰連山殷曰歸藏周曰周易各有其象與數各殊其變與占不相襲也然三易各有所本大傳所謂庖羲神農與黃帝堯舜是也歸藏本庖羲連山本神農周易本黃帝由所本而觀之不特三王不相襲三皇五帝亦不相沿矣蓋聖人首出御世作新視

⊙章学诚《文史通义》

很有功绩。

清代的文学

清代文学，亦颇可称述：散文方面，有所谓“桐城派”与“阳湖派”，虽不脱汉魏唐宋的窠臼，但也有它们独具的风格。

桐城派创始于桐城人方苞[①]、姚鼐[②]。阳湖派创始于阳湖[③]人恽敬。桐城派的文章，讲究法度，其长处在叙事谨严。阳湖派重才情，其长处在议论奋发。但后来学桐城派的人，因为太讲究法度，其作品往往淡而无味。学阳湖派的人，因为太喜欢发议论，其作品往往空疏不切实际，总之，桐城、阳湖两派的文章，虽未脱古人窠臼，但也各有其特长。只因后人专事模仿，互相标榜，而作品的内容，又远不及创始的几位大师，所以新文化运动起来以后，这两派的文章，遂成为

⊙清代孙温绘全本《红楼梦》之《苦绛珠魂归离恨天》

① 方苞，康熙进士，累官礼部侍郎。著作甚多，关于文章方面的，有《望溪先生文集》。

② 姚鼐，字姬传，乾隆进士，官至刑部郎中。学者称“惜抱先生”。今存有《惜抱轩全集》。

③ 阳湖，民国并入江苏武进县。

攻击的目标了。

到清朝末年，章炳麟以学者而兼工文章，所作散文，独具风格，自己说是“秦汉以来未之有”，实在不是夸大的话。小说方面，则以曹雪芹的《红楼梦》为一代有名作品。其他如吴敬梓的《儒林外史》，是一部很好的讽刺小说。至清末，林纾又用桐城派的古文笔法，翻译西洋小说，虽和原作有不少违异之处，但实开中国翻译西洋文学的风气。此外如梁启超的政论文章，严复的翻译文章，黄遵宪的诗，都是受时代影响而各有其突变的风格，和后来的新文化运动有极大的关系。

第七十一讲　两度帝制运动的失败

袁世凯帝制自为的动机

辛亥革命的结果，反使反革命的北洋军阀袁世凯攫取了政权。但当时南方各省，革命党人还保有相当的势力，如安徽都督柏文蔚、江西都督李烈钧、湖南都督谭延闿、福建都督孙道仁、广东都督胡汉民等，都属于革命党，其势力还可以监视袁世凯。而袁世凯亦以财政困难，不敢轻易向革命党开衅。在这时候，帝国主义者从旁冷观，觉得中国革命势力如果任其膨胀，于帝国主义的侵略，十分不利，不如扶助袁世凯，打倒革命党。于是成立所谓“六国银行团”，预备把大宗借款借给袁世凯。袁世凯有了帝国主义做后盾，便放胆与革命党为敌了。

革命党内部的腐化

革命党在推翻清朝把政权让给袁世凯以后，内部亦起了变化：革命同盟会会员宋教仁，以为破坏工作已经完毕，此后须抛弃革命的口号，从事于选举运动，便发起将同盟会改组为国民党，收入了许多坏的分子，弄得内部非常腐败。但第一届国会选举的结果，国民党在参众两院占五百余席，为绝对的多数。宋教仁大为高兴，昌言“总统非袁世

⊙宋教仁

凯莫属，而内阁必须由政党组织”，沿长江各省到处宣传。袁世凯见国民党不能受他的支配，而国民党又是临时凑合各派的分子组织而成的，实际上并无势力，遂决计向国民党进攻。民国二年三月间，先嗾使刺客暗杀宋教仁于沪宁车站[①]。四月间，又不经国会同意，不顾国民党的反对，擅自把五国银行团的大借款签字。

宋教仁的被刺与大借款的成立

先是英、美、法、德组织四国银行团，预备以巨款借给中国政府，后来日、俄两国加入，四国变为六国。中政府屡向六国银行团交涉借款，以条件苛酷，没有谈妥。宋案发生时，美国退出六国银行团，于是六国又变为五国。当时袁世凯急于借款，而银行团方面疑心美国将单独行动，又因预备借款给中国，收进现银颇多，很想大借款早日成立。于是双方于民国二年四月二十六日在北京签约，借款数为二千五百万镑，利息五厘，期限四十七年。把盐务收入除担保前债的一部分外，全数作这一次大借款的担保。将来海关收入的余款，亦尽数作为这一次借款的担保。于北京设盐务署，内设稽核所，设中国总办一，洋会办一，并于产盐之区设立稽核分所，设华经理、洋协理各一员。盐税存入银行，非由总会办会同签字，不能提用。本利拖欠过了“展缓近情”的日期后，即将盐政事宜归入海关管理。更于审计处设立稽核外债室，任用华洋稽核员，以稽核盐税用途。

六月间，先后罢免江西、安徽、广东三省都督。国民党以

① 宋教仁被刺后，捕获凶手武士英，后又捕获关系人应桂馨。在应桂馨的住宅内收得应与内阁总理赵秉钧往来的密电本及和内务部秘书洪述祖有关的证据。赵秉钧为袁世凯的亲信，所以宋案很明显出自袁世凯的指示（今有各种不同说法）。

袁世凯相逼已甚，就起兵反抗：七月十二日，李烈钧在湖口宣布独立；十五日，黄兴响应于南京，而安徽、湖南、福建、广东也先后起兵。“讨袁军”的声势，弥漫于东南各省。但袁世凯早有准备，北洋军队水陆并进，先破湖口。黄兴因北军抵浦口，亦弃南京逃走。李纯攻入南昌，倪嗣冲取安庆，李烈钧、柏文蔚均逃走。陈其美攻上海制造局亦失败。福建、湖南即自行取消独立。广东被龙济光平定。不到两月，二次革命完全失败。于是东南各省完全入于北洋军阀的势力范围。

二次革命的发动与失败

二次革命失败后，袁世凯便解散国民党，停止参众两院议员职务，解散各省省议会，停止各地方各级自治。同时召开“约法会议”，废止《临时约法》，改订《中华民国约法》，使内阁制变为总统制，更另设参议院，以代立法机关。民国三年五月一日，公布“新约法”，更根据“新约法”，废国务院，改设政事堂，对于地方政府及司法机关也大加更张。他既大权独揽，便进一步想做皇帝了。民国四年八月，他的顾问美国人古德诺著《共和与君主论》一文在北京各报发表，讨论君主政体与共和政体之得失利弊。不久，杨度、孙毓筠、严复、刘师培、李燮和、胡瑛等发起筹安会，说是要从学理上研究君主民主在中国孰为相宜。九月一日，忽有自称各省公民代表的梁士诒等，向参政院请愿变更国体。参政院依据所谓“新约法”，呈请大总统召集各省国民代表大会，解决国体问题，并颁布《国民代表大会选举法》。十二月十日，国民会议投票结果，全数主张君主立宪。明日，参政院代表国民会议推戴袁世凯为皇帝。袁世凯下令承认国体改为君主立宪，而辞谢国民会议的推戴。参政院再为第二次的推戴，袁世凯即于十二日下令承认称帝。于是设立大典筹备处，改明年为洪宪元年，准备于明年元旦实行登皇帝位。

袁世凯帝制运动的逐渐成熟

筹安会

国民代表大会

那时候各地的反帝制运动正和袁世凯筹备大典一样在积极进行。前云南都督蔡锷本留京任职，秘密逃回云南，和督理军

反对帝制的蜂起

务唐继尧、巡按使任可澄于十二月二十三日通电表示反对帝制。而蔡锷的老师梁启超，亦在上海各报发表《异哉所谓国体问题者》一文，对袁世凯的意图称帝，作有力的攻击。十二月二十五日，云南宣告独立，组织护国军，起兵讨袁。明年，贵州、广西、广东、浙江、陕西、四川、湖南等省，先后宣告独立，合组护国军军务院以主持一切，而山东、江苏等省，也屡有民军起事。袁世凯的帝制自为，本先得帝国主义者的默许，至是各国见反袁军的声势不小，便命驻京公使向袁世凯劝阻。三月二十二日，袁世凯下令取消帝制，由徐世昌、段祺瑞、黎元洪公电护国军，请停战讲和。护国军要求袁世凯退位，正在相持未决，袁世凯忽于六月六日因气愤成疾而死。于是各省一致拥戴副总统黎元洪继任大总统，恢复《临时约法》，召集旧国会，惩办帝制罪魁，而洪宪帝制运动遂告结束。

云南独立与各省相应

第一次帝制运动的闭幕

黎元洪就任大总统后，国会通过段祺瑞为内阁总理，选举冯国璋为副总统。那时候北洋军阀分化为皖、直两系，代表皖系的是段祺瑞，代表直系的是冯国璋，而冯国璋才具不如段祺瑞，所以政权被段派所操纵。黎元洪无所凭借，想利用民党以抵制段派。因此，为内务总长孙洪伊与国务院秘书长徐树铮意见不合，扩大为总统府与国务院的斗争，黎、段感情日趋恶劣。民国六年，对德参战问题发生，段祺瑞听从梁启超、林长民的建议，竭力主张参战，并借口解决军务及对外计划，召集各省督军或代表会议于北京，当时称为“督军团”。

北洋军阀的分化

参战问题与黎、段之争

⊙黎元洪

公元一九一四年（民国三年），欧洲发生大战，中国宣告中立。一九一七年，德国照会各国，声称将采用无限制潜艇攻击。中国因受美帝国主义的劝诱，向德国提出抗议。不久，参众两院又通过对德绝交。是年五月一日，段内阁议决对德宣战，想借此向外国借款，以扩充自己的武力，而国会方面则不赞成参战，想借此推翻段内阁，于是遂有公民团包围议院，胁迫通过宣战案的活剧。

黎元洪一派本不主张参战，国会中民党分子也想借此以推倒段内阁。段派嗾使公民团数千人包围议院，胁迫通过对德宣战案，国会方面遂群请罢免段祺瑞，而段亦借督军团势力，要求解散国会。黎元洪见势不佳，为先发制人计，于五月二十一日，下令罢免段祺瑞的国务总理职，便立刻掀起了轩然大波。安徽省长倪嗣冲首先宣告独立，奉天、陕西、河南、浙江、山东、黑龙江、直隶、福建、山西等省也先后通电与中央脱离关系，并在天津设“军务参谋处”，以威胁黎元洪。黎元洪因长江巡阅使兼安徽督军张勋曾反对段派的参战主张，又不赞成各省与中央脱离关系，乃召他入京调解。六月八日，张勋带兵五千到天津，电请解散国会，黎元洪不得已，竟答应了他。十四日，张勋入京，通电各省，以国会已经解散，请取消与中央脱离关系的宣言，各省一致听命。

张勋的带兵入京

张勋本是一个顽固的武人，他一向就主张拥清废帝溥仪复辟的。袁世凯死后，他曾秘密召集各省代表会议于徐州，先后凡两次，阴谋复辟，据说到会的人都不反对。他既到了北京，便电召康有为来京，于七月一日，偕陆军总长王士珍、步军统领江朝宗等拥立清废帝溥仪复辟，改民国六年为宣统九年。黎元洪仓皇逃入日本使馆，通电请副总统冯国璋代行大总统职权，仍以段祺瑞为国务总理。四日，冯、段起兵声讨，段祺瑞更组

张勋拥废帝溥仪复辟

⊙ 复辟后，溥仪坐在乾清宫宝座上

第二次帝制运动的闭幕

织讨逆军，誓师马厂，进攻北京。十二日，北京攻下，张勋逃入荷兰使馆。于是黎元洪通电辞职，段祺瑞再组内阁，冯国璋入北京继任大总统。溥仪复辟的喜剧，就此闭幕。

经过这两度帝制运动的失败，再也没有人敢发做皇帝的野心了。但是，军阀割据的局势已经造成。加以帝国主义从中拨弄，以军阀为它们在中国势力竞争的工具，从此军阀间的明争暗斗，无有已时。于是中国革命的方向，必然地要转到打倒帝国主义与军阀的国民革命了。

第七十二讲　民三中日交涉到华府会议

辛亥革命不曾提出“打倒帝国主义”“废除不平等条约”等口号，反将清朝所订立的不平等条约完全接受下来，遂使帝国主义有所凭借，继续向新兴的中国侵略，而面目最凶狠、手段最恶辣的，要算日本。

日本对中国的侵略与山东问题的发生

日本对中国侵略的路线分为三支：北由朝鲜入东北、蒙古；南由台湾入福建；中由旅顺、大连渡海入山东。民国三年，欧战开始，中国便于八月六日向各关系国宣告中立。日本却借口英日同盟，于八月十五日致最后通牒于德国，要求将胶州湾租借地全部、无条件交给日本，以便转还中国。德政府置之不复，日本遂于八月二十三日对德国宣战。依国际公法，凡交战团体，不得在中立国区域内作战。但日本不顾一切，把军队运至山东龙口登岸，强截莱州半岛为交战地。中国政府无可奈何，只得于九月三日宣告划定莱州、龙口和接近胶州湾的地方为交战区域，并与日本约定，以潍县车站为界，日军不得越界西出，破坏中立。但日军全不理会，不仅占领潍县车站，并且出兵济南，占领胶济路全线及其附近矿产。中国政府屡提抗议，完全无效。十月三十一日，日军会同从崂山湾上岸的英军，向青岛开始总攻击。十一月七日，青岛的德国守将投降日英联军，青岛遂由德帝国主义转入日帝国主义之手。中国政府因日本事前声明决不占领中国土地，屡次要求日本撤兵，日本置之不理。明年一月十八日，日公使日置益突向中国政府提出五号

日军夺取青岛

日本对中国提出“二十一条”无理要求

“二十一条”，要求接受，并且不许宣布。

日本提出“二十一条”，计分五号，其内容如下：

（一）中国政府允诺日后日本政府与德国政府协定之关于山东省依据条约或其他关系享有一切权利利益让与等项的处分，概行承认。

（二）中国政府允诺凡山东省内并其沿海一带土地及各岛屿，无论何项名目，概不让与或租借与他国。

（三）中国政府允准日本建造由烟台接连胶济路线之铁道。

（四）中国政府允诺为外人居住贸易起见，从速自开山东省内各主要城市为商埠；其应开地方另行协定。

——以上第一号

（五）两缔约国互相约定将旅顺、大连租期，并南满洲、安奉两铁道期限，均展至九十九年为期。

（六）日本国臣民，在南满洲及东部内蒙古为建筑商工业应用之房厂，或为耕作，可得其须要土地的租借权或所有权。

（七）日本国臣民得在南满洲及东部内蒙古任便居住往来，并经营工商业。

（八）中国政府允将南满洲及东部内蒙古各矿开采权，许与日本臣民；至拟开各矿，另行商定。

（九）中国政府应允关于下列各项，先经日本政府同意，然后办理：（1）在南满洲及东部内蒙古允准他国人建造铁道，或为建造铁道而向他国借用款项之时。（2）将南满洲及东部内蒙古各项税课作抵，向他国借款之时。

（十）中国政府允诺如在南满洲及东部内蒙古聘用政治、财政、军事各顾问教习，必须先向日本政府商议。

（十一）中国政府允将吉长铁路管理经营事宜，委任日本政府；其年限自本约画押之日起，以九十九年为期。

——以上第二号

（十二）两缔约国互相约定，俟将来相当机会，将汉冶萍公司作为两国合办事业；并允如未经日本政府同意，所有属于该公司一切权利产业，中国政府不得自行处分，亦不得使该公司任意处分。

（十三）中国政府允准所有属于汉冶萍公司各矿附近之矿山，如未经该公司同意，一概不准该公司以外的人开采；并允此外凡欲措办，无论直接间接，恐于该公司有影响者，必须经该公司同意。

——以上第三号

（十四）中国政府允准所有中国沿岸港湾及岛屿，概不让与或租借与他国。

——以上第四号

（十五）中国中央政府须聘用有力的日本人充政治、财政、军事等顾问。

（十六）日本在中国内地所设之病院、寺院、学校等，概许以土地所有权。

（十七）向来中日两国，屡起警察案件，以致酿成纠葛，因此须将必要地方之警察，作为中日合办，或聘日人为警察官司，以资筹划改良中国警察机关。

（十八）中国由日本采办一定数量（所需半数以上）之军械，或在中国设立中日合办之军械厂，须聘用日本技师，并采买日本材料。

（十九）中国政府允将接连武昌与九江、南昌的铁路及南昌、杭州间各铁路的建筑权，许给日本。

（二十）福建省内筹办铁路矿山及整理海口（船厂在

内），如需外国资本时，先向日本商议。

（二十一）中国政府允日本在中国有传教之权。

——以上第五号

五九国耻

那时候袁世凯正想帝制自为，日本暗示可以帮助，他便派日本指定的陆徵祥、曹汝霖为全权委员，于二月二日开始与日置益秘密会议。但那时候国内舆论沸腾，十九省将军通电反对接受亡国的条件，英、美各国也非常骇诧，争向日本询问“二十一条”的内容，袁世凯也以为条件太苛，不敢贸然承认。因此秘密会议至五月初，尚无结果。五月七日，日本送最后通牒于中国政府，限四十八小时答复。袁世凯接到通牒，连日在总统府开军政界特别会议。延至九日午前，派曹汝霖先行通知日本公使，表示承认。二十五日由陆徵祥与日置益正式签订，除“二十一条”的第五号签订“容日后协商”及第四号用

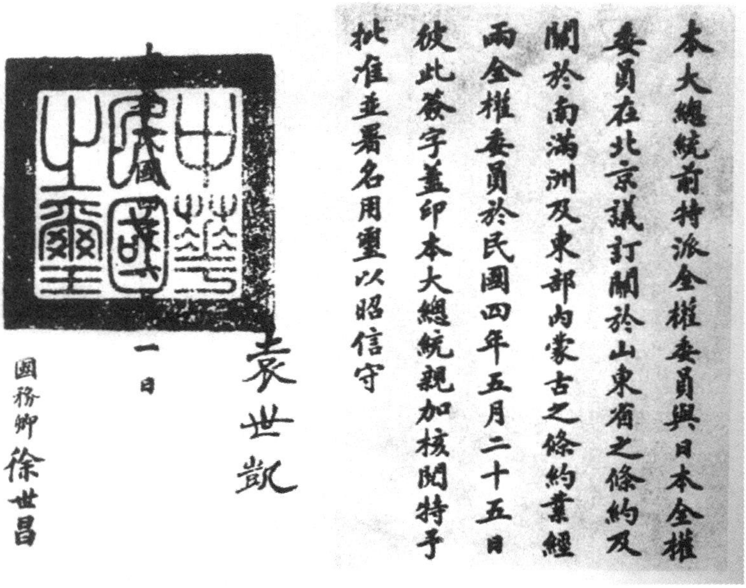
本大總統前特派全權委員與日本全權委員在北京議訂關於山東省之條約及關於南滿洲及東部內蒙古之條約業經兩全權委員於民國四年五月二十五日彼此簽字蓋印本大總統親加核閱特予批准並署名用璽以昭信守

中華民國之璽

袁世凱

一日

國務卿徐世昌

⊙袁世凯批准“二十一条”的文书

⊙ 1915 年 5 月 25 日，“二十一条”签字时中日代表合影

命令宣布外，其余都用换文签字。这就是所谓“五九国耻”。日本既用武力夺取了德国在东方的地盘，又强迫中国签订亡国条约，诚恐大战停止后，各国要起来干涉，便进一步向各国订立密约，要求各国承认其在太平洋的特殊势力。民国五年七月，日本与俄国订立操纵远东的新协定，相约倘第三国妨碍他们在中国所得的权利时，即取一致行动。明年二月，美国因德国采用无限制潜艇攻击政策，对德绝交，并邀请各中立国共同对德宣战。中国接到美国的请求，便有人主张与美国取一致行动，而日本却大不高兴，向中国提出警告，以为如此大事，应先和日本商量。同时日本又向英国交涉，以同意日本处分山东为日本容许中国参战的交换条件，英国自然欣然承诺。日本又向俄、法、意三国作同样的请求，俄、法、意也先后允许了。于是日本态度一变，和英、法等国一致怂恿中国对德宣战，并允许以大宗款项借给北京政府。八月十四日，北京政府便正式向德、奥宣战。但日本因为没有和美国接洽，终觉不大妥当，乃派石井菊次郎为全权大使往美国，与美国务卿蓝辛订立协定，美国承认日本在中国有特殊利益。日本在国际方面布置停当，便把

日本在国际间的活动

大宗款项陆续借给北京政府[①]。民国七年，北京政府与日本缔结满蒙四铁路[②]及山东二铁路契约[③]，继又订立军事协定。驻日公使章宗祥照会日本外务省，竟说“关于山东省诸问题”，“中国政府，……欣然同意”。于是“二十一条”遂成为国际间严重问题。

中国在巴黎和会的失败

民国八年一月，欧战停止，开和平会议于巴黎。中国派陆徵祥、顾维钧、施肇基、魏宸组、王正廷为全权代表，出席参与。先是美国大总统威尔逊[④]提出《和约大纲》十四条。其中重要的条款是：和平条约须用公开方式决定，此后无论何事，不得私结国际盟约，外交事件均须公开（第一条）；立最确的保障，缩减军备，以足以保护国内治安为度（第四条）；组织国际联盟，其宗旨为各国相互保障其政治自由及土地统辖权，国无大小，一律享同等的权利（第十四条）。各国对于这《和约大纲》，表面上都承认为议和的基本条件。中国代表遂依据《和约大纲》的原则，要求各国取消在中国由不平等条约所取得的权利，并要求取消被日本威胁签订的“二十一条”，将德国在山东所得的一切权利直接交还中国。但巴黎和会实际上是帝国主义者的分赃会议，由英、美、法、意、日五强国操纵一切，美总统的《和约大纲》，也不过一种欺人的假面具而已。因此，中国代表的提案，被巴黎和会所拒绝，最后让步到声明将来可提请重议，亦未被采纳。当时我国反对和约的空气十分紧张，陆徵祥等不敢签字于对德和约，仅签对奥和约而回。

日本在巴黎和会中全占胜利，但同时却引起了帝国主义间的

① 当时段祺瑞任国务总理，所借日款，先后达四亿六千万元左右。

② 满蒙四铁路为：一、由洮南至热河；二、由长春到洮南；三、由吉林经海龙到开原；四、由洮热铁路的一地达海港。

③ 山东两铁路为：一、由山东湾南到直隶顺德；二、由山东高密到江苏徐州。

④ Wilson。

利害冲突。他们觉得日本独自继承了德国在山东的权利，未免有影响于各国在华利益，美国上议院便不把对德和约批准，其他各国也都内怀不平。民国十年，美国总统哈定[①]以筹议限制海军及调解远东问题为名，发起召集华盛顿会议——亦称华府会议。是年十一月，会议开幕，参加的有美、英、法、意、日、比利时、荷兰、葡萄牙和中国共九国。中国派施肇基、顾维钧、王宠惠、伍朝枢为全权代表，预备将山东问题提交大会讨论，而英、美两国竟以居中调停的名义，胁迫中国在会外与日本直接交涉。结果，双方订立《中日鲁案条约》二十八条，其大要为：

帝国主义间的利害冲突

华府会议的召集与山东问题的结束

（一）日本应将德国胶州租借地归还中国。

（二）胶州租借地的公产，除日本建造领事馆所需和日本人民团体所需外，应归还中国。

（三）胶济路沿线的军队及宪兵，于本约签字后三个月内撤

⊙华盛顿会议会场

① Harding。

退。至迟不得过六个月。

（四）青岛海关应成为中国之完全部分。

（五）日本应将胶济铁路及其支线并各种附属财产交还中国，由中国以四千万元之国库券交付日本。国库券期限为十五年，以铁路财产及收入为担保。五年以后，得全数清偿。在未清偿前，中国须任用日本人为车务总管及会计主任。

（六）济顺、高徐两铁路归国际公办。烟潍铁路由中国自造。

（七）中国开放胶州租借地为万国通商口岸。

山东问题总算告一结束，而中国所希望收回租借地及租界、撤消领事裁判权、关税自主、撤退外国军队和警察、裁撤外国邮局及有线无线电报机关等，都未能达到。

这次会议中对于中国要求收回借地，各国表示不同。日本说胶州湾早已交还，旅顺、大连无商量余地。英国表示山东问题能解决，威海卫可以交还，九龙则无商量余地，但后来威海卫还是落空。法国是很狡猾地说愿和各国共同交还。对中国要求收回租界，各国简直不理。对中国要求撤消领事裁判权，要由各国派代表考察后，再定办法。关税自主，中国所提出的是很和平的渐进办法，但各国都不肯允许，要开什么“关税会议”后再定办法。撤退各国在华军队和警察，须待各国驻北京的外交代表调查后再行办理，并保留各国承认或拒绝之权。裁撤外国邮局及有线无线电报机关，须中国保证外国人邮政总办的地位，方肯赞同，而租借地及条约所特别规定的，仍在例外。总之，华府会议的结果，中国是完全失败的。当时有些名流学者，以为我国虽未能占胜利，但山东问题于此得告一结束，未始不是美国等“友邦”好意帮助我们的效果，所以对美国特别表示感谢，那真蒙昧到极点了。

所谓华府会议，原不过帝国主义者借此作一度公平的分赃会议而已。经这次会议后，帝国主义靠不平等条约在中国所取得的权利，不仅没有取消，反在所谓“九国协定”之下，多一层保障了。

华府会议的性质

总而言之，自辛亥革命以来，帝国主义者对新兴中国的压迫，仍是有加无已。不独日本，英国对西藏的进攻，俄国对外蒙的侵略，也十分厉害。而美国利用他的金钱，操纵中国军阀，使中国连年内乱，那更是别开生面的侵略方式了。

日本以外的对华侵略者

西藏本为英俄两国侵略的目的地之一。清光绪三十年[①]，英国乘日俄战争的机会，派兵驱逐亲俄派的达赖，由班禅与英国议和，缔结《拉萨条约》。后来清廷提出抗议，因重订《中英续订藏印条约》，认中国对西藏有宗主权。民国元年，英国又煽动达赖宣告独立，驱逐班禅。民国政府命陈贻范及西藏地方代表与英代表会议于印度，英人强将西藏划分为内外两部，内藏归隶中国，外藏许以自治权，并将外藏的界线扩大。当时因中国人反对，仅签订草约。至欧战发生，遂成为悬案。

俄国对外蒙的侵略，在清朝末年已在进行。辛亥革命发生，俄国乘机煽动外蒙活佛宣告独立。后经外交总长孙宝琦与俄使交涉，签订条约，俄国承认中国在外蒙的宗主权，中国承认外蒙的自治权。民国六年，俄国大革命爆发，不久，苏维埃政府成立，外蒙的王公喇嘛等向中国请愿取消自治，重由中国管理。民国八年，外交部声明取消中、俄间

① 公元一九〇四年。

关于蒙古的一切条约。明年，俄旧党窜入库伦，怂恿蒙人作第二次的独立。又明年，俄旧党被苏联军队所打败，外蒙的青年，受俄国革命影响，成立蒙古国民党，推翻王公喇嘛的统治，另组蒙古共和国。民国十三年，苏联与中国签订《中俄协定》，苏联承认外蒙为中国领土，并尊重对于该领土的主权。但苏联虽不像帝国主义者抱侵略中国的野心，而对于外蒙的内政亦不便干涉，所以外蒙共和国的名称，还是存在着。

第七十三讲　从五四运动到五卅运动

五四运动的前夜

欧洲大战开始后，帝国主义者暂时缓和其对中国的侵略（日本除外），中国乃得乘机稍稍发展了幼稚的民族工业（如纺织业、面粉业等）。那时候中国的封建势力（军阀、官僚、土豪、大地主）已成为阻碍民族工业发展的障碍物。于是比较进步的知识分子，便首先举起“反封建”的大旗，对封建政治及封建道德大加攻击，而最先受其影响的便是青年学生。

当时陈独秀等创办《新青年》杂志，开始菲薄中国固有文化，主张接受西洋文化。并且对维持中国封建社会的儒家学说加以攻击，对中国的旧道德，加以非难。其后胡適在《新青年》大倡“文学革命”之说，陈独秀等附和之，主张推倒雕琢的、阿谀的贵族文学，建设平易的、抒情的国民文学；推倒陈腐的、铺张的古典文学，建设新鲜的、立诚的写实文学；推倒迂晦的、艰涩的山林文学，建设明了的、通俗的

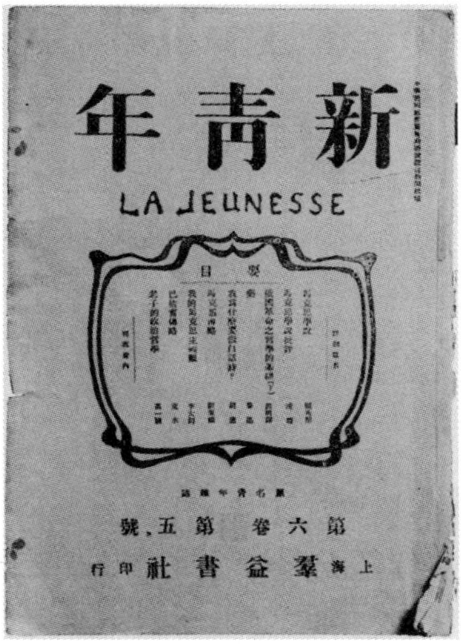

⊙《新青年》

> 社会文学。一时全国青年群起响应。同时他们又努力介绍西洋各派的学说，并主张青年应干预政治。总而言之，他们是对整个的封建势力加以攻击。五四运动的爆发，像《新青年》一类的刊物文字上的鼓吹很有效力的。五四运动以后，新刊物风起云涌，不但努力介绍西洋各派学说，且大都用白话撰著，文字的形式也改变了。所以五四运动亦称为“新文化运动”。

同时，俄国革命成功，使中国青年受到强烈的刺激。所以等到巴黎和会的分赃形式十分显露以后，怒潮般的群众运动便在中国的首都——北京——爆发了。

五四运动的爆发

当巴黎和会失败的消息传到中国，群情愤激。民国八年五月四日，北京专门以上学校学生数千人举行示威运动，捣毁主持“二十一条”交涉的交通总长曹汝霖住宅，殴伤签订“欣然同意”换文的驻日公使章宗祥，经手日本借款的币制局总裁陆宗舆以早知消息得免。同月十九日，北京各校学生发出宣言，大意说外交紧急，国贼未除。日本逮捕中国留学生，政府毫无办法，故一致罢课，表示反抗。六月三日，北京学生讲演团被捕者千余人，上海各校学生亦遂宣告罢课，以为声援。南京、杭州、武汉、天津、九江、山东、安徽、厦门、广州的学生先后继起。而各大埠的商人、工人亦举行大规模的罢市、罢工，一致声讨卖国贼及排斥日货。北京政府见风潮扩大，不得已释放被捕学生，并下令罢免曹汝霖、章宗祥、陆宗舆，风潮才渐渐平息。

五四运动的影响

五四运动，青年学生做了领导，但参加的分子并不限于青年学生，因各个的立场不同，利害也不一致，所以在反封建斗争最剧烈的时候，一部分人立即软化下来，使这次伟大的民众运动未能达到理想的成功。但这次运动的影响是很大的：第一，因这次运动所发生的群众组织如检查日货、惩办奸商，不啻直接以革命的手段行使平民政权。第二，这次运动因工人的参加，引起了中国工人阶级对于政治的觉醒，从此他们就渐渐组织团体，参加政治上、经济上的各种斗争。第三，从义和团运动失败一直到辛亥革命，无论革命与反革命派都承认不平等条约为神圣不可侵犯，并且都希望得到列强的帮助，所以争相宣言保护外人生命财产及尊重条约。在五四运动中，中国民众不但严惩“卖国贼”，间接对帝国主义示威，并且提出“废除二十一条”及“收回青岛”等口号，直接反对帝国主义的侵略，把一向尊重条约及希望列强帮助的心理改变了。第四，中国青年经过这一次政治斗争，思想急变，开始接受世界革命的思潮，由理想而进于实际行动，开辟了中国革命的新方向。从此以后，中国革命势力渐渐发展，连续发生了几次使帝国主义及国内军阀惊心动魄的工人运动。到民国十四年五卅事变发生，遂掀起了空前的革命浪潮。

⊙五四运动中“誓死力争，还我青岛”的标语

五卅运动的前夜

欧战终了后，帝国主义者为谋补偿他们在欧战中所受的损失，挽救其战后资本主义的衰落，对中国加紧侵略，于是在欧战时稍得进步的中国民族工业就被压迫而破产。同时帝国主义在中国广设工厂，用最低的工资，极长的时间，尽量剥削中国

劳动者。在此时期，中国的大小商人都感到受帝国主义压迫的苦痛，而被帝国主义看作牛马般的中国工人更充满了反帝国主义的情绪。民国十四年二月，上海日商纱厂工人，为反对厂方无故开除工友及平日待遇苛酷，实行大罢工，参加的工人有七万多。接着青岛日商纱厂的工人也为反抗厂方平日的苛待工友，并要求改良待遇，举行大罢工。帝国主义见中国工人势力日渐强大，想用武力压制。五月十五日，上海日商纱厂枪杀工

五卅运动的爆发

人顾正红。二十八日，青岛海军陆战队受日本政府的命令，开枪杀死工人多名。三十日，上海学生为顾正红被杀，举行游行示威并散发“打倒帝国主义”的传单，被公共租界工部局英巡捕开枪杀伤多人。直到六月四日，上海租界西捕开枪杀人的事件，仍继续不断发生。帝国主义的海军陆战队且有带枪入华界捣乱者。然自五卅大屠杀后的第二日，全上海已开始罢工、罢课、罢市，截至六月四日止，公共租界完全罢市，工人、学生

⊙五卅运动期间，上海街头抵制洋货的标语

更坚决地准备牺牲。而影响所及，不但全国重要城市，即偏僻乡村，也一齐起来反帝示威运动。北京政府特派蔡廷幹等到上海办理交涉。先是上海工、商、学三界于五卅事变发生后，即组织上海工商学联合委员会，并于六月七日，向对方提出先决条件四、正式条件十三，但政府特派员认所提条件为过苛，不敢据以向对方交涉。而上海总商会且擅自把工商学联合会所提的条件修改。最后英国仅承认改组上海租界会审公廨，加入纳税华人于工部局董事会，允许开枪的英巡捕辞职，抚恤死伤的华人。软弱无能的北京政府既不敢与帝国主义争持到底，这次交涉，就此结束。

五卅运动中除反对帝国主义屠杀工人及逮捕学生外，上海纳税外人将通过工部局所提出的增加印刷附律、增加码头捐、交易所注册、取缔童工法案等四案及外人越界筑路亦为反对的目标之一，故能引起上海中等商人及小商人的同情。同时，帝国主义对中国新兴工业的摧残，亦颇为一般大商人所愤恨。所以五卅运动初起时，差不多各阶级的人都热烈参加，但上海总商会因地位和工人学生不同，主张比较稳健。所以上海工商学联合会所提的正式条件十三条中有“优待工人”一条，主张“外人所设各工厂……承认工人有组织工会及罢工之自由”，而总商会则改为“工人工作与否随其自愿”；又原提十三条中有“永远撤退驻沪之英日海陆军”及“分配高级巡捕”和“要求取消领事裁判权”三条，被总商会删去；而原提十三条中有“收回会审公廨”一条，总商会只要求“完全恢复条约上原状”。总商会这样擅自修改联合会所提的条件，当时颇受舆论的非难。

因五卅事变而起的反帝运动遍及全中国，同时帝国主义者怕中国革命势力抬头，也采用高压手段，结合中国的军阀，向革命民众进攻：六月十一日，英水兵在汉口向群众开枪，当场击毙数十人；六月二十三日，更在广州沙基[①]惨杀五十余人。但帝国主义这样在各处不断地屠杀，并不曾把中国民众反帝的高潮镇压下去。当时，“打倒帝国主义”“废除不平等条约”等呼声，遍及全中国；而延长至十六个月的“省港罢工”，更给英帝国主义以重大的打击。

帝国主义的进攻与反帝浪潮的高涨

> 广东的民气本来最为发扬，自从国民党取为革命根据地以来，更成了反帝国主义运动的中心。五卅惨案发生后，广州政府及人民即纷起响应，为上海民众声援。但当时因广州政府正在扑灭杨希闵、刘震寰等叛军，无暇兼顾，所以没有大规模的运动发生。到叛军扑灭，学生工人便群起设法对英帝国主义表示反抗。六月十九日，香港各工团秘密议决总罢工，组织全港工商委员主持一切。二十一日，电车工人及印刷排字工人首先罢工。其余各业也陆续响应。罢工工人纷纷退出香港，由广州工团招待食宿，同时广州沙基工人，亦与香港工人取一致行动。二十三日，广州开民众大会，到会者数万人，广州政府的要人如胡汉民、汪兆铭、廖仲恺等都到会演说。下午一时群众游行示威，经沙基西桥口时，英兵忽向群众开放排枪，租界内的外兵竟继续用机关枪扫射，停泊河面的法国军舰亦开炮助威，枪炮声连续至半小时之久，中弹惨死的华人五十余人，受伤的更不计其数。经此大

① 沙基，一称沙面，在广东省城西南。自清道光二十二年开埠以来，英人始筑此岛，费金三十二万，其中五分之四出自英人，余则出于法人，故两国租界，即以此为区分。外国商铺及英、法、德、美、西、葡、日等各国领事署，都在于此。

> 屠杀，广州的民众及政府更坚决反抗到底。省港罢工委员会得广州政府的竭力维护，省港罢工和港澳封锁政策继续维持至十六个月之久。直至国民革命军出师北伐之后，为巩固后方起见，才由国民党中央党部与省港罢工委员会协议决定变更政策，于十五年十月十日宣布实行停止罢工，取消封锁港澳政策。这样长期的广大的政治罢工，在世界工人运动中未曾有过，其结果几使香港成为荒岛，英帝国主义受了巨大的创伤。

而最值得我们注意者：五卅运动时提出了“打倒帝国主义”的口号。这口号在五四运动时是没有的，在五四运动的文献中也找不到一篇明目张胆的反帝国主义的文章。所以五卅运动是中国民众形成更广大的革命联合战线，以反抗帝国主义、争取民族解放的运动。

> 五四运动只是反对卖国政府及日本的对华侵略，当时杂志、报章上的论文以及各团体所散发的传单，并没有明白提出“打倒帝国主义”的口号。其后有人发表反帝国主义的宣言，在五四运动中处于领导地位的胡適，还在《每周评论》上著文反驳，不承认有所谓帝国主义，更替美帝国竭力辩护。

第七十四讲　军阀混战与国民革命

自两度帝制运动失败后，中国社会的封建势力依旧没有消灭，割据一方的军阀，各恃帝国主义为后援，明争暗斗，造成长时期的内乱。

南北两政府的分立

当民国六年黎元洪下令解散国会时，两院议员通电否认，同时广东督军陈炳焜、广西督军谭浩明亦声明在国会未恢复以前，军民政务暂行自主。及冯国璋继任大总统，段祺瑞为国务总理，借口溥仪复辟，法统中断，另行召集临时参议员。于是海军司令程璧光率领舰队赴广东，宣言拥护约法，恢复国会。云南、贵州、广西等省先后响应。旧国会议员纷至广州，召集“非常会议”，议决组织军政府，并举孙文为海陆军大元帅。中国遂分立为南北两政府。

北方直皖军阀的冲突

北京政府为北洋军阀所组织，但当时北洋军阀因内部权力之争，早已分裂为直、皖两系。皖系领袖段祺瑞当时靠日本的大借款，借口对德宣战组织所谓“参战军”，想以武力统一南方，而直系领袖冯国璋因自己实力未充，主张与南方停战议和。后来两派调停的结果，于民国七年八月，召集新国会，另选徐世昌为总统，冯、段同时下野。但段祺瑞仍任参战督办，握有军事实权，而段派的健将徐树铮等更组织所谓“安福俱乐部”，在新国会占有势力，遂开始对直系压迫。民国九年七月，直系军阀直隶督军曹锟及其第三师师长吴佩孚联络奉天督军张作霖，与段祺瑞、徐树铮的“定国军”开战。结果，定国军大败。徐

⊙ 1918 年 11 月 28 日，为庆祝一战胜利，北洋政府在故宫太和殿前举行阅兵典礼，徐世昌致辞

世昌遂下令通缉徐树铮等十余人，任命曹锟为直、鲁、豫三省巡阅使，吴佩孚副之，又任命张作霖为东三省巡阅使。

直奉军阀的冲突与英、日帝国主义的暗斗

直皖战争的结果，直系虽胜，但奉系军阀的势力伸入关内，不久直、奉两系又发生了利害冲突。而日本帝国主义因帮助皖系失败，为侵占满、蒙的便利计，遂转而扶植奉系，同时英、美帝国主义为保持其在长江一带的势力，亦扶植直系，以相抵抗。奉系先夺取绥远、热河、察哈尔三特别区，并联合浙江督军卢永祥，后又与皖系勾结，组织讨直同盟，并推荐梁士诒组织内阁。民国十一年三月，两湖巡阅使吴佩孚通电斥责政府卖国，而张作霖亦借口京畿治安，派遣大兵入关。四月末，直、奉两系正式开战。结果，奉军败退。徐世昌又下令免张作霖职，并查办梁士诒。但张作霖用东三省保安总司令的名义宣告独立，北京政府亦无如之何。

直系军阀的得势与曹锟贿选

直系既打倒奉系，想进一步统一南方。当时直系军阀以为南方护法运动的症结在于国会，遂由长江上游警备总司令孙传芳等联名通电，主张恢复旧国会，请黎元洪复位。徐世昌因自己的总统由新国会所选出，见形势不利，遂通电辞职。在广州的旧国会议员亦多北上。于是黎元洪遂于六月十一日复任，不久旧国会亦重开。但直系的拥黎复位，并非出自诚意，不过借此排斥徐世昌，并为直系夺取政权的预备。民国十二年六月，直隶省长王承斌等嗾使北京军警至黎元洪私宅索饷，并断绝他的水电，黎愤极出京，遂由直系军阀组织摄政内阁。众议院议长吴景濂，承直系军阀的意旨，先公布所制定的宪法，继用金钱运动议员[①]，于十月十五日开大总统选举会，曹锟以四百八十票当选为大总统。

第二次直奉军阀的冲突与直系内部的分化

直系军阀在这时候，志得意满。但曹锟的总统由贿选而来，已全国皆知，反直派得所借口。当时全国舆论，都对直系攻击，而本属皖系的浙江善后督办卢永祥，遂为关内反直派的领袖。民国十三年，卢永祥因和直系军阀江苏督军齐燮元争取上海的地盘，发生战争，卢军败退。孙传芳由福建带兵入浙，遂据有浙江。同时，奉军派兵入关，与直系军队相持于山海关。十月末，直系第三军总司令冯玉祥突然班师回京，迫曹锟下令免吴佩孚职，并把曹锟拘囚于延庆楼。第二次的直奉战争，暂告段落。

奉系势力的深入与反奉战争的突起

冯玉祥既占领京、津，改组部下为“国民军”，并推黄郛组织摄政内阁。不久，曹锟宣布退位，反直派推段祺瑞组织临时政府。段祺瑞遂于十一月二十二日，以“临时总执政”的名义，到京就职。那时候北方成为国民军与奉军对立的形势，而张作

① 当时议员投票选举曹锟为大总统的，每人致送所谓“冰炭敬”数千元不等。

霖兵多力强，想伸张其势力于长江流域，先以李景林为直隶督办，继以张宗昌为山东督办、杨宇霆为江苏督办，沿津浦路逐渐深入。督理浙江军务的直系军阀孙传芳，见形势日恶，遂联合苏、皖、赣、闽，于十四年十月，自称五省联军总司令，分兵向上海、宜兴出动。江苏督办杨宇霆率奉军退回北方，而由张宗昌扼守徐州。不久，湖北、安徽、江西三省的直系军人响应孙传芳，通电讨奉，并请吴佩孚出山。吴佩孚即由岳州至汉口，自称受十四省推戴，就讨贼联军总司令职。十一月，孙传芳军占领徐州。而冯玉祥亦因国民军屡受奉军的压迫，联络奉军将领郭松龄，使他从滦州倒戈出山海关。不料日本帝国主义为扶助其忠顺的工具张作霖，出兵东北，使郭松龄的倒戈，终归失败。一方则李景林、张宗昌又组织直鲁联军，以“讨赤”为名，攻击国民军。国民军奋力抵抗，将李景林驱入山东，夺得直隶地盘。奉军既不得志于关内，又与吴佩孚结合。吴佩孚竟宣告结束反奉战争，与张作霖相谅解，联合向国民军进攻。民国十五年三月，奉系鲁军率舰入大沽口，国民军封锁港口以为抵抗。十二日，日本舰队忽炮击国民军，国民军开枪还击，因此发生国际交涉。十六日，八国公使又根据《辛丑条约》向中国提出最后通牒，禁止国民军开战，遂酿成“三一八惨案”。

反奉局势的转变与国民军的败退

日帝国主义为援助奉系军阀，炮击国民军，引起国人的愤恨。三月十八日，北京学生及各界举行示威运动，宣布《辛丑条约》无效，并至国务院请愿，院卫队开枪扫射，死四十七人，重伤一百九十九人。这就是“三一八惨案”。

国民军几面受敌，势渐不支，但仍固守北京，后来国民军发觉执政府响应奉军的阴谋，遂派兵包围执政府，段祺瑞等都去

⊙为抗议日军炮击大沽口，学生拿着横幅和旗帜游行

职逃走。不久，北京陷落，国民军退守南口。于是张作霖调大军入关，吴佩孚亦率兵由京汉路北上，推顾维钧组织摄政内阁。一面吴、奉两军会攻南口，将国民军驱逐至西北极边。那时候吴佩孚雄心勃勃，想扑灭两广的革命势力。他乘湖南赵恒惕与唐生智冲突的机会，派兵助赵，想先把湖南夺为己有，进而扰乱两广。唐生智因兵力不敌，败退衡州。一时反动势力大盛，两广颇受其威胁。

护法政府的纷扰

至于西南方面，自借“护法”为名与北京政府对立以来，也长在军阀的控制之下。先是孙文以海陆军大元帅组织“护法军”，出兵湖南。民国七年五月，广州两院联合会修正组织大纲，改设总裁会议与政务院，以代替大元帅制，举孙文、唐绍仪、伍廷芳、唐继尧、陆荣廷、岑春煊、林葆怿七人为总裁。孙文愤军政府为滇、桂军阀所把持，不就职，遂改推岑春煊为主席总裁。岑春煊信任政学系政客，凭借桂军势力，与各派发生意见。民国七年十月，岑春煊竟与北方政府妥协，通电解除军政府职务。孙文、唐绍仪、唐继尧、伍廷芳通电否认。十一月，重到广州开政务会议，继续执行职务。明年四月，两院议员在广州开“非常会议”，议决取消军政府，改组“中华民国政府”，举孙文为大总统。北京政府因西南终不就范，遂暗助桂系军阀陆荣廷攻粤，但为粤军所败。于是孙文再组织北伐军，设大本营于桂林，命陈炯明镇守广州。民国十一年四月，孙文想乘北方奉、直军阀开战的机会，出兵北伐。不料陈炯明想乘机占据广东，竟调回参加北伐的粤军，围攻总统府，胁迫孙文下野。孙文避居楚豫舰[①]。八月，孙文离粤北上，陈炯明仍自称为粤军总司令。十二月，陈炯明为滇、桂军所败。明年二月，孙文重返广州，由滇、桂军拥戴孙文为大元帅。但当时驱逐陈炯明的滇、桂军领袖杨希闵、刘震寰等，依旧是想割据地盘的军阀，他们的拥戴孙文并不出自诚意，以致南方革命势力很难发展。

陈炯明的叛变

孙文自民国二年二次革命失败后，将国民党改组为中华革命党。到陈炯明叛变，孙文更感到没有完密的党及实行主义的革命军，终为军阀所支配。同时又看到苏俄革命之所以成功，全靠有组织严密的党。乃于民国十二年一月发表《中国国民党宣言》，旧党员重行登记。明年一月，更召集国民党第一次全国代表大会于广州，发表宣言，决定政纲。并派蒋中正赴俄考察，采取成法，创设黄埔军官学校。十一月，孙文为倡导和平统一，促成国民会议废除不平等条约，离粤北上。段祺瑞事前虽发电欢迎，但并无诚意，乘孙文尚在中途时，竟召集“善后会议”，以抵制孙文所主张的“国民会议”。而孙文到天津后，旧病复发，延至十四年三月十二日，竟病殁于北京。遗嘱谓“现

国民党改组与革命领袖的逝世

① 后避居永丰舰，即中山舰。

⊙孙中山逝世，于1925年3月24日至31日举行公祭。图为北京各界人士前往中央公园吊唁

在革命尚未成功，凡我同志，务须依照余所著《建国方略》《建国大纲》《三民主义》及《第一次全国代表大会宣言》，继续努力，以求贯彻”云云。从孙文改组国民党以后，南方革命势力已渐发展；及孙氏北上，北方民众受其影响，革命的潜势力遍于全国。

南方内部叛乱的平定与出兵北伐

广州自得到孙文噩耗后，国民党中央执行委员会即发表宣言，声明合法政府未成立、国民会议未召集以前，仍继续其革命工作。到六月间，党军先后平定粤军陈炯明及滇、桂军杨希闵、刘震寰的叛变。

当孙文离粤北上时，陈炯明在东江，以为有机可乘，自称救粤军总司令，向广州进攻。广州政府乃于十四年一月十五日下令东征。但当时杨希闵、刘震寰等暗与陈炯明通声气。黄埔军校创立未久，只有教导团两营及入伍生一营，实力不甚充足，因为时势所迫，不得不参加作战。因那些学生抱有效死革命的决心，居然以少敌众，冲破敌兵于淡水、平山等处，不及两月，奠定东江。不料东征战事方告结束，杨希闵、刘震寰又因逆迹显露，内不自安，将其所部滇、桂军集中广州，密谋异动。其时教导团已改为党军第一旅，蒋中正奉命率党军及粤军回师，协同服从政府各军，并得铁路工人之助，将杨、刘扑灭。从此广州的革命政府渐巩固，而革命势力也日渐扩张了。

七月一日正式成立“国民政府”，选汪精卫、蒋中正、胡汉民、廖仲恺、谭延闿等十六人为委员，推汪精卫为主席。即着手统一政权，并将所有军队改编为国民革命军。不久，即将盘据东江的陈炯明势力，完全肃清。

陈炯明于党军、粤军回师广州之后，袭取潮汕，再据东江作乱。国民政府命蒋中正两次东征。先将扼东江要害的惠州坚城攻破，渐次将陈炯明的势力完全肃清。一面因陈炯明的余党在南路滋扰，亦分兵讨平，于是广东全省统一。不久，广西亦加入国民政府，革命军的势力愈雄厚，便准备出兵北伐了。

明年，北方段政府倒，国民军避居西北，吴佩孚居然向南方取攻势，国民政府不得不即时出师北伐。六月五日，国民政府任命蒋中正为国民革命军总司令，出兵向湖南进攻。准备夺取武汉，进而统一全国，消灭军阀。当时湖南、湖北、河南、陕西，属于吴佩孚的势力范围；江苏、安徽、浙江、福建、江西，属于孙传芳的势力范围；山东、直隶、东三省属于张作霖的势力范围；旧军阀的势力还很大。但国民革命军因得民众的同情，

吴佩孚、孙传芳军队的溃败

不到一月就收复湖南，进攻武汉。八月，吴佩孚亲率大军督战，大败于汀泗桥，武汉三镇完全为革命军所得。吴佩孚退入武胜关，因受奉军压迫，逃入四川。革命军既得武汉，分兵两路：一由湖南出江西，以夺取南京；一由福建出浙江，以夺取上海。九、十两月间，革命军与孙传芳军队激战于江西；十一月，孙军大败，江西收复。同时福建亦被革命军收复。明年二月，革命军入浙江。三月，革命军收复南京。不久，上海工人起而响应，革命军遂收复上海。那时候吴佩孚的势力已完全被革命军所消灭，孙传芳的军队亦已击溃，中国的大军阀只剩一个张作霖了。

第七十五讲　国民政府的确立

清除共产党与宁、汉分立

革命军既占领上海，蒋中正即于三月二十六日乘军舰抵上海。先是孙文改组国民党，容许共产党党员加入；及孙文病殁，国民党的重要分子，觉得共产党的政策与国民党不能相容，遂有清除国民党内共产分子的计划。蒋中正既到上海，即着手实行清党，同时监察委员吴敬恒亦提出弹劾共产党案，主张用断然手段，清除共产党。但当时由广州移至武汉的中央党部及国民政府各委员，对于清党，大多数不表示赞同。由海外来上海的汪兆铭，与共产党领袖陈独秀公开宣言，继续合作。不久，汪兆铭离上海至武汉，武汉方面反蒋的空气一时十分浓重。蒋中正乃于四月十五日，与一部分中央委员议决以南京为首都，于是国民党遂分为宁、汉两派。

宁、汉两方的出兵北伐与冯玉祥等响应

国民党内部虽分裂，但对于打倒北方奉系军阀的目标是相同的。南京政府成立后，即出兵由津浦路北进，驱走孙传芳残部，进占清江浦、海州，前锋直入山东境，又克复蚌埠，占领徐州。武汉政府亦于四月下旬，发兵出武胜关向河南进攻；一方面北方冯玉祥及阎锡山的国民军亦分道出发：冯军由陕西出潼关，阎军由山西出娘子关，与革命军会师。六月，奉军败退，河南收复。于是黄河以南，除山东外，都属于革命军的势力范围。

武汉清党与宁、汉合作

但宁、汉两政府的对立形势依旧未曾消灭。武汉政府于收复河南后，且动员东征。蒋中正亦调回进入山东境的北伐部队南下，对长江上游布防。不久，武汉方面因湖南农民运动过分激烈，渐与共产党起了意见的冲突，于七月十五日开始取缔共产党的活动。东征军的一部分，受共产党指使，便于八月一日在南昌暴动。武汉政府遂对共产党取断然处置，并接受冯玉祥的调解，实行宁、汉合作。而蒋中正于宁、汉合作声中，突然宣布下野。于是宁、汉分裂问题虽告解决，而北伐军事停顿，遂使残余的封建军阀又得乘机侵入了。当蒋中正由山东抽调部队防御武汉东征时，张宗昌、孙传芳即乘机由津浦路南攻，占徐州、蚌埠，蔓延及于江北各地。蒋中正下野后，孙传芳视为有机可乘，即于八月二十四日起，率其部队，偷渡长江，占领高资、龙潭、栖霞山一带，希图袭取南京，幸革命军奋勇抵抗，经五六日的苦战，才把孙军击溃。从此以后，孙传芳的势力完全消灭了。

残余军阀的死灰复燃与孙传芳军队的消灭

山西军的孤军奋斗

北方的阎锡山，在宁、汉纠纷时，已在山西组织北方国民革命军。徐州、郑州克复后，山西开始悬挂青天白日旗，阎锡山亦正式就北方国民革命军总司令职。十月间，阎锡山分兵三路向奉军进攻：北路出京绥路攻张家口；南路出娘子关攻保定；又命傅作义率特派队攻北京之西。但因南方内部纠纷，不能分兵策应，山西军队孤军奋战，终敌不过奉军，南北两路，退守娘子关与雁门关，而傅作义的特派队占领涿州后，陷于奉军重围之中。同时，冯玉祥的国民联军因受九月间河南靳云鹗的叛变及陕西黄得贵等的扰乱的影响，以致河北、豫东被奉军及直鲁军所侵入。十月间，奉军占卫辉，直鲁军进逼归德、兰封，国民联军出死力抵抗，仅能勉强支持。至十一月上旬始突破危境，分兵两路攻曹州、徐州。而南京方面亦因西征军事结束，由何应钦统兵北上，占领蚌埠。十二月，国民联军与革命军占领曹州、徐州，声势大振。那时候蒋中正因国民党第二届中央全体会议议决命其继续执行国民革命军总司令职权，于十七年一月通电复职，即着手整理部队，将何应钦所统的第一路军编为第一集团军，由蒋自兼总司令，国民联军改为第二集团军，由冯玉祥任总司令。北方革命军改为第三集团军，由阎锡山为总司令。计划第二期的北伐。五月一日，第一集团军占领济南；三日，日本军忽加袭击，发生“济南惨案”[①]，军事的进行因之被阻。但第三集团军于五月末收复保定及张家口，第二集团军攻下河间，第一集团军攻下沧州，第四集团军亦派兵北上，北京、天津岌岌可危。六月三日，张作霖见形势不利，由京奉铁路出山海关，明日清晨，在皇姑屯遇炸身死。六月八日，革命军收复北京。奉军将领因张作霖遇炸出于日本的诡计，深恨日帝国主义的横暴，渐倾向于国民政府。唯张宗昌倔强不服，乃由各集团军派队混合组成的右路军，与奉军联络，前后夹攻，于九月间把直鲁军残部完全解决。十二月二十九日，张作霖子张学良等通电服从国民政府，东三省即改换党、国旗。于是南北统一，历年军阀割据的局面为之一变。

第二期北伐的准备

张作霖出关遇炸与革命军收复北京

东三省易帜

国民政府初建立于广州。至民国十六年一月，因军事发展，移至武汉。四月十八日，南京方面的党员因与武汉政见不合，另行成立国民政府。九月间，宁、汉合作成功，武汉政府自动取消。明年十月四日，本“以党治国”的政纲，根据“五权宪

国民政府的确立

⊙ 1928 年 6 月 4 日，张作霖的专列在皇姑屯附近爆炸，张作霖伤重而亡

① 详第七十七讲。

法”，改订国民政府组织法，分设五院。继由国民党中央执行委员会选出国民政府国务委员十六人，再由委员中选定主席蒋中正、行政院长谭延闿、立法院长胡汉民、司法院长王宠惠、监察院长蔡元培、考试院长戴传贤。确定南京为首都，改北京为北平。分全国为二十七省。统一政府的规模，到此才确然成立。

> 民国成立，仍以北京为首都。三年，定地方行政区，各省改用道制，以县隶之，计直隶、山东、黑龙江、湖北、河南、江西、浙江、福建、云南、吉林各四道（后分为六道），奉天、山西、陕西、安徽、湖南、贵州各三道，江苏、四川各五道，广东、广西各六道，甘肃七道，新疆八道，其特别区域，除京兆尹外，热河、绥远、察哈尔各一道，川边二道。凡尹一，道九十二，而内地土司及蒙、藏之因俗为治者尚不在内。国民政府成立，废道制，改直隶省为河北省，奉天省为辽宁省，以旧甘肃、宁夏道及西套蒙二旗为宁夏省，旧甘肃、西宁道及青海地方为青海省，旧热河特别区为热河省，旧绥远特别区及察哈尔之西南部为绥远省，旧察哈尔特别区及直隶之口北道为察哈尔省，旧西康特别区为西康省，统计本部十八省及东三省与新增之宁夏、青海、热河、绥远、察哈尔、西康，共二十七省，蒙古、新疆之因俗为治者尚不在内。

第七十六讲　外交局势的转变

外交局势的开始转变

中国自鸦片战争以来，外交上的积弱，早成不可掩饰的事实。但从欧战发生及俄国革命后，国际局势起了变化，同时中国民众也渐渐觉悟到要争取外交上的胜利，不能单靠政府，须用民众自己的力量和帝国主义奋斗，才有效力。又经“五四”“五卅”两次群众的革命斗争，使帝国主义者感觉到他们虽有坚甲利兵，终不能消退中国的革命浪潮。于是帝国主义者不得不提出所谓“司法调查”与“关税会议”等延宕欺骗的政策以缓和中国的反帝斗争。在这时期，中国的外交局势显然已略有转变。到民国十五年冬，国民革命军占领武汉，一时民众运动如春笋怒发。明年一月三日，汉口市民庆祝北伐胜利，和英国水兵发生冲突，被杀伤多人。市民大愤，拥入英租界。那时候帝国主义的兵舰停泊在汉口的很多，但他们怕我们的革命民众，终不敢公然挑衅，汉口英租界当局不得不在革命民众势力威胁之下，撤退水兵，由国民政府派军警设立临时管理委员会主持一切。同月六日，九江英水兵与工人发生冲突，九江的英租界，亦被革命民众夺回。当时驻北京英公使派员向国民政府交涉，要求将租界交还，为外交部长陈友仁所拒绝。二月，与英人成立协定，将汉口、九江的英租界收回。三月，国民革命军占领江、浙，镇江英租界亦由英领事自动放弃。民国十八年天津比租界及厦门租界

汉口、九江革命民众的自动收回英租界

收回租界运动的进行

⊙汉口“一·三”惨案发生后，愤怒的群众冲击英租界商店

亦正式收回。同年，威海卫除刘公岛[①]须续租十年外，也全部收回。但其余的租界及租借地没有收回的尚有多处。尤其是上海租界的收回，迄今尚无办法。[②]

废约运动的进行

除收回租界外，废除不平等条约是孙文在遗嘱中说“尤须于最短期间促其实现”者。国民政府特于十七年七月发表宣言，主张以正当的法律手续解除不平等条约的束缚。七月，外交部又根据宣言，照会各国公使，声明中国与各国协定条约已满期的，另订新约，未满期的，以相当手续解除修订。但这时候因中国革命形势的转变，民众运动已不复如收回汉口英租界时那样的热烈，所以国民政府虽用和平手段声明用“正当的手续”以解除或修订条约，亦不能得帝国主义者的同意。当时各国驻华公使集议对付，日本竟以为旧约没有废约或失效的规定，反对重订。经交涉结果，到这年年底为止，国民政府与各

① 刘公岛在威海卫东海中，为威海卫的屏蔽，英人设有炮台。
② 指作者著书的时期，大约为二十世纪三十年代。——编者

国新订或修订条约的有十二国。但这些新约里并未能将不平等各点完全废除，只集中于关税及领事裁判权两问题。关税问题，在华府会议时已允许中国略为增加。五卅运动发生，帝国主义者为缓和中国的民气，曾助北京政府召开关税会议，允许中国享受关税自主的权利，颁布中国国定关税定率条例，于一九二九年（民国十八年）一月一日发生效力，但须中国同时裁撤厘金。民国十七年十二月，国民政府遂照会各国公使，声明中国将明令公布国定新税则，于明年二月一日实行。至此，协定关税的不平等待遇才算稍得解决。领事裁判权问题，于一九二六年（民国十五年），各国根据华府会议的决议，组织调查委员会，到中国调查。结果，借口中国的司法情形还不能达到取消治外法权的程度，此问题遂被搁置。到国民政府进行修约，各国允许撤废领事裁判权的，至最近为止（民国二十二年三月），也只有比利时、意大利、丹麦、葡萄牙、西班牙五国而已。

关税问题与领事裁判权收回问题

除上述五国外，如智利于一九一五年，瑞士于一九一八年，波斯及奥国于一九二〇年，德国于一九二一年新订的商约，都已把领事裁判权撤废，并约明关税由中国自主。但这都在国民政府成立以前，与最近的废约运动无甚关系。

除上述外，中国对苏联的外交亦须特别叙述。苏联以社会主义立国，对外不主侵略。民国十三年，苏联代表与我国签订《中俄解决悬案大纲协定》十五条、《暂行管理中东铁路协定》十一条，正式恢复邦交。苏联并自动地无条件地撤消领事裁判权，交还租界并退还庚子赔款，而对于外蒙的库伦问题和东三省的中东铁路问题等都有较为圆满的解决。

中国对苏联的外交

关于外蒙事件的解决，详见当时外交部公布的《中俄解决悬案大纲协定》第五条。关于中东路事件的解决，详见同《协定》第九条。当时并根据《协定》第九条定《暂行管理中东铁路协定》，它的内容，便是中国未赎还前中苏各派管理人员的组织细则。

民国十八年，中苏间因他种问题发生误会，暂时断绝邦交。但最近因日本帝国主义的侵略，中苏两国的当局都认为有恢复邦交的必要，已互派大使，正式恢复邦交了。

总之，外交局势的转变，全视民众势力的强弱而定。在收回汉口及九江租界的时候，正我国民众势力全盛的时候。其后革命方向转变，民众运动消沉，帝国主义者故态复萌，外交形势也就日渐不利。至最近日帝国主义以武力侵占东三省，外交局势又急转直下了。

外交局势的又一转变

第七十七讲　日帝国主义的武力侵略

日本向中国侵略，自明治维新资本主义抬头以来，未曾有一刻的放松。其中最严重的事件，除“甲午之战”及民国四年以哀的美顿书[1]胁迫我国承认其所提出的“二十一条”要求外，当推民国十七年的济南惨案及最近的九一八事变。

济南惨案

民国十七年，第一集团军渡江北伐，连破滕县、泰安，威胁济南的时候，日本帝国主义眼看他所扶植的奉系势力快被打倒，便借口保护侨民，出兵山东。五月一日，第一集团军收复济南。三日，日本驻济军队忽向中国军队及民众开枪扫射，并将战地政务委员会交涉员蔡公时等十余人一齐枪杀，又派大队军队逼令革命军缴械，炸毁军用无线电台。八日，日军竟轰击济南，中国军民死伤达八千八百余人。后方病院伤兵七百余人亦惨遭杀戮。十日，南京日领事更向国民政府提出声明书，竟说日本为保护侨民将增派海陆军驻防长江及天津一带。当时中国军队虽器械不及日本之精，但未始不可抵抗。大概国民政府为完成北伐大计，所以始终隐忍，蒋总司令特令各军退出济南，绕道长清等处渡黄河追击奉军，对于日本的横暴行为，则主张用外交手段解决。至民国十八年三月，签订济案解决草约，日本于两个月内撤退山东驻军，由中、日共同组织调查委员会调查双方损失。这样严重的济南惨案，就此告一段落。

---

① 拉丁文 ultimatum 的音意合译，即最后通牒。——编者

东北事变的突发

但日本的图谋用武力侵略中国仍无时或已，他们既愤奉系军阀之无能，在皇姑屯把张作霖炸死以后，便一意准备侵占中国东三省。

关于日本企图占领东三省的原因，第二十一号《中学生》杂志所载傅秉仁君《青年对于时势和自身的认识》一文，说得最简明扼要，今摘录如下："（1）日帝国主义侵略中国的主要地方是东三省。日本自中日甲午之战以后，即开始作经营东三省的企图，至一九〇五年日俄战后而侵略政策确立，至第一次世界大战后而成效大著。日本对外投资额二十八亿五千万元中，其在东三省者占十五亿一千万元，竟占全额百分之五四之巨。但近数年来我国东三省统治者因对于其本身的利害关系，利用向东三省劳苦群众身上榨取得来的金钱，也颇努力于资本主义的建设。铁路网的积极敷设已使日帝国主义侵略满洲之大本营南满铁道感受营业减落的影响，而葫芦岛筑港计划更为日人所刻忌（因葫芦岛商港筑成后，将使日本经营的大连趋于衰落）。（2）苏联自施行产业五年计划以来成效甚著，国内经济基础日趋稳固，资本主义国家中的严重的失业问题及经济恐慌，苏联均未感受，这是给与国际帝国主义者的一个极大威胁。日帝国主义在远东方面与苏联关系更为密切，自然更感觉不安，因此必欲在苏联五年计划未完成之前向苏联进攻或预作巩固的防御阵线。"这几句话把日本企图用武力占据东三省的背景讲得很明白。此外的原因当然还很多，如我国连年内战及最近几年来民众运动的消沉，使日帝国主义估定我们不能抵抗他们的武力侵略，又欧美帝国主义者国内经济恐慌，及其相互对立的形势日形严重之际，万无余力顾及远东。这都是日帝国主义悍然不顾地用武力侵略东三省的重要原因。

民国二十年九月十八日午后十时许，日军守备队托言夜操，于十一时十五分用炸药轰毁南满铁路长春线的柳河铁桥，即诬指我军炸桥毁路，袭击他们的守备队。日本关东军司令部便立命军队出动，攻击北大营。至十九日，日军完全占领沈阳。当是时，东北边防司令长官张学良方以兼膺陆海空军副司令之职，坐镇北平，驻在沈阳的乃是边防公署的参谋长荣臻及辽宁省政府主席臧式毅。事变之起，他们往复电商请示的结果，一致主张“不抵抗”。以致沈阳“兵工厂既存的步枪八万枝，机关枪四千挺，飞机厂所有新旧飞机已装成及未装成者共二百架”[1]，全被日军所得。结果，臧式毅以不及逃走，为日军所监视，荣臻则化装仆役，逃入关内。日军既毫不费力地占领了沈阳，便向吉林进攻。二十一日，吉军参谋长熙洽出省迎降，与日军第二师团长多门一同进省，于是吉林省城又入日军之手。辽、吉既

日军占领吉林与进攻黑龙江

⊙被日军占领的沈阳兵工厂大门

① 见当时各报所载荣臻自述经过的谈话。

被日军占领，黑龙江省乃岌岌可危。其时黑省主席万福麟在北平，为指挥便利起见，把黑省一切军政事宜电令所部马占山负责处理。十月十四日，日本嗾使洮辽镇守使张海鹏带兵由洮昂路北向黑省攻击，经马占山电令附近驻军一致抵抗，张部不敌溃退。日军遂正式向黑省大举进攻，马占山虽竭力抵抗，终因孤军奋战，势力不支。十八日，马占山的军队沿齐克路退守克山，于是黑龙江省城又入日军之手。不久，日军又向锦州进攻，政府电令张学良坚守。但至二十一年一月二日，锦州驻兵因奉边署参谋长荣臻的命令早已撤退，所有剩余军队及义勇军等都

日军占锦州

被日军击溃，日军遂进占锦州。从日军开始武力侵占到东三省全部陷落，我国军事长官始终抱不抵抗主义，遂使日军得寸进尺地益肆野心，在南则狡焉思逞于上海，在北则力谋深入于热河了。

上海事变的酝酿与突发

九一八事变以来，虽政府力持镇静，但全国人心愤激，群起组织反帝抗日会的团体，上海尤为反日运动的中心。侨居上海的日本商民因我国抵货运动的猛进，经济上发生恐慌，很希望他们的政府用武力制止上海的反日运动。一月十八日，有日僧五人，在马玉山路附近被民众殴伤，他们便嗾使日浪人乘夜侵入三友实业社工厂纵火，并捣毁机件。一面由驻沪日领事反向上海市政府提出抗议，要求惩凶道歉，封闭反日各团体，限二十八日下午六时答复。上海市政府对此无理要求已完全接受。但是晚十一时许，日本在沪的海军陆战队竟向闸北进攻。那时

十九路军之抵抗

我国的十九路军方由江西调防上海，兵士们目睹日军的横暴忍无可忍，高级长官也决心抵抗。日军向闸北进攻时，十九路军即迎头痛击，日军大败。其后日军继续增援，与十九路军相持。至三月二日，十九路军因浏河失守，退保昆山，而嘉定、太仓等处仍横遭日军的蹂躏了。

国民政府自一·二八事变发生后，鉴于首都易受日本军舰的

威胁，乃决定迁都洛阳。三十日，国府主席林森、行政院长汪兆铭联名发表宣言，说“政府为完全自由行使职权，不受暴力胁迫起见，已决定移驻洛阳办公”。同时并声明“从事自卫，决不以尺土寸地授人”。先是，国民政府以日军侵占东北的情形电告国际联盟，请求依据联盟约章设法制止，但绝无效果。

国民政府迁都洛阳

> 自九一八事变起后，国民政府自始即乞怜于国际联盟。但国际联盟是列强组织的团体，绝不会站在什么“公理”“正义”的立场上来制裁日帝国主义的暴行的。所以国际联盟始终没有什么解决这次事变的方策。最后，将解决全部纠纷所必须的事实材料，委托一个调查团来调查。这调查团由英国的李顿爵士所领导，于二十一年三月间来中国，经过了六个月的长时期，造成一份报告书。这报告书的内容完全是站在帝国主义方面说话的，不仅没有切实制裁日本的主张与方法，且公然说：“此政府（按：指所谓‘满洲国’的‘政府’）列有若干开明之改革，其实行不仅适宜于满洲，亦且适宜于中国之其他部分。”但中国的“高等华人”如胡適之流，且称此报告书为公平，并且对李顿爵士表示感谢！[①]

及日军进攻上海闸北，经十九路军抵抗的结果，已使世界各国知中国军队未始没有抵抗的力量。三月四日，国联遂通过一议案，劝告中日双方停战，国民政府即依据国联决议，由军事当局下令前线各军暂取守势。后经中立国一再调停，于五月五日双方签订《上海停战协定》，日军开始分期撤退。国府亦重新迁回南京。

上海军事的结束与国府的迁回

① 见胡適所著《一个代表世界公论的报告》一文，载《国闻周报》第九卷第四十一期。

⊙ 1937 年，上海闸北，被日军炮火摧毁的四行仓库

傀儡国的组织与日军侵入热河

上海事件虽暂告结束，而日本对热河的侵略仍继续进行。日本于占领辽、吉后，即在天津捣乱，乘机把寄居天津日租界的清废帝溥仪劫去，带至沈阳，建立所谓“满洲国”，以溥仪为最高的傀儡。又借口为维持其所谓“满洲国”起见，要求热河省主席汤玉麟把热河地盘让出。至汤玉麟因日军进攻热河，竟不战而走。山海关亦于热河失守以前陷落。封豕长蛇般的日帝国主义军队，大有侵入平、津之势！

第七十八讲　最近中国经济现状的鸟瞰

中国社会基础的开始动摇

中国从秦、汉以来，经过不少次的内乱外患，但社会的经济基础未曾动摇。自从八十年前欧洲帝国主义侵入以后，欧洲的资本主义生产方式随武力而俱来，使中国绵延几千年的封建社会根本动摇。中国不及采用资本主义的生产方式，却早已成为资本主义国家的原料取给所和商品竞卖场了。欧洲大战时，因帝国主义者自相火拼，对华输出激减（日本除外），中国乃得乘机发展其幼稚的民族工业。但自一九二一年起，世界资本主义临时稳定，各国经济渐次苏复，帝国主义者又力谋恢复其在中国市场上以前的势力，幼稚的中国民族工业不堪与价廉物美的洋货竞争，遂呈不景气而衰落。复经数次牵动全国的军阀混战及民国二十年的全国大水灾，与九一八、一·二八的事变，加上受空前的世界经济恐慌所给予殖民地性的中国经济的打击，使中国经济恐慌更其尖锐化了。现在把中国最近的民族工业及农业与对外贸易的现状，略述如下，以见中国最近经济现状的一斑。[①]

欧战时民族工业的发达与战后民族工业的衰落

自欧战以后，全世界各国，尤其是欧洲诸国，都受战时大破坏的影响，经济上发生绝大恐慌，这恐慌延长至四年之

---

①《东方杂志》第三十卷第四号载樊英君《中国经济现状的鸟瞰》一文，叙述颇详尽。本讲所述，大都根据该文，可参阅。

久。后来赖政治方面改良主义、法西斯主义[①]的运用，国际联盟的建立及对殖民地反抗运动的镇压，经济方面资本独占的形成，生产合理化的施行，才得暂时的安定。在一九二七及一九二八的两年中，且曾呈繁荣的现象。可是资本主义经济制度中所含的不可避免的矛盾也随着生长起来，所谓繁荣只如昙花一现。因资本集中与独占的形成、生产合理化等的矛盾的结果，失业和贫穷的人数迅速地增加，一般购买力迅速地减退，国内市场日益萎缩，国际贸易日益衰落，及工业生产品的过剩，农业生产品的堆积等现象，都成为目前国际帝国主义国家一般的征候。换句话，帝国主义的经济状况已由过去暂时的稳定而入于一个新的更严重恐慌时期。在这世界经济恐慌中，殖民地性的中国的经济所受的打击特别严重，因为帝国主义国家在此时期中，尽可能地把他们的经济恐慌的重荷转嫁于中国。其转嫁的方式，便是：（一）有计划有组织地在中国市场上进行倾销政策；（二）因其本国各工业部门的不景气而缩购原料，或首先采用本国及其属地的原料。这几年来中国入口货的激增，出口货如丝、茶等的一落千丈，即其明证。

重工业的现状

（一）民族工业 重工业的进步为经济发达的重要因素。但中国的重工业幼稚得很：制造生产工具的机器工业可以说是没有的；钢铁业仅汉阳铁厂一所，业已破产；所可叙述者，仅煤业、电气业与杂色金属而已。中国煤矿如开滦、抚顺等蕴藏最富，位置亦较为便利，但全在外人手里。东三省官商所办各矿，自九一八事变后，全被日人强占。民族煤业中唯一最大的山东

① 法西斯主义（Fascism）为意大利墨索里尼所创，为极端的国家主义、帝国主义、英雄主义，与社会主义刚相反。

枣庄中兴煤矿公司，每年可产煤百万吨，但受一·二八事变的影响，销路停滞，生产额激减。其他如晋北各煤矿，因运输不便，运费太昂，不能与外煤竞争。博山煤矿受水灾影响及日煤在青岛、上海一带倾销，已大半破产或歇业。其余民族煤业，大都设备不周，规模不大，年来亦多衰败。杂色金属，则中国所产锑、锌、锡、锰，全是供给帝国主义国家的，年来因世界经济恐慌，价格低落，出口激减。唯电气事业较有发展，但电厂大多数仍为取光之用，用作原动力者尚少。轻工业方面，则在欧战时期最发达的纺织业，年来逐渐衰落，最近虽因抵制日货，上海日商纱厂未有若何发展，但中国的纺织业亦未见有若何繁荣。中国丝业则因年来世界经济恐慌，丝价惨跌，遭受严重的打击。例如上海机器缫丝厂一百零六家，一·二八事变以后，未被摧毁的丝厂仅有十余家勉强开工。同时因日丝在外倾销，华丝价格惨落，更影响于内地丝业，大都破产或停业。其他如面粉业和火柴业，每年受洋粉、洋火柴的倾销竞争，大都破产或倒闭。唯杂色工业如橡胶工业、珐琅工业、油墨业、化妆品、制帽业等，在抵制日货运动中稍得发展。但此种企业资本不固，根据不固，虽一时繁荣，却也容易衰落的。

轻工业的现状

（二）农业　中国以农立国，全人口百分之七十五至八十尚以农为生，理应每年有巨额的粮食生产。但事实上因连年灾荒及连年不断的军阀战争，人民不能安居乐业，自然种植不佳，收获不良。遂使洋米倾销于中国内地，影响所及，使粮价涨落不定，农民大受影响。此外如棉花，则因天灾流行，年来产量亦未见增加。蚕茧因丝业不振，茧价跌落，且无出路，以致农民养蚕往往得不偿失。茶叶则近十余年来受日本及印度茶的排挤，在世界上已一落千丈。凡此，都足以证明中国农业的深远危机，年来农村经济逐渐破产，已成为不可掩饰的事实了。

农业的衰落

（三）对外贸易　因农工业的凋敝，对外贸易亦陷于悲观

对外贸易的凋敝

境地。据最近国际贸易局所发表的二十一年度报告，出入口贸易总数之低为近十年来所未有。计二十一年度的出口货共值四九二、六四一、四二一海关两，等于二十年度的百分之五十四；入口货共值一、〇四九、二四六、六六一海关两，等于二十年度的百分之七十三；出入总额，为一、五四一、八八八、〇八二海关两，等于二十年度百分之六十六而弱。换言之，二十一年度的贸易总额不及二十年度的一半。由上面的数字推算，则二十一年入超共为五五六、六〇五、二四〇海关两，实为六十年来中外贸易史所未曾见过的最高记录。若以民国元年为标准，则二十年来的入超增多五倍。若以入超最低的民国八年为标准，则其增加不啻三百余倍。加以中国的输出品全系农产物，而输入多属工业品。这即是，帝国主义者可以少量的商品换得中国更多的货物。在这种状况底下，中国民族能否在现在状态下继续维持，实为疑问。

造成经济恐慌的原因

在这里，我们须推求所以造成中国经济恐慌的原因在哪里。我们可以无疑地说，因为：第一，受帝国主义的压迫与侵略；第二，受军阀割据的影响，使全国市场不能统一；第三，因农村经济破产，大多数农民赤贫化，购买力薄弱，遂使国内市场缩小。同时，因手工业的破产，发生大群的手工业的失业者，而中国幼稚的濒于破产的民族工业又不能相应于手工业的失业者人数之增加率，其结果便是流于盗匪。而农村经济破产的结果，使大多失去土地的农民跑到军队里去做军阀内战的工具。这样的互为因果，遂使中国经济恐慌程度愈益尖锐化了。所以我们要发展中国经济，换句话，要挽救中国，唯有推翻帝国主义的在华势力。